Treasures for Scholars Worldwide

学术顾问／张宪文　朱庆葆

哈佛燕京图书馆文献丛刊第三十种
南京大学人文基金资助项目
南京大学"双一流"建设文科卓越研究计划资助项目

美国哈佛大学哈佛燕京图书馆藏中国科学社北美分社档案

The Documents of the American Branch of the Science Society of China in the Harvard-Yenching Library, Harvard University, U.S.A.

主编／姜良芹　郭洋

2

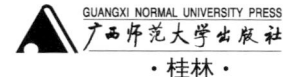

目 录

中国科学社总社文献

1. 中国科学社总章(1929年9月) …………………………………………… 003
2. 中国科学社总章(1932年10月) ………………………………………… 015
3. 中国科学社概况(中英文,1931年1月) ………………………………… 028
4. 中国科学社社员分股名录(1933年1月) ………………………………… 116
5. 中国科学社第十七次年会纪事录 ………………………………………… 252
6. 中国科学社第十八次年会纪事录 ………………………………………… 336
7. 中国科学社第十九次年会纪事录 ………………………………………… 456
8. 中国科学社第十九次年会论文题及提要 ………………………………… 538

中国科学社总社文献

本册所收录的文献均为中国科学社总社编印的文献,全部来自美国哈佛大学哈佛燕京图书馆所藏的中国科学社北美分社档案(Box 5 File 2)。1929—1930年,北美分社在梅贻琦的主持下完成重建,此后数年分社与国内的总社保持着密切而畅通的联系。因此,总社所编印的出版物按照机制均会邮寄给北美分社一份。《中国科学社总章》是该团体的重要纲领性文献。《中国科学社概况》(1931年)则十分系统详细地叙述了中国科学社建社十几年来的发展历程。第十七至十九次《中国科学社年会纪事录》记载了1932—1934年中国科学社年会的具体情况。"年会纪事录"概述了当年度的学社发展情况,记录了社员代表提议的案件,还包括了学社总干事、会计、生物研究所、图书馆、《科学》编辑部的报告,内容丰富,记载翔实。《第十九次年会论文题及提要》是一本十分珍贵的论文集,论文作者均为当时国内一流的自然科学学者。论文提要依照主题分为甲、乙、丙、丁四组,共102篇,部分论文提要为英文。

中國科學社總章

第一章　定名

第 一 條　本社定名為中國科學社．

第二章　宗旨

第 二 條　本會以聯絡同志，研究學術，共圖中國科學之發達為宗旨．

第三章　社員

第 三 條　本社社員分下之六種，(一)普通社員，(二)永久社員，(三)特社員，(四)仲社員，(五)贊助社員，(六)名譽社員．

第 四 條　普通社員　凡研究科學或從事科學事業，贊同本社宗旨，得社員二人之介紹，經理事會之選決者，為本社普通社員．

第 五 條　永久社員　一次或三年內分期納費至一百元者，得為永久社員，不另納費．

第 六 條　特社員　凡本社社員有科學上特別成績，經理事會或社員二十人之連署提出，得常年會到會社員過半數之選決者，為本社特社員．

第 七 條　仲社員　凡在中學五年以上或其相當程度之學生，意欲將來從事科學，得社員二人(但一人可為仲社員)之介紹，經理事會之選決者，為本社仲社員，但入社二年以後

(1)

，復得以社員二人之介紹，經理事會之選決改爲本社普通社員。

第　八　條　贊助社員　凡捐助本社經費在五百元以上，或於他方面贊助本社，經理事會之提出，得常年會到會社員過半數之選決者，爲本社贊助社員。

第　九　條　名譽社員　凡於科學學問事業上著有特別成績，經理事會之提出，得常年會到會社員過半數之選決者，爲本社名譽社員。

第　十　條　凡社外同志贊助本社者，得以理事會之提出，常年會到會社員過半數之選決，贈以普通社員或永久社員，免繳其一部份或全部社費。

第四章　　社員權利義務

第十一條　普通社員永久社員及特社員。

(一)有選舉及被選舉權。

(二)得參預本社常年會及特別大會。

(三)有享受本社發行之期刊及其他印刷物之權，但書籍不在此限。

(四)得向本社附設之圖書館博物院及研究所借用圖書儀器及標本，但須依照各機關所定之規則行之。

(五)得使用本社附設之圖書館博物院研究所，但須依照各機關所定之規則行之。

(六)有遵守本社章程之義務。

（2）

(七)有繳納入社及常年費之義務。

(八)有擔任研究調查講演及投稿社刊之義務。

(九)有維持本社輔助發達之義務。

第十二條　仲社員

(一)有享受第十一條第(三)(四)項之權利。

(二)有遵守社章及繳納社費之義務。

第十三條　贊助社員及名譽社員

(一)有享受第十一條第(一)(二)(三)(四)(五)諸項之權利。

第十四條　普通社員特社員仲社員不繳常年費至一年以上者，本社停止其各種權利，但經繳足欠費或經重舉，得恢復其權利。

第十五條　本社社員有損壞本社名譽之行為時，理事會得以四分之三之多數議決宣佈除名。

第五章　社費

第十六條　普通社員入社時，應繳入社費十元，但入社卽繳永久社員費時，得免繳入社費。

第十七條　普通社員特社員入社之第一年，若被舉入社在六月以前，繳本年年費三元，若在六月以後，免繳本年年費。

第十八條　普通社員特社員自入社後，第二年一月一日起，年繳常年費五元，仲社員年繳常年費三元。

第十九條　入社費常年費均交本社會計或會計指定之人員。

(3)

第六章　社務

第二十條　本社社務暫分下列九種．

(一)發刊雜誌，傳播科學，提倡研究。

(二)著譯科學書籍．

(三)編訂科學名詞，以期劃一而便學者．

(四)設立圖書館，以便學者參攷．

(五)設立各科學研究所，施行科學上之實驗，以求學術實業與公益事業之進步．

(六)設立博物館，搜集學術上工業上歷史上以及自然界動植鑛物諸標本，陳列之以供研究．

(七)舉行科學講演，以普及科學知識．

(八)組織科學旅行研究團，為實地之科學調查與研究．

(九)受公私機關之委託，研究及解決關於科學上一切問題．

第七章　董事會

第二十一條　董事會以董事九人組織之．

第二十二條　董事任期各九年，每三年改選三分之一，由司選委員就本社名譽社員，贊助社員，特社員，普通社員，永久社員中選定候選董事，提出常年會，復經常年會到會社員過半數之同意選決之，連舉者得連任．

第二十三條　董事會設會長一人，基金監二人，由董事互選出之，書記一人，由董事會就理事中擇任之．

（4）

第二十四條　董事會之職務如下：

(一) 代表本社。

(二) 監督本社財政出納，審定預算決算。

(三) 保管及處理本社各種基金及財產，每年須編製基金及財產一覽表在常年會報告。

(四) 報告募集基金及各種捐款。

第二十五條　董事會每年至少開例會一次，開會日期地點臨時酌定，遇有重要事件不及會議者，得用通訊表決，開會時理事會會長及總幹事當然列席，但無表決權。

第二十六條　董事會辦事細則，由董事會據社章另定之。

第八章　理事會

第二十七條　理事會以理事十八及總幹事一人組織之。

第二十八條　理事任期各二年。每年改選五人，由司選委員提出，經全體社員投票選決。

第二十九條　理事會設會長總幹事會計各一人，會長會計由理事中互選出之，總幹事由理事會推舉呈請董事會聘任之，任期無定，理事會會長即為本社社長。

第三十條　理事會之職權如下：

(一) 議決本社政策組織及改組各辦事機關與委員會。

(二) 選定各辦事機關長。

(三) 根據社章審定辦事機關細則，並督促各機關事務之進行。

(5)

(四) 司理社中財政出納，並編造每年預算決算，呈交董事會核准。

(五) 報告每年社務成績於常年大會。

(六) 推舉候選名譽社員贊助社員特社員。

(七) 選決入社普通社員永久社員仲社員。

第三十一條　社長代表本社，總理理事會一切事務，為理事會出席董事會議當然代表，社長有事故不能執行其職權時，由總幹事代行之。

第三十二條　總幹事之職務如下：

(一) 襄助社長執行理事會一切事務。

(二) 管理理事會及常年會開會一切手續。

(三) 記錄理事會常年會會議事件。

(四) 管理社員入社一切手續。

(五) 紀錄保存社員姓名住址履歷。

(六) 編訂社錄年會記事錄及其他報告社務印刷物。

(七) 發佈各種通告。

(八) 收發保存並答復理事會往來信件。

(九) 收發本社各種公文要件。

第三十三條　會計之職務如下：

(一) 經理本社銀錢出納。

(二) 收集社員社費及各種捐款。

(三) 受董事會之委託，管理本社各種基金及捐款。

(6)

(四)受董事會之委託，管理本社各種財產。

(五)保管本社一切關於銀錢財產之憑證契約及帳簿。

第三十四條　圖書館長總理圖書館一切事宜。

第三十五條　各研究所長總理各研究所一切事宜。

第三十六條　編輯部長總理期刊編輯一切事宜。

第三十七條　博物館長總理博物館一切事宜。

第三十八條　理事會為便利社務進行起見，得設立常期委員會，如學股委員會，名詞委員會，講演委員會，出版委員會，科學教育委員會等，各委員任期一年，由理事會推舉之。

第三十九條　理事會每月至少開會一次，開會日期地點臨時酌定，遇有重要事件，社長得召集臨時會議或用通訊表決。

第四十條　理事會辦事細則，由理事會依據社章另定之。

第九章　年會

第四十一條　年會每年舉行一次，其時期地點，由理事會決定，先期通告各社員。

第四十二條　年會分學術會及社務會兩部。

第四十三條　學術會有下列之各事務。

(一)宣讀社內外科學研究之著作或論文。

(二)演講科學學理及應用。

(三)討論關於科學上一切問題。

第四十四條　社務會有下列之各事務。

(一)決議董事會提出交議事件。

(二)討論及提議一切重要社務。

(三)修訂總章。

(四)受董事會理事會之報告，與以通過或否認。

(五)選舉董事。

(六)推舉司選委員三人，辦理次年選舉事務。

(七)推舉查帳員二人，稽核基金財產及款項出納各項帳目報告於年會。

(八)決選名譽社員特社員及贊助社員。

第四十五條　年會社務會以出費社員全數之十分之一爲法定人數。

第四十六條　在年會開會兩個月前，總幹事應將開會日期地點及會程通告於各社員。

第十章　　選舉

第四十七條　每年於開年會時，由到會社員選出司選委員三人，辦理次年選舉事務。

第四十八條　司選委員之職務如下：

(一)決定候選董事及候選理事之名單。

(二)社員有依次條之規定，提出候選董事及候選理事者，須於年會三個月以前，將名單交到司選委員。

(三)司選委員應於年會三個月以前，將最後之候選職員名單及選舉票分寄各社員，並將選舉結果報告於年會。

第四十九條　社員欲提出候選董事及理事者，須得二十八以上之連署，並須於年會三個月以前，將提出之繳件寄到，方爲有

（8）

效。

第五十條 每社員得投一選舉票，其票所舉之人數，如其年應改選之理事人數。

第五十一條 新舊職員之交替，於每年十月一日行之。

第十一章　分社

第五十二條 凡國外相宜區域內，本社社員人數在四十人以上，社務發達，經理事會或該地社員過半數認為有設立分社之必要者，得由理事會之提議，經常年會過半數之通過設立分社，管理該地及其附近地方之社務，名曰中國科學社某地分社。

第五十三條 分社之職務如下：

(一)對本社事業為相當之擔負。

(二)視分社區域內之需要，設立圖書館研究所博物館。

(三)舉行科學演講及學術討論會。

(四)受公私機關之委託，研究及解決關於科學上一切問題。

(五)辦理本社董事會理事會委託之事件。

第五十四條 分社因興辦上述事業之需要，得以分社名義在本區域內募集捐款，但須先得董事會理事會之同意。

第五十五條 分社得於該區域內社員所繳之入社費及常年費內抽取十分之四作為該分社經常費。

第五十六條 分社受董事會及理事會之監督，每年由分社長報告分社

(9)

　　　　　　狀況及銀錢收支，並得提出次年預算表於董事會理事會
　　　　　　及常年會。

第五十七條　分社設分社長一人，職員若干人，由分社社員投票選出
　　　　　　之。

第五十八條　分社辦事細則，由分社根據社章另定之，但須得董事會
　　　　　　及理事會之核准。

　　　　　　　　　　第十二章　　社友會

第五十九條　凡一地社員在十人以上，得該地社員過半數之同意，得
　　　　　　請求理事會准其設立社友會，名曰中國科學社某地社友
　　　　　　會。

第六十條　　社友會之職務如下：
　　　　　　(一)辦理社內外交際事務。
　　　　　　(二)聯絡社內外同志或團體研究學術，收切磋之益。
　　　　　　(三)演講學術，以提倡學問普及智識。
　　　　　　(四)辦理本社董事會理事會委託之件。
　　　　　　(五)調查各該地科學實業及教育之狀況報告於本社。

第六十一條　凡於上列各項外，社友會認為應辦之事，經本社理事會
　　　　　　之認可者，得舉行之。

第六十二條　社友會非經理事會之認可，不得用本社名義向人交涉事
　　　　　　件收募捐款或發起其他事項。

第六十三條　社友會得向該地社員徵收相當會費，作為該社友會經常
　　　　　　費。

(10)

第六十四條　社友會設會長一人，職員若干人，分任會務。

第六十五條　社友會受理事會之監督，每年由社友會會長代表社友會報告該會狀況於理事會。

第六十六條　各地社友會得根據本章擬訂會章，但須經理事會之核准

第十三章　基金及捐金

第六十七條　董事會於必要時，得用本社名義募集基金或特種捐款，並收受捐金或捐產。

第六十八條　除董事會外，無論私人或團體非有本社董事會委託之憑證，不得以本社名義向人募捐或收受捐金或捐產。

第六十九條　凡捐助本社之捐金或捐產，非有本社董事會發出之正式收據，本社概不承認。

第七十條　凡捐助本社之捐金，得分為左列之四種，由捐主於繳款時指定之。

(一)特種基金　用息不用本，專用於捐主指定之特項用途。

(二)普通基金　用息不用本，其用法得由董事會酌量分配。

(三)特種捐金　專用於捐主指定之特項用途。

(四)普通捐金　其用法得由董事會斟酌分配。

第七十一條　上條基金及捐金之用途及處理方法，由董事會基金監司稽核及監察之職。

第七十二條　募捐細則，由董事會根據本章另訂之。

(11)

第十四章　　修改章程

第七十三條　本章經董事會或理事會或年會出席社員過半數之多數提議，得議改之。

第七十四條　本章修改草案，須由理事會於投票取決前二個月通告各會員，取決方法，或由年會投票，或由社員全體通訊投票，由理事會臨時酌定之。

第七十五條　本會修改案，經年會出席人數三分之二通過，或由社員通信投票五分之四通過，即爲有效，但通信投票人數如不及本社員總數之四分之一時仍無效。

中國科學社總章

民國二十一年十月刊

中國科學社總章

第一章　定名

第 一 條　本社定名為中國科學社．

第二章　宗旨

第 二 條　本會以聯絡同志，研究學術，共圖中國科學之發達為宗旨．

第三章　社員

第 三 條　本社社員分下之六種，(一)普通社員，(二)永久社員，(三)特社員，(四)仲社員，(五)贊助社員，(六)名譽社員．

第 四 條　普通社員　凡研究科學或從事科學事業，贊同本社宗旨，得社員二人之介紹，經理事會之選決者，為本社普通社員．

第 五 條　永久社員　一次或三年內分期納費至一百元者，得為永久社員，不另納費．

第 六 條　特社員　凡本社社員有科學上特別成績，經理事會或社員二十人之連署提出，得常年會到會社員過半數之選決者，為本社特社員．

第 七 條　仲社員　凡在中學五年以上或其相當程度之學生，意欲將來從事科學，得社員二人（但一人可為仲社員）之介

绍，經理事會之選決者，為本社仲社員，但入社二年以後，復得以社員二人之介紹，經理事會之選決改為本社普通社員。

第 八 條 贊助社員 凡捐助本社經費在五百元以上，或於他方面贊助本社，經理事會之提出，得常年會到會社員過半數之選決者，為本社贊助社員。

第 九 條 名譽社員 凡於科學學問事業上著有特別成績，經理事會之提出，得常年會到會社員過半數之選決者，為本社名譽社員。

第 十 條 凡社外同志贊助本社者，得以理事會之提出，常年會到會社員過半數之選決，贈以普通社員或永久社員，免繳其一部份或全部社費。

第四章 社員權利義務

第十一條 普通社員永久社員及特社員。

(一)有選舉及被選舉權。

(二)得參預本社常年會及特別大會。

(三)有享受本社發行之期刊及其他印刷物之權，但書籍不在此限。

(四)得向本社附設之圖書館博物館及研究所借用圖書儀器及標本，但須依照各機關所定之規則行之。

(五)得使用本社附設之圖書館博物館研究所，但須依照各機關所定之規則行之。

— 2 —

(六)有遵守本社章程之義務。

(七)有繳納入社及常年費之義務。

(八)有擔任研究調查演講及投稿社刊之義務。

(九)有維持本社輔助發達之義務。

第十二條　仲社員

(一)有享受第十一條第(三)(四)項之權利。

(二)有遵守社章及繳納社費之義務。

第十三條　贊助社員及名譽社員

(一)享受第十一條第(一)(二)(三)(四)(五)諸項之權利。

第十四條　普通社員特社員仲社員不繳常年費至一年以上者，本社停止其各種權利，但經繳足欠費或經重舉，得恢復其權利。

第十五條　本社社員有損壞本社名譽之行為時，理事會得以四分之三之多數議決宣佈除名。

第五章　社費

第十六條　普通社員入社時，應繳入社費十元，但入社即繳永久社員費時，得免繳入社費。

第十七條　普通社員特社員入社之第一年，若被舉入社在六月以前，繳本年年費三元，若在六月以後，免繳本年年費。

第十八條　普通社員特社員自入社後，第二年一月一日起，年繳常年費五元，仲社員年繳常年費三元。

— 3 —

第十九條　入社費常年費均交本社會計或會計指定之人員。

第六章　社務

第二十條　本社社務暫分下列九種。

(一)發刊雜誌，傳播科學，提倡研究。

(二)著譯科學書籍。

(三)編訂科學名詞，以期劃一而便學者。

(四)設立圖書館，以便學者參考。

(五)設立各科學研究所，施行科學上之實驗，以求學術實業與公益事業之進步。

(六)設立博物館，搜集學術上工業上歷史上以及自然界動植鑛物諸標本，陳列之以供研究。

(七)舉行科學講演，以普及科學知識。

(八)組織科學旅行研究團，為實地之科學調查與研究。

(九)受公私機關之委託，研究及解決關於科學上一切問題。

第七章　董事會

第二十一條　董事會以董事九人組織之。

第二十二條　董事任期各九年，每三年改選三分之一，由司選委員就本社名譽社員，贊助社員，特社員，普通社員，永久社員中選定候選董事，提出常年會，復經常年會到會社員過半數之同意選決之，連舉者得連任。

第二十三條　董事會設會長一人，基金監二人，由董事互選出之，書

— 4 —

記一人，由董事會就理事中擇任之．

第二十四條　董事會之職務如下：

（一）代表本社．

（二）監督本社財政出納，審定預算決算．

（三）保管及處理本社各種基金及財產，每年須編製基金及財產一覽表在常年會報告．

（四）報告募集基金及各種捐款．

第二十五條　董事會每年至少開例會一次，開會日期他點臨時酌定，遇有重要事件不及會議者，得用通訊表決，開會時理事會會長及總幹事當然列席，但無表決權．

第二十六條　董事會辦事細則，由董事會據社章另定之．

第八章　理事會

第二十七條　理事會以理事十四人及總幹事一人組織之．

第二十八條　理事任期各二年，每年改選七人，由司選委員提出，經全體社員投票選決．

第二十九條　理事會設會長總幹事會計各一人，會長會計由理事中互選出之．總幹事由理事會推舉呈請董事會聘任之，任期無定，理事會會長即為本社社長．

第三十條　理事會之職權如下：

（一）議決本社政策組織及改組各辦事機關與委員會．

（二）選定各辦事機關長．

（三）根據社章審定辦事機關細則，並督促各機關事務之

进行。

(四)司理社中财政出纳，并编造每年预算决算，呈交董事会核准。

(五)报告每年社务成绩於常年大会。

(六)推举候选名誉社员赞助社员特社员。

(七)选决入社普通社员永久社员仲社员。

第三十一条 社长代表本社，总理理事会一切事务，为理事会出席董事会议当然代表，社长有事故不能执行其职权时，由总干事代行之。

条三十二条 总干事之职务如下：

(一)襄助社长执行理事会一切事务。

(二)管理理事会及常年会开会一切手续。

(三)纪录理事会常年会会议事件。

(四)管理社员入社一切手续。

(五)纪录保存社员姓名住址履历。

(六)编订社录年会记事录及其他报告社务印刷物。

(七)发布各种通告。

(八)收发保存并答复理事会往来信件。

(九)收发本社各种公文要件。

第三十三条 会计之职务如下：

(一)经理本社银钱出纳。

(二)收集社员社费及各种捐款。

— 6 —

(三)受董事會之委託，管理本社各種基金及捐款．

(四)受董事會之委託，管理本社各種財產．

(五)管保本社一切關於銀錢財產之憑證契約及帳簿．

第三十四條　圖書館長總理圖書館一切事宜．

第三十五條　各研究所長總理各研究所一切事宜．

第三十六條　編輯部長總理期刊編輯一切事宜．

第三十七條　博物館長總理博物館一切事宜．

第三十八條　理事會為便利社務進行起見，得設立常期委員會，如學股委員會，名詞委員會，演講委員會，出版委員會，科學教育委員會等，各委員任期一年，由理事會推舉之．

第三十九條　理事會每月至少開會一次，開會日期地點臨時酌定，遇有重要事件，社長得召集臨時會議或用通訊表決．

第 四 十 條　理事會辦事細則，由理事會依據社章另定之．

第九章　年會

第四十一條　年會每年舉行一次，其時期地點，由理事會決定，先期通告各社員．

第四十二條　年會分學術會及社務會兩部．

第四十三條　學術會有下列之各事務．

(一)宣讀社內外科學研究之著作或論文．

(二)演講科學學理及應用．

(三)討論關於科學上一切問題．

第四十四條　社務會有下列之各事務．

— 7 —

　　　　　　(一)決議董事會提出交議事件。
　　　　　　(二)討論及提議一切重要社務。
　　　　　　(三)修訂總章。
　　　　　　(四)受董事會理事會之報告，與以通過或否認。
　　　　　　(五)選舉董事。
　　　　　　(六)推舉司選委員三人，辦理次年選舉事務。
　　　　　　(七)推舉查帳員二人，稽核基金財產及款項出納各項帳目報告於年會。
　　　　　　(八)決選名譽社員特社員及贊助社員。
第四十五條　年會社務會以出費社員全數之十分之一爲法定人數。
第四十六條　在年會開會兩個月前，總幹事應將開會日期地點及會程通告於各社員。

第十章　選舉

第四十七條　每年於開年會時，由到會社員選出司選委員三人，辦理次年選舉事務。
第四十八條　司選委員之職務如下：
　　　　　　(一)決定候選董事及候選理事之名單。
　　　　　　(二)社員有依次條之規定，提出候選董事及候選理事者，須於年會三個月以前，將名單交到司選委員。
　　　　　　(三)司選委員應於年會三個月以前，將最後之候選職員名單及選舉票分寄各社員，並將選舉結果報告於年會。
第四十九條　社員欲提出候選董事及理事者，須得二十人以上之連

— 8 —

署，並須於年會三個月以前，將提出之繊件寄到，方為有效。

第五十條　每社員得投一選舉票，其票所舉之人數，如其年應改選之理事人數。

第五十一條　新舊職員之交替，於每年十月一日行之。

第十一章　分社

第五十二條　凡國外相宜區域內，本社社員人數在四十人以上，社務發達，經理事會或該地社員過半數認為有設立分社之必要者，得由理事會之提議，經常年會過半數之通過設立分社，管理該地及其附近地方之社務，名曰中國科學社某地分社。

第五十三條　分社之職務如下：

（一）對本社事業為相當之擔負。

（二）視分社區域內之需要，設立圖書館研究所博物館。

（三）舉行科學演講及學術討論會。

（四）受公私機關之委託，研究及解決關於科學上一切問題。

（五）辦理本社董事會理事會委託之事件。

第五十四條　分社因興辦上述事業之需要，得以分社名義在本區域內募集捐款，但須先得董事會理事會之同意。

第五十五條　分社得於該區域內社員所繳之入社費及常年費內抽取十分之四作為該分社經常費。

— 9 —

第五十六條　分社受董事會及理事會之監督，每年由分社長報告分社狀況及銀錢收支，並得提出次年預算表於董事會理事會及常年會。

第五十七條　分社設分社長一人，職員若干人，由分社社員投票選出之。

第五十八條　分社辦事細則，由分社根據社章另定之，但須得董事會及理事會之核准。

第十二章　社友會

第五十九條　凡一地社員在十人以上，得該地社員過半數之同意，得請求理事會准其設立社友會，名曰中國科學社某地社友會。

第六十條　社友會之職務如下：

(一)辦理社內外交際事務。

(二)聯絡社內外同志或團體研究學術，收切磋之益。

(三)演講學術，以提倡學問普及智識。

(四)辦理本社董事會理事會委託之件。

(五)調查各該地科學實業及教育之狀況報告於本社。

第六十一條　凡於上列各項外，社友會認爲應辦之事，經本社理事會之認可者，得舉行之，

第六十二條　社友會非經理事會之認可，不得用本社名義向人交涉事件收募捐款或發起其他事項。

第六十三條　社友會得向該地社員徵收相當會費，作爲該社友會經常

費。

第六十四條　社友會設會長一人，職員若干人，分任會務。

第六十五條　社友會受理事會之監督，每年由社友會會長代表社友會報告該會狀況於理事會。

第六十六條　各地社友會得根據本章擬訂會章，但須經理事會之核准

第十三章　基金及捐金

第六十七條　董事會於必要時，得用本社名義募集基金或特種捐款，並收受捐金或捐產。

第六十八條　除董事會外，無論私人或團體非有本社董事會委託之憑證，不得以本社名義向人募捐或收受捐金或捐產。

第六十九條　凡捐助本社之捐金或捐產，非有本社董事會發出之正式收據，本社概不承認。

第七十條　凡捐助本社之捐金，得分為左列之四種，由捐主於繳款時指定之。

(一)特種基金　用息不用本，專用於捐主指定之特項用途。

(二)普通基金　用息不用本，其用法得由董事會酌量分配。

(三)特種捐金　專用於捐主指定之特項用途。

(四)普通捐金　其用法得由董事會揭酌分配。

第七十一條　上條基金及捐金之用途及處理方法，由董事會基金監司稽核及監察之職。

第七十二條　募捐細則，由董事會根據本章另訂之。

第十四　修改章程

第七十三條　本章經董事會或理事會或年會出席社員過半數之多數提議，得議改之。

第七十四條　本章修改草案，須由理事會於投票取決前二個月通告各會員，取決方法，或由年會投票，或由社員全體通訊投票，由理事會臨時酌定之。

第七十五條　本會修改案，經年會出席人數三分之二通過，或由社員通信投票五分之四通過，即為有效，但通信投票人數如不及本社員總數之四分之一時仍無效。

中國科學社概況

民國二十年一月刊

上海明復圖書館
南京生物館 開幕紀念刊物

英文部分已學加動資料

中國科學社各機關通訊地址一覽表

機關	地址
董事會 理事會 總辦事處 圖書館 編輯部 發行所 科學咨詢處	上海亞爾培路五三三至五三五號中國科學社上海社所
生物研究所　生物圖書館	南京成賢街中國科學社南京社所
美洲分社	分社長梅貽琦君 2645 Conn. ave., Washington, D.C.
南京社友會	會長蔡子民君　南京中央研究院
上海社友會	會長曹梁廈君　上海大同大學
北平社友會	會長趙元任君　北平洋溢胡同四十一號
廣州社友會	會長陳宗南君　廣州中山大學
遼甯社友會	會長孫國封君　遼甯東北大學
杭州社友會	會長李熙謀君　杭州浙江大學工學院
青島社友會	會長蔣丙然君　青島觀象臺
蘇州社友會	會長汪懋祖君　蘇州蘇州中學校
科學教育委員會	委員長張子高　北平清華大學

中國科學社概況

目錄

(一) 略史
(二) 社員
(三) 社務執行機關
(四) 事業

1 出版物
2 科學圖書館
3 生物研究所
4 科學教育
5 學術演講
6 審定科學名詞
7 國際科學會議
8 科學咨詢處

目錄

中國科學社概況

(五) 獎金
(六) 職員錄
(七) 附歷年常會地點

二

中國科學社上海社所 Shanghai Headquarters of the Science Society of China

中國科學社明復圖書館　Science Society of China Library, Shanghai

中國科學社生物研究所之南樓
The Southern Building of the Biological Research Laboratory.

中國科學社生物研究所之北樓
The Northern Building of the Biological Research Laboratory.

在建築中之生物研究室
The Building of a New Biological Research Laboratory under way

生物研究所標本陳列室（其一）
Exhibition Room of the Biological Research Laboratory. (A)

生物研究所标本陈列室（其二）
Exhibition Room of the Biological Research Laboratory. (B)

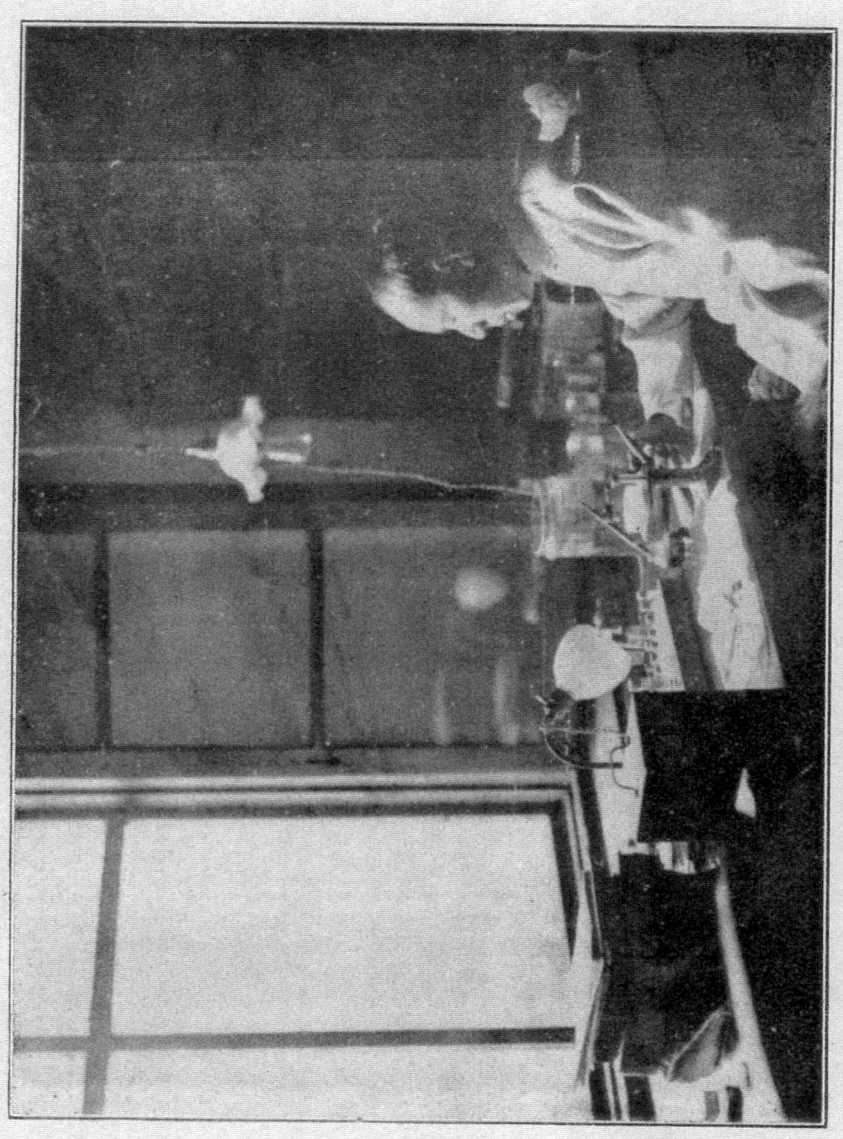

生物研究所動物部研究室之一
One of the Research Laboratories (Zoology)

生物研究所植物部研究室之一 One of the Botanical Laboratories

生物研究所植物標本室之一部　A part of the Herbarium

生物研究所標本剝製室
The Taxidermic Shop of the Biological Research Laboratory.

生物研究所豚鼠畜養圖
The Animal Colonies in the Biological Research Laboratory.

生物研究所養鼠室
The Mouse Room of the Biological Research Laboratory

生物研究所金魚畜養場
The Gold fish Plant of the Biological Research Laboratory.

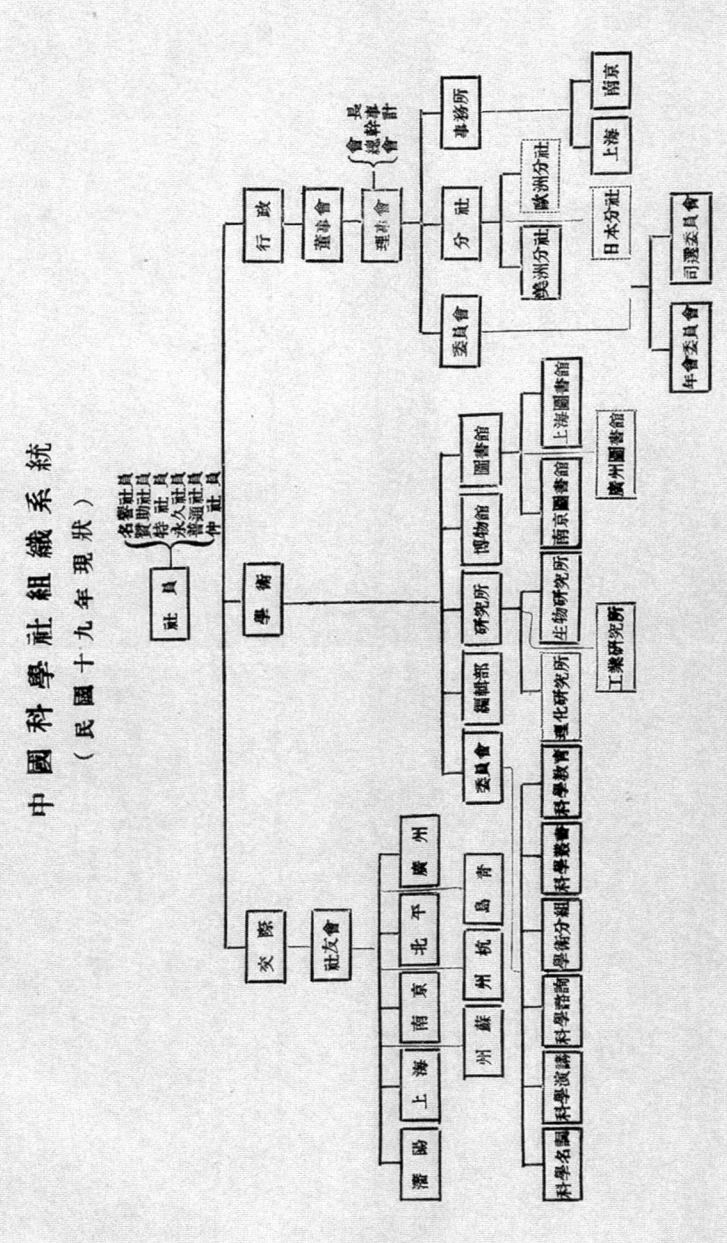

中國科學社概況

（一）略史

略史

本社於民國三年六月十日，產生于新大陸之綺色佳城。當時發起諸人，留學美洲，鑒於祖國科學知識之缺乏，決意先從編刊科學雜誌入手，以傳播科學提倡實業爲職志，社員皆負撰文輸金之責；經營數月，科學雜誌遂于民國四年正月誕生於神洲大陸。未幾，社員覺社中事業不應以發行雜誌爲限，因有改組學會之議。四月董事會乃以改組之議，徵求社員意見，得大多數之贊成，遂由董事會推員起草科學社社章。是年十月九日起草員以社章草案付表決，十月二十五日全體贊成通過，中國科學社乃正式成立。公舉任鴻雋，趙元任，胡明復，秉志，周仁五君爲第一屆董事，楊銓君爲編輯部部長。六年三月由社中呈准教育部立案，認爲法人團體。北京大學並月撥輔助金二百元，爲津貼印刷科學雜誌之用。七年辦事機關由美國移歸國內，在上海南京設中國科學社事務所，執行社務。八年十一月由社中呈准財政部撥給南京成賢街文德里官產爲本社社所，以六年爲期。九

— 1 —

年三月遷入南京社所。是年八月十五日圖書館成立。十年廣東省政府撥給九曜坊官產爲本社廣州社所及圖書館址。十一年八月十五日生物研究所南京行開幕禮。同月在南通開常年會通過修改社章草案，改原有之董事會爲理事會，專司執行事務，另設董事會主持全社經濟及大政方鍼。並以是年冬正式舉出馬相伯，張謇，蔡元培，汪兆銘，熊希齡，梁啓超，嚴修，范源濂，胡敦復九人爲董事，丁文江，竺可楨，胡明復，王璉，任鴻雋，秦汾，楊銓，趙元任，孫洪芬，胡剛復十一人爲理事。十二年正月由董事會呈准國務會議，由江蘇國庫月撥二千元爲本社補助費。十三年八月在南京社所舉行第九次年會及十週紀念大會。十五年二月，中華教育文化基金委員會議決補助本社常年費一萬五千元，以三年爲期，又一次補助費五千元，此項補助費指明爲生物研究之用。十六年十二月由社呈准國民政府，由財政部撥到補助費國庫券四十萬元，指明爲本社基金之用。十七年二月購買上海法租界亞爾培路房地，爲本社上海社所及建築圖書館之用。四月呈准國民政府財政部，將南京成賢街社所及其大門外之官地永遠撥歸本社應用。五月，社友周君美權以私藏價值巨萬之中外算學書籍捐贈本社，

為開辦算學研究所之先導。十七年冬添購南京社所南首園地十餘畝，為擴充生物研究所之用。十八年四月總辦事處及編輯部移設於上海社所。六月招商合辦中國科學圖書儀器公司以謀編譯叢書製造儀器計劃之實現，先設印刷部分，本社各項出版物于是稱便。七月起中華教育文化基金董事會通過繼續補助本社生物研究所經費三年，年各四萬元，並另助生物研究所建築費二萬元。九月上海社所明復圖書館開始建築。十九年七月落成。十年四月南京社所生物研究所新館開始建築。十餘年來，國中多故，百務廢弛，本社計劃得見諸實行者什之一二而已。此後方將努力合作，繼續發展，以求達本社普及科學提倡研究之志願爾。

（二）社員

本社社員分普通社員，永久社員，特社員，仲社員，名譽社員，贊助社員六種。凡研究科學及從事科學事業，而有相當之介紹者，得被選為普通社員。程度略次者為仲社員。普通社員一次納費至一百元者為永久社員。其餘三種社員皆係名譽性質，須由大會選舉，而特社員則僅限於普通社員中之有特別成績者。

社員

三

中國科學社概況　　四

社中現有社員計一千餘人，內名譽社員一人，贊助社員三十三人，特社員十一人，永久社員六十二人，普通社員八百九十八人，其中有外國社員十一人。茲將歷年社員人數及學科分組列表如下：

第一表　社員逐年統計（特社員，永久社員及普通社員）

民國三年	三五	十二年	六〇〇
四年	七七	十三年	六四八
五年	一八〇	十四年	七二八
六年	二七九	十五年	八〇〇
七年	三六三	十六年	八五〇
八年	四三五	十七年	九二五
九年	五〇二	十八年	九八一
十年	五二〇	十九年	一〇〇五
十一年	五二二		

第二表　社員學科統計

組別	人數	百分比例
物質科學	232	23.0
算　　學	40	
物　　理	47	
天　　文	6	
化　　學	99	
地　　學	35	
氣　　象	5	
生物科學	201	20.0
生　　物	69	
醫　　藥	58	
農　　林	74	
工程科學	343	33.5
化　　工	42	
電　　工	70	
土木工 建築附	106	
機　工 造船附	69	
礦　　冶	48	
染　　織	8	
社會科學	169	17.0
心　　理	14	
教　　育	35	
經濟，商業	61	
政治，社會	28	
文，史，哲	31	
未　　詳	68	6.5
共　　計	1005	100.00

（三）社務執行機關

社務執行機關

五

(1) 董事會 主持本社經濟及大政方針，以董事九人組織之。任期各九年，每三年改選三分之一，第一任董事於民國十一年冬正式成立。

(2) 理事會 為舊章董事會改組，於民國十一年冬成立。其職務在總理全社行政，以理事十人及總幹事一人組織之。會中設會長總幹事會計各職員。每年舉行全體理事大會兩次，會議全社行政計劃及豫算決算。理事任期各二年，每年改選五人。

(3) 分社 凡國外相宜區域內本社社員人數在四十人以上者，得設立分社。自民國九年以來，美國即設有分社。分社社務由分社社員所組之理事會執行之。內設會長書記及會計各職員。

(4) 社友會 凡各地社員在十人以上者得設立社友會。其會務在辦理各地社員之交際及學術討論，並承辦本社董事會理事會委託之件，以期聯絡感情，推廣科學。現國內之設有社友會者，為上海，北平，南京，廣州，瀋陽，杭州，青島，蘇州八處。

(5) 年會 每年夏季擇相當地點開年會，由年會委員會主持之。凡社員均可出席，理事會及各學術機關，如編輯部，科學圖書館，生物研究所等各

機關主任，均須將一年中進行狀況報告於社員。年會中除討論社務選舉職員外，凡社員於科學上有研究發明者，得作成論文，在會中宣讀。

（四）事業

本社現有事業，可析爲八項，分述如下。

(1) 出版物

本社出版物可分爲六種如下。

（甲）科學雜誌 自民國四年出版以來，按月發行，迄今已出至第十五卷，其在學術界上之價值已有定評，茲勿具論。

（乙）論文專刊 自民國十一年起，每年彙集年會宣讀之論文，刊行論文專刊 (Annual Transactions) 一卷，以爲社員發表研究心得交換新知之工具，現出版者已有六卷。

（丙）通論特刊及單行本論文 社中曾刊行科學通論，江蘇植物名錄，人類生物學，科學名人傳及他種特刊，以謀灌輸科學正確知識。在印刷中者有科學的南京一書。此外尚有單行本論文多種。如吳偉士君之顯微鏡理論 (Woodworth, "Microscopic Theory" 英文本) 趙元任君之中西星名考等，皆極

事業　　　　　　　七

有價值之作。

（丁）科學叢刊　凡較為高深而有系統之科學研究，歸入此類。已出版者有鍾心煊君之中國木本植物目錄（A Catalogue of Trees and Shrubs of China, 英文本）一種。

（戊）科學叢書　我國各大學所用之教科書參考書，多係西籍。不特中外情形不同，難以適用，且一年中漏巵亦鉅不貲。科學叢書即所以救此弊，已出版者有謝家榮君之地質學，章之汶君之植棉學，任鴻雋君之科學概論三種。尚有李儼君之中國數學大綱，鮑鑑清君之顯微鏡的動物學實驗，祝廷棻君之徵分方程式均在印刷中。

（己）生物研究所專刊　自民國十四年起，至十八年止生物研究所共刊動植物論文五卷，每卷五號，自十九年第六卷起，因經費稍裕，成積較富，乃分動物與植物二組，每組亦不限於五號。茲將其已出版者列舉如下：

陳楨著：金魚之變異

胡先驌著：中國植物之新種

王家楫著：南京原生動物之研究

秉志著：鯨魚骨骼之研究
陳煥鏞著：樟科研究
秉志著：虎骨之研究
孫宗彭著：南京蜥蜴類之調查
魏嵒壽著：一種由蔗糖滓中提取精蔗糖之生物學方法
張景鉞著：蕨莖組織之研究
胡先驌著：中國東南諸省森林植物初步之觀察
錢崇澍著：安徽黃山植物初步之觀察
伍獻文著：鯊魚胃中之新圓虫
秉志著：白鯨舌之觀察
胡先驌著：幼水母之感覺器
胡先驌著：中國榧屬之研究
伍獻文著：中國椴木，中國東南部安息香科之新屬
謝淝成著：螞蟻之解剖
徐錫藩著：水母之新種

專業

九

張春霖著：南京魚類之調查
方炳文著：鱅鰱鰓棘之解剖
張宗漢著：福州之新龜
伍獻文著：新種且新屬之蛙
嚴楚江著：梧桐花之解剖及其兩性分化之研究，第一次
伍獻文著：廈門魚類之研究
胡先驌著：中國植物誌長篇
戴芳瀾著：三角楓上白粉病菌之研究
鄭萬鈞著：中國松屬之研究
徐錫藩著：夾板龜之新變種
錢崇澍著：蘭科之新種

(2) 科學圖書館

本社設圖書館為研究科學者之參考。民國四年即設圖書館籌備委員會，從事徵求書籍。惟以社所無定址，成績甚鮮。八年西湖年會重定籌備計劃。九年南京社所成立，遂以北樓為圖書館址。推定胡君剛復為圖書館主任

向各方徵求書報。十一年一月正式開覽。四月實行借閱章程。當時祇有中西書籍五千餘冊，中西雜誌一千餘小冊耳。書藉半爲本社社員捐助寄存，半爲本館選購，雜誌則多數定購，小數由各國學術機關贈送或交換。歷年以來，積極進行。終以因於經費，書報未能多購。至十八年八月止，書報總數祇三萬餘冊耳。所差堪告慰者自十五年起，中華教育文化基金委員會撥款補助本社基金四十萬元，本圖書館方得於上海亞爾培路購地建築鋼骨水泥三層樓圖書館，面積五千五百餘方尺，其書庫可藏一時厚書二十二萬冊。本年秋季除生物專門書報，仍留南京社所，爲生物研究所參考之用外，其餘書報均移儲上海新圖書館，以供衆覽矣。茲將歷年書籍雜誌數目列表如下。

	中書	中雜誌	西書	西雜誌
民國九年	3027	537	1969	845
十二年	3119	1800（40種）	9850	7202（123種）
十三年	3237	2530	10518	9718

事業

十六年	2788	3087	10572	20493
十七年	2788	3530	12124	20190（因裝訂減少）
十八年	3190	4037	13431	16354（因裝訂減少）

每年所訂英美德法日等國雜誌，共計一百四十餘種。由各國交換所得者，又四十餘種。其中頗多珍貴者，茲略舉如下。

一 電學雜誌 卷七至卷一〇四 自一八八一年起迄今

二 自然 卷一至卷一二五 自一八七〇年至一八七一年自一八七四年起迄今

三 倫敦皇家學會會報 卷三九至卷七五 自一八八五年至一九〇四年

同上 甲組 卷七六至卷一二三 自一九〇五年起迄今

同上 乙組 卷七六至卷一〇六 自一九〇五年起迄今

四 植物年刊 卷一至卷四四 自一八八七年起迄今

五 法國植物學會公報 卷一至卷七六 自一八五四年起迄今

六 列寧社雜誌植物部 卷一至卷四八 自一八七五年迄今

七 美國解剖學雜誌 卷三至卷四五 自一九〇四年迄今

八 解剖學記錄 卷二七至卷四八 自一九〇六年迄今
九 生物學公報 卷一至卷五八 自一九〇〇年迄今
十 原生學 卷一至卷一五 自一九一六年迄今
十一 普通生理學雜誌 卷一至卷一三 自一九一八年迄今
十二 形態構造學雜誌 卷二七至卷四八 自一九五七年迄今
十三 列甯社雜誌動物部 卷一至卷三六 卷五九至六三 一八七六
十四 該芹白氏形態學年刊 卷一至三〇 卷四七至五四 一九〇九
十五 年至一九〇二年 一九二八年迄今
十六 遺傳學及遺傳學雜誌 卷一至二七 一八七四年至一八九九年
十七 顯微鏡的解剖學雜誌 卷一至五三 一九二八年迄今
十八 細胞研究及顯微鏡的解剖學雜誌 卷七至一〇 自一八九
十八 比較神經學雜誌 卷一至三 八至九 十五至四九 一八八九年至一九〇五年至一八九三年

事業

一三

中國科學社概況

一四

十九 實驗動物學雜誌 卷一至五六 自一九〇四年迄今
二十 倫敦動物學會論文專刊 卷一至二二 自一八三五年迄今
二一 科學提要 甲組 卷一至卷三三 自一八九八年迄今
二二 德國化學學會會刊 卷一至六三 自一八六八年迄今
二三 化學學社雜誌 卷六七至最近出版（自一八九五迄今）
二四 土木工程學會彙報（英國） 卷一二三至卷二一六 自一八九五年至一九二三年
二五 科學提要 乙組 卷七至卷三三 自一九〇四年迄今
二六 實驗紀錄 卷二四至卷六二 自一九一一年迄今
二七 農藝研究叢刊 卷一至卷四〇 自一九一三年迄今
二八 新植物目錄 卷一至二七 自一九〇五年迄今
二九 適應學雜誌 卷一至一八 自一九一三年迄今
三〇 普通實驗動物學雜誌 自一八七九年起至一九〇一年
三一 寇天氏植物學雜誌 卷一至一五三 自一七八七年迄今
三二 新楠物學家 卷一至卷二七 自一九〇二年至一九二八年

本國所出版之雜誌，由贈送或交換所得者，約一百種。卡奈基學社所出版之書籍，寄贈本圖書館全份。斯密松甯學社所出版之書籍報告等，現仍繼續寄贈。

美國之國際交換圖書，由民國二年至十一年間贈諸吾國者共七千餘冊，由本圖書館保管，已分類編訂目錄出版矣。

私人所捐贈者，有德國生物學家杜里舒博士自用之書報數千小冊，及社員周君美權私藏之算學書報數亦如之。

本圖書館藏有紐約時報民國八年起全份，並購有索引，堪為一般參考之用。

(3) 生物研究所

本社生物研究所發軔於民國十一年秋間。僅就南京社所南樓樓上各室，闢為生物研究室。推定秉志主持其事。維時社中經費艱難，除助理員略受津貼以資膏火外，各研究員皆以大學教授課餘之時間，從事研究而提倡之，皆不計薪。本所之得以樹立基礎，實始倡諸教授之力也。次年本社得江蘇省政府常年補助費，乃能月撥該所經費三百元，動物植物二

事業

一五

部各得其半。於是始得略購器械，探集標本。關南樓之下層為陳列館，公諸社會。參觀者日以增多。本所遂漸漸為人注意。南京之有公開自然歷史博物館者，實自此始。十三年動物部發刊研究論文三種，植物部二種。自此以為例，每年動植二部發佈研究專刊，年印五篇，彙為一卷。二三年後漸為學術界所注意。中華文化基金會乃於十五年秋起資助本所年金萬五千元，其第一年另助設備費五千元。於是始克維持發展，添購書籍儀器，派員四出探集，陳列室內標本因之驟形增多，研究之資料亦以繁富。十八年秋文化基金會，補助本所常年費復增至四萬元。因得添聘教授，發展工作。維舊時房舍殊感不敷應用。今年又由本社提出二萬元，並向文化基金會請得協助二萬元，共計四萬元，為添築新舍之用。新舍為保險式二層樓，包含陳列室，圖書館，研究室等。建於舊址西隙地。已於四月一日起興工建築。光線溫度皆求適合於研究工作。十月間即可完竣。本年九月間北樓圖書館移滬，又得應用房屋。自此南京社所全部均歸本所之用矣。此為本所之略史，至於各部狀況分錄於後。

甲　動物部

本部發軔之初從事於研究工作者，僅秉志與陳楨二人，皆執教於東大，以課餘之暇治究形態遺傳之學。十二年王家楫來任助教兼作研究。維時經費僅每月得百五十金，然已大勝去年。於是購置玻瓶玻櫥，取本所研究員採集所得以實之，並爲陳列以便公衆之參觀。十三年開始發行研究論文專刊。本部付刊者有陳楨之金魚變異，秉志之鯨魚骨骼之研究，王家楫南京原生動物之研究三篇。十五年王家楫考選得江蘇省費赴美留學，繼王任事者爲張春霖，張宗漢等。此外尚有東大師生多人來所專志於研究。本所以已得文化基金會之補助，經費較裕。於是稍稍添購書籍儀器，同時舉行採集。常年注意南京及其附近之動物，按時收羅，審定學名，記述性狀，擬作詳備之報告，亦兼及海產動物之考查。是年秋冬遠赴閩浙二省。尤以廈門附近多事搜羅。該處廈門大學與本所互合作，受助頗多。十六年夏又往青島烟台等屬採集海產。秉志復酌捐月薪之一部，以給助所外之研究者。本部事業得以順利進行，而研究員有良好成績。又多請得文化基金會之獎金。若張春霖著。國內外學術機關，若東南大學，廈門大學，英美各博物館，研究院，及著名大學，又與以精神上及物質上之借助，使主持者感奮。

事業

一七

，伍獻文，崔之蘭，謝肥成等俱得資助出洋，更求喘深。十八年秋因文化基金會增加本所補助費，本部又得增聘研究人員。王家楫博士卽於此時聘任爲教授。同時書籍儀器之添購，亦倍於往昔。國外動物學界之以書報交換者亦益增多。採集事宜更彙程並進。去秋今春數次溯江而上，遠征四川，作長期之搜羅。入川之採集隊，頗得川省官長及當地人士之臂助。入山益深，入林益密，今時猶在川省萬山叢中也。研究專刊自第一卷發刊以來，迄今五卷。已刊印之本論文總凡十六篇。篇目詳本刊出版一節中。茲不具。此外散見中外各專門雜誌者，亦不復具述。

以上撮敍歷年以來本部發展之略狀。今時概況又可以約略告述如次。以歷年來之經營，幸得國內外學術界之注意。贈閱交換雜誌者甚多。著名之交換刊物處所約舉如下：

不列顛博物院
倫敦動物學會
愛丁堡皇家學會
南威而斯皇家學會

紐斯蘭研究院
合眾國國立自然歷史博物館
自然歷史博物院
美國自然歷史博物館
加南其大學
施美松甯學院
洛克弗樂學院
威施德學院
海上生物研究所
斐律賓科學學院
回恩自然歷史博物館
澳大利亞動物學會
賽普羅自然歷史學會
屈山自然歷史學會
台灣自然歷史學會

事業

一九

奥脱苏水中生物区试验所等，其他各著名大学如耶鲁，哈佛，支加哥，发林施登，甘塞斯，意利诺爱，约翰赫金斯，……等俱是不复一一列举。除从此等机关获得名贵之著作杂志外，本部亦常以重金购买著名之全部旧杂志，计有十余种。其名称详本刊英文部。

其余已详本刊图书馆项下杂志要目中之13,14,15,16,20等。凡此杂志皆卷目繁多，全备无缺，不可多得之重要典籍。国内学术机关亦时有惠赠。若北平之地质调查所，中国生理学会，其余赠送及购置者甚多，兹不具述、杂志而外亦时购欧美重要巨著，计有二十余种，其书名详本刊英文部。大抵所备书籍杂志，于动物学各学科之典要，皆已略具规模。又以与中央大学密切合作，彼此不订购重复之高价杂志，因得以此粗简设备，叐微款项，多得博览羣籍之机会，与研究者以不少便并计，凡专著一千卷，杂志期刊五十余种，都三千卷。研究论文散著五千余本。

仪器之设备亦大略称是。此时已购置者有显微镜八架，最高倍者可放大

至二千倍，雙眼顯微鏡四架，解剖鏡七架，解剖器二百餘件，生理實驗儀器三百件，寒暑表十個，融蠟爐十一座，切片機二架，孵卵器一座，天平二架，玻璃器皿千餘件，藥物三百種，計七百餘件，此外標本櫥箱標本瓶缸等都凡數千件。已探集之標本共萬八千個。都千三百種，內鳥獸，爬蟲，二棲，魚類，珊瑚，棘皮，介殼，節足，寄生蟲等，大抵俱備，足供研究所需。此等標本高等動物計七千餘枚，凡六百五十餘種。其他皆為無脊椎動物，海綿，珊瑚，棘皮，介殼，節足，寄生蟲等，大抵俱備，以及長江流域諸省採集而得之。更取一份，標名陳展本所陳列室中。其中亦有以缺少參考書籍之故，而不能定名者，則送交國外專家亦有所外國人士之贈送。俱剝製浸液以備貯藏。本部與國外各學術機關，彼此俱受及本所留學外國之人員鑒定送歸。本部與國外各學術機關，俱有相當聯絡。國內又有北平靜生生物調查所及南京國立中央大學相互合作。此外又有范太夫人之獎金，資給於從事研究之人，年給五百元，現由何錫藩君領受之。至於曾在本部研究而得受取各機關資助出洋者，已有十餘人。頃在英，美，德，法諸國得博士學位者，有王家楫，孫宗彭，盧

事業

二

此时本部专聘长于研究之人员共七人，计教授二人，研究员五人。以下尚有助理，任採集剝製者三人。所外來此專志研究者，又有中央大學動物系師生，江蘇省昆蟲局技師，國民政府工商部技師，及各大學畢業生等若干人。研究之題旨，隨各人自定，不與限制。本部之計劃，則先從事於分類之調查。擬先由南京土產着手，然後逐漸推及長江流域沿海各省。分門別類，各治一系。其有門類品種繁博者，集數人分任之。此項工作由本部研究員與留外諸人共同合作。此外復及形態，生理，生態之學。倘有餘力，更擬究治遺傳學及試驗胚胎學等。

乙 植物部

本部創始之時，本社經濟異常竭蹶。儀器書籍之可為研究之用者幾無所有。幸此時研究人員，對於研究事業，以百折不撓之精力赴之。其時研究員如胡步曾，陳煥鏞，張景鉞諸君，均執教於大學，但悉以課餘之光陰，用之於研究工作。設備雖間，而成績却已可觀。其成績在此時發表者，有胡先驌之中國植物之新種，陳煥鏞之樟科研究，及張景鉞之蕨莖組織之研

究等。賴諸人之努力，研究所植物部之基礎於是成立。此時可謂為草創時

民國十五年本所得文化基金會之補助，始得專聘研究人員，儀器書籍亦漸漸增置，研究進行乃較為順利。本部之研究，現以調查中國中部之植物種類及生態為主。故對於標本之搜集極為注意。歷年由本所派人出外採集標本之地方；十五年為浙江溫，處，台，及四川，南川，江津一帶。十七年為浙東天目山及巖，衢，金華各屬，及四川，川東，川南各地；十八年又赴浙江天目山作植物種類及生態之調查。調查計劃，原不限於浙，蜀，二至四川，西康，及馬邊一帶，詳細採集；十九年復派採集員二人省。惟以此二省之植物為最豐富而最有趣味，故先及之。且各省近年來地方不靖，行者裹足，推此二省較為安靜，而四川各方之軍民長官，對於本所採集之舉，備極贊助，獎勵，尤為不可多得之機會也。歷年採集之結果；標本室現有已定名之標本約一萬餘紙，內包有二百科一千三百餘屬，及八千種。其他之猶待定名之標本，數且過之。

本部圖書雖力謀多購。然以限於經費，搜羅有限。故於研究工作尚多困

難。然取得之大部分書籍，多有為國內同類之機關所未置者。其名已詳本刊英文部。至於與各國交換處所，與動物部所列大致相同，茲不贅述。

本部設備亦因限於經費，未能多置，然照現在所取計劃之工作，則所備亦略足應用矣。標本廚本係木製，現已漸易以鋼製者。採集器件，如照相機，望遠鏡，測高器。擴大鏡等，已可供同時二處遠行之用。研究室中則有高倍顯微鏡，雙管解剖顯微鏡各數架。其他藥品玻璃瓶等等。又如自製溫度烘乾爐，測量蒸發器，土壤分析器，及測驗土壤氫游子器等等。則為研究生態學之用。研究人員現設教授一人。研究員四人。標本室管理者二人。

研究之結果。均由本所專刊發表。其篇目在本刊出版項下可以查閱。毋庸重述。總言之凡論文之關於生理者一篇，關於形態學者二篇，關於生態者二篇。關於分類者八篇。

....

本所近況大略如右所述。如年來能發展不賴，以至於今日者，實受外界獎助之所賜。任事同人，感奮殊切。茲將撮述概況，公諸海內。願以受諸

社會者，供諸社會。有志究治生物學者，但有相當學力，均可來此作研究。本所願借與書物實驗室，與以便利，以期報答社會眷顧之厚惠於百一焉。本社對於將來科學研究之計劃，已該見中國科學社對於中國科學發展之計劃一書中。各類科學皆有待於研究，其所以獨先開辦生物研究所者，則以生物研究因地取材，收效較易，故敢先其易舉，非必意存軒輊也。

(4) 科學教育

欲使國中科學發達，必先使青年學子有良好之科學基礎。是以謀我國科學發達必自改良中等學校之科學教育為尤要。本社有鑒於此，於民國十五年夏間，與教育改進社駐華洛氏醫社等數機關聯合，在北京清華大學辦理暑期中等學校科學教員演講會，本社設有改良科學教育委員會，以從事調查各中等學校科學上之設備，教材書籍，以謀改良之法，並時於科學雜誌內發表關於中等學校科學教育之論文與記載。

(5) 演講

社中講演，約分二種。一為常期講演，每年一次數次，每次數講或十數講，皆就各講題特加組織，為有系統之陳述。行之已數年，聽者頗為踴躍

事業

二五

一為臨時演講，遇國外有名之科學家蒞止時舉行之。

(6) 審定科學名詞

審定科學名詞，原為社中事業之一。自民國八年以來，本社參與科學名詞審查會。其已經審定之名詞，如數學，物理，化學，生物各科，多出本社社員之手。

(7) 參與國際科學會議

十五年八月間國際植物學會 (International Botanic Congress) 在美國綺色佳城開大會時，本社派芝加哥大學張景鉞博士就近出席。是年十一月初第三次汎太平洋學術會議在日本東京開會，幷承認本社為中國學術團體出席代表，本社派竺可楨博士為代表赴日參與會議。十八年五月第四次太平洋科學會議，在爪哇開會，本社派竺可楨，胡先驌，翁文灝，黃國璋，壽振黃，陳煥鏞六君代表出席。十九年九月葡萄芽開國際人類學考古學會議，本社派牛津大學劉咸君出席代表。

(8) 科學咨詢

本社為備各界遇有科學上疑難問題有所咨詢起見，並秉中央政府之意旨

，特於十九年一月起設立科學咨詢處。凡有咨詢問題，均視其性質，分別送由各專家社員，擬定答案，隨時發表。

（五）獎金

本社現有三種獎金，分述如下：

（一）高女士紀念獎金 係社友高君珊女士捐贈，用以紀念伊亡妹，本社社友高君韋女士之獎金，為現款一百元，金獎章一枚。每年徵文一次，其題目範圍限於算學，物理，化學，生物學，及地學五科，每年輪流擇定一種。應徵者以現在國內大學及專科學校內學習純粹科學及應用科學者為限。十八年度為燕京大學女士劉席珍獲選，其論文題目為海參之分析。

（二）考古學獎金 係北平社友所捐贈，為現款一百元，金獎章一枚。自十九年起每年舉行一次。就國內研究考古學成績最良之一人給予之。

（三）范太夫人獎金 限於資助本社生物研究所之研究員。每年五百元。

（六）職員錄

董事會

職員錄

二七

中國科學社概況

馬良 相伯		上海徐家匯貧兒工藝院
孟森 心史		上海法租界打鐵濱蒲柏路四二〇號
蔡元培 孑民		上海亞爾培路三三一號中央研究院
吳敬恆 稚暉		上海亞爾培路三三一號中央研究院
汪兆銘 精衛		上海法租界環龍路志豐里十號
孫科 哲生		
熊希齡 秉三		
宋漢章		
胡敦復		
任鴻雋 叔永 書記		北平南長街二二號中華教育文化基金董事會
	理事會	上海大同大學
		上海中國銀行
		北平石駙馬大街
		南京楊將軍巷鐵道部
王璡 季梁 會長		上海霞飛路八九九號中央研究院化學研究所
楊孝述 允中 總幹事		上海亞爾培路五三三號本社
周仁 子競 會計		上海霞飛路八九九號中央研究院工程研究所
竺可楨 藕舫		南京北極閣中央研究院氣象研究所

二八

楊銓 杏佛		上海亞爾培路三三一號中央研究院
胡剛復		上海霞飛路八九九號中央研究院物理研究所
任鴻雋		見前董事會
錢寶琮 琢如		浙江大學文理學院
高君珊		美國
胡先驌 步曾		北平靜生生物調查所
趙元任		北平東單洋溢胡同四十一號
翁文灝 詠霓		北平地質調查所

總辦事處

王璡	社長	
楊孝述	總幹事兼出版部總經理	本社上海社所
周仁	會計經理	本社上海社所
白絜 伯涵	文牘	本社上海社所
于士元 詩鳶	事務會計兼經理部助理	本社上海社所

職員錄

二九

中國科學社概況

于星海	總辦事處助理兼編輯	本社上海社所
路敏行	主任	上海本社圖書館
竺可楨	委員	見上
秉志	委員	見上
楊孝述	委員	見上
楊銓	委員	見上
周仁	委員	見上
蔣世超 逸羣	圖書管理員	南京本社圖書館
孫維蘭 香亭	助理員	上海本社
編輯部		
王璡	主任	見前理事會
路敏行	專任編輯	見前圖書館
曾昭掄	編輯	南京中央大學
姜立夫	編輯	天津南開大學

三〇

蔡元培	編輯	見前董事會
吳有訓 正之	編輯	北平清華大學
王崇植 愛培	編輯	青島工務局
任鴻雋	編輯	見前董事會
胡先驌	編輯	見前理事會
秉志 農山	編輯	南京本社
錢崇澍 雨農	編輯	見前理事會
翁文灝	編輯	仝前
趙元任	編輯	仝上
周仁	編輯	上海本社
姚國珣 次仲	助理編輯	仝上
孫維蘭	助理	上海本社

動物部

| 秉志 | 所長兼動物學教授 |
| 王家楫 | 動物學教授 |

職員錄

王欽福	動物學助理兼任採集調查事宜
張孟聞	動物學助理兼任書記及圖書管理
周蔚成	動植學助理兼任會計
徐錫藩	動物學助理並管理儀器
鄭集	動物學助理並管理藥品（已於本年二月留美）
何錫瑞	范太夫人獎金研究生兼動物學助理
賈泰寅	標本採集及裝製員
陳月舟	繪圖員
劉子剛	標本採集及裝製員

植物部

錢崇澍	植物學教授兼所秘書
方文培	助理兼植物採集員
孫雄才	助理兼標本室管理員
汪振儒	助理兼植物標本採集員
鄭萬鈞	助理兼植物採集員

王　錦	標本室助手	
劉其燮	標本室助手	
科學教育委員會		
張　準　子高	委員長	北平清華大學
丁緒寶	委員	瀋陽東北大學
王　璡	委員	見前
錢崇澍	委員	見前
周厚樞　星北	委員	揚州江蘇省立揚州中學校
姜立夫	委員	見前
美洲分社		
梅貽琦　月涵	理事長	2 645 Conn. Ave., Washington, D.C.
吳憲強	書記	Research Lab. of Organic Chem., M. I. T., Cambridge, Mass.
黃育賢	會計	74 Ellery St., Cambridge, Mass
南京社友會		
蔡元培	理事長	見上

職員錄

中國科學社概況

王璡	書記	見上
葉元龍	會計	南京中央大學
	上海社友會	
曹惠群 梁厦	理事長	上海大同大學
何尚平 伊渠	書記	上海亞爾培路四一〇號
朱少屏	會計	上海卡德路九十五號寰球中國學生會
	北平社友會	
趙元任	理事長	見上
楊光弼 夢賚	書記	北平清華大學
白敦庸	會計	北平西四南小院胡同二十九號
	遼甯社友會	
孫國封	理事長	
孫昌克	理事	
丁緒寶	理事	東北大學物理系
	廣州社友會	

三四

陳煥鏞	宗南	理事長	廣州中山大學理科學院
張雲	子春	書記	廣州中山大學天文台
黃炳芳		會計	廣州市惠福西路一五三號

杭州社友會
錢寶琮　　　　理事長　浙江大學文理學院
張紹忠　　書記　　浙江大學文理學院
李熙謀　振吾　理事長　浙江大學工學院

青島社友會
蔣丙然　右滄　理事長　青島觀象臺
金劍清　　　書記兼會計　青島觀象臺

蘇州社友會
汪懋祖　典存　理事長　蘇州中學
王義珏　葭齡　書記　　蘇州中學
王世毅　剛森　會計　　蘇州中學

（七）本社歷年年會地點

本社歷年年會地點

三五

中國科學社概況

年份	地點
民國五年	恩多弗高等學校
六年	羅島州普羅維登斯城白朗大學
七年	紐約州綺色佳城康乃爾大學
八年	杭州省教育會
九年	南京本社社所
十年	北平清華學校
十一年	南通俱樂部
十二年	杭州省教育會
十三年	南京本社社所
十四年	北平歐美同學會
十五年	廣州中山大學
十六年	上海總商會
十七年	蘇州東吳大學
十八年	北平燕京大學
十九年	青島青島大學

The Science Society Of China

Its History, Organization, and Activities

In Commemoration of the formal opening
of the Science Society of China Library
in Shanghai and the New Biological
Laboratory in Nanking.

The Science Society of China
January, 1931.

THE SCIENCE PRESS, SHANGHAI

CONTENTS

I. History of the Society. 1
II. Membership. 5
III. Organization. 7
IV. Its Activities and Subsidiary Institutes. 9
    1. Publications. 9
    2. The Science Library. 13
    3. The Biological Laboratory. 17
        a. The Department of Zoology. 19
        b. The Department of Botany. 25
    4. The Promotion of Science Education. . . 28
    5. Public Lectures. 29
    6. The Standardization of Scientific Terminology. 29
    7. Participation in International Scientific Congresses. 29
    8. The Bureau for Scientific Information. . 30
V. Prizes and Scholarships. 30

THE SCIENCE SOCIETY OF CHINA
ITS HISTORY, ORGANIZATION AND ACTIVITIES

I. HISTORY OF THE SOCIETY.

The Science Society of China was founded on June 10, 1914, in the city of Ithaca, N. Y., U. S. A., by a group of Chinese students then studying in America. The original purpose of the founders of the Society was to promote general scientific knowledge and increase people's interests in the technical industries in China, and as a first step, the founders decided on the publication of a monthly journal, called **Science**, of which they were to bear both the editorial responsibility and financial support. After a few months' preliminary arrangements, the first number of the journal was published in China, in January, 1915. It was soon felt, however, that there were other important activities to be taken up, and the reorganization of this group into a society for the general promotion of science would be desirable. In April, 1915, the resolution, which had been recommended by the Board of Directors, was passed by a majority of the members, and a committee for drafting the constitution of the Society was elected. The constitution was formally passed by the Drafting Committee on October 9th, and by the members of the Society on the 25th of the same month, from when, therefore, dated the formal opening of the Science Society of China. Messrs. Hung-chün Zen, Yuan-ren Chao, Ming-fu Hu, Chih Ping and Jen Chow, were elected as the first Board of Directors and Mr. Ch'üan Yang was elected Chief of the Editorial Department. In March, 1917, the Society was registered in the Ministry of Education, and a monthly subsidy was also granted by the National Peking University for its publication expenses. In 1918, the Executive Office was removed from the United States to China and offices were established at Shanghai and Nanking for carrying on the administrative and business duties. In November, 1919, a grant was given by the Ministry of Finance for using the official property in Wonder Lane, Ch'enghsien Chieh, Nanking, as the headquarters of the Society for a period of six years, and in March of the following year, the Nanking Headquarters was formally established on its present site. On August 15 of the same year, the Society's Library was founded. In 1920, the Provincial Government of Kwangtung donated its official property on Chiu-yao Fang for the branch office and library of the Society in Canton. On August 15, 1922, the Biological Laboratory was formally opened in Nanking. In the same month, the annual meeting of the Society was held at Nantung, and the proposal for an amendment to the Constitution was passed, according to which, the original Board of Directors was transformed into an Executive Committee

ITS HISTORY, ORGANIZATION AND ACTIVITIES 3

for the carrying out of executive duties, while a separate Board of Directors was formed, whose duties would be the control of the finances and the general policies of the Society. In the winter of the same year, Messrs. Ma Hsiang-peh, Chang Ch'ien, Tsai Yuan-p'ei, Wang Chao-ming, Hsiung Hsi-ling, Liang Ch'i-ch'ao, Yen Hsiu, Fan Yuan-lien, and Hu Tun-fu were elected as members of the new Board of Directors, while Messrs. V. K. Ting, C. C. Chu, Ming-fu Hu, C. Wang, H. C. Zen, F. Chin, C. Yang, Y. R. Chao, Clarence L. Sun, C. Ping and K. F. Hu were elected to serve on the Executive Committee. In January, 1923, the Board of Directors obtained the sanction of the Cabinet for a monthly grant of $2,000 from the Kiangsu Provincial Government for the expenses of the Society. In August, 1924, the Ninth Annual Meeting and concurrently the Tenth Anniversary of the Society were held in Nanking. In February, 1926, a yearly grant of $15,-000 was received from the China Foundation for a period of three years, while an additional $5,000 was also received, specifically for the Biological Laboratory. In December, 1927, the National Government donated a sum of $400,000 in Government Bonds as the foundation fund of the Society. In February, 1928, a lot on Avenue du Roi Albert, Shanghai, was purchased, on which the Shanghai Office and its Library are now situated. A grant was obtained from the National Government in April of the same year for the permanent occupation by the Society of its Nanking headquarters and the official property immediately in front.

4   THE SCIENCE SOCIETY OF CHINA

In the following month, Mr. Chou Mei-ch'üan, a member of the Society, donated his valuable private collection of Chinese and foreign mathematical works to the Society, towards the founding of a Mathematical Research Institute. In the winter of 1928, a piece of land on the south side of Nanking Headquarters, over ten *mow* in size, was purchased by the Society. The Society's Headquarters, together with the Editorial Department, was removed in April, 1929 to its Shanghai Office on Avenue du Roi Albert. In June, with the help of outside private capital, the China Science Corporation was formed for the purpose of editing and translating scientific works and making scientific apparatus. It was found advisable to start with a printing department, which has Since its establishment greatly facilitated the printing of the Society's publications. The China Foundation Board decided in July, 1929, to continue its support to the Biological Laboratory for three years more with the sum of $40,000 for each of the following three years, besides a special building fund of $20,000. The construction of the Mingfu Library in Shanghai was begun in August, 1929, and completed in July of the following year. The construction of the new building in Nanking for the Biological Laboratory was begun in April, 1930.

While, therefore, the Society regrets that, owing to the general political conditions in the last ten years, it has been able to accomplish only a small fraction of its desired object, it is grateful for the support which it has received from the Government and society in

ITS HISTORY, ORGANIZATION AND ACTIVITIES

general, which made its steady propress possible.

II. MEMBERSHIP

Membership in the Society is divided into six classes: life members, ordinary members, junior members, honored members, honorary members and supporting members. Of the six classes, the first three are regular members, while the last three are honorary in nature, whose status must be passed by the annual meeting of members. Ordinary members paying $ 100 in one instalment become life members, while ordinary members of a secondary standing are called junior members. An ordinary member who has distinguished himself by his scientific work may by elected an honored member.

The Society has now a total membership of over a thousand. Of these, there are 1 honorary member, 33 supporting members, 11 honored members, 62 life members and 898 ordinary members, of which last 11 are of foreign nationality.

Below are two tables, giving (a) the membership in the successive years, and (b) membership distributed according to lines of study.

TABLE ONE

(*Number of members in successive years, including honored, life and ordinary members.*)

1914	35	1917	279
1915	77	1918	363
1916	180	1919	435

6   THE SCIENCE SOCIETY OF CHINA

1920	503	1925	728
1921	520	1926	800
1922	522	1927	850
1923	600	1928	925
1924	648	1929	981
		1930	1005

1935 — 1800

TABLE TWO
(Table II)

(The distribution of membership according to lines of study in 1930).

SUBJECT	NO.	PERCENTAGE
The Physical Sciences	232	23%
Mathematics	40	
Physics	47	
Astronomy	6	
Chemistry	99	
Geology	35	
Meteorology	5	
The Biological Sciences	201	20%
Biology	69	
Medicine	58	
Agriculture	74	
The Engineering Sciences	343	33.5%
Chemical Engineering	42	
Electrical Engineering	70	
Civil Engineering (incl. architecture)	106	
Mechanical Engineering (incl. Ship-Building)	69	
Mining	48	

ITS HISTORY, ORGANIZATION AND ACTIVITIES 7

Dyeing & Fabric Manufacture	8	
The Social Sciences	169	17%
Psychology	14	
Education	35	
Economics & Commerce	61	
Political Science & Sociology	28	
History and Philosophy	31	
Unknown	68	6.5%
Total	925	100%

III. ORGANIZATION

The executive bodies of the Society are as follows:

(1) **The Board of Directors.** The Board's duties are the control of the finances and the general policy of the Society. It consists of nine members whose tenure of office is nine years. Every three years, one third of the Board is to be open for election. The first Board of Directors was formed in the winter of 1922.

(2) **The Executive Committee.** This Executive Committee was formerly the Board of Directors according to the old constitution. The Executive Committee was first formed in the winter of 1922. Its duties are the carrying on and directing of the administrative work of the Society and it consists of ten members and one general secretary. There are a chairman, a general secretary and a treasurer in the Committee. The Committee holds a plenary session meeting twice a year, during which the administrative

policy, and the budget and accounts of the Society are brought up for discussion. The tenure of office except the general secretary, is two years, and five members are to be elected every year.

(3) **Foreign Sections.** When there are over forty members of the Society in a foreign region, a foreign section may be formed. Such a foreign section has been in existence in the United States since 1920. The work of the section is carried on by an executive committee elected by the members of that section. In the committee there are a chairman, a secretary and a treasurer.

(4) **Domestic Sections.** When there are over ten members of the Society in any region, a special section of the Society may be formed. The work of the domestic sections consists in keeping up the social contact of the members and providing opportunities for exchange of knowledge. It is also the duty of the sections to carry out the instructions of the Executive Committee and the Board of Directors. The existing sections in the country are those at Shanghai, Peiping, Nanking, Canton, Mukden, Hangchow, Tsingtao, and Soochow.

(5) **Annual Meeting.** The Society holds an annual meeting of the members at a place to be selected each year and under the management of the Annual Meeting Committee. All members of the Society have the right to attend the meeting. At this meeting, the Executive Committee and other organs of the Society, like the Editorial Com-

ITS HISTORY, ORGANIZATION AND ACTIVITIES

mittee, the Science Library, and the Biological Laboratory have to submit a report of the year's work to the members through their respective chairmen. Besides the holding of election of officers and business discussions, there is also reading of scientific papers by the members.

IV. ACTIVITIES AND SUBSIDIARY INSTITUTES.

The activities of the Society in general and of its subsidiary institutes in particular may be classified under eight heads, as follows:—

(1) PUBLICATIONS

There are the following six kinds of publications:—

A. (a) **The Science** (a monthly journal in Chinese). The journal was first issued in 1915, and is now in the ~~fif~~teenth [nineteenth] year of its existence, during which there has been no interruption of issue. It has already a recognized standing in Chinese academic circles.

B. **Transactions** (mainly in English). Every year, the scientific papers read before the annual meeting are collected and published in a separate volume, called the **Transactions**. So far six such volumes have been published.

C. **Monographs and Popular Treatises.** For the purpose of spreading general scientific knowledge, the Society has published treatises in Chinese, like *Essays on Science in General, A Catalogue of Plants*

A(b) the Popular Science (a semimonthly magazine in Chinese, fully illustrated) first issued in 1933, devoted in diffusion of science among the people. It has a large circulation about 20,000 copies per issue.

10 THE SCIENCE SOCIETY OF CHINA

in Kiangsu, Human Biology, Biographys of Famous Scientists, Scientific Nanking etc. Besides these popular treatises, scientific monographs are published by the Society, some of which, like Woodworth's *Microscopic Theory* and Y. R. Chao's *Comparison of Chinese and Western Names of Stars* are of recognized value.

D. **Memoirs.** Bigger works which deal more exhaustively with some aspect of scientific problems are classified under this head. The Society has so far published one book in this class, viz., *A Catalogue of Trees and Shrubs of China* (in English) by Hsin-hsüan Chung.

E. **Scientific Series.** In order to supply the great need of suitable textbooks of science for use in the colleges, the Society feels its obligation to prepare and issue such works under the general name of the **Sceintific Series.** Among those already published are, for instance, *Geology*, by Chia-yung Hsieh, *Cotton Culture*, by Chih-wen Chang, and *Science: History and Methods* by Hung-chun Zen. Works in the press are; *History of Chinese Mathematics*, by Yen Li, *Zoological Observations by the Microscopic Method*, by Chien-ch'ing Pao, and *Differential Equations* by Ting-fen Chu.

F. **Contributions from the Biological Laboratory.** From 1925 to 1929, the Biological Laboratory published altogether five volumes of Contributions, each volume consisting of five papers. Beginning from the sixth volume (1930), there is a division into two

ITS HISTORY, ORGANIZATION AND ACTIVITIES 11

separate series, zoological and botanical, and the number of papers is no longer confined to five in each volume, owing to the increase of material for publication and to better financial circumstances. A list of the publications follows.

CONTRIBUTION FROM THE BIOLOGICAL LABORATORY OF THE SOCIETY (in English)

Shisan C. Chen: Variation in External Characteristics of Goldfish, Carassius Auratus. Vol. I. No. 1. (1925)

H. H. Hu: New Species, New Combinations, and New Descriptions of Chinese Plants. Vol. I. No. II (1925)

C. C. Wang: Study of the Protozoa of Nanking. Vol. I. No. 3. (1925)

C. Ping: Preliminary Observations on the Osteology of Neomeris Phocaenoides. Vol. I. No. 4. (1925)

W. Y. Chun: Preliminary Notes to the Study of the Lauraceae of China. Vol. I. No. 5. (1925)

Chi Ping: On the Skeleton of Felis Tigris. Vol. II. No. 1. (1926)

T. P. Sun: Notes on the Lizards of Nanking. Vol. II. No. 2. (1926)

N. Wai: A Biological Method of Recovering Sucrose from Cane Sugar Molass. Vol. II. No. 3. (1926)

C. Y. Chang: A Preliminary Report on the Origin and Development of Tissues in the Rhizome of Pteris Aquilina L. Vol. II. No. 4. (1926)

H. H. Hu: A Preliminary Survey of the Forest Flora of Southeastern China. Vol. II. No. 5. (1926)

S. S. Chien: Preliminary Notes on the Vegetation and Flora of Hwang Shan. Vol. III. No. 1 (1927)

H. W. Wu: A New Nematode from the Stomach of a Scylloid Shark. Vol. III. No. 2 (1926)

12   THE SCIENCE SOCIETY OF CHINA

C. Ping: On the Tongue of the White Dolphin (Sotalia Sinensis). Vol. III. No. 3 (1926)

H. W. Wu: Preliminary Observations on the Sense Organs and the Adjacent Structures of Two Scyphomedusae at Young Stage. Vol. III. No. 4 (1926)

H. H. Hu: Synoptical Study of Chinese Torreyas. With Supplemental Notes on the Distribution and Habitat (by R. C. Ching). Vol. III. No. 5 (1926)

H. H. Hu: Sinojackia, A New Genus of Styracaceae of Southeastern China. Vol. IV. No. 1

F. C. Zia: Anatomy of the Leech (Whitmania Laevis Baird). Vol. IV. No. 2. (1928)

H. F. Hsu: A New Species of Hydromedusa.
Vol. IV. No. 3. (1928)

T. L. Tchang: A Review of the Fishes of Nanking.
Vol. IV. No. 4. (1928)

P. W. Fang: Notes on the Gill-Rakers and Their Related Structures of Hypophthalmichthys Nobilis and H. Molitrix.
Vol. IV. No. 5. (1928)

T. H. Chang: Notes on an Apparently New or Rarely Known Hard-Shelled Turtle from Fuchow.
Vol. V. No. 1. (1929)

H. W. Wu: Osteosternum Amoyense, A New Frog from Amoy. Vol. V. No. 2. (1929)

T. K. Nyi: Observations on the Sex Differentiation and Flower Anatomy of Firmiana Simplex Wight (Firmiana Platanifolia Scott & Endl., Sterculia Platanifolia L. F.).
Vol. V. No. 3. (1929)

H. W. Wu: Study of Fishes of Amoy, Part I.
Vol. V. No. 4. (1929)

H. H. Hu: Prodromus Florae Sinensis.
Vol. V. No. 5. (1929)

L. F. Tai: A New Species of Uncinula on Acer Trifidum Hook & Am. Vol. VI. Botanical series, No. 1. (1930)

ITS HISTORY, ORGANIZATION AND ACTIVITIES 13

W. C. Cheng: A Study of Chinese Pines. Vol. VI. Botanical series, No. 2. (1930)

S. S. Chien: Three New Species of Orchids from Chekiang Vol. VI. Botanical series, No. 3 (1930)

H. F. Hsu: On a New Variety of Cyclemys Flavomarginata from China. Vol. VI. Zoological series, No. 1. (1930)

C. C. Wang: Notes on Some New and Rare Species of Hypotrichous Infusoria. Vol. VI. Zoological series No. 2, 1930.

H. F. Hsu: A New Giant Frog of Amoy. Vol. VI. Zoological series No. 3, 1930.

P. W. Fan: New and Inadequately Known Homalopterin Loaches of China. Vol. VI. Zoological series No. 4, 1930.

H. W. Wu: Notes on Some Fishes Collected by the Biological Laboratory, Science Society of China. Vol. VI. Zoological series No. 5, 1930.

H. W. Wu: On Zoarces Tangwangi, A New Eelpout from Chinese Coast. Vol. VI. Zoological series, No. 6, 1930.

T. L. Tchang: Preliminary observations on the Life History of the albino Mouse, Mus Decumanus albino. Vol. VI. Zoological series No. 7, 1930.

(2) THE SCIENCE LIBRARY

As far back as 1915, the Society appointed a committee for the founding and collection of a library of scientific works for the benefit of students of science in China. Owing to the lack of permanent headquarters, however, the work made no great headway. It was during the annual meeting at the West Lake in 1919 that a new plan for collecting books was decided upon. When in 1920, the Society had its own headquarters in Nanking, the northern building was set aside for this purpose, and Dr. K. F. Hu was nominated as the chief librarian, and took charge to apply for and

14 THE SCIENCE SOCIETY OF CHINA

receive collections of scientific works from different people. In January, 1922, the Library was formally opened for public use, and from April, books could be borrowed from the Library. At that time, there were only over 5,000 volumes of books, Chinese and foreign, and over 1,000 copies of magazines. The books were partly contributed by the members and partly purchased by the Society, while the magazines were chiefly subscribed and a small number of them received in exchange or as complimentary copies from the learned institutions of different countries. Owing to the lack of sufficient funds, the growth of the library was rather slow, and up to August, 1929, the total number of copies of books and magazines amounted to only a little over 30,000. Fortunately, beginning from 1926, The Biological Laboratory received valuable grants from the China Foundation, and the Library was enabled to add many important biological works to its collection. When in 1927, the Society received the sum of $400,000 from the National Government as its endowment fund, it was at last enabled to purchase a lot on the Avenue du roi Albert, Shanghai, where a three-storied fire-proof building is now being constructed for the purpose of the Library. The building covers an area of 5,500 sq. ft. and the stack room has the capacity of holding 220,000 one-inch-thick volumes. In the autumn of 1930, all books in the Nanking Headquarters will be removed to the new Library in Shanghai, except the biological works, which will be kept in Nanking for the Biological Laboratory.

ITS HISTORY, ORGANIZATION AND ACTIVITIES 15

The growth of the library may be indicated by the following table:—

Year	Chinese Books	Chinese Mag.	Foreign Books	Foreign Mag.	Total
1920	3027	537	1969	845	6378
1923	3119	1800	9850	7202	21971
1924	3237	2530	10518	9718	26003
1927	2788	3087	10572	20493	36940
1928	2788	3530	12124	20190*	38632
1929	3190	4037	13431	16355*	37012

The Library now has subscribed to over 140 kinds of English, American, German, French and Japanese magazines. Besides, about 40 kinds are received in exchange from different countries. Among the more valuable back number sets may be mentioned the following:—

1. *Electrician, vols. 7-104, 1881 to date*
2. *Nature, vols. 1-4, 10-125, 1870-1871, 1874 to date*
3. *Proceedings of Royal Society of London, vols. 39-75, 1885-1904*
   Same, Section A, vols. 76-123, 1905 to date
   Same, Section B vols. 76-106, 1905 to date
4. *Annals of Botany, vols. 1-44, 1887 to date*
5. *Bulletin de la Societe Botanique de France, vols 1-76, 1854 to date*
6. *Journal of Linnean Society, Botanical Section, vols. 1-48, 1857 to date*
7. *American Journal of Anatomy, vols. 3-45, 1904 to date*
8. *Anatomical Record, vols. 1-44, 1906 to date*
9. *Biological Bulletin, vols. 1-58, 1900 to date*
10. *Genetics, vols. 1-15, 1916 to date*
11. *Journal of General Physiology, vols. 1-13, 1918 to date*

*The decrease in number of volumes is due to binding.

16 THE SCIENCE SOCIETY OF CHINA

12. *Journal of Morphology, vols. 27-48, 1916 to date*
13. *Journal of Linnean Society, Zoological Section, vols. 1-36, 1857 to date*
14. *Gegenbaurs Morphologisches Jahrbuch, vols. 1-30, 59-63, 1876-1902, 1928 to date*
15. *Zeitschrift fuer Induktive Abstammungs-und Vererbungslehre, vols. 1-27 47-54, 1909-1922, 1928 to date*
16. *Archiv Fuer Mikroskopische Anatomie, vols. 11-53, 1874-1899*
17. *Zeitschrift fuer Zellforschung und Mikroskopische Anatomie, vols. 7-10, 1928 to date*
18. *Journal of Comparative Neurology, vols. 1-3, 8-9, 15-49, 1891-1893. 1898-1899, 1905 to date*
19. *Journal of Experimental Zoology, vols. 1-56, 1904 to date*
20. *Transactions of Zoological Society of London, vols. 1-22, 1835 to date*
21. *Science Abstracts, series A, vols. 1-33, 1898 to date*
22. *Berichte der Deutschen Chemischen Gesellschaft, vols. 1-63, 1868 to date*
23. *Journal of Chemical Society, vols. 67 to date (1895 to date)*
24. *Proceedings of Institute of Civil Engineer (England), vols. 123-216 1895-1923*
25. *Science Abstracts, series B, vols. 7-33, 1904 to date*
26. *Experiment Station Record, vols 24-62, 1911 to date*
27. *Journal of Arrgricultural Ressearch, vols, 1-40, 1913 to date*
28. *Repertorium Specierum Novarum Regni Vegetabilis, vols. 1-27, 1905 to date*
29. *Journal of Ecology, vols 1-18, 1913 to date*
30. *Archives de Zoologie Experimentale et Generale, 1879-1901*
31. *Curtis's Botanical Magazine, vols. 1-153, 1787 to date*
32. *New Phytologist, vols. 1-27, 1902-1928*

The Library also receives about 100 kinds of magazines published in China, either by exchange or as complimentary copies.

A catalogue has been compiled and published of the over 7000 volumes of books which the American International Exchange service sent to China from

ITS HISTORY, ORGANIZATION AND ACTIVITIES 17

1913 to 1922, and which are now in the Society's keeping.

A complete collection of the publications of the Carnegie Institute has been received by courtesy of the Institute. The Reports of the Smithsonian Institution are also being received regularly.

Among private gifts to the Library may be mentioned the books and reprints owned by Prof. Hans Driesch of Germany, numbering several thousand copies, and the mathematical works presented by Mr. Chou Mei-ch'uan, a member of the Society, also amounting to more than two thousand volumes in number

The Library has also a complete collection of the *New York Times*, beginning from 1919, together with an index.

(3) THE BIOLOGICAL LABORATORY

The Biological Laboratory dated back to the fall of 1922, when it occupied the upper floor of the southern building of the Nanking Headquarters. Dr. C. Ping was at the head of the Research Laboratory from the beginning. As the Society was then financially poorly off, most of the workers were university professors who devoted their spare time to the work, and only the assistants received a small pay. In this spirit of sacrifice and devotion was laid the foundation of the Laboratory. In the following year, when the Society received a regular subsidy from the Kiangsu Provincial Government, the Institute was then pro-

18 THE SCIENCE SOCIETY OF CHINA

vided with $300 each month, which was equally divided between the Departments of Zoology and Botany and a humble beginning in the purchase of apparatus and collection of samples was made. The ground floor of the southern building was then used as exhibition room, in which specimens were laid out for public inspection. Public interest in the work of the Laboratory then grew, and the opening of the Natural History Museum in Nanking was directly due to the inspiration of the work that was being done here. In 1924, the Department of Zoology began to publish three monographs, and the Department of Botany published two, containing the results of their respective investigations, and from this year on, five papers were published by the two departments every year, forming altogether one volume annually. These publications gradually attracted the attention of academic circles in China, and, from the fall of 1926, the China Foundation generously granted a yearly subsidy of $15,000 for carrying on the work of the Laboratory, besides an additional $5,000 for the purchase of scientific equipment. With this financial help, a great impetus was given to the work, and the Laboratory was able to purchase the necessary equipment and send out experts to collect specimens in the field. The result was a marked increase in the number and variety of material collected, as well as in the problems studied. In the fall of 1929, the China Foundation increased its yearly subsidy from $15,000 to $40,000, and more professors were engaged to devote themselves to the work. The

ITS HISTORY, ORGANIZATION AND ACTIVITIES 19

old building was found inadequate, and the Society then apportioned $ 20,000, which, together with an extra $ 20,000 specially donated by the China Foundation for the purpose, formed a sum of $ 40,000 for the construction of a new building, within the compound of Nanking headquarters. This is a fire-proof two-storied building, containing a library, a museum and a research laboratory. It is situated on the west side of the old buildings. The construction was begun in April of 1930 and will be completed in October, with necessary lighting and heating provisions, suitable for the special kind of work. With the removal of the Society's Library form Nanking to Shanghai in September of this year, the whole of the Society's compound in Nanking will now be devoted exclusively to the use of the Labaratory.

The work of the Laboratry is divided into two Section, (1) Department of Zoology an (2) Department of Botany.

a. THE DEPARTMENT OF ZOOLOGY

At the beginning, the work of this section was carried on only by two persons, Profs. C. Ping and S. C. Chen who devoted the spare time of their university taeching work to the study of problems of morphology and genetics. In 1923, Mr. Chia-chi Wang joined the work as assistant and research worker. At this time, the monthly allowance of this section was only $150, but it was already better than the previous year, and a beginning was made in the purchase

20 THE SCIENCE SOCIETY OF CHINA

of some elementrary equipment and in the collection of specimens which began to enrich the museum. In 1924, the publication of scientific papers began with a study of *The Variation in External Characteristics of the Goldfish* by Mr. Shisan C. Chen, *Preliminary Observations on the Osteology of Neomeris Phocaenoides*, by Mr. C. Ping and *A study of Protozoa of Nanking* by Mr. Chia-chi Wang. In 1926, Mr. Chia-chi Wang went abroad to continue his studies, and was succeeded by Messrs. Ch'un-lin Chang and Tsung-han Chang. Besides these, other students and professors of the Southeastern University came to join in the work. With the financial help rendered by the China Foundation, the research work was greatly facilitated, and the beginning was made by making observations on the life and habits of the animals in and around Nanking and classifying them. Incidentally, some sea animals also came under observation. In the fall of 1926, an expedition was sent to Chekiang and Fukien for collection of marine fauna, where the work was greatly facilitated by the cooperation of the Amoy University. In the summer of 1927, a trip was made to Tsingtao and Chefoo for the study of marine animals. Prof. Ping also encouraged promising students by giving part of his monthly salary for the benefit of workers outside the Institute. Response and moral encouragement came from many institutions of learning, museums and academic circles, both here and baroad. Individual help was given to its workers through granting of scholarships for

ITS HISTORY, ORGANIZATION AND ACTIVITIES 21

study abroad by the China Foundation; among these may be mentioned Messrs. Ch'un-lin Chang, Hsien-wen Wu, Shing Tseng, and Fei-cheng Hsien and Miss Chih-lan Tsui. In 1929, a further increase in the subsidies from the China Foundation enabled the department to engage more scientific workers, and Dr. Chia-chi Wang was engaged as professor of the Laboratory at this time. More books and equipment were purchased, more contact was established with the scientific bodies abroad, and the work of collecting specimens was steadily pushed ahead. In the fall of 1929 and the spring of 1930, very interesting work was done up the Yangtse, as far west as the mountains of Szechuen. Thanks to the cooperation and protection of the local military authorities, the work in the Szechuen mountains has made steady progress and is still being carried on. The publications of this department already comprise sixteen monographs (see list of publications undr "1, F"), not counting contributions of the members to foreign periodicals.

The above gives a historical sketch of its activities. A word may now be said regarding its present state of development. The Department is in receiving many free copies of valuable journals, from different scientific institutions among which may be mentioned the following:

British Museum
Zoological Society of London
Royal Society of Edingburgh
Royal Society of South Wales

22 THE SCIENCE SOCIETY OF CHINA

New Zealand Institute
U. S. National Museum of Natural History
Field Museum of Natural History
American Museum of Natural History
Carnegie Institute
Smithsonian Instituton
Rockefellor Institute
Wistar Institute
Marine Biological Laboratory, Woods Hole
Science Academy of Philippine
Naturhistorisches Museum in Wien
Zoological Society of Australia
Sapporo Natural History Society
Chosen Natural History Society
Natural History Society of Formosa
Otsu Hydrobiolocial Station

Important publications are also received from the Universities of Yale, Harvard, Chicago, Princeton, Kansas, Illinois, Johns Hopkins, Minnesota, Toronto, etc.

The Department has also purchased complete collections of valuable magazines like the following:—

Biological Abstracts
Zeitschrift f. Wissensch ftliche Zoologie
Zoologische Jahrbucher (Anatomie)
Bullettin du Museum d' Histoire Naturelle
Comptes Rendus de l' Academie des Sciences
Annals and Magazine of Natural History
Zoologische Anzeiger
Transactions of Royal Society of London
(See also Nos. 13, 14, 15, 16, & 20 *in the section on the Library*)

Among important scientific journals published in China and sent free to the Society may be mentioned the *Palaeontologia Sinica*, published by the Geological Survey of Peiping, and the *Chinese Journal of Physiology,* published by the Chinese Physiological Society, Peiping.

ITS HISTORY, ORGANIZATION AND ACTIVITIES 23

In addition, the Department has now in its collection valuable works like the following:—

1. *The Fauna of British India 45 vols.*
2. *La Touche: Handbook of Birds of Eastern China.*
3. *Thorell, On Europian Spiders.*
4. *Thorell, Remarks on Synonyms of European Spiders.*
5. *Steveley, British Spiders.*
6. *Simon, Arachnides de France, 7 vols.*
7. *Heckel, system der Museum 2 vols.*
8. *Heckel, Tiefsee-Medusen der Challenger-Reise, der Organism der Medusa.*
9. *Hertiwig, O & R, das Nervensystem u. die Sinnes Organe der Meduse u. seine stellung zur Keimblaetter-theorie.*
10. *Faust, Human Helminthology.*
11. *Lane, Practice of Medicine in Tropics.*
12. *Braun Seifert, die tierisches Parasiten des Menschen 2 pts.*
13. *de Man, Die frei in der reinen Erde u. im süssen Wasser lebenden Nemat oden der widerländischeu Fauna,*
14. *Strasse, zur Geschiche d. Tief-Riesen v. Ascaris Megalocephala.*
15. *Tilnez, The Brain from Ape to Man.*
16. *Tigerstelt, Handbuch d. Physiologische Methodik 3 vols.*
17. *Bower Bank, A Monograph of the British Spongiadae, 4 vols.*
18. *La Rue, Revision of the Cestode Family Proteocephlidae.*
19. *Bastian, Monograph of the Anquillulidae.*
20. *Hudsin & Goose, Rotifera or the Wheel Animalicules.*
21. *Deane, Fishes, Living & Fossil.*
22. *Darwin, Monographon Sub-class Cirripedia.*

Taking in the collections of books and magazines of both the Zoology and Botany Departments, we have now about over 1000 volumes of technical works, over 50 kinds of magazines, numbering over 3000 volumes, and over 500 reprints of scientific articles.

The technical equipment of the department is also now fairly adequate. The department has now 8

24 THE SCIENCE SOCIETY OF CHINA

microscopes, the biggest of which has a magnifying power of 2000, 4 binocular microscopes, 7 dissecting microscopes, over 200 dissecting apparatus, 300 instruments for physiological experimentation.

The collected specimens number 18,000, divided into 1300 kinds. Among these, the collections of birds, fishes and higher vertebrates comprise over 7000 pieces, divided into 650 kinds, the remaining samples being all of invertebrate animals. These are being studied. Some of the more difficult ones have been sent abroad and verified by technical experts.

The department comes in close contact with many scientific bodies in this country and abroad. In particular, helpful cooperation has been going on between the department and the Fan Memorial Institute of Biology of Peiping, as well as the Central University of Nanking.

A scholarship worth $ 500 a year has been established in memory of Mrs. Fan for the benefit of students in this department. The recipient of the scholarship now is Mr. Hsi-jui Ho. Over a dozen students have studied in the department and later received various scholarships for continuing their study abroad. Three of these have returned with a doctor's degree, viz., Chia-chi Wang, Tsung-peng Sun and Yu-tao Lu.

The Department now employs 7 full-time research students. Besides these, there are three assistants who help in the work of collecting and preparing specimens. Students of various institutions of learning have also

ITS HISTORY, ORGANIZATION AND ACTIVITIES 25

come to join in the work of the Department, viz., teachers and students of the Central University, Nanking, and technicians of the Kiangsu Provincial Gevernment and of the Ministry of Labor and Commerce. Students are free to choose their own subjetes of study.

The plan of the Department is to begin with the work of classification, which will start with the Fauna of Nanking, and then gradually cover the various provinces in the Yangtse valley and along the sea coast. Besides this work of field investigation and classification, there will be also intensive studies of animal physiology, morphology and habits of life. Should the time and energy of the workers be still available, research studies will be extended to the problems of heredity and experimental embryology.

b. THE DEPARTMENT OF BOTANY

This department was started under the direction of Dr. H. H. Hu in 1922, and after the latter was loaned to the Fan Institute, Peping, Prof S. S. Chien was invited to take his place Since 1927.

Like the Department of Zoology, the Department of Botany also started with a few university professors, like Messrs. H. H. Hu, W. Y. Chun and C. Y. Chang, who devoted their spare time to these studies as a work of love, handicapped by financial limitations and poor equipment. In the meantime notable results, however, were already achieved in this perriod, including such works as the *New Species, New Combinations and New Desscriptions of Chinese Plants*, by Dr.

Hsien-su Hu, *Preliminary Notes to the Study of the Lauraceae of China*, by Dr. Woon-yung Chun, and *A Preliminary Report on the Origin and Development of Tissues in the Rhizome of Pteris Aquilina L.*, by Dr. Ching-yueh Chang.

A great progress was made in the work of the Department, when in 1926, the grant from the China Foundation enabled it to secure more research workers and purchase better equipment. The work of the Department is now concentrated on the classification and ecological observation of the flora and vegetation in Central and Southern China, and has started naturally with the gathering of specimens as a first step. The regions covered in the successive years are: Wenchow, Chuchow and Taichow (in Chekiang) and Nanchuan, Kiangtsin in Szechuen in 1926; the Tien-mu-shan and Yenchow, Chuchow in east Chekiang, and the eastern and southern parts of Szechuen in 1928; in 1929, the work of collection and observation was continued in Tien-mu-shan; in 1930, two field workers were sent out again to Hsikang and Mapian in Szechuen for gathering of material. The reason why the field work has been largely confined to Chekiang and Szechuen is because the flora of these two provinces afford the richest and most interesting material, and because the attitude of the local authorities in these regions made it easy to proceed with the work. The results of these years of labor are now shown in the museum, where we have over 10,000 classified and labelled samples, covering 200 families,

ITS HISTORY, ORGANIZATION AND ACTIVITIES 27

over 1300 genera and 800 species; the number of yet unclassified specimens is even greater.

The library collection of this department is still far from complete, owing to financial handicaps in the past. However, it counts among its collections already some valuable works like the following, which are accessible to all research workers in China.

Notizblatt der Botanische Garten und Museum, Complete set
Repertorium Specierum Novarum regni Vegetabilis, Complete set
Notes from Royal Botanical Garden of Endinburgh, vol. 8 to the current vol.
Bulletin of Miscellaneous Information of Royal Botanical Garden at Kew, 1908 to date
Acta Horti Gathoburgensis, vol. 1 to current vol.
Plant Physiology, vol. 1-4, 1926 to date
Benthem and Hooker, Genera Planturum
Hooker, Flora of British India
Lecomte, Flore Generale de L'inde-Chine
de Candolle, Prodromus Systematis Vegetabilis
de Candolle, Monographiac Phanerogamarum
Plante Wilsoneanae
Engler And Prantt, Dienatuerischen Pflanzenfamilien, new edition

Besides the above-mentioed, there are also important magazines, as enumerated in the section on the Library, (Nos. 4, 5, 6, 29, 31, 32).

The scientific equipment of the department was at first of the most elementary kind. However, it has now enough apparatus to furnish a complete outfit for two field expeditions, like cameras, field-glasses, etc. The laboratory itself is also properly equipped with the necessary microscopes, appratus for measuring evaporation, analysis of the soil, etc.

The department engages at present the service of one professor, four research students and two trained assistants in charge of the museum.

The published results of the investigation include one paper on plant physiology, one on mycology, two on morphology, two on ecology and seven on taxonomy. Details will be found in the section on publications.

The above gives a general sketch of the history and present development of the Laboratory. Conscious of its obligations to society, which has given it both moral encouragment and financial support, the Laboratory is now ready to extend its technical help and free facilities to all students in the country who fell inclined to take up this particular branch of study.

(4) THE PROMOTION OF SCIENCE EDUCATION

The Society realizes the necessity of laying a sound foundation for the development of science in China by giving proper scientific instruction in the schools, especially in the intermediate grades. In the summer of 1926, a summer school was organized at Tsinghua University with the collaboration of various other educational and technical institutions for the benefit of middle-school teachers of science. The Society has formed a Committee on Science Education whose duties are the investigation of the actual conditions of technical equipment and textbooks for the

ITS HISTORY, ORGANIZATION AND ACTIVITIES 29

teaching of science in the middle schools, with a view to devise the ways and means for their betterment. Articles dealing with this topic appear from time to time in the *Science* journal.

(5) PUBLIC LECTURES

The lectures given under the auspices of the Society are of two kinds. One is the regular lectures, on an organized line of topics, whose frequency and length of series vary according to the nature of the subject. These regular lectures have been given in Nanking and Peiping for several years and are well attended. The second kind consists of lectures, which are given by western scientists who happen to be paying a visit to the country.

(6) THE STANDARDIZATION OF SCIENTIFIC TERMINOLOGY

The standardization of Chinese scientific terms was, and has ever been, one of the primary tasks of the Society. The work is now being carried on by the Committtee for the Standardization of Scientific Terms, with which the Society is working in close connection. The terms of mathematics, physics, chemistry, and biology have alreadys been standardized, largely with the help of the members of the Society.

(7) PARTICIPATION IN INTERNATIONAL SCIENTIFIC CONGRESSES

When the International Botanic Congress was held at Ithaca in 1926, the Society was represented

30   THE SCIENCE SOCIETY OF CHINA

by Dr. Ching-yueh Chang, who was then at Chicago University. In November of the same year, the Third Pan-Pacific Academic Congress was held at Tokyo, Japan, and the Society sent Dr. Co-cheng Chu to attend the Congress on behalf of the Chinese academic circles. In 1929, the Fourth Pacific Scientific Congress was held at Java, and Messrs. Co-cheng Chu Hsien-hsu Hu, Wen-hao Wong, Kuo-chang Huang, and Woon-yung Chen were sent as delegates of the Society. In the International Anthropological and Archaeological Congres to be held at Portugal in September of this year, the Society has asked Mr. Hsien Lin of Cambridge University, England, to attend as the Society's delegate.

(8) THE BUREAU FOR SCIENTIFIC INFORMATION

In accordance with the order of the National Government, and in consonance with the original purpose of the Society, a Bureau for Scientific Information has been established in 1930. All questions addressed to the Bureau will be forwarded to the respective specialists for reply.

V. PRIZES AND SCHOLARSHIPS

The Society has at present three prizes and scholarships for the benefit of the students.

(1) **Miss kao's Scholarship Prize**, given by Miss Kao Chun-shan, in memory of her sister, Miss Kao Chun-wei, both members of the Society. The prize

ITS HISTORY, ORGANIZATION AND ACTIVITIES 31

is $ 100 and a gold medal, given each year for the best essay on a scientific subject. The subjects included are mathematics, physics, chemistry, biology and geology, each subject to be given by turn for competition in one year. All students in Chinese universitites and colleges engaged in the study of pure or applied science are admitted to the contest.

(2) **The Archaeological Prize,** contributed by the members of the Peiping section. The prize is also $ 100 and a gold medal to be awarded yearly to the person who has achieved the most notable results in archæology in the country.

(3) **Madame Fan's Scholarship,** worth $500 a year, is to be awarded to a student in the Biological Research Laboratory.

(4) The Edison Prize, contributed by the members of the Society in memory of Thomas A. Edison. The prize is $100 and a gold medal to be awarded yearly to the person who has achieved the most notable results in inventions

(5) Liang's Scholarship Prize, worth $200 a year, given for the best essays on architecture, gardening, and mechanical engineering.

中國科學社
社員分股名錄

民國二十二年一月刊行

本社各部名稱地址表

上海社所	上海法租界亞爾培路五百三十三號
南京社所	南京成賢街
廣州社所	廣州九曜坊（廣東省政府指撥，未接管）
總辦事處	上海社所
明復圖書館	上海社所
生物研究所	南京社所
編輯部	上海社所
出版品總發行所	上海社所
印刷所	上海福煦路六百四十九號

電 話

上海社所	72551
南京社所	31407
印刷所	71046

有綫無綫電報掛號

上海南京二社所均爲 4430（科）

緒 言

本社社員所專學科，門類繁多。故最初卽有分股委員會之設置，從事分類而便社員之聯絡研究。惟此項工作向未發表。年來蔡孑民先生在本社各種集會中亦屢經提及分股之重要，俾本社組織益見細密而有系統，凡遇科學上一種問題，卽可交有關係之一股或數股討論研究。在此組織之下，分之可爲各種科學之專會，合之卽爲中國科學社之全體。當此科學救國之重要時期中，本社之組織與地位實爲全國科學家分工合作所繫之唯一適當機關。本社有鑑於此，因先編印社員分股名錄，以資各分股組織時之參攷。此次編訂，係按照本社向來之科學分類。將全體社員分爲物質科學，生物科學，工程科學，及社會科學四大組。物質組下再分算學，物理，化學（化工合），天文，地學（氣象附）五股。生物組下分生物，醫藥（體育附），農林，心理，四股。工程組下分土木（建築附），機工（造船附）電工，鑛冶，染織五股。社會組下分教育，經濟商業，法政，哲學，史學（社會附），文藝六股。姓名之下仍附最近通訊處，故本編同時又爲最近社員通

訊錄。

各社員之學科，係參照其入社願書上所填者爲標準。惟其中或因時過境遷，或因學極專門，難免有未適當之歸類。社員通訊處亦多缺漏。爰于本編之末，特附社員學科住址調查表。希望同人擇其所知者報告本社，俾得於再版時修正，則幸甚矣。

民國二十一年十二月　　　　　編者謹識

目　錄

分股名錄索引	iii-xxiii
物質科學組	1
算學股	1
物理股	6
化學股（化工合）	10
天文股	26
地學股（氣象附）	27
生物科學組	31
生物股（生理附）	31
醫藥股（體育附）	39
農林股	45
心理股	52
工程科學組	53
土木股（建築附）	53
機工股（造船附）	63
電工股	71
鑛冶股	78
染織股	84
社會科學組	85
教育股	85
經濟商業股	89
法政股	96
哲學股	99
史學股（社會附）	100
文藝股	102
學科不明待查者	103—104
新社員補錄	105—106

附　錄

本社職員表..................107-108
名譽社員表..................109
特社員表..................109
永久社員表..................110
歐美籍社員..................111
已故社員表..................112
社員學科住址調查表

社員分股名錄索引

(數字指面數)

二畫

丁人錕	53	尤乙照	53	王世杰	96
丁文江	27	尤志邁	45	王守成	31
丁求眞	39	尤寅照	53	王兆麒	39
丁佐成	6	尹寰樞	89	王 和	6
丁嗣賢	10	文 澄	71	王季苣	10
丁 穎	45	方子衛	71	王金吾	45
丁 紱賢	10	方光圻	6	王 助	63
丁緒寶	6	方培壽	63	王敬禮	89
丁燮和	53	方雪瓊	39	王彥祖	31
丁燮林	6	方頤樸	53	王星拱	10
丁緒淮	10	王之翰	53	王希閔	103
卜 凱	45	王元康	53	王 篪	10
刁培然	89	王心一	103	王禹佣	89

三畫

		王文培	85	王世毅	1
		王玉章	100	王長平	52
上官堯登	31	王正黼	78	王崇植	71

四畫

		王志遠	53	王應偉	26
卞 彭	6	王成志	63	王國樹	63
卞肇新	89	王孝豐	63	王善佺	45

中國科學社社員分股名錄

王瑞琳	89	王舜成	45	田世英	100
王育瓚	78	王孝華	63	田和卿	11
王恭睦	27	王德邦	10	**六　畫**	
王榮吉	84	王　敏	31	安立綏	46
王家楫	31	王化啓	6	安醫士	44
王逸之	89	王翰臣	71	伊禮克	31
王　度	53	王葆和	6	伍伯良	39
王　謨	78	王翰辰	71	伍應垣	11
王　健	10	王輔世	6	任　倬	39
王　徵	89	王　廣	53	任　誠	1
王　華	89	王以康	31	任嗣達	90
王錫藩	78	王揩亞	10	任鴻雋	11
王　璡	10	王愼名	71	任殿元	78
王鴻卓	71	水　梓	85	任之恭	6
王兼善	10	毛康山	10	朱少屛	85
王毓祥	89	戈定邦	31	朱文鑫	1
王魯新	71	**五　畫**		朱光燾	84
王純燾	96	白敦庸	89	朱世明	63
王義珏	10	司徒錫	63	朱世昀	103
王守競	6	丘　崚	31	朱其清	71
王繩祖	100	石心圃	78	朱亦松	90
王季眉	6	田錫民	6	朱家忻	63

索　引

朱成厚	11	江啓泰	89	李祥亨	64
朱　經	85	吉普思	39	李孤帆	27
朱起蟄	63	曲桂齡	31	李思廣	90
朱物華	71	**七　畫**		李熙謀	71
朱庭祜	27	李大中	11	李迪華	45
朱庭茂	31	李允彬	45	李　育	54
朱　復	53	李之常	27	李垕身	54
朱漢年	54	李士林	27	李書田	54
朱　彬	54	李永振	45	李寅恭	45
朱學鋤	45	李世瓊	64	李維國	64
朱樹馨	63	李四光	27	李待琛	78
朱斌魁	85	李右人	64	李敦化	11
朱　鑅	1	李兆卓	54	李紹昌	85
朱翩聲	78	李　卓	54	李保白	103
朱耀芳	11	李　定	39	李葆和	78
朱德和	54	李汝祺	45	李國欽	78
艾　偉	52	李英標	71	李順卿	31
江之泳	89	李志仁	103	李家驥	64
江元仁	54	李　昶	54	李　珠	78
江超西	63	李　浚	32	李　岡	39
江書祥	45	李先聞	32	李　協	54
江　鐵	39	李沛文	45	李　夷	103

中國科學社社員分股名錄

金會澄	85	林 煖	73	周 輪	55
金紹基	27	林蔭梅	13	周振禹	40
金 濤	55	林襟宇	91	周 清	47
金國寶	90	林 恂	65	周 敏	79
金劍清	72	周 仁	65	周茲緒	72
金寶善	40	周文燮	79	周辨明	2
金鼎新	72	周志宏	79	周 銘	13
金賢藻	72	周 烈	79	周增奎	13
林文明	46	周烈忠	2	周德鴻	65
林文慶	40	周鼎培	85	周連錫	84
林天驥	13	周培源	7	周鍾歧	55
林士模	79	周春臺	65	周榮條	47
林可勝	40	周延鼎	84	周 田	13
林全誠	65	周 達	2	周岸登	102
林和民	85	周明政	65	周同慶	7
林祖光	65	周明衢	55	周彥邦	55
林則衣	79	周 威	40	周承鑰	46
林景帆	90	周厚樞	13	周明群	33
林逸民	55	周佛海	91	竺可楨	27
林喬年	32	周 琦	72	秉 志	32
林鳳歧	65	周則岳	79	邵元冲	90
林繼庸	13	周開基	79	邵家鱗	13

索　引

孟心如	13	胡步川	56	胡梅基	33
孟森	96	胡珍	103	茅以昇	56
孟憲承	85	胡卓	100	茅以新	66
孟憲民	27	胡竟銘	56	洪彥亮	80
祁天錫	33	胡紀常	91	洪紳	56
祁暄	90	胡焦華	79	洪深	14
邱正倫	90	胡潤德	41	洪紹諭	14
邱崇彥	13	胡適	99	俞同奎	14
邱秉剛	65	胡宣明	41	俞曹濟	91
邱培涵	46	胡敦復	2	俞慶棠	86
易鼎新	72	胡煥庸	27	柳克準	56
季警洲	93	胡昭望	14	柳詒徵	100
武崇林	2	胡經甫	33	段子夑	2
宓齊	66	胡剛復	7	段育華	2
武同舉	100	胡博淵	80	段繢川	33
九　畫		胡嗣鴻	80	紀青澧	14
胡正祥	41	胡驤	14	侯德榜	14
胡文耀	7	胡憲生	47	范永增	56
胡汝麟	79	胡澤	14	范師軾	47
胡先驌	33	胡諤鈞	14	范贇	33
胡光麃	72	胡品元	56	查德利	56
胡光燾	56	胡範若	7	查謙	7

中國科學社社員分股名錄

施宗嶽	96	唐之肅	80	高志	15
施濟元	91	唐文悌	56	高濟宇	15
施仁培	2	唐在均	72	高崇德	7
保君建	91	唐啓宇	47	高陽	86
柯成楸	14	唐昌治	47	高維魏	47

十畫

		唐恩良	56	高華	72
郝坤巽	33	唐美森	15	高銛	15
郝更生	41	唐仰虞	15	高振華	47
袁丕烈	66	唐鳴皋	72	韋以黻	66
袁同禮	86	唐慶貽	96	韋爾巽	15
袁祥和	72	唐燾源	15	韋憲章	84
袁復禮	27	唐鉞	52	韋愨	86
袁翰青	15	唐嘉裝	14	孫天孫	91
馬玉銘	14	唐家珍	41	孫必昌	33
馬名海	2	高介清	84	孫昌克	80
馬和	14	黃均	26	孫克基	41
馬良	99	高長庚	15	孫宗彭	33
馬育驥	56	高崇熙	15	孫孝寬	41
馬恆蟲	80	高君珊	86	孫洛	15
馬寅初	91	高鉥	15	孫雲鑄	28
馬磐某	28	高魯	26	孫科	97
馬傑	14	高露德	15	孫榮	26

索 引　xi

孫浩烜	97	徐作和	16	姚醒黃	16
孫延中	80	徐燕謀	66	夏彥儒	66
孫學悟	15	徐佩璜	16	夏建潘	7
孫紹康	97	徐新六	91	夏峋	2
孫恩麐	47	徐恩曾	73	郜重魁	33
孫繼丁	73	徐淵摩	28	桂質庭	8
孫國封	7	徐韋曼	28	翁文灝	28
孫國華	52	徐景韓	8	翁文瀾	41
孫寶墀	56	徐淑希	97	翁爲	73
孫豫方	47	徐學楨	33	秦汾	2
孫貴定	86	徐善祥	16	姜榮光	80
孫鏞	3	徐瑞麟	28	姜立夫	3
孫煜方	56	徐誦明	41	涂羽卿	57
孫林翰	3	徐繼文	73	涂治	33
徐仁銑	7	徐公肅	97	時照涵	16
徐乃仁	57	徐調均	91	時照澤	66
徐甘棠	2	徐蔭祺	33	倪尙達	73
徐公肅	97	徐學禹	73	原頌周	47
徐宗涑	16	徐崇欽	102	柴冰梅	16
徐名材	16	姚律白	66	殷源之	66
徐尙	73	姚傳法	47	**十一畫**	
徐世大	57	姚爾昌	41	陳文	3

中國科學社社員分股名錄

陳文沛	84	陳家麒	80	陳煥鏞	34
陳中正	57	陳家麟	86	陳體仁	57
陳方濟	16	陳宰均	48	陳翰笙	92
陳可忠	16	陳劍儔	52	陳納遜	34
陳良士	57	陳　器	16	陳鼎銘	17
陳宗賢	41	陳瑜叔	16	陳漢清	92
陳宗嶽	86	陳象岩	16	陳華甲	84
陳　容	86	陳清華	92	陳傳瑚	17
陳伯莊	17	陳　楨	34	陳　端	92
陳伯權	57	陳裕光	17	陳衡哲	100
陳明壽	66	陳裕華	57	陳寶年	91
陳炳基	73	陳德元	17	陳　羣	97
陳友琴	92	陳彰棋	17	陳　熹	92
陳去病	102	陳德芬	57	陳　嶸	48
陳烈勳	17	陳廣沅	66	陳　儔	48
陳長衡	92	陳兼善	34	陳　總	92
陳長源	73	陳蘭生	57	陳　維	17
陳克恢	42	陳福習	66	陳鶴琴	86
陳祖耀	57	陳燕山	47	陳懿祝	52
陳廷錫	91	陳　樸	92	陳思義	17
陳廷祥	47	陳慶堯	17	陳鶯楨	48
陳延炆	73	陳　煜	17	陳可培	17

索　引　xiii

陳邦傑	34	陶履恭	92	許應期	74
陳忠杰	3	陶桐	18	許振英	48
陳茂康	73	郭仁風	34	許植芳	18
陳士寅	86	郭任遠	52	許本純	80
陸元昌	57	郭守純	48	許壽裳	87
陸志韋	52	郭克悌	73	許炳熙	18
陸志鴻	81	郭霖	66	曹元宇	18
陸法曾	73	郭美瀛	58	曹任遠	18
陸啓先	17	郭秉文	87	曹仲淵	74
陸費執	48	郭承恩	66	曹惠羣	18
陸鳳書	58	郭承志	67	曹珽	18
陸錦文	41	郭泰祺	97	曹鳳山	74
陸志安	17	郭泰禎	92	曹簡禹	18
推士	86	許心武	58	曹誠克	81
陰毓璋	41	許先甲	74	曹關烜	67
麥克樂	42	許守忠	58	梅光迪	102
莫古禮	34	許厚鈺	73	梅冠豪	18
康清桂	75	許崇清	87	梅貽琦	74
陶文端	80	許滇陽	8	章元善	18
陶知行	86	許炳堃	84	章鴻釗	28
陶延橋	18	許坤	67	章壽	97
陶鳴齋	80	許陳琦	42	梁乃鑑	74

— 130 —

中國科學社社員分股名錄 xiv

梁引年	74	凌鴻勛	57	張廷玉	81
梁伯強	42	崔宗塤	97	張宗文	100
梁孟齊	18	崔士傑	97	張廷金	74
梁 步	74	張一志	97	張 昇	58
梁夢星	3	張士瀛	81	張圩雯	42
梁培穎	80	張乃燕	19	張宗漢	34
梁傳玲	18	張乃鳳	48	張延祥	67
梁思成	58	張大斌	8	張其昀	28
梁恩永	100	張天才	48	張其濬	8
梁慶椿	91	張文潛	84	張承緒	74
莊長恭	18	張文湘	35	張祖訓	92
莊秉權	58	張元愷	87	張紹鎬	59
莊 俊	58	張心一	48	張紹聯	19
莊 启	74	張可治	67	張紹忠	8
常宗會	48	張可光	81	張束蓀	99
常濟安	80	張同亮	92	張自立	58
盛紹章	58	張本茂	67	張 挺	34
笪遠輪	67	張名藝	67	張筱樓	3
凌 冰	86	張巨伯	34	張清漣	81
凌 炎	57	張宗成	48	張爲儒	19
凌其駿	16	張江樹	19	張 雲	26
凌道揚	48	張廷翰	42	張雲青	58

索   引

張孝若	102	張景歐	34	張國藩	8
張昭漢	87	張景鉞	35	張丙昌	58
張念特	34	張鳴韶	28	區公沛	104
張資琪	19	張　釧	93	區兆慶	93
張松年	3	張　佶	84	區其偉	20
張瑞書	67	張　頤	99	區紹安	49
張廣輿	81	張肇騫	35	區嘉煒	20
張　耘	97	張貽志	19	姬振鐸	87
張　準	19	張世杓	49	**十二畫**	
張通武	48	張鴻基	3	彭祿炳	59
張道藩	102	張　賢	35	彭鴻章	20
張　拯	19	張洪元	19	彭濟羣	59
張蘭閣	74	張春霖	34	彭鐘館	75
張　祿	34	張　度	93	彭光欽	35
張善琛	59	張海澄	97	彭　謙	20
張福運	92	張貽惠	3	黃人望	100
張軼歐	81	張和岑	35	黃子卿	19
張潤田	58	張寶華	19	黃元熾	67
張海平	59	張維正	74	黃友逢	20
張澤堯	19	張寶桐	74	黃伯芹	23
張澤熙	58	張　銓	19	黃伯易	35
張增佩	19	張耀翔	52	黃昌穀	81

中國科學社社員分股名錄 xvi

黃金濤	81	黃國璋	28	馮漢驥	101
黃有書	81	黃實存	42	程千雲	67
黃美玉	20	黃漢河	104	程志頤	68
黃希聲	87	黃漢和	3	程孝剛	75
黃伯樵	67	黃漢樑	93	程宗陽	81
黃景康	67	黃際遇	3	程延慶	20
黃景新	35	黃育賢	59	程時煃	87
黃炳芳	20	黃 輝	75	程其保	87
黃俊英	20	黃 綬	97	程義法	81
黃家齊	59	黃寶球	93	程樹榛	104
黃振洪	20	黃均慶	20	程耀樞	21
黃 振	49	馮元勛	104	程耀椿	21
黃鈺生	87	馮 攸	93	程瀛章	21
黃 晃	49	馮家樂	20	程華燦	21
黃新彥	20	馮 稅	49	曾詒經	68
黃壽恆	59	馮祖荀	3	曾昭權	75
黃壽頤	59	馮景蘭	82	曾昭掄	21
黃壽仁	67	馮 偉	68	曾 省	35
黃篤修	75	馮樹銘	68	曾 義	21
黃 巽	8	馮肇傳	35	曾咸金	8
黃 植	49	馮毀棠	35	曾德鈺	75
黃國封	104	馮翰章	104	曾魯光	82

索引　　　　　　　　　　　　　xvii

曾峻岡	102	賀閶	21	楊光弼	21
曾廣澄	35	賀懋慶	68	楊克純	4
曾應聯	82	須愷	59	楊孝述	75
曾濟寬	49	喻兆琦	35	楊希東	52
曾愼	35	喬萬選	99	楊卓新	4
傅葆琛	36	湯兆豐	42	楊保康	36
傅斯年	100	湯松	93	楊培芳	75
傅德同	68	湯震龍	59	楊武之	4
傅爾攽	68	湯佩松	36	楊振聲	102
傅煥光	49	湯彥頤	4	楊俊階	42
傅霖	93	湯騰漢	21	楊津生	93
傅驦	36	湯覺之	36	楊雨生	68
溫文光	49	稅紹聖	104	楊守珍	22
溫嗣康	75	鈕因祥	68	楊風	36
溫毓慶	8	單毓斌	75	楊紹曾	21
童金耀	49	富文壽	42	楊端六	93
童啓顏	93	勞兆丁	82	楊若堃	87
童嶠	59	舒宏	20	楊承訓	22
華享平	3	項志達	59	楊炳勛	49
華鳳翔	68	**十三畫**		楊銓	68
賀孝齊	21	楊子嘉	21	楊道林	21
賀康	49	楊汝梅	98	楊蔭慶	87

xviii **中國科學社社員分股名錄**

楊繼楨	104	葉桂馥	28	董 常	82
楊錫宗	60	葉建柏	75	董 時	87
楊鶴慶	42	葉建梅	75	董時進	50
楊 毅	59	葉善定	23	董榮清	22
楊肇燫	75	鄒邦元	42	董鴻謙	68
楊曾威	29	鄒秉文	36	褚民誼	43
楊允植	21	鄒 銘	101	褚鳳華	4
楊蓋卿	8	鄒廣嶧	8	褚鳳章	76
楊善基	4	鄒應薏	36	雷沛鴻	98
楊蔭楡	87	鄒曾侯	93	雷海宗	101
楊鍾建	29	葛成慧	42	雷錫照	22
楊 偉	22	葛祖良	22	路敏行	22
楊樹勳	22	葛利普	28	齊清心	42
過養默	60	葛敬中	50	費德朗	8
葉元鼎	49	葛敬恩	98	費鴻年	36
葉元龍	93	葛敬應	50	萬兆芝	98
葉 志	4	葛德石	28	萬宗玲	36
葉企孫	8	葛綏成	28	賈念曾	22
葉雅各	49	裘維裕	76	經利彬	43
葉達前	98	裘翰興	4	虞振鏞	50
葉良玉	23	裘燮鈞	60	靳榮祿	4
葉良輔	28	裘開明	91	鄔保良	22

索　引　xix

十四畫

裴益祥	60	趙國棟	68	熊學謙	23
裴　鑑	36	趙與昌	94	熊大仕	36
鄺恂立	23	趙恩賜	22	廖世承	88
趙九疇	4	趙修乾	4	廖崇眞	50
趙元任	9	趙以炳	43	廖慰慈	61
趙元貞	82	趙　武	23	榮達坊	23
趙正平	104	趙訪熊	76	聞亦齊	43
趙世瑄	60	趙中天	43	翟俊千	98
趙志道	102	管家驥	36	翟念浦	23
趙廷炳	22	管際安	104	翟鶴程	60
趙　訒	76	壽振黃	36		
趙承嘏	22	壽天章	98	### 十五畫	
趙燏黃	43	熊元鏊	88	劉大鈞	94
趙進義	4	熊正理	76	劉敦楨	60
趙連芳	37	熊正琚	23	劉乃宇	94
趙楊步偉	43	熊正瑾	50	劉汝強	43
趙修鴻	9	熊　佐	43	劉北禾	84
趙學海	22	熊說岩	82	劉廷芳	52
趙　昱	104	熊祖同	23	劉廷蔚	37
趙　畸	52	熊慶來	4	劉其淑	76
趙琴風	50	熊夢賓	88	劉　咸	37
		熊輔龍	43	劉崇佺	76
				劉　拓	23

中國科學社社員分股名錄

劉柏棠	94	劉劍秋	43	蔡鎦生	24
劉孝懃	76	劉 頤	60	蔡方蔭	60
劉季辰	29	劉體志	43	鄭肇經	61
劉崇樂	50	劉導誅	94	鄭允衷	69
劉紹禹	52	劉樹杞	23	鄭世夒	69
劉晉鈺	60	劉樹梅	94	鄭宗海	88
劉 復	102	劉樹墉	104	鄭 萊	94
劉學濚	60	劉 潤	82	鄭章成	43
劉承芳	69	劉寶濂	82	鄭恩聰	4
劉承霖	50	劉鞠可	68	鄭厚懷	29
劉惠民	104	劉寰偉	60	鄭祖穆	104
劉 鋙	23	劉正經	5	鄭德柔	88
劉 勁	94	劉夢錫	60	鄭壽仁	94
劉榮基	50	劉仙洲	69	鄭 華	60
劉煒明	84	蔡元培	99	鄭禮明	76
劉朝陽	9	蔡 堡	37	鄭耀恭	24
劉 瑚	37	蔡增基	94	鄭法五	24
劉克定	94	蔡經賢	69	鄧胥功	98
劉 椽	23	蔡無忌	43	鄧福培	76
劉運籌	37	蔡 翔	82	鄧植儀	50
劉錫瑛	76	蔡 雄	82	鄧 傳	9
劉錫祺	76	蔡 翹	37	鄧鴻儀	23

索引

鄧叔羣	37	歐陽祖經	88	盧恩緒	61
蔣士彰	5	歐陽祖綬	76	盧于道	38
蔣炳然	29	歐陽翥	37	盧作孚	5
蔣育英	44	樓兆縣	77	諶立	83
蔣夢麟	88	厲德寅	5	衛挺生	94
蔣德壽	9			霍炎昌	24
蔣尊第	82	**十六畫**			
黎照寰	94	錢天鶴	50	**十七畫**	
黎智長	76	錢家瀚	83	薛次莘	61
黎國昌	37	錢宗賢	61	薛光琦	5
黎鴻業	82	錢崇澍	37	薛卓斌	61
潘先正	77	錢昌祚	69	薛培元	24
潘光旦	37	錢端升	101	薛桂輪	83
潘祖馨	24	錢國鈕	77	薛紹清	77
潘慎明	24	錢寶琮	61	薛德煇	37
潘銘新	77	鮑國寶	69	薛繩祖	61
潘履潔	24	鮑鍨	104	蕭友梅	102
魯佩璋	50	盧文湘	77	蕭慶雲	61
魯德馨	44	盧其駿	83	蕭冠英	77
樂文照	44	盧伯	82	蕭純錦	94
樂森璧	24	盧樹森	61	戴安邦	24
樂森璕	29	盧景泰	61	戴芳蘭	51
		盧景肇	24	戴增庫	24

戴超	88	**十八畫**		魏璧	5
戴晨	9	薩本棟	77	魏菊峯	77
鍾心煊	37	薩本鐵	24	韓安	88
鍾兆琳	77	鄺培齡	104	韓楷	104
鍾季襄	44	鄺嵩齡	51	韓組康	25
鍾榮光	88	鄺壽堃	83	譚友岑	77
鍾利	95	瞿祖輝	95	譚仲約	38
鍾伯謙	83	顏任光	9	譚眞	62
鍾相靑	95	聶光堉	62	譚熙鴻	38
應尙才	69	**十九畫**		譚葆梧	95
應尙德	38	閻開元	104	譚葆壽	25
應時	98	閻道元	25	譚鐵肩	62
謝玉鳴	9	閻敦建	38	羅世嶷	25
謝作楷	77	關漢光	69	羅沆	104
謝恩增	44	關頌韜	44	羅有節	95
謝恩隆	104	關貴祿	9	羅英	62
謝惠	24	關富權	61	羅家倫	98
謝家榮	29	關佰益	102	羅德民	51
謝學瀛	61	魏元光	61	羅萬年	83
謝寶善	9	魏嵒壽	25	羅慶藩	69
謝汝鎭	5	魏樹勛	77	羅河	62
龍裔禧	69	魏樹榮	25	**二十畫**	

索引

蘇紀忍	62	竇維廉	25	顧靜徽	9
蘇鑑	62	**二十一畫**		顧毓瑔	69
嚴仁曾	25	饒育泰	9	顧復	51
嚴恩棫	83	顧大榮	25	顧翊羣	95
嚴莊	83	顧宗林	95	顧穀成	70
嚴迪恂	69	顧世楫	62	顧燮光	102
嚴宏湜	62	顧宜孫	62	顧鎣	51
嚴智鐘	44	顧振	69	顧毓珍	25
嚴康侯	44	顧維精	77	龐斌	44
嚴濟慈	9				

中國科學社社員分股名錄

I. 物質科學組

1. 算學股

王世毅　　剛森　　江蘇吳縣　　　　　　　　　　　(1183)
　　(職)蘇州中學
任　誠　　孟閑　　江蘇　　　　　　　　　　　　　(1139)
　　(職)上海西門務本女子中學
朱文鑫　　貢三　　　　　　　　　　　　　　　　　(421)
　　(職)鎮江江蘇省土地局
朱　鑅　　覺卿　　江蘇無錫　　　　　　　　　　　(211)
　　(職)
宋立鈞　　石齋　　　　　　　　　　　　　　　　　(837)
　　(通訊)
吳在淵　　　　　　江蘇武進　　　　　　　　　　　(357)
　　(職)上海南市大同大學
吳定良　　駿一　　江蘇金壇(2.生物測量)　　　　　(1179)
　　(通訊)%Galton Lab., University College, Gower Street, London, W.C.I. England.
李　儼　　樂知　　(2.土木工程)　　　　　　　　　(147)
　　(職)河南靈寶隴海局
何衍璿　　敬問　　廣東　　　　　　　　　　　　　(999)
　　(職)廣州國立中山大學理科
何　魯　　奎垣　　　　　　　　　　　　　　　　　(103)
　　(職)四川重慶大學理學院

社員分股名錄

呂子方　繼廉　四川(2.物理)　　　　　　　　(846)
　　（通訊）四川重慶菜園壩重慶大學
余光烺　　　　安徽　　　　　　　　　　　　(1153)
　　（通訊）
周烈忠　　　　　　　　　　　　　　　　　　(124)
　　（通訊）
周　達　美權　安徽秋浦　　　　　　　　　　(626)
　　（通訊）上海法租界馬斯南路八十八號
周辨明　　　　　　　　　　　　　　　　　　(440)
　　（通訊）
武崇林　孟羣　安徽鳳陽　　　　　　　　　　(1286)
　　（通訊）北平宣內前王公廠甲十一號
胡敦復　　　　江蘇無錫　　　　　　　　　　(300)
　　（通訊）上海呂班路萬宜坊十三號
段調元　子燮　四川江津　　　　　　　　　　(138)
　　（職）南京國立中央大學
段育華　撫羣　江西南昌　　　　　　　　　　(332)
　　（通訊）上海九江路一號中央銀行稽核處
施仁培　孔成　江蘇崇明　　　　　　　　　　(1288)
　　（通訊）北平西城北溝沿四一號
馬名海　　　　　　　　　　　　　　　　　　(212)
　　（職）廣西梧州廣西大學理學院
徐甘棠　　　　　　　　　　　　　　　　　　(381)
　　（通訊）
夏　峋　斧私　　　　　　　　　　　　　　　(688)
　　（通訊）四川成都省城窄巷子三六號
秦　汾　景陽　江蘇無錫　　　　　　　　　　(677)
　　（職）南京財政部

物質科學組——算學股 3

姜立夫		浙江	(35)
（職）天津南開大學			
孫　鑛	光遠	浙江餘杭	(1116)
（職）北平清華大學			
孫林翰	文青	河南	(1384)
（職）河南南陽縣教育局			
陳　文	遂生		(349)
（通訊）			
陳忠杰	子元	福建閩侯	(1374)
（通訊）湖南長沙馬王街三十一號			
梁夢星	兆庚	河北濮陽	(1191)
（通訊）			
張筱樓		江蘇江寧	(1017)
（職）上海中華書局編譯所			
張貽惠	少涵	安徽全椒	(732)
（職）北平北平大學師範院			
張鴻基		山東平原	(1211)
（通訊）南京中央大學算學系			
張崧年	申府		(259)
（通訊）			
黃際遇	任初	廣東澄海	(442)
（職）青島大學理學院			
黃漢和		福建思明	(1107)
（職）南京鐵道部			
馮祖荀	漢叔	浙江	(1024)
（職）北平北京大學			
華享平		江蘇無錫	(1018)
（職）上海中華書局編譯所			

4　　社員分股名錄

湯亨頤　　樂甫　　浙江紹興　　　　　　　　　　　　　　　(1300)
　（通訊）上海辣斐德路一二五九B號
靳榮祿　　宗岳　　貴州貴陽　　　　　　　　　　　　　　　(784)
　（通訊）
楊善基　　　　　　安徽安慶　　　　　　　　　　　　　　　(1360)
　（通訊）
楊克純　　　　　　　　　　　　　　　　　　　　　　　　　(1100)
　（職）
楊卓新　　華一　　湖南新北　　　　　　　　　　　　　　　(436)
　（職）湖南長沙湖南大學
楊武之　　　　　　安徽合肥　　　　　　　　　　　　　　　(1174)
　（職）北平清華大學
葉　志　　靜遠　　江蘇泰縣　　　　　　　　　　　　　　　(1023)
　（職）武昌武漢大學
裴翰興　　冲曼　　浙江嵊縣　　　　　　　　　　　　　　　(645)
　（職）杭州清波門花牌樓底雲居山莊二二號清波中學
褚鳳華　　一飛　　浙江嘉興　　　　　　　　　　　　　　　(1197)
　（通訊）
趙九疇　　　　　　廣東東莞　　　　　　　　　　　　　　　(762)
　（通訊）
趙修乾　　　　　　福建閩侯　　　　　　　　　　　　　　　(1287)
　（通訊）
趙進義　　希三　　河北束鹿(2.天文)　　　　　　　　　　　(1189)
　（職）北平師範大學
鄭思聰　　達虞　　　　　　　　　　　　　　　　　　　　　(104)
　（通訊）
熊慶來　　迪之　　江西　　　　　　　　　　　　　　　　　(771)
　（職）赴法國

物質科學組——算學股

厲德寅　Li, Tehying　浙江東陽　　　　　　　　　　（1267）
　　（通訊）823 W. Johnson St. Madison, Wisc.

蔣士彰　　明甫　　江蘇江都　　　　　　　　　　　（1081）
　　（通訊）

劉正經　　乙閣　　江西新建　　　　　　　　　　　（1285）
　　（通訊）

盧作孚　　　　　　四川合川（2.心理 3.社會）　　　（1386）
　　（通訊）上海漢口路九號民生實業公司辦事處

薛光錡　　仲華　　　　　　　　　　　　　　　　　（609）
　　（通訊）南京大紗帽巷四五號

謝汝鎮　　　　　　安徽青陽　　　　　　　　　　　（1289）
　　（通訊）

魏　璧　　　　　　湖南　　　　　　　　　　　　　（1012）
　　（通訊）

2. 物理股

丁佐成　　　　浙江　　　　　　　　　　　　　　（694）
（職）上海博物院路二十號大華儀器公司

丁緖寶　Ting Supao　安徽阜陽　　　　　　　　（656）
（通訊）c/o The Institute of Applied Optics University of Rochester, Rochester, N. Y.,

丁燮林　　巽甫　　　　　　　　　　　　　　　（695）
（職）上海霞飛路八九九中央研究院物理研究所

卞　彭　　　　　江蘇　　　　　　　　　　　　（670）
（職）赴美國

方光圻　　千里　　江蘇江都（2.數學）　　　　（614）
（職）

王葆和　　聲山　　河北深澤（無線電）　　　　（1354）
（通訊）河北省深澤縣濟和堂

王　和　　維克　　江蘇金壇　　　　　　　　　（1097）
（通訊）金壇西橋巷七號

王守競　　　　　　江蘇吳縣　　　　　　　　　（1306）
（職）北平北京大學理學院

王化啓　　　　　　遼寧遼陽　　　　　　　　　（1301）
（通訊）

王季眉　　　　　　浙江鎭海　　　　　　　　　（1307）
（職）上海棋盤街科學儀器館

王輔世　　　　　　江蘇吳縣　　　　　　　　　（1379）
（通訊）同濟大學

田錫民　　覺先　　遼寧瀋陽　　　　　　　　　（1291）
（通訊）遼寧城內大北關火神廟胡同九八號

任之恭　Jen, Chih Kung　江西沁源（2.電工）　（1249）
（通訊）16 Wendell St. Cambridge, Mass

物質科學組——物理股

吳有訓　正之　江西高安　(892)
　　(職)北平清華大學
吳南薰　　　湖北沔陽　(1082)
　　(通訊)武昌龍神廟三五號
何育杰　吟苢　浙江慈谿　(814)
　　(通訊)上海新閘路福康里六二三A
李慶賢　　　浙江吳興　(1348)
　　(通訊)蘇州東吳大學
周培源　　　江蘇宜興　(1171)
　　(職)北平清華大學
周同慶 Chow, Tung Ching　江蘇崑山　(1225)
　　(通訊) Palmer Physical Lab., Princeton Univ. Princiton.
胡文耀　雪琴　浙江鄞縣　(823)
　　(職)上海市土地局
胡剛復　　　江蘇無錫　(60)
　　(職)上海霞飛路八九九號中央研究院物理研究所
胡範若　　　江蘇無錫　(1072)
　　(通訊)大同大學
查　謙　嘯仙　　　　　(833)
　　(職)南京中央大學
高崇德　宗山　　　　　(111)
　　(職)北平匯文大學
孫國封　　　　　　　　(392)
　　(通訊)北平後門內蠟庫胡同四四號
夏建潘　桂初　　　　　(298)
　　(通訊)上海閔行鎮
徐仁銑　　　江蘇宜興(2.天文)　(1073)
　　(職)杭州浙江大學文理學院

8 社員分股名錄

徐景韓　　　　江蘇吳縣　　　　　　　　　　　(1071)
　　(職)蘇州東吳大學
桂質庭　　　　湖北　　　　　　　　　　　　　(174)
　　(職)武昌華中大學
許滇陽　　濟羣　　廣東翁源　　　　　　　　　(1005)
　　(通訊)美國張國藩轉
張國藩　　　　湖北安陸　　　　　　　　　　　(1397)
　　(通訊) 304 Ithaca Rd., Ithaca.
張大斌　　新如　　　　　　　　　　　　　　　(595)
　　(通訊)四川成都少城桂花巷五號
張其濬　　文淵　　安徽太和　　　　　　　　　(1098)
　　(職)武昌武漢大學
張紹忠　　蠧謀　　浙江嘉興　　　　　　　　　(620)
　　(職)杭州浙江大學文理學院
曾諴益　　　　　　　　　　　　　　　　　　　(755)
　　(通訊)武昌武漢大學
溫毓慶　　　　　　　　　　　　　　　　　　　(251)
　　(職)上海老北門國際無綫電管理局
黃　巽　　繹言　　廣東番禺(2電工)　　　　　 (1052)
　　(職)廣州中山大學
楊藎卿　　念忱　　山東平度　　　　　　　　　(1165)
　　(職)北平海甸燕京大學
葉企孫　　　　江蘇上海　　　　　　　　　　　(263)
　　(職)北平清華大學
費德朗　　繼孟　　Miehel Vittrant, France　　 (812)
　　(職)上海震旦大學
鄒廣嶧　　　　遼寧瀋陽　　　　　　　　　　　(1292)
　　(通訊)北平東直門內小菊胡同二七號田宅轉

物質科學組——物理股

趙元任 Y. R. Chao, 江蘇武進　2.哲3.語4.樂　(5)
（通訊）Chinese Educational Mission 1360 Madison Street Northwest, Washiagton, D. C.,

趙修鴻　　　　江蘇上海　　　　　　(926)
（職）上海聖約翰大學

劉朝陽　　　　浙江義烏　　　　　　(1193)
（通訊）北平成府蔣家胡同二號或青島觀象台

鄧　傳　學魯　江蘇江寧　　　　　　(952)
（職）鎮江江蘇教育廳

蔣德壽　迦安　江蘇江都　　　　　　(1155)
（職）

戴　晨　晨風　江蘇吳縣　　　　　　(1337)
（職）蘇州東吳大學

謝玉銘　Dr. Y. M. Hsieh,　子瑜　福建晉江　(930)
（通訊）167 S. Milson Avenue, Pasadena, Calrfonia, U. S. A.

謝寶善　　　　　　　　　　　　　　(551)
（通訊）

顏任光　　　　廣東　　　　　　　　(422)
（通訊）上海勞神父路六〇四號

關貴祿　爵五　遼寧復縣　　　　　　(1290)
（通訊）吉林雙城縣南街路東烏宅

嚴濟慈　慕光　浙江東陽　　　　　　(1143)
（職）北平東城根物理研究所

饒育泰　樹人　　　　　　　　　　　(55)
（通訊）上海甘世東路三德坊三號

顧靜徽　　　　江蘇嘉定　　　　　　(886)
（通訊）江蘇嘉定西大街

3. 化 學 股

丁嗣賢　　緒才　　安徽阜陽　　　　　　　　　　　　　（619）
　　（職）

丁緒賢　　　　　　安徽阜陽　　　　　　　　　　　　　（696）
　　（職）安慶安徽大學理學院

丁緒淮　　導之　　安徽　　　　　　　　　　　　　　（1399）
　　（通訊）531 Forest Ave. Ann. Arbor, Mich,

王星拱　　撫五　　安徽懷寧　　　　　　　　　　　　（1058）
　　（職）武昌武漢大學

王德郅　　　　　　　　　　　　　　　　　　　　　　（1132）
　　（通訊）℅ Vulcan Detinning Co., Sewaren, N. J.,

王季茞女士 Dr. C. C. Wang　　　　　　　　　　　　　（610）
　　（通訊）Chidren's Hospital. Elland and Bethesda Ave. Cincinnati, Ohio,

王　箴　　銘彝　　江蘇江陰　　　　　　　　　　　　（925）
　　（職）南京中央工業試驗所

王　璡　　季梁　　浙江黃巖　　　　　　　　　　　　（341）
　　（職）上海霞飛路八九九號化學研究所或本社

王　健　　晉生　　　　　　　　　　　　　　　　　　（98）
　　（通訊）

王義珏　　葭齡　　江蘇吳縣　　　　　　　　　　　　（1085）
　　（職）蘇州中學

王搢亞　　柱東　　四川三台　　　　　　　　　　　　（580）
　　（通訊）上海辛家花園十二甲

王秉善　　雲閣　　江蘇　　　　　　　　　　　　　　（645）
　　（通訊）

毛康山　　　　　　浙江奉化（2.工業管理）　　　　　（1253）
　　（通訊）

物質科學組——化學股

田和卿　　正本　　浙江紹縣　　　　　　　　　　　（1329）
　　（職）上海小南門社會局
任鴻雋　　叔永　　四川　　　　　　　　　　　　　（11）
　　（職）北平南長街二二號中華教育文化基金董事會
伍應垣　　所南　　　　　　　　　　　　　　　　　（529）
　　（通訊）四川重慶曾家岩工業中學校
朱成厚　　　　　　安徽　　　　　　　　　　　　　（526）
　　（通訊）
朱耀芳　　　　　　廣東新會　　　　　　　　　　　（1247）
　　（職）廣州市泰康路光華醫科大學
李運華　　　　　　廣西貴縣　　　　　　　　　　　（915）
　　（職）北平清華大學化學系
李鉅元　　　　　　浙江寧波　　　　　　　　　　　（1049）
　　（職）上海大西路底光華大學
李壽恆　　　　　　江蘇宜興　　　　　　　　　　　（970）
　　（職）杭州浙江大學工學院
李大中　　　　　　　　　　　　　　　　　　　　　（277）
　　（通訊）
李善述　　述初　　浙江吳興　　　　　　　　　　　（756）
　　（通訊）
李敦化　　意吾　　　　　　　　　　　　　　　　　（1126）
　　（通訊）廣東興寧縣西門聯合
李方琮　　錦章　　山東　　　　　　　　　　　　　（1372）
　　（通訊）青島金口路新九號
李方訓　　　　　　江蘇儀徵　　　　　　　　　　　（1350）
　　（通訊）南京金陵大學
李澄瀾　　　　　　廣州　　　　　　　　　　　　　（497）
　　（通訊）

社員分股名錄

李　亮　　亞明　　江蘇江都　　　　　　　　　　　(1313)
　　（通訊）
汪元起　　彥沈　　安徽合肥　　　　　　　　　　　(1246)
　　（通訊）北平馬大人胡同十六號
汪　榕　　冬生　　　　　　　　　　　　　　　　　(1293)
　　（職）湖南長沙明德中學
吳樹閣　　麟菘　　湖南醴陵　　　　　　　　　　　(1092)
　　（職）上海亞爾培路中法大學藥學專修科
吳文利　　炳輝　　廣東新會　　　　　　　　　　　(863)
　　（通訊）廣州東山龜崗大馬路二十八號二樓
吳欽烈　　敬直　　　　　　　　　　　　　　　　　(193)
　　（通訊）南京軍政部兵工署
吳詩銘　Wü Shih Ming　安徽休寧　　　　　　　　　(1296)
　　（通訊）Dresden A. 24 Radetzkystr. 25 Germany.
吳魯強　　　　　　廣東開平　　　　　　　　　　　(1216)
　　（通訊）廣州萬福路新廬
吳承洛　　潤東　　　　　　　　　　　　　　　　　(204)
　　（職）南京下浮橋中央工業試驗所
吳　屛　　伯藩　　湖北廣濟　2地質　　　　　　　　(1173)
　　（通訊）
沈熊慶　　夢占　　　　　　　　　　　　　　　　　(840)
　　（職）上海霞飛路和合坊四號工業物品試驗所
沈燕謀　　　　　　江蘇南通　　　　　　　　　　　(210)
　　（職）上海南京路保安坊大生紡織公司
沈　奎　　星五　　　　　　　　　　　　　　　　　(444)
　　（通訊）
沈孟欽　　　　　　　　　　　　　　　　　　　　　(74)
　　（通訊）
沈溯明　　　　　　浙江　　　　　　　　　　　　　(62)
　　（通訊）上海慕爾鳴路德慶里六三七號

物質科學組——化學股

宋文政　　　　　湖北當陽　　　　　　　　（1108）
　（通訊）
狄憲　憲民　　江蘇溧陽　　　　　　　　（1376）
　（通訊）上海亞爾培路中法大學藥科
余子明　　　　　廣東台山　　　　　　　　（914）
　（通訊）
余澤蘭　蘭園　　福建古田　　　　　　　　（646）
　（通訊）北平大六部口三三號
林天驥　　　　　廣東汕頭　　　　　　　　（949）
　（職）上海四川路六號大中華火柴有限公司
林繼庸　　　　　廣東香山　　　　　　　　（923）
　（通訊）上海愛文義路872號溫崇信先生轉
林蔭梅　一民　　江西上饒　　　　　　　　（851）
　（職）天津西沽北洋大學工學院
周　田　Chow, Bacon Field　福建　　　　（1126）
　（通訊）24 Chauncy. St, Cambridge, Mass.
周厚樞　星北　　江蘇江都　　　　　　　　（829）
　（職）揚州中學
周　銘　　　　　江蘇泰興　　　　　　　　（103）
　（通訊）上海交通大學
周增奎　揆平　　江蘇上海（2.工商管理）　（379）
　（通訊）
邵家麟　　　　　浙江湖州　　　　　　　　（618）
　（職）上海大夏大學
孟心如　　　　　江蘇武進　　　　　　　　（936）
　（職）杭州造幣廠
邱崇彥　宗岳　　浙江諸暨　　　　　　　　（50）
　（職）天津南開大學

| 14 | 社　員　分　股　名　錄 |

胡昭望　　寧生　　安徽績溪　　　　　　　　　　　　　（972）
　　（通訊）蕪湖西門內青石街二八號
胡　澤　　國澤　　四川璧山　　　　　　　　　　　　　（1310）
　　（通訊）四川重慶五福街何家花園胡宅
胡諤鈞　　　　　　　　　　　　　　　　　　　　　　　（269）
　　（通訊）
胡　讓　　宸甫　　四川　　　　　　　　　　　　　　　（533）
　　（通訊）
俞同奎　　星樞　　浙江德清　　　　　　　　　　　　　（963）
　　（通訊）北平西城都城隍廟街三〇號
洪　深　　（陶業）　　　　　　　　　　　　　　　　　（432）
　　（通訊）
洪紹諭　　　　　　　　　　　　　　　　　　　　　　　（152）
　　（通訊）
侯德榜　　致本　　　　　　　　　　　　　　　　　　　（123）
　　（職）天津塘沽永利製鹼公司
紀育澧　　星昀　　浙江寧波　　　　　　　　　　　　　（623）
　　（職）杭州浙江大學理學院
柯成楙　　篤心　　浙江平湖　　　　　　　　　　　　　（218）
　　（職）上海交通大學
馬　傑　　　　　　河南羅山　　　　　　　　　　　　　（1230）
　　（通訊）北平西鐵匠胡同21號馬秋圃先生轉
馬玉銘　　爾遐　　遼寧復縣　　　　　　　　　　　　　（860）
　　（通訊）
馬　和　　君武　　　　　　　　　　　　　　　　　　　（831）
　　（職）廣西大學
唐家裝　　　　　　廣東　　　　　　　　　　　　　　　（1283）
　　（通訊）

物質科學組——化學股

唐美森 J. C. Thomson, 美國　　　　　　　　　　(1039)
　　(通訊)
唐仰虞　　　　　安徽含山　　　　　　　　　　(558)
　　(通訊)河南焦作工學院化學系
唐燾源　　凌閣　　江蘇無錫(2.造紙)　　　　(1205)
　　(職)上海中央研究院理化研究所
袁翰青 Yuang, Han Ching 江蘇南通　　　　　(1219)
　　(通訊)Box 94 Univ. Station, Urbana, Ill.
高長庚　　少白　　山東　　　　　　　　　　　(909)
　　(通訊)濟南東關青龍街
高崇熙　　仲明　　山東　　　　　　　　　　(1161)
　　(職)北平清華大學
高露德　　　　　廣東新會　　　　　　　　　(1187)
　　(通訊)廣州市大北直街西華二橫巷五號
高　鈜　　　　　　　　　　　　　　　　　　(521)
　　(通訊)
高　鈷　　　　　　　　　　　　　　　　　　(271)
　　(通訊)
高　志　　　　　廣東廣州　　　　　　　　　(1228)
　　(通訊)湖北武昌武漢大學
高濟宇 Kao Tse Yu 河內舞陽　　　　　　　　(122)
　　(通訊)Box 82 Univ. Statiou, Urbana, Ill.
韋爾巽 S. D. Wilson 美國　　　　　　　　　(637)
　　(職)北平海甸燕京大學
孫　洛　　洪芬　　安徽　　　　　　　　　　(49)
　　(職)北平南長街二二號中華教育文化基金董事會
孫學悟　　穎川　　　　　　　　　　　　　　(59)
　　(職)天津塘沽黃海化學工業研究社

16　　　社員分股名錄

徐名材　　伯雋　　　　　　　　　　　　　　　（437）
　　（職）上海交通大學
徐作和　　汝梅　　江蘇吳江　　　　　　　　　（813）
　　（職）上海滬江大學
徐佩璜　　君陶　　江蘇　　　　　　　　　　　（109）
　　（通訊）上海霞飛路291號
徐善祥　　鳳石　　江蘇上海　　　　　　　　　（1061）
　　（通訊）上海靜安寺路一六九九衖三號
徐宗涑　　　　　　天津　　　　　　　　　　　（1274）
　　（通訊）上海龍華上海水泥廠
姚醒黃　　　　　　江蘇上海　　　　　　　　　（883）
　　（通訊）
時昭涵　　　　　　湖北枝江　　　　　　　　　（449）
　　（職）上海徐家匯交通大學
柴冰梅　　　　　　　　　　　　　　　　　　　（143）
　　（通訊）
凌其駿　　（陶瓷）　　　　　　　　　　　　　（241）
　　（通訊）
陳可忠　　　　　　福建閩侯　　　　　　　　　（737）
　　（通訊）南京國立編譯館
陳瑜叔　　　　　　湖南常德　　　　　　　　　（446）
　　（職）漢陽兵工廠理化課
陳　器　　仲修　　　　　　　　　　　　　　　（243）
　　（職）上海博物院路八號建委會購料委員會材料課
陳象岩　　　　　　　　　　　　　　　　　　　（403）
　　（通訊）
陳方濟　　禹成　　　　　　　　　　　　　　　（213）
　　（職）南京三牌樓中央大學農學院

物質科學組——化學股

陳裕光　景唐　浙江　(311)
　(職)南京金陵大學
陳德元　調甫　江蘇吳縣　(453)
　(職)天津塘沽永利製鹼總廠
陳彰琪　行可　四川宜賓　(1163)
　(通訊)北平察院胡同十六號
陳慶堯　慕唐　江蘇上海　(68)
　(通訊)
陳　煌　Hwang Chen，崇南　廣東　(1051)
　(通訊)c/o Dr. Y. R. Chao. Chinese Educational Mission, 1360 Madison Street No.thwest, Washington, D.C.,
陳傳瑚　警庸　江蘇吳江　(954)
　(通訊)北平西城兵馬司三八號
陳可培　　　浙江上虞　(1323)
　(職)上海匯豐大夏馬爾康洋行
陳思義　誦宜　江蘇崇明(2.藥學)　(1305)
　(通訊)上海愛文義路一六一三號
陳烈勳　　　浙江杭縣(造紙)　(540)
　(通訊)杭州黃醋園
陳伯莊　　　廣東　(34)
　(通訊)上海海格路159弄大勝胡同17號
陳鼎銘　　　湖北潢川　(1083)
　(職)武昌武漢大學
陳　維　Chen, Wei 福建閩侯　(1266)
　(通訊)317 College Ave., Ithaca N.Y.
陸啓先　　　廣西容縣　(921)
　(通訊)廣西容縣南門街德祥交
陸志安　　　江蘇南通　(1295)
　(通訊)天津南開大學教員宿舍五號

18　　　　　　社　員　分　股　名　錄

陶延橋　　　　安徽蕪湖　　　　　　　　　　　（1066）
　　（職）南京金陵大學
陶　桐　嶧南　江蘇無錫　　　　　　　　　　　（1353）
　　（通訊）1414 E. 59th St., Chicago, Ill.
許植方　魯瞻　浙江黃岩　　　　　　　　　　　（1063）
　　（職）上海霞飛路八九九號化學研究所
許炳熙　希林　江蘇吳縣　　　　　　　　　　　（1311）
　　（通訊）上海廣東路三號恆信洋行
曹簡禹女士 Miss Tsao, Chien Yu 江蘇宜興（2.植物生理）（1259）
　　（通訊）602 Busey St., Urbana, Ill.
曹任遠　四勿　四川富順　　　　　　　　　　　（495）
　　（通訊）
曹　挺　銘先　廣東番禺　　　　　　　　　　　（560）
　　（職）常州戚墅堰電燈分廠
曹元宇　行素　江蘇吳縣　　　　　　　　　　　（1010）
　　（職）南京中央大學理學院
曹惠羣　梁廈　江蘇宜興　　　　　　　　　　　（355）
　　（職）上海南站大同大學
章元善　　　　江蘇吳縣　　　　　　　　　　　（950）
　　（通訊）北平東城柴廠胡同六號
梅冠豪　卓雄　廣東　　　　　　　　　　　　　（976）
　　（通訊）
梁傳玲　　　　　　　　　　　　　　　　　　　（376）
　　（通訊）
梁孟齊　　　　廣東新會　　　　　　　　　　　（1200）
　　（通訊）廣州市太平沙環珠里八號
莊長恭 C. K. Chuang 丕可　福建泉州　　　　　　（382）
　　（通訊）Iui Frantz Friedlaenderweg 59/II, Göttingen, Germany,

物質科學組——化學股

張乃燕　君謀　浙江吳興　　　　　　　　　　（809）
　　（通訊）上海大西路四九號
張江樹　雪帆　江蘇常熟　　　　　　　　　　（932）
　　（職）南京中央大學
張爲儒　偉如　江蘇吳縣　　　　　　　　　　（785）
　　（通訊）上海白克路老修德里底張一鵬律師事務所
張　準　子高　湖北枝江　　　　　　　　　　（83）
　　（職）北平清華大學
張寶華　燦如　　　　　　　　　　　　　　　（662）
　　（職）天津啓新洋灰公司
張紹聯　　　　　　　　　　　　　　　　　　（310）
　　（通訊）
張　拯　鴻年　江蘇吳縣　　　　　　　　　　（849）
　　（通訊）蘇州吳縣橫街八三號
張澤堯　湘生　江西　　　　　　　　　　　　（366）
　　（職）天津特二區華安街實業部天津商品檢驗局
張增佩　久香　浙江吳興　　　　　　　　　　（752）
　　（通訊）
張貽志　　　　　　　　　　　　　　　　　　（61）
　　（通訊）
張洪沅　　　　　　　　　　　　　　　　　　（1221）
　　（通訊）南京中央大學
張資珙　　　　　廣東梅縣　　　　　　　　　（1227）
　　（職）武昌華中大學化學系
張　銓　克剛　浙江仙居（製革）　　　　　　（1368）
　　（職）北平燕京大學
黃子卿　碧帆　廣東梅縣　　　　　　　　　　（861）
　　（職）北平清華大學

黃友逢　　　　廣東　　　　　　　　　　　　　（607）
　　（通訊）上海施高塔路恆盛里三十號
黃振洪　　　　　　　　　　　　　　　　　　　（65）
　　（通訊）
黃新彥　　　　　　　　　　　　　　　　　　　（163）
　　（通訊）香港九龍彌敦道七七八號
黃美玉　　Miss Asta Ohu,　　　　　　　　　（770）
　　（通訊）1632 Le Roy Avenue, Berkeley, California
黃炳芳　　　　廣東台山　　　　　　　　　　　（1160）
　　（通訊）廣州市惠福西路一三五號安園三樓
黃俊英　　子碩　　福建興化　　　　　　　　　（939）
　　（職）福建莆田省立莆田哲理中學
黃均慶　　善餘　　江蘇上海　　　　　　　　　（1369）
　　（通訊）上海南市靑龍橋街八一號
區其偉　　　　　　　　　　　　　　　　　　　（769）
　　（通訊）
區嘉煒　　　　廣東順德　　　　　　　　　　　（1218）
　　（通訊）廣州芳草街四八號
彭　謙　　同生　　湖北　　　　　　　　　　　（1340）
　　（職）河南開封河南大學農學院
彭鴻章　　用儀　　四川巴縣　　　　　　　　　（1166）
　　（通訊）四川成都大學化學系
舒　宏　　　　　　　　　　　　　　　　　　　（185）
　　（通訊）
馮家樂　　康民　　　　　　　　　　　　　　　（593）
　　（通訊）四川成都大紅土地廟街里仁巷王希文君轉
程延慶　　伯商　　江蘇吳江　　　　　　　　　（99）
　　（職）杭州浙江大學文理學院

物質科學組——化學股

程耀樞			(286)
（通訊）			
程耀椿	子茂	廣東香山	(546)
（通訊）上海虹口東有恆路五一號			
程瀛章	寰西	江蘇吳江	(39)
（通訊）上海海格路三德里十七號			
程華燦		廣東中山	(1277)
（通訊）廣州河南聯鶴大街十七號			
曾昭掄	叔偉	湖南湘鄉	(563)
（職）北平北京大學化學系			
曾　義		四川	(1157)
（通訊）四川重慶五福街何家花園胡宅			
賀　闓	嘉伊	湖北北陵	(943)
（職）漢口揚子街九號實業部商品檢驗所			
賀孝齊			(686)
（通訊）			
湯騰漢		福建龍溪(2.藥學)	(1330)
（職）青島大學			
楊光弼	夢賚		(283)
（通訊）北平東堂子胡同十六號			
楊紹曾	石先	安徽懷寧	(674)
（通訊）北平宣內東太平街三三A或天津南開大學			
楊道林	德參	山東膠州	(1070)
（通訊）			
楊允植	絜夫	安徽懷寧	(1076)
（通訊）			
楊子嘉			(597)
（通訊）			

社員分股名錄

楊承訓 (406)
　（通訊）南京小門口妙鄉十二號
楊守珍　Yang, Shou Chen　遼寧法庫 (1251)
　（通訊）
楊　偉　　　　　陝西潼關 (1232)
　（通訊）南京中央黨部楊天民先生轉
楊樹勳　建吾　　廣東 (1394)
　（通訊）Rockefeller Institute, 66th St. and N.Y. Ave. N.Y.C.
董榮清　　　　　浙江 (817)
　（通訊）杭州新市場生長路二三號或上海廣東路十四號
　　　　中孚化學製造股份有限公司
葛祖良 (244)
　（通訊）
路敏行　季訥　　江蘇宜興 (6)
　（職）本社明復圖書館
賈念曾　季方　　江蘇無錫 (605)
　（通訊）無錫進士坊巷
鄔保良　　　　　廣東龍川 (1188)
　（職）
雷錫照　　　　　廣東四會 (566)
　（通訊）
趙廷炳　丹若　　浙江嘉興 (964)
　（通訊）杭州蒲場巷四二號
趙承嘏　石民　　江蘇江陰 (798)
　（職）北平東皇城根四十二號藥物研究所
趙學海　師軾　　江蘇無錫 (872)
　（通訊）北平崇內大羊毛胡同二一號
趙恩賜　　　　　廣東新會 (1210)
　（職）廣州嶺南大學

物質科學組——化學股

趙 武　　　　江蘇崑山　　　　　　　　　　　　（1343）
　　（通訊）上海郵箱第一二〇二號
熊正琚　　　　江西　　　　　　　　　　　　　　（424）
　　（職）江西南昌心遠中學
熊祖同　　　　四川成都　　　　　　　　　　　　（938）
　　（職）四川成都大學
熊學謙 Hsiung, Sherchin C. 湖北松滋　　　　　　（1229）
　　（通訊）Box 1011 John's Hopkin's Univ., Baltimore, Md,
翟念甫　　　　　　　　　　　　　　　　　　　　（1220）
　　（通訊）廣西桂林崇德街七七號徐念劬先生轉
榮達坊　　　　江蘇無錫　　　　　　　　　　　　（848）
　　（通訊）上海華德路第四五五弄 J G 七三號
葉良玉　　　　　　　　　　　　　　　　　　　　（144）
　　（通訊）
葉善定　　　　浙江鎮海　　　　　　　　　　　　（1378）
　　（通訊）上海河南路20號大陸藥房轉
鄺佝立　心蓮　浙江嘉興　　　　　　　　　　　　（1284）
　　（通訊）上海金神父路三〇六號
劉拓　　泛弛　湖北黃陂　　　　　　　　　　　　（1162）
　　（職）北平師範大學
劉樹杞　楚青　湖北　　　　　　　　　　　　　　（184）
　　（職）北平北平大學理學院
劉銛　T. Liu　廣東梅縣　　　　　　　　　　　　（657）
　　（通訊）Beker Lab. Cornell Univ. Ithaca.
劉橡　　　　　山東諸城　　　　　　　　　　　　（1231）
　　（通訊）
鄧鴻儀　漸逵　　　　　　　　　　　　　　　　　（648）
　　（通訊）

24　　　　　社員分股名錄

鄭法五　　　　湖北　　　　　　　　　　　　　（1299）
　　（職）四川萬縣市桐油檢驗局
鄭耀恭　　　　　　　　　　　　　　　　　　　（287）
　　（通訊）
樂森璧　　伯恆　　　　　　　　　　　　　　　（178）
　　（通訊）
蔡鎦生 Tsai, Liu Sheng 福建泉州　　　　　　　（1233）
　　（通訊）5738 Drexel Ave. Chicago, Ill. 或北平燕京大學收轉
潘祖馨　　冠卿　　江蘇青浦　　　　　　　　　（154）
　　（通訊）上海法租界麥賽而蒂路四十號
潘愼明　　　　　江蘇吳縣　　　　　　　　　　（931）
　　（通訊）蘇州東吳大學
潘履潔　　L. C. Pan, 江蘇吳縣　　　　　　　（870）
　　（通訊）
霍炎昌　　　　　　　　　　　　　　　　　　　（425）
　　（通訊）
盧景肇　　季始　　廣東順德　　　　　　　　　（937）
　　（通訊）
薛培元　　孌之　　河北臨城　　　　　　　　　（1158）
　　（通訊）北平西城花園宮甲十號
戴增庫　　育民　　遼寧瀋陽　　　　　　　　　（1294）
　　（通訊）
戴安邦　　　　　江蘇鎮江　　　　　　　　　　（1275）
　　（職）南京金陵大學化學系
謝惠　　　凝遠　　浙江紹遠　　　　　　　　　（538）
　　（通訊）
薩本鐵　　必得　　福建閩侯　　　　　　　　　（1103）
　　（職）北平清華大學化學系

物質科學組——化學股　　25

韓組康　　　　　湖南長沙（2.分析化學）　　　　　（1370）
　　（通訊）上海薛華立路155弄三號
魏喦壽　　孟磊　　浙江鄞縣　　　　　　　　　　　（1159）
　　（職）南京中央大學農學院
魏樹榮　　岳東　　　　　　　　　　　　　　　　　（250）
　　（通訊）北平後門定府大街後大新路二號
譚葆壽　　　　　　　　　　　　　　　　　　　　　（275）
　　（通訊）
閻道元　　　　　　　　　　　　　　　　　　　　　（352）
　　（通訊）
羅世嶷　　元叔　　四川富順　　　　　　　　　　　（320）
　　（職）四川四川大學
嚴仁曾　　曾符　　河北天津　　　　　　　　　　　（417）
　　（通訊）天津文昌宮西
竇維廉 W. H. Adolph 美國　　　　　　　　　　　（427）
　　（職）北平海甸燕京大學
顧大榮　　翼東　　江蘇吳縣　　　　　　　　　　　（927）
　　（職）蘇州東吳大學
顧毓珍　　敬異　　江蘇無錫　　　　　　　　　　　（1400）
　　（通訊）M.I.T. Dorms, Cambridge, Mass.,

4. 天文股

王應偉　碩甫　江蘇吳縣（2.氣象）　　　　　　　　　（1182）
　（職）青島觀象台或蘇州齊門路堵帶橋營門弄
余青松　　　　福建同安　　　　　　　　　　　　　（1101）
　（職）南京鼓樓天文研究所
高　均　平子　江蘇　　　　　　　　　　　　　　　（877）
　（職）南京鼓樓天文研究所
高　魯　曙青　福建長樂　　　　　　　　　　　　　（827）
　（通訊）南京監察院
孫　榮　華亭　河北滄縣　　　　　　　　　　　　　（466）
　（職）北平北京大學理學院或北平崇內東城根抽屜胡同一號
張　雲　子春　廣東開平　　　　　　　　　　　　　（731）
　（職）廣州中山大學天文台

5. 地學股（氣象附）

丁文江　　在君　　江蘇泰興(2.人類學)　　　　　　(619)
　　（通訊）北平內務部街芳嘉園三二號
王恭睦　　望楚　　浙江黃岩(2.古生物)　　　　　　(1080)
　　（職）南京山西路國立編譯館
朱庭祜　　仲翔　　江蘇川沙　　　　　　　　　　　(880)
　　（職）安徽省教育廳
李之常　　慎吾　　湖北沔陽(2.古生物)　　　　　　(924)
　　（職）南京中央大學或焦狀元巷二七號
李四光　　仲揆　　　　　　　　　　　　　　　　　(638)
　　（職）南京中央研究院地質研究所
李士林　　文軒　　綏遠清水河　　　　　　　　　　(1119)
　　（通訊）
李殿臣　　廷輪　　河南葉縣　　　　　　　　　　　(1112)
　　（職）廣州兩廣地質調查所
李孤帆　　　　　　浙江鄞縣　　　　　　　　　　　(1059)
　　（通訊）上海威海衛路中社轉
竺可楨　　藕舫　　浙江紹興(氣象)　　　　　　　　(101)
　　（職）南京北極閣氣象研究所
金紹基　　叔初　　浙江吳興　　　　　　　　　　　(949)
　　（通訊）北平東四憂憂胡同十一號
孟憲民　　應鰲　　江蘇武進　　　　　　　　　　　(1115)
　　（職）南京中央研究院地質研究所
胡煥庸　　　　　　江蘇宜興　　　　　　　　　　　(1093)
　　（職）蘇州中學
袁復禮　　希淵　　直隸徐水　　　　　　　　　　　(956)
　　（通訊）

28	社員分股名錄	

馬磐基　Mar, Peter　廣東新甯　(395)
　（通訊）Gordon Bell Res. Lab., Medical Coll., Winnipeg, Canada,

孫雲鑄　鐵仙　江蘇高郵（2.古生物）　(957)
　（職）北平地質調査所

徐淵摩　厚孚　江蘇武進
　（通訊）上海蒲石路九十六號

徐韋曼　寬甫　江蘇武進（2.採鑛）　(799)
　（職）上海中央研究院出版品國際交換處

徐瑞麟　松石　湖南衡陽（2.生物）　(1087)
　（通訊）

翁文灝　詠霓　浙江　(669)
　（職）北平地質調査所

章鴻釗　演存　　(691)
　（職）北平地質調査所

黃國璋　海平　湖南湘鄉　(1094)
　（職）北平清華大學

黃伯芹　　廣東　(17)
　（通訊）香港上環和昌金店

張鳴韶　廣虞　河南汝南　(1079)
　（通訊）

張其昀　曉峯　浙江鄞縣　(1057)
　（職）南京中央大學或南京蓁巷四號

葉良輔　左之　浙江杭縣　(876)
　（職）南京中央研究院地質研究所

葉桂馥　　廣東歸善　(514)
　（通訊）

葛綏成　毅甫　浙江東陽　(1016)
　（職）上海中華書局編譯所

物質科學組——地學股 29

葛利普　A. W. Grabau　美國　　　　　　　　　　　　（862）
　　（職）北平地質調查所
葛德石　George B. Cressey　美國　　　　　　　　　　（1025）
　　（通訊）
楊曾威　　威伯　　江蘇武進（2.古生物）　　　　　　（1110）
　　（職）北平清華大學
楊鍾健　　克強　　陝西華縣　　　　　　　　　　　　（1382）
　　（職）北平西兵馬司九號地質調查所
劉季辰　　寄人　　江蘇上海　　　　　　　　　　　　（805）
　　（通訊）
蔣丙然　　右滄　　福建閩侯（氣象）　　　　　　　　（821）
　　（職）青島青島市觀象臺
鄭厚懷　　達才　　安徽青陽　　　　　　　　　　　　（887）
　　（職）南京中央大學
樂森璕　　季純　　貴州貴陽（2.古生物）　　　　　　（1078）
　　（通訊）
謝家榮　　季驊　　江蘇上海　　　　　　　　　　　　（826）
　　（職）北平地質調查所

II. 生物科學組
1. 生物股

上官尭登　　　　奂西玉山（2.教育）　　　　　　　　　（881）
　　（通訊）江西南昌花園角一號
王守成　　志稼　　江蘇吳縣　　　　　　　　　　　　　（1048）
　　（通訊）蘇州呂印坊巷六五號
王彥祖　　　　　　　　　　　　　　　　　　　　　　　（119）
　　（通訊）
王家楫　　仲濟　　江蘇奉賢　　　　　　　　　　　　　（1131）
　　（職）南京本社生物研究所
王以康　　　　　　浙江　　　　　　　　　　　　　　　（1388）
　　（通訊）南京中國科學社生物研究所
王　敏　　　　　　浙江杭縣　　　　　　　　　　　　　（1322）
　　（通訊）南京閨苑營三號
戈定邦　　　　　　河北　　　　　　　　　　　　　　　（1389）
　　（通訊）北平清華大學生物系
丘　畯　　寶疇　　廣東平遠　　　　　　　　　　　　　（864）
　　（職）廣州市中山大學附屬中學
曲桂齡　　仲湘　　河南唐河　　　　　　　　　　　　　（1324）
　　（通訊）河南輝縣百泉河南省立鄉村師範學校
伊禮克　　J. T. Illick　美國　　　　　　　　　　　　（1036）
　　（職）南京金陵大學
朱庭茂　　　　　　　　　　　　　　　　　　　　　　　（1133）
　　（通訊）
李良慶　　　　　　貴州貴陽　　　　　　　　　　　　　（1356）
　　（通訊）北平西城束斜街昌堂門一號轉
李順卿　　幹臣　　山東　　　　　　　　　　　　　　　（537）
　　（通訊）北平宣內回回營十號

32　　　　　　社　員　分　股　名　錄

李先聞　達聰　四川　　　　　　　　　　　　　　　（1186）
　　（職）
李　浚　瀹庵　　　　　（2.地理）　　　　　　　　（1123）
　　（通訊）雲南鄧川勸學所
李　琳　　　　　　　　　　　　　　　　　　　　　（161）
　　（通訊）
吳元滌　子修　江蘇江陰　　　　　　　　　　　　　（207）
　　（職）蘇州中學
吳家煦　和士　江蘇吳縣（2.理化）　　　　　　　　（206）
　　（通訊）
吳貽芳　冬生　浙江杭縣　　　　　　　　　　　　　（917）
　　（職）南京金陵女子大學
吳韞珍　　　　　　　　　　　　　　　　　　　　　（666）
　　（職）北平清華大學
吳偉士 Woodworth U.S.A. 美國　　　　　　　　　　（820）
　　（通訊）University of California Berkeley, California.
沈宗瀚　　　　浙江餘姚　　　　　　　　　　　　　（973）
　　（職）南京金陵大學
何文俊　　　　四川　　　　　　　　　　　　　　　（1309）
　　（職）四川成都華西協合大學生物系
何畏冷　　　　福建福清　　　　　　　　　　　　　（1053）
　　（通訊）南京鼓樓二條巷西口陰陽營二號
辛樹幟　　　　湖南　　　　　　　　　　　　　　　（1152）
　　（職）南京國立編譯館
林喬年　展君　廣東遂溪　　　　　　　　　　　　　（980）
　　（通訊）廣東遂溪縣烏泥塘市求安堂
秉　志　農山　河南開封　　　　　　　　　　　　　（14）
　　（職）南京本社生物研究所

生 物 科 學 組——生 物 股　　　　33

周明祥　Chao, M.T.　江蘇泰縣　　　　　　　　　　　（1359）
　　（通訊）Dept. of Entomology, Cornell University

祁天錫　N. Gist Gee　美國　　　　　　　　　　　　（935）
　　（通訊）Yenching University, 150 Fifth Avenue, New York City.

胡先驌　步曾　江西新建　　　　　　　　　　　　　（32）
　　（職）北平石駙馬大街靜生生物調查所

胡經甫　　　　　　　　　　　　　　　　　　　　　（447）
　　（職）北平海甸燕京大學生物系

胡梅基　　　　廣州　　　　　　　　　　　　　　　（1358）
　　（通訊）

段續川　　　　四川成都　　　　　　　　　　　　　（1244）
　　（通訊）天津大公報館段繼達先生轉

范賮　　肖岩　江蘇武進　　　　　　　　　　　　　（1068）
　　（職）杭州筧橋浙江大學文理學院生物系

郝坤巽　象吾　河南武陟　　　　　　　　　　　　　（714）
　　（職）河南開封河南大學

涂治　　　　　湖北黃陂　　　　　　　　　　　　　（1044）
　　（通訊）河南開封大學農學院植物病理室

徐蔭祺　　　　江蘇吳縣　　　　　　　　　　　　　（1363）
　　（通訊）

徐學楨　幹生　廣東番禺　　　　　　　　　　　　　（1077）
　　（通訊）廣州市太平沙庸常新街八號樓下或中山大學理工學院生物系

郜重魁　幼顯　雲南鶴慶　　　　　　　　　　　　　（977）
　　（通訊）

孫宗彭　稚孫　　　　　　　　　　　　　　　　　　（1125）
　　（通訊）

孫必昌　東明　　　（2.地學）　　　　　　　　　　（828）
　　（通訊）

34　　　　　社　員　分　股　名　錄

陳邦傑　　逸塵　　江蘇江都　　　　　　　　　　　　　　(1373)
　　（通訊）
陳　楨　　席山　　江西鉛山　　　　　　　　　　　　　　(736)
　　（職）北平清華大學
陳煥鏞　　　　　　廣東新會　　　　　　　　　　　　　　(810)
　　（職）廣州中山大學
陳兼善　　達夫　　浙江　　　　　　　　　　　　　　　　(1109)
　　（通訊）
陳納遜　　　　　　廣東中山　　　　　　　　　　　　　　(1103)
　　（職）南京金陵大學
莫古禮 F. A. Mc Clure 美國　　　　　　　　　　　　　　(1011)
　　（職）廣州嶺南大學
郭仁風 J. B. Griffing 美國（2.教育）　　　　　　　　　　(1041)
　　（通訊）
張念恃　　作人　　　　　　　　　　　　　　　　　　　　(789)
　　（通訊）Boite Posta'e No. 19217, Fontenay Aux Roses, Seine, France.
張春霖　　震東　　河南開封　　　　　　　　　　　　　　(1333)
　　（職）北平靜生生物調查所
張巨伯　　歸農　　廣東鶴山　　　　　　　　　　　　　　(146)
　　（職）南京中央大學內江蘇省昆蟲局
張宗漢　　眞衡　　浙江嵊縣　　　　　　　　　　　　　　(1154)
　　（通訊）49 Snell Hall, Chicago University, U.S.A.
張　挺　　鏡澄　　安徽桐城　　　　　　　　　　　　　　(505)
　　（職）武昌武漢大學
張　祿 L. Chang, 服眞　雲南（2.社會）　　　　　　　　　(675)
　　（通訊）Box 62, College Sta., Pullman, Washington,
張景歐　　海珊　　江蘇　　　　　　　　　　　　　　　　(852)
　　（通訊）

生物科學組——生物股

張景鉞　峴儕　江蘇武進　　　　　　　　　　　(663)
　　（通訊）
張和岑　　　浙江甯波　　　　　　　　　　　　(1352)
　　（通訊）蘇州東吳大學
張　賢　　　浙江吳興　　　　　　　　　　　　(1320)
　　（通訊）南京中央大學女生宿舍
張肇騫　冠超　浙江永嘉　　　　　　　　　　　(1313)
　　（通訊）南京中央大學生物系或大石橋海記里六號
張文湘　叔沅　四川永川　　　　　　　　　　　(1095)
　　（通訊）
黃易伯　　　四川巴縣　　　　　　　　　　　　(1090)
　　（通訊）
黃景新　　　四川永川　　　　　　　　　　　　(1096)
　　（通訊）
馮毅棠　Feng, H.T.　江蘇無錫　　　　　　　　(1362)
　　（通訊）208 Delware Ave. Ithea, N.Y.
馮肇傳　　　江蘇宜興　　　　　　　　　　　　(542)
　　（職）南京中央大學農學院
彭光欽　Penn, Amos Benkow　四川　　　　　　(1234)
　　（通訊）Box 95 Johns Hopkin's Univ, Baltimore Md.
曾廣澄　佐明　　　　　　　　　　　　　　　　(501)
　　（通訊）
曾　慎　吉夫　四川　　　　　　　　　　　　　(1341)
　　（職）河南開封河南大學
曾　省　省之　浙江　　　　　　　　　　　　　(724)
　　（通訊）青島大學
喻兆琦　慕韓　江蘇　　　　　　　　　　　　　(751)
　　（通訊）

| 36 | 社 員 分 股 名 錄 | |

湯佩松 Tang, Pei Sung 湖北蘄水 (1235)
　　（通訊）Lab. of General Physiology, Harvard Univ.,
湯覺之　　　　湖南長沙（2.生理） (1345)
　　（通訊）南京龍王廟堂子巷長治里一號
傅　驌　有周　四川 (7)
　　（通訊）四川重慶城內小樑子逸公家祠
傅葆琛 (262)
　　（通訊）
楊保康　　　　江蘇無錫（2.教育） (630)
　　（通訊）
楊　鳳 Young, P. 浙江桐鄉 (933)
　　（通訊）
鄒秉文　　　　江蘇吳縣 (52)
　　（通訊）上海薩坡賽路三一二號
鄒應薲　樹文　江蘇吳縣 (16)
　　（通訊）安慶忠孝街一號
費鴻年　　　　浙江海甯 (801)
　　（通訊）
萬宗玲　　　　四川永川 (1319)
　　（通訊）南京中央大學女生宿舍
裴　鑑　季衡　四川成都 (1243)
　　（職）南京本社生物研究所
壽振黃　理初　浙江諸暨 (733)
　　（職）北平石駙馬大街靜生生物調查所
熊大仕　　　　江西南昌 (1222)
　　（通訊）天津南開大學生物系
管家驥 Kwan Chia Chi 浙江上虞 (1258)
　　（通訊）Dept. of Plant Breeding, Cornell. U.

生物科學組——生物股

趙蓮芳　蘭屏　河南羅山（遺傳學）　(373)
　　（職）南京三牌樓中央大學農學院
劉咸　仲熙　江西　(1030)
　　（通訊）青島大學
劉廷蔚　　浙江溫州　(1252)
　　（通訊）北平燕京大學劉廷芳先生收轉
劉瑚　Liu, Hu　湖北嘉魚　(1217)
　　（通訊）Bio-Chem. Dept. St. Paul, Minneapolis, Minn.
劉運籌　伯量　四川巴縣　(1089)
　　（通訊）南京實業部或中央大學農學院
蔡堡　作屏　浙江杭縣　(853)
　　（職）南京中央大學
蔡翹　卓夫　廣東　(1065)
　　（職）上海中央大學醫學院
黎國昌　愼圖　廣東東莞　(981)
　　（通訊）廣州市惠愛西路粵華西街四號
潘光旦　　江蘇寶山　(894)
　　（通訊）
鄧叔羣　　福建　(1383)
　　（通訊）南京中國科學社生物研究所
歐陽翥　鐵翹　湖南長沙　(1043)
　　（通訊）
錢崇澍　雨農　浙江海甯　(18)
　　（職）南京本社生物研究所
薛德育　良叔　江蘇江陰　(1019)
　　（通訊）
鍾心煊　仲襄　江西南昌　(100)
　　（職）武昌武漢大學

38	社 員 分 股 名 錄	

盧于道　　　　　浙江甯波(生理)　　　　　　　　　(1237)
　　(職)北平東城芳嘉園一號心理研究所
應尙德　　　　　　　　　　　　　　　　　　　　　(642)
　　(通訊)
閻敦建　　　　　湖南長沙　　　　　　　　　　　　(1192)
　　(職)北平靜生生物調查所
譚熙鴻　　仲逵　　　　　　　　　　　　　　　　　(557)
　　(通訊)南京實業部
譚仲約　　　　　廣東新會　　　　　　　　　　　　(1257)
　　(通訊)

2. 醫藥股

丁求眞　任生　浙江天台（2.公共衞生）　　　　　　　　　（698）
　　（職）杭州裏西湖葛嶺山脚一五號西湖療養院
方雪瓊女士　Miss S. S. Huong　　　　　　　　　　　　　（1134）
　　（通訊）
王季茞　Dr. C. C. Wong　　　　　　　　　　　　　　　（601）
　　（通訊）Children's Hospital, Elland and Bethsda Ave., Cincinnati, O, U.S.A.
王兆麒　　　　江蘇無錫（獸醫）　　　　　　　　　　　　（554）
　　（職）上海市衞生局
伍伯良　　　　廣東台山（2.公衆衞生）　　　　　　　　　（1199）
　　（通訊）廣州舊倉巷伍漢特醫院
任倬　維章　浙江杭縣　　　　　　　　　　　　　　　　（918）
　　（通訊）杭州清泰門直街八八號
吉普思　Charles Shelby, Gibbs　美國　　　　　　　　　（1031）
　　（通訊）
江鐵　　　　　　　　　　　　　　　　　　　　　　　　（272）
　　（通訊）
李岡　　　　　　　　　　　　　　　　　　　　　　　　（307）
　　（通訊）上海靜安寺路1205號
李定　愼徵　　　　　　　　　　　　　　　　　　　　　（690）
　　（通訊）
李賦京　　　　陝西　　　　　　　　　　　　　　　　　（1113）
　　（職）河南開封河南大學
李克鴻　　　　江蘇上海　　　　　　　　　　　　　　　（1240）
　　（通訊）
李振翩　　　　湖南（2.細菌學）　　　　　　　　　　　　（1346）
　　（通訊）上海海格路國立上海醫院

40　　　社員分股名錄

吳克俊　　　　　　　　　　　　　　　　　　　　　(249)
　　　（通訊）
吳興業　　　　　　　　　　　　　　　　　　　　　(285)
　　　（通訊）
吳旭丹　　　　　　　　　　　　　　　　　　　　　(205)
　　　（通訊）上海北京路73號三樓27號
吳　憲　　陶民　　　　　　　　　　　　　　　　　(85)
　　　（職）北平協和醫校
吳濟時　　谷宜　　江蘇　　　　　　　　　　　　　(397)
　　　（通訊）蘇州公園對門
吳金聲　　　　　　福建廈門　　　　　　　　　　　(452)
　　　（通訊）
沈鴻翔　　　　　　　　　　　　　　　　　　　　　(256)
　　　（通訊）天津海軍醫學校
宋杏邨　　　　　　　　　　　　　　　　　　　　　(270)
　　　（通訊）上海蒲石路杜美新村十八號
宋梧生　　　　　　浙江　　　　　　　　　　　　　(616)
　　　（通訊）上海蒲石路杜美新村十八號
金寶善　　楚珍　　浙江紹興（2.公共衛生）　　　　(689)
　　　（職）南京衛生署
林文慶　　　　　　福建廈門　　　　　　　　　　　(885)
　　　（職）廈門大學
林可勝　　　　　　福建廈門　　　　　　　　　　　(968)
　　　（職）北平協和醫學校
周　威　　仲奇　　江蘇江甯　　　　　　　　　　　(36)
　　　（職）南京中央大學或南京襲家橋五號
周振禹　　　　　　　　　　　　　　　　　　　　　(299)
　　　（通訊）

生物科學組——醫藥股　　41

胡正祥　　　江蘇無錫　　　　　　　　　（220）
　（職）北平協和醫學校
胡潤德　　　廣東佛山　　　　　　　　　（475）
　（通訊）
胡宣明　　　　　　　　　　　　　　　　（267）
　（職）南京鐵道部衛生處
姚爾昌　　　　　　　　　　　　　　　　（309）
　（通訊）
郝更生　　　江蘇淮安（體育）　　　　　（1332）
　（通訊）
唐家珍　　　廣西　　　　　　　　　　　（1315）
　（職）青島市立醫院
徐誦明　　　　　　　　　　　　　　　　（535）
　（通訊）
孫克基　　庸臬　　　　　　　　　　　　（219）
　（職）上海紅十字會醫院
孫孝寬　　　　　　　　　　　　　　　　（511）
　（職）上海四川路靶子路寬民醫院
陰毓璋　　　山西太原　　　　　　　　　（1393）
　（通訊）St. Lnke's Hospital, Bethlehem Pa.
翁文瀾　　子營　　浙江甯波　　　　　　（843）
　（通訊）
陸錦文　　　　　　　　　　　　　　　　（175）
　（通訊）
陳宗賢　　　　　　　　　　　　　　　　（319）
　（職）北平天壇中央防疫處
陳思義　　誦誼　　江蘇崇明　　　　　　（1305）
　（通訊）上海愛文義路一六一三號

| 42 | 社 員 分 股 名 錄 | |

陳克恢　　子振　　江蘇青浦　　　　　　　　　　　　（564）
　（通訊）
許陳琦　　帙民　　浙江天台　　　　　　　　　　　　（984）
　（通訊）
麥克樂　C. Mcloy, 美國（體育）　　　　　　　　　　（882）
　（通訊）
梁伯彊　　　　　　廣東梅縣　　　　　　　　　　　　（1054）
　（職）廣州百子路中山大學病理學研究院
湯兆豐　　書年　　　　　　　　　　　　　　　　　　（201）
　（職）上海大馬路華英大藥房
張廷幹　　子翔　　廣東　　　　　　　　　　　　　　（530）
　（通訊）
張玨雯　　心如　　　　　　　　　　　　　　　　　　（706）
　（通訊）
富文壽　　彬侯　　　　　　　　　　　　　　　　　　（745）
　（通訊）上海靜安寺路一二〇五號
黃寶存　　　　　　　　　　　　　　　　　　　　　　（679）
　（通訊）
楊俊階　　少軒　　山東諸城　　　　　　　　　　　　（1268）
　（通訊）
楊鶴慶　　叔吉　　　　　　　　　　　　　　　　　　（723）
　（訊通）陝西西安開通巷六六號
齊淸心　　　　　　　　　　　　　　　　　　　　　　（380）
　（通訊）
鄒邦元　　叔慧　　江西高安　　　　　　　　　　　　（955）
　（職）南京東南醫院
葛成慧　　　　　　江蘇嘉定　　　　　　　　　　　　（741）
　（職）上海薩坡賽路一號尙賢堂婦孺醫院

生物科學組——醫藥股　　43

褚民誼　　　　　浙江吳興　　　　　　　　　　　　（969）
　　（職）上海辣斐德路中法工業學院
經利彬　　　　　浙江上虞（2.生物）　　　　　　　（260）
　　（職）北平北大學院生物系
趙燏黃　　藥農　江蘇武進　　　　　　　　　　　　（1172）
　　（職）上海霞飛路八九九號化學研究所
趙揚步偉 Mrs. Chao, Y. R. 韻卿　安徽石埭　　　　（672）
　　（通訊）Chinese Educational Mission, 1360 Madison Street Northwest, Washington, D. C.,
趙以炳 Chao, eping 江西南昌　　　　　　　　　　（1241）
　　（通訊）5738 Drexel Ave., Chicags, Ill.
趙中天　　罕言　　　　　　　　　　　　　　　　　（1380）
　　（通訊）青島中山路一四三中和醫院
熊　佐　　　　　廣東梅縣（2.細菌）　　　　　　　（1021）
　　（通訊）
熊輔龍　　省之　　　　　　　　　　　　　　　　　（229）
　　（通訊）
聞亦齊　　　　　湖北　　　　　　　　　　　　　　（1215）
　　（通訊）北平協和醫學校解剖科聞亦傳博士轉
劉劍秋　　　　　江蘇下邳　　　　　　　　　　　　（919）
　　（職）上海莫利愛路一六號人和醫院
劉汝強　　毅然　河北北平（2.體育）　　　　　　　（469）
　　（通訊）
劉體志　　　　　廣東番禺　　　　　　　　　　　　（451）
　　（通訊）
蔡無忌　　　　　浙江紹縣（獸醫）　　　　　　　　（1047）
　　（職）上海博物院路商品檢驗局
鄭章成　　　　　福建（2.公共衛生）　　　　　　　（769）
　　（職）上海滬江大學

社員分股名錄

蔣育英　　　　　江蘇吳縣　　　　　　　　　　　（562）
　　（通訊）
魯德馨　進修　　湖北天門　　　　　　　　　　　（765）
　　（職）山東濟南齊魯大學
樂文照　　　　　浙江鎮海　　　　　　　　　　　（1020）
　　（通訊）
鍾季襄　　　　　江西南昌　　　　　　　　　　　（167）
　　（職）南昌射步亭三二號季襄醫院
謝恩增　雋甫　　河北天津　　　　　　　　　　　（257）
　　（通訊）北平崇文門內九四號
關頌韜　亦強　　廣東番禺　　　　　　　　　　　（508）
　　（通訊）
嚴康俟　壽慈　　江蘇上海　　　　　　　　　　　（534）
　　（通訊）上海
嚴智鍾　季約　　　　　　　　　　　　　　　　　（685）
　　（通訊）天津文昌宮西
龐　斌　敦敏　　（獸醫）　　　　　　　　　　　（236）
　　（通訊）北平南長街北口路東
Dr. Mary N. Andrews, 安醫生 English　　　　　　（1387）
　　（通訊）Henry Lester Institute of Medical Research, Shanghai.

3. 農林股

丁 穎　　君穎　　廣東茂名（2.作物）　　　　　　　　　　（978）
　　（職）廣州中山大學農林科
卜 凱　　J. Cossing Buck.　美國（2.農經濟）　　　　　　（1034）
　　（職）南京金陵大學農科
尤志邁　　懷皋　　江蘇吳縣（2.畜牧）　　　　　　　　　（21）
　　（通訊）上海康腦脫路一六八號自由農場
王金吾　　直卿　　河南安陽（2.棉作）　　　　　　　　　（368）
　　（職）杭州筧橋浙江大學農學院
王舜成　　契華　　　　　　　　　　　　　　　　　　　　（569）
　　（通訊）江蘇太倉王宅前街
王善佺　　　　　　　　　　　　　　　　　　　　　　　　（242）
　　（職）北平北京大學農學院
江書祥　　子荃　　　　　　　　　　　　　　　　　　　　（587）
　　（職）四川成都東門外農業大學院
朱學鉏　　新子　　浙江蕭山（蠶絲）　　　　　　　　　　（1164）
　　（職）江蘇鎮江中國合眾蠶桑改良會蠶業講習所
吳 球　　應晨　　　　　　（林）　　　　　　　　　　　（577）
　　（職）浙江餘杭北鄉杭北林牧有限公司
李永振　　鷺賓　　江蘇南匯　　　　　　　　　　　　　　（494）
　　（職）南通學院農科
李允彬　　　　　　　　　　　　　　　　　　　　　　　　（128）
　　（通訊）
李汝祺　　叉新　　河北天津（畜牧傳種）　　　　　　　　（850）
　　（職）北平海甸燕京大學
李迪華　　　　　　　　　　　　　　　　　　　　　　　　（327）
　　（通訊）
李沛文　　質生　　廣西蒼梧（果樹學）　　　　　　　　　（1269）
　　（通訊）Cornell University, Ithaca, N. Y.

46　　　　社　員　分　股　名　錄

李寅恭　　颸丞　　安徽　　（森林）　　　　　　　　　　（173）
　　（職）南京中央大學農學院
李繼侗　　　　　　　　　　（林）　　　　　　　　　　　（1121）
　　（職）南京金陵大學
李國楨　　　　　　陝西渭南　　　　　　　　　　　　　　（1391）
　　（職）陝西省建設廳
安立綏　　　　　　甘肅　　　　　　　　　　　　　　　　（1264）
　　（通訊）
沈鵬飛　　卓寰　　廣東番禺（森林）　　　　　　　　　　（761）
　　（職）南京教育部高等教育司
佘耀彤　　季可　　　　　　（森林）　　　　　　　　　　（547）
　　（通訊）四川成都刁子巷二一號
余　森　　森郎　　　　　　　　　　　　　　　　　　　　（26）
　　（通訊）
余　嶸　　天御　　　　　　　　　　　　　　　　　　　　（217）
　　（通訊）
何尚平　　伊渠　　福建閩侯（蠶桑）　　　　　　　　　　（824）
　　（職）上海亞爾培路蠶桑改良會
汪呈因　　　　　　安徽桐城（2.農細菌學）　　　　　　　（1347）
　　（通訊）
金邦正　　仲藩　　安徽　　（森林）　　　　　　　　　　（12）
　　（職）北平上海銀行北平分行經理室
林文明　　郁齋　　福建興化（森林園藝）　　　　　　　　（556）
　　（職）福建興化聖路加醫院
邱培涵　　養吾　　浙江　　　　　　　　　　　　　　　　（1298）
　　（通訊）上海霞飛路七四二號
周承鑰　Chou, Cheng Yao　江蘇（育種）　　　　　　　　（1262）
　　（通訊）104 Harvard Place, Ithaca, N. Y.

生物科學組——醫藥股

周榮絛 Chou, Yung Tiao 湖南長沙 (1239)
　　（通訊）Box 6182 Univ. of Minn., Minneapolis Minn.
周　清　　友山 (575)
　　（通訊）
胡憲生　　　　　江蘇無錫 (301)
　　（職）上海南車站大同大學
范師軾 (126)
　　（通訊）
唐啓宇　　御仲　江蘇江都（2.鄉村教育） (610)
　　（職）南京紅紙廊中央政治學校
唐昌治　　荃生　江蘇吳江（2.園藝） (214)
　　（通訊）
高維魏　　孟徵 (573)
　　（通訊）杭州雙陳衖一號
高振華　　京亞　河南洛陽（森林 2.氣象） (1336)
　　（職）南京交通部技術室
孫恩麐 (384)
　　（職）南通南門三元橋西南通學院農科
孫豫方 (410)
　　（通訊）
姚傳法　　心齋　浙江　（森林 2.造紙） (606)
　　（通訊）
原頌周　　　　　廣東 (343)
　　（通訊）南京太平橋
陳燕山　　　　　江蘇上海（棉） (974)
　　（職）南京金陵大學
陳延翔　　鳳文　江蘇 (347)
　　（通訊）鎮江城內水陸寺巷

48　　　　　　社員分股名錄

陳　嶸　　宗一　　浙江　（森林）　　　　　　　　　（215）
　　（職）南京金陵大學
陳　儁　　雋人　　江蘇上海（2.植物病害）　　　　　（572）
　　（通訊）上海大東門外沙場街正興坊五號
陳鑅楨　　家麟　　江蘇江陰　　　　　　　　　　　（1321）
　　（通訊）南京中央大學農學院
陳宰均　　孺平　　浙江杭縣（家禽學）　　　　　　　（552）
　　（通訊）
陸費執　　叔辰　　浙江嘉興（園藝植物）　　　　　　（386）
　　（職）江蘇省農鑛廳農業推廣委員會
郭守純　　　　　　廣東　　　　　　　　　　　　　（224）
　　（職）上海膠州路九一號貧兒教養院
許振英　　　　　　山東　（畜牧）　　　　　　　　（1261）
　　（通訊）山東泰安福全街五號
凌道揚　　　　　　廣東　（森林）　　　　　　　　　（142）
　　（職）南京東窪市陰陽營十一號
常宗會　　　　　　安徽全椒　　　　　　　　　　（1037）
　　（職）南京太平門外合衆蠶桑改良會製種場
張宗成　　　　　　　　　　　　　　　　　　　　　（787）
　　（通訊）上海跑馬廳張家浜八二號
張天才　　範村　　廣東　　　　　　　　　　　　　（135）
　　（職）杭州將軍路浙江省建設廳第四科
張通武　　子旂　　　　　　　　　　　　　　　　　（608）
　　（職）南通大學農科
張心一　　　　　　甘肅　　　　　　　　　　　　　（664）
　　（通訊）南京金陵大學或南京乾河沿陶園
張乃鳳　　　　　　浙江吳興　　　　　　　　　　（1263）
　　（通訊）

生物科學組——農林股

張世构　葆靈　浙江鄞縣　　　　　　　　　（1318）
　　（通訊）甯波江東東湖濟
黃　振　　　　　　　　　　　　　　　　　（56）
　　（通訊）
黃　晃　　　　廣東台山　　　　　　　　　（900）
　　（通訊）
黃　植　　枯桐　廣東梅縣（林）　　　　　（979）
　　（通訊）廣州舊倉巷伍漢持醫院轉
區紹安　　　　　　　（林）　　　　　　　（29）
　　（通訊）
馮　稅　梯霞　廣東番禺　　　　　　　　　（780）
　　（職）河北定縣城內中華平民教育促進會農業教育部
傅煥光　志章　江蘇太倉（森林）　　　　（1050）
　　（職）南京中山陵園辦公處
童金耀　　　　浙江山陰　　　　　　　　　（792）
　　（通訊）
曾濟寬　　　　　　　　　　　　　　　　　（216）
　　（通訊）
溫文光　瀚周　廣東台山　　　　　　　　　（441）
　　（通訊）
賀　康　亞賓　江蘇無錫（蠶桑）　　　　　（726）
　　（通訊）
楊炳勛　　　　浙江　　　　　　　　　　　（743）
　　（職）上海海甯路南高壽里二九三三號速記學校
葉元鼎　　　　安徽　　　　　　　　　　　（668）
　　（職）上海博物院路十五號上海商品檢驗局
葉雅各　雅谷　廣東番禺（森林）　　　　（1033）
　　（職）南京金陵大學

50　　　　　　社　員　分　股　名　錄

葛敬中　　運成　　　　　（蠶桑）　　　　　　　　　　　（567）
　　（職）鎮江中國合衆蠶桑改良會蠶桑製種場
葛敬應　　夢魚　　浙江嘉興（園藝 2.製茶）　　　　　　（1212）
　　（職）青島市農林事務所
董時進　　　　　　四川墊江（經濟）　　　　　　　　　　（750）
　　（職）北平大學農學院
虞振鏞　　謹庸　　浙江　　　　　　　　　　　　　　　　（157）
　　（通訊）
熊正瑾　　洛生　　江西南昌　　　　　　　　　　　　　　（590）
　　（通訊）江西南昌岡上街
趙琴風　　仿琴　　四川巴縣　　　　　　　　　　　　　　（1091）
　　（通訊）
趙　武　　　　　　江蘇崑山　　　　　　　　　　　　　　（1343）
　　（通訊）上海郵局信箱一二〇二號
廖崇眞　　　　　　　　　　　　　　　　　　　　　　　　（594）
　　（職）廣州廣東建設廳農林局
魯佩璋　　白純　　　　　　　　　　　　　　　　　　　　（701）
　　（通訊）
劉榮基　　　　　　　　　　　　　　　　　　　　　　　　（903）
　　（通訊）
劉承霖　　慰農　　　　　　　　　　　　　　　　　　　　（78）
　　（通訊）
劉崇樂　　覺民　　福建閩侯（2.昆蟲）　　　　　　　　　（857）
　　（通訊）北平西觀音寺三三號施宅
鄧植儀　　槐庭　　廣東東莞（土壤）　　　　　　　　　　（650）
　　（職）廣州廣東建設廳農林局土壤調查所
錢天鶴　　安濤　　浙江杭縣（蠶桑）　　　　　　　　　　（27）
　　（職）南京中央研究院自然歷史博物館

| 生物科學組——農林股 | 51 |

戴芳瀾　　觀亭　　　　　　　　　　　　　　　（48）
　　（職）南京金陵大學農科
鄺嵩齡　　　　廣東香山　　　　　　　　　　　（901）
　　（職）廣州中山大學
羅德民 Waetter C. Lowdermilk 美國（森林2.人文地理）（1032）
　　（通訊）
顧　鋆　　青虹　　江蘇無錫（蠶桑）　　　　　（1035）
　　（職）南京金陵大學
顧　復　　震吉　　　　（林）　　　　　　　　（165）
　　（通訊）

4. 心理股

王長平　　鴻猷　　山東　　　　　　　　　　（1271）
　　（通訊）北平西直門後桃園二五號
艾　偉　　險舟　　湖北　（2.統計）　　　　（1029）
　　（職）出國
何運暄　　漱石　　湖北　　　　　　　　　　（896）
　　（通訊）
唐　鉞　　擘黃　　福建福州　　　　　　　　（28）
　　（通訊）北平大方家胡同五七號
孫國華　　小孟　　山東濰縣（2.動物學）　　（1156）
　　（職）北平清華大學心理學系
陳劍翛　　　　　　江西　　　　　　　　　　（1062）
　　（職）
陳懿祝　　　　　　福建海澄　　　　　　　　（1104）
　　（通訊）
陸志韋　　　　　　　　　　　　　　　　　　（794）
　　（職）北平海甸燕京大學
郭任遠　　　　　　廣東潮陽（2.教育）　　　（496）
　　（職）
張耀翔　　　　　　湖北漢口（2.教育）　　　（528）
　　（通訊）
楊希東　　　　　　　　　　　　　　　　　　（370）
　　（通訊）
趙　畸　　太侔　　山東　（2.文學）　　　　（985）
　　（職）青島大學或北平宣外潘家河沿七一號
劉紹禹　　　　　　四川　　　　　　　　　　（893）
　　（職）四川成都大學
劉廷芳　　亶生　　　　　　　　　　　　　　（317）
　　（職）北平燕京大學

III. 工程科學組

1. 土木股（附建築）

丁人鯤　　西崙　　江蘇吳縣（2.水力學）　　　　　　　（548）
　（職）杭州浙江大學工學院

丁燮和　　　　　　江蘇泰興　　　　　　　　　　　　（1270）
　（通訊）北平芳嘉園三五號

尤乙照　　芸閣　　江蘇無錫　　　　　　　　　　　　（114）
　（通訊）北平西城南太常寺街七號

尤寅照　　敬清　　江蘇無錫　　　　　　　　　　　　（782）
　（通訊）天津義界六馬路八號

方頤樸　　　　　　　　　　　　　　　　　　　　　　（582）
　（通訊）北平宣武門外米市胡同三四號

王志遠　　　　　　　　　　　　　　　　　　　　　　（1127）
　（通訊）

王元康　　　　　　江蘇泰縣　　　　　　　　　　　　（945）
　（通訊）

王　度　　　　　　　　　　　　　　　　　　　　　　（1130）
　（通訊）

王之翰　　君幹　　直隸豐潤　　　　　　　　　　　　（916）
　（通訊）

王　廣　　受慶　　浙江　　（軍事）　　　　　　　　（280）
　（通訊）

朱　復　　啓明　　　　　　　　　　　　　　　　　　（413）
　（職）天津英租界榮市對面維多利亞大院十三號福中總公司

53

54　　　　社　員　分　股　名　錄

朱　彬　　　　　廣東南海（建築）　　　　　　　　　　　　（500）
　（通訊）

朱漢年　　　　　　　　　　　　　　　　　　　　　　　　（290）
　（通訊）

朱德和　漢僑　　江蘇上海　　　　　　　　　　　　　　（1371）
　（通訊）上海大南門內喬家柵二七號

江元仁　　　　　福建閩侯　　　　　　　　　　　　　　（904）
　（通訊）

李　卓　兆焯　　廣東開平　　　　　　　　　　　　　　（667）
　（職）廣州清海路西三巷裕泰建築公司

李　育　涵三　　江西上饒　　　　　　　　　　　　　　（910）
　（職）杭州方谷園浙江省公路局

李屋身　孟博　　浙江餘姚　　　　　　　　　　　　　　　（4）
　（通訊）上海福煦路成和邨六〇五號

李書田　耕硯　　河北昌黎（2.水利工程）　　　　　　　（890）
　（通訊）天津英租界三三號永和里一四號

李　協　儀祉　　陝西　　（水利工程）　　　　　　　　（133）
　（職）陝西省水利局

李　昶　倜夫　　湖南長沙　　　　　　　　　　　　　　（458）
　（職）天津法租界大陸大樓中國大陸商業公司

李　儼　樂知　　　　　　（2.算學）　　　　　　　　　（147）
　（職）廣東韶州弓嘶街粵漢鐵路株韶段韶樂總段工程處

李兆卓　　　　　　　　　　　　　　　　　　　　　　　（362）
　（通訊）

沈在善　百先　　浙江吳興（2.水利工程）　　　　　　　（905）
　（通訊）南京導淮委員會或蘇州盛家帶二號

沈　怡　君怡　　浙江　　　　　　　　　　　　　　　（1178）
　（職）上海市工務局或上海亞爾培路亞爾培坊二六號

工程科學組——土木股　　　　55

沈劭　　　　　福建　　　　　　　　　　　　(855)
　　（通訊）
沈慕曾　賓顏　江蘇　　　　　　　　　　　　(369)
　　（通訊）
沈家楨　繼周　江蘇南通（建築）　　　　　　(727)
　　（通訊）
宋希尚　達庵　浙江嵊縣　　　　　　　　　　(1118)
　　（職）南京沈舉人巷揚子江水道整理委員會
汪胡楨　幹夫　浙江嘉興（2.水利工程）　　　(776)
　　（職）南京復成橋導淮委員會
汪禧成　意成　江蘇無錫　　　　　　　　　　(498)
　　（職）
汪卓然　　　　　　　　　　　　　　　　　　(247)
　　（通訊）
杜鎮遠　　　　四川江北　　　　　　　　　　(591)
　　（職）杭州杭江鐵路籌備處
金濤　旬卿　江蘇　　　　　　　　　　　　　(561)
　　（通訊）江蘇蘇州燕家巷
林逸民　　　　廣東新會　　　　　　　　　　(1013)
　　（通訊）
周明衡　　　　　　　　　　　　　　　　　　(252)
　　（通訊）
周彥邦　　　　河南南陽　　　　　　　　　　(1338)
　　（職）福建漳州漳龍區公路分局
周輪　慎餘　　　　　　　　　　　　　　　　(555)
　　（通訊）蘇州平橋直街七六號
周鍾岐　　　　　　　　　　　　　　　　　　(305)
　　（通訊）

56	社 員 分 股 名 錄		

胡竟銘　　　　　安徽滁縣　　　　　　　　　　　（1245）
　　（通訊）安徽滁縣東門
胡光燾　　寄羣　　四川廣安　　　　　　　　　　（889）
　　（通訊）北平西城北溝沿四一號
胡步川　　竹銘　　浙江臨海（水利工程）　　　　（1060）
　　（職）浙江黃岩西江閘工程處
胡品元　　香泉　　江蘇江陰（水利工程）　　　　（1342）
　　（職）南京鐵湯池全國經濟委員會工程司
茅以昇　　唐臣　　江蘇鎭江　　　　　　　　　　（202）
　　（通訊）天津英租界十號路福兆里五號
洪　紳　　　　　　福建　　　　　　　　　　　　（874）
　　（職）
柳克準　　叔平　　湖南長沙　　　　　　　　　　（720）
　　（職）長沙湖南大學
范永增　　藹春　　江蘇上海　　　　　　　　　　（208）
　　（通訊）上海徐家匯孝友里四衖八八號
查德利　Herbert Chatley, England　　　　　　　（825）
　　（職）上海浚浦工程局
馬育騏　　　　　　　　　　　　　　　　　　　　（132）
　　（通訊）南京乾河沿三六號
唐文悌　　瑞庭　　江蘇崑山　　　　　　　　　　（599）
　　（通訊）上海廣東路一號公和洋行轉交
唐恩良　　蜀眉　　山東益都　　　　　　　　　　（1181）
　　（通訊）青島觀象一路一號
孫寶墀　　頌丹　　江蘇江陰　　　　　　　　　　（448）
　　（職）青島膠濟鐵路管理局
孫煜方　　伯羣　　安徽壽縣　　　　　　　　　　（137）
　　（通訊）上海海格路六三二號

工程科學組——土木股

徐乃仁	南驥	江蘇震澤	(199)
（職）杭州浙江大學工學院			
徐世大	行健	浙江紹興	(460)
（職）天津義租界華北水利委員會			
涂羽卿		湖北	(617)
（職）上海滬江大學			
陳蘭生		（鐵道管理）	(195)
（通訊）			
陳中正	思謙	河南商城	(504)
（通訊）			
陳裕華		浙江鄞縣	(1265)
（通訊）			
陳體仁			(302)
（職）			
陳良士		廣東東莞	(585)
（通訊）			
陳祖耀	日如		(360)
（通訊）			
陳伯權		廣東台山	(481)
（通訊）			
陳德芬			(356)
（通訊）			
凌 炎	劍存	廣東番禺（建築）	(1201)
（職）廣州市錦榮街廣東測地學會			
凌鴻勛	竹銘	廣東	(304)
（職）廣東韶州粵漢路韶樂段總工程處			
陸元昌	沅卿	江蘇武進	(155)
（通訊）			

58　　　　社　員　分　股　名　錄

陸鳳書　漱芳　江蘇無錫　　　　　　　　　　　　　　(71)
　　（職）武昌武漢大學
許心武　介忱　江蘇儀鎮（水利工程）　　　　　　　　(975)
　　（職）河南大學
許守忠　文蓀　浙江嘉興　　　　　　　　　　　　　　(992)
　　（職）青島市工務局
郭美瀛　　　　　　　　　　　　　　　　　　　　　　(791)
　　（職）上海濬浦總局
莊秉權　　　　江蘇上海　　　　　　　　　　　　　　(941)
　　（通訊）
莊　俊　達卿　江蘇上海（建築）　　　　　　　　　　(1067)
　　（通訊）
盛紹章　允丞　　　　　　　　　　　　　　　　　　　(129)
　　（職）哈爾濱東省鐵路阿什河站
梁思成　　　　廣東新會（1.建築2.市政）　　　　　　(1281)
　　（通訊）
張丙昌　午中　陝西富平　　　　　　　　　　　　　　(1390)
　　（通訊）陝西西安西倉內五十五號
張雲青　謨實　浙江甯波　　　　　　　　　　　　　　(777)
　　（職）杭州浙江大學工學院
張潤田　倬甫　河北灤縣　　　　　　　　　　　　　　(888)
　　（通訊）
張澤熙　豫生　江西鄱陽　　　　　　　　　　　　　　(710)
　　（通訊）北平清華大學土木工程系
張　昇　以旭　廣東汕頭　　　　　　　　　　　　　　(473)
　　（通訊）
張自立　若默　湖南安化（鐵路建築）　　　　　　　　(465)
　　（通訊）

工程科學組——土木股

張紹鎬　　　　　　　　　　　　　　　　　　（434）
　　（通訊）
張善琛　　獻之　　湖北武昌（鐵路管理）　　（576）
　　（通訊）
張海平　　　　　　江蘇高郵　　　　　　　　（622）
　　（通訊）
彭祿炳　　　　　　　　　　　　　　　　　　（592）
　　（通訊）雲南省城華洋義賑會轉
彭濟羣　　志雲　　遼甯鐵嶺（1.建築2.數學）（680）
　　（通訊）
黃家齊　　定余　　廣東惠陽　　　　　　　　（327）
　　（職）汕頭潮汕鐵路局
黃育賢　　　　　　江西崇仁（1.水利2.道路）（1223）
　　（通訊）
黃壽恆　　　　　　　　　　　　　　　　　　（290）
　　（職）唐山大學
黃壽頤　　復憲　　　　　　　　　　　　　　（431）
　　（通訊）
項志達　　葵璋　　浙江杭縣　　　　　　　　（1327）
　　（職）鎮江京滬鐵路工務處
童　巂　　　　　　遼甯瀋陽　　　　　　　　（1279）
　　（通訊）
湯震龍　　悟庵　　湖北蘄水　　　　　　　　（636）
　　（通訊）上海福履理路一四八號
須　愷　　君悌　　江蘇　　　　　　　　　　（753）
　　（職）南京復成橋導淮委員會
楊　毅　　莘臣　　浙江吳興（鐵路工程）　　（120）
　　（職）南京鐵道部技術標準委員會

60　　　　社員分股名錄

楊錫宗　　　　　　　（建築）　　　　　　　　　　（315）
　　（通訊）
過養默　　　　江蘇無錫　　　　　　　　　　　　（358）
　　（職）上海江西路六十號東南建築公司
趙世暄　幼梅　　　　　　　　　　　　　　　　　（409）
　　（職）南京揚子江水道整理委員會
裘燮鈞　星遠　　　　　　　　　　　　　　　　　（328）
　　（職）上海市工務局
翟鶴程　H. C. Chai, 河北永清　　　　　　　　　（1351）
　　（通訊）135 Blair Street, Ithaca, N. Y., U, S. A.
裴益祥　季浩　安徽壽縣　　　　　　　　　　　　（491）
　　（職）
劉敦楨　士能　湖南新寧（建築）　　　　　　　　（1169）
　　（職）北平中央公園內中國營造學社
劉晉鈺　祖榮　福建閩侯（建築）　　　　　　　　（811）
　　（通訊）上海薛華立路一〇三弄內二一號
劉學濚　熙泉　　　　　　　　　　　　　　　　　（740）
　　（通訊）
劉　頤　利川　河北天津（2.鐵路工程）　　　　　（508）
　　（通訊）
劉寰偉　　　　廣東　　　　　　　　　　　　　　（10）
　　（通訊）眞茹車站對面四才閣十五號
劉夢錫　　　　陝西　　　　　　　　　　　　　　（228）
　　（通訊）南京中山陵園郵局轉陣亡將士公墓會
蔡方蔭　孟劬　江西南昌　　　　　　　　　　　　（1278）
　　（職）北平清華大學
鄭　華　輔華　福建　　　　　　　　　　　　　　（77）
　　（職）南京下關首都輪渡工程處

工程科學組——土木股　　　　61

鄭肇經　　權伯　　江蘇泰興　　　　　　　　（1203）
　　（通訊）上海甘世東路三德坊五號
廖慰慈　　復生　　福建閩侯　　　　　　　　（23）
　　（通訊）福建福州城內吉庇巷二一號
錢宗賢　　海如　　浙江（理工科）　　　　　（1064）
　　（通訊）浙江平湖荷花池頭
錢寶琮　　琢如　　浙江嘉興（2.算學）　　　（948）
　　（職）杭州浙江大學文理學院
盧樹森　　奉璋　　浙江桐鄉（建築）　　　　（1168）
　　（職）南京中央大學工學院建築科
盧思緒　　孝侯　　江蘇江寧　　　　　　　　（1326）
　　（職）南京中央大學工學院
盧景泰　　　　　　　　　　　　　　　　　　（70）
　　（通訊）
薛卓斌　　　　　　　　　　　　　　　　　　（344）
　　（職）上海濬浦總局
薛次莘　　惺仲　　　　　（建築）　　　　　（247）
　　（職）上海市工務局
薛繩祖　　爾宜　　浙江杭縣（建築）　　　　（292）
　　（通訊）上海同孚路三一五弄二九號
謝學瀛　　吉士　　江蘇無錫　　　　　　　　（1276）
　　（職）青島膠濟路局工務局
魏元光　　　　　　　　　　　　　　　　　　（549）
　　（職）天津河北工業學院
關富權　　　　　　杭州　　　　　　　　　　（1256）
　　（通訊）
蕭慶雲　　　　　　江西泰和（市政工程）　　（1214）
　　（職）上海市工務局

社員分股名錄

聶光堉 Nieh, Kanyo 湖南衡山（1.鐵路工程）（2.實業工程）　　（1254）
　　（通訊）301 Bryang Ave. Ithaca, N.Y.

譚　眞　　　　　　　　　　　　　　　　　　　　　　（346）
　　（通訊）

譚鐵肩　　　　　　　　　　　　　　　　　　　　　　（178）
　　（通訊）

羅　英　　懷伯　　江西　　　　　　　　　　　　　　（38）
　　（職）

羅　河　　潤九　　江蘇溧水　　　　　　　　　　　　（1314）
　　（職）鎭江京滬鐵路駐鎭工程處

蘇紀忍　　伯安　　山西　　　　　　　　　　　　　　（532）
　　（通訊）山西猗氏嵋陽鎭

蘇　鑑　　　　　　廣西　　　　　　　　　　　　　　（122）
　　（通訊）

嚴宏湉　　仲絜　　安徽合山　　　　　　　　　　　　（493）
　　（職）青島市工程事務所

顧世楫　　濟之　　江蘇吳縣　　　　　　　　　　　　（296）
　　（職）杭州閘口之江大學

顧宜孫　　晴洲　　江蘇南匯　　　　　　　　　　　　（730）
　　（職）河北唐山交通大學

2. 機工股（附造船）

方培壽　　蔭孫　　江西南昌　　　　　　　　　　　　（393）
　　（通訊）北平南灣子官豆腐坊一號
王　助　　禹朋　　河北南宮（飛機）　　　　　　　　（965）
　　（通訊）上海亞爾培路逸安里一號
王成志　　學農　　　　　　　　　　　　　　　　　　（203）
　　（通訊）
王孝華　　　　　　安徽歙縣　　　　　　　　　　　　（1316）
　　（通訊）
王孝豐　　穀男　　　　　（1.飛機2.海軍）　　　　　（200）
　　（通訊）
王國樹　　叔培　　　　　　　　　　　　　　　　　　（586）
　　（通訊）四川成都少城順河街
司徒錫　　震東　　廣東　　　　　　　　　　　　　　（471）
　　（通訊）
朱樹馨　　木君　　　　　　　　　　　　　　　　　　（673）
　　（通訊）湖北孝感宋河高洪泰轉
朱世明　　季煌　　湖南湘鄉　　　　　　　　　　　　（869）
　　（通訊）
朱起蟄　　　　　　浙江杭縣（造船）　　　　　　　　（390）
　　（職）南京鐵道部建設司
朱家炘　　季明　　　　　　　　　　　　　　　　　　（91）
　　（通訊）
江超西　　其恭　　　　　　　　　　　　　　　　　　（108）
　　（通訊）上海新閘路鴻慶里B一三二號
汪泰基　　養餘　　安徽旌德（造紙）　　　　　　　　（550）
　　（通訊）北平護國街蔴花胡同五號

64　　社員分股名錄

李得庸　　　　　　　　　　　　　　　　　　（329）
　　（職）漢口法租界德託美領事街二十三號得庸公司
李世瓊　　拔崟　　　　　　　　　　　　　　（1122）
　　（通訊）上海福履理路一三〇弄三號
李祥亨　　以卜　　河北寧晉　　　　　　　　（866）
　　（通訊）河北寧晉縣東汪鎮
李家驥　　　　　　安徽合肥　　　　　　　　（906）
　　（通訊）上海愛而近路三五號
李右人　　幼誠　　江蘇無錫　　　　　　　　（898）
　　（通訊）
李維國　　愼泉　　湖南彬縣　　　　　　　　（180）
　　（通訊）
李蔭芬　　雪初　　浙江慈溪　　　　　　　　（474）
　　（職）青島工務局自來水廠
李蔚芬　　炳英　　　　　　　　　　　　　　（722）
　　（通訊）
沈宜甲　　　　　　安徽　　（2.採鑛）　　　（1088）
　　（通訊）
沈　芟　　保芟　　福建　　　　　　　　　　（9）
　　（通訊）
沈祖衞　　遜士　　　　　　（飛機）　　　　（707）
　　（通訊）
何壽田　　季威　　廣東大埔　　　　　　　　（839）
　　（通訊）
何孝沅　　筱秋　　　　　　　　　　　　　　（115）
　　（通訊）
阮尚介　　介潘　　江蘇奉賢　　　　　　　　（423）
　　（通訊）

工程科學組——機工股　　65

杜光祖　　　　江蘇無錫　　　　　　　　　（455）
　（通訊）上海西蒲石路平安里一三號
余謙六　鶱陸　江蘇丹徒　　　　　　　　（786）
　（通訊）北平南長街頭條錢寓轉
余靜安　靜盦　　　　　　　　　　　　　（623）
　（通訊）
邢契莘　　　　　　（造船）　　　　　　　（84）
　（通訊）
邱秉剛　健中　　　　　　　　　　　　　（697）
　（通訊）
金秉時　潤農　浙江海寧（造船）　　　　（416）
　（職）南京中央大學工學院
林鳳歧　　　　江蘇無錫　　　　　　　　（418）
　（職）青島四方機廠
林祖光　　　　廣東　　　　　　　　　　（478）
　（通訊）
林全誠　　　　　　　　　　　　　　　　（517）
　（職）福建廈門自來水公司
林　恂　　　　四川富順（2.數學）　　　（1236）
　（通訊）四川成都橫通順街十六號
周春台　　　　　　（鐵路管理）　　　　（402）
　（通訊）
周　仁　子競　江蘇南京　　　　　　　　（13）
　（職）上海霞飛路八九九號工程研究所
周明政　　　　浙江甯波　　　　　　　　（479）
　（通訊）
周德鴻　伯彬　　　　　　　　　　　　　（405）
　（通訊）四川重慶玉帶街馬家巷

66	社 員 分 股 名 錄	

宓 齊　　遊存　　　　　　　　　　　　　　　　　(684)
　　　(通訊)
茅以新　　　　　江蘇　　　　　　　　　　　　　　(1056)
　　　(職)杭州裏西湖三號杭江鐵路局機務股
袁丕烈　　　　　江蘇吳興　　　　　　　　　　　　(946)
　　　(職)上海九江路二二號新通公司
徐燕謀　　祖善　　(造船)　　　　　　　　　　　　(107)
　　　(通訊)
韋以黻　　作民　　浙江　　　　　　　　　　　　　(51)
　　　(職)南京交通部
姚律白　　　　　江蘇鹽城　　　　　　　　　　　　(796)
　　　(通訊)
夏彥儒　　　　　四川　　　　　　　　　　　　　　(907)
　　　(通訊)
時照澤　　　　　湖北　　　　　　　　　　　　　　(602)
　　　(通訊)
殷源之　　　　　　　　　　　　　　　　　　　　　(58)
　　　(職)上海霞飛路八九九號工程研究所
陳明壽　　受明　　江蘇吳縣　　　　　　　　　　　(689)
　　　(通訊)
陳福習　　麥孫　　福建　　　　　　　　　　　　　(54)
　　　(通訊)
陳廣沅　　贊清　　江蘇江都　　　　　　　　　　　(868)
　　　(職)濟南大槐樹津浦鐵路局機廠
郭承恩　　伯良　　廣東潮州　　　　　　　　　　　(401)
　　　(職)上海中央造幣廠
郭　霖　　澤五　　湖北當陽(2.造船)　　　　　　　(1176)
　　　(職)武昌武漢大學

| 工　程　科　學　組——機　工　股 | 67 |

郭承志　　叔良　　廣東潮州(2.攝影)　　　　　　(989)
　　(職)上海南京路中華照相館
筃遠輪　　經甫　　江蘇鎮江　　　　　　　　　　(859)
　　(職)北平清華大學土木工程系
許　坤　　　　　　　　　　　　　　　　　　　　(235)
　　(通訊)
張名藝　　　　　　　　　　　　　　　　　　　　(112)
　　(職)青島四方機廠
張可治　　　　　　　　　　　　　　　　　　　　(240)
　　(職)南京實業部
張延祥　　　　　　　　　　　　　　　　　　　　(775)
　　(職)南京首都電燈廠
張本茂　　健鶴　　　　　　　　　　　　　　　　(313)
　　(通訊)
張瑞書　　　　　　　　(飛機)　　　　　　　　　(268)
　　(通訊)
曹鳳恆　　廉恩　　江蘇寶山(2.人類學)　　　　　(1349)
　　(通訊)上海郵箱四一九號
黃伯樵　　　　　　江蘇太倉(2.工業管理)　　　　(1177)
　　(職)上海市工用局或上海環龍路九八號
黃景康　　　　　　廣東順德　　　　　　　　　　(912)
　　(通訊)
黃元熾　　　　　　　　　　　　　　　　　　　　(367)
　　(通訊)江西南昌甲種工業學校
黃壽仁　　　　　　　　　　　　　　　　　　　　(766)
　　(通訊)
程干雲　　松生　　　　　　　　　　　　　　　　(588)
　　(通訊)

68　　社員分股名錄

程志頤　　覺民　　浙江紹興（1.鋼鐵 2.工廠管理）　　　　（503）
　　（通訊）上海海格路大勝胡同129弄四十號
馮樹銘　　　　　　浙江海鹽　　　　　　　　　　　　　　（947）
　　（通訊）
馮　偉　　　　　　　　　　　　　　　　　　　　　　　（24）
　　（通訊）
曾詒經　　稔畲　　福建閩侯（專航空發動機）　　　　　　（254）
　　（通訊）上海亞爾培路五百號逸安里十號
傅德同　　濟宏　　江蘇江甯（1.海軍輪機 2.無線電）　　（960）
　　（通訊）
傅爾攽　　冰芝　　　　　　（造船）　　　　　　　　　（294）
　　（職）天津塘沽永利製鹹公司
華鳳翔　　毅如　　河北天津（造船）　　　　　　　　　（942）
　　（職）河北唐山交通大學
賀懋慶　　勉吾　　江蘇丹徒（造船）　　　　　　　　　（333）
　　（通訊）
鈕因祥　　瑞人　　　　　　　　　　　　　　　　　　（400）
　　（通訊）哈爾濱南岡龍子胡同四號
董鴻謙　　　　　　　　　　　　　　　　　　　　　　（643）
　　（通訊）
楊雨生　　　　　　安徽石埭　　　　　　　　　　　　（1149）
　　（職）青島膠濟鐵路管理局庶務課
楊　銓　　杏佛　　江西　　（2.經濟）　　　　　　　　（15）
　　（職）南京中央研究院總辦事處或上海中央研究院
趙國棟　　松生　　　　　　　　　　　　　　　　　　（92）
　　（通訊）
劉鞠可　　　　　　　　　　　　　　　　　　　　　　（25）
　　（通訊）

工程科學組——機工股

劉仙洲　　　　河北定縣　　　　　　　　　　　(1331)
　　(通訊)北平西長安街大六部口三二號啟明眼科醫院轉
劉承芳　仲芬　　　　　　　　　　　　　　　　(725)
　　(通訊)
蔡經賢　諒友　浙江德清(機織)　　　　　　　　(818)
　　(職)杭州蒲場巷虎林絲織公司
鄭允衷　叔懷　　　　　　　　　　　　　　　　(596)
　　(職)廣西南甯建設廳
鄭世夔　虞生　安徽　　　　　　　　　　　　　(920)
　　(通訊)
鮑國寶　　　　廣東香山　　　　　　　　　　　(457)
　　(職)南京建設委員會或首都電燈廠
錢昌祚　莘覺　浙江　(飛機)　　　　　　　　　(742)
　　(通訊)
應尙才　　　　浙江奉化　　　　　　　　　　　(470)
　　(通訊)
關漢光　　　　　　　　　　　　　　　　　　　(308)
　　(通訊)上海仁記路25號六樓509號兆福公司
嚴迪怕　　　　　　　　　　　　　　　　　　　(194)
　　(通訊)
龍裔禧　融笙　廣東連縣　　　　　　　　　　　(763)
　　(通訊)
羅慶蕃　椒衍　浙江餘姚　　　　　　　　　　　(884)
　　(通訊)
顧毓瑔　　　　　　(2.工業管理)　　　　　　　(1250)
　　(職)南京實業部技術廳
顧振　　湛然　江蘇　　　　　　　　　　　　　(76)
　　(通訊)上海外灘十二號開灤煤礦公司

70	社 員 分 股 名 錄		
顧穀成 （通訊）	戩西	江蘇無錫	（544）

工程科學組——電工股　　　　　　　　　71

3. 電工股

文　澄　　藻青　　　　　　　　　　　　　　　　（531）
　　（通訊）四川成都東桂街22號或四川省教育廳
方子衞　　　　　浙江寧波　　　　　　　　　　　（779）
　　（通訊）上海法租界萬宜坊七一號
王魯新　　　　　江蘇松江　　　　　　　　　　　（589）
　　（通訊）上海九江路二二號新通公司
王翰辰　　董豪　　河北定縣　　　　　　　　　　（1026）
　　（通訊）
王翰臣　　　　　　　　　　　　　　　　　　　　（350）
　　（通訊）
王崇植　　受培　　江蘇常熟（無線電）　　　　　（1213）
　　（通訊）南京市政府社會局
王鴻卓　　　　　　　　　　　　　　　　　　　　（73）
　　（職）北平電燈廠
王慎名　Sherman R. Wang．餘齋　　河北北平　　（1395）
　　（通訊）1360 Madison St. N. W. Washington, D. C.
朱其清　　　　　江蘇上海（無線電學）　　　　　（844）
　　（通訊）上海尚文門外學潔里內三號
朱物華　　　　　江蘇江都　　　　　　　　　　　（1075）
　　（職）
沈良驊　　志開　　　　　　　　　　　　　　　　（354）
　　（職）上海勞勃生路一四零號安迪生電器公司或上海
　　　　福煦路模範村七號
李英標　　俠成　　四川巴中　　　　　　　　　　（1105）
　　（通訊）
李熙謀　　振吾　　浙江嘉善（電力工程）　　　　（326）
　　（職）杭州浙江大學工學院

72	社　員　分　股　名　錄	

吳維嶽　　　　　湖南平江　　　　　　　　　　　　　（459）
　　（職）上海霞飛路八九九號物理研究所
吳毓讓　　君立　　福建閩侯　　　　　　　　　　　　（865）
　　（通訊）上海海防路六一〇號
金劍清　　　　　浙江餘姚　　　　　　　　　　　　　（1190）
　　（職）
金鼎新　　大釗　　吉林　　　　　　　　　　　　　　（653）
　　（通訊）北平王府井大街甜水井二號
金賢藻　　圖南　　浙江嘉興　　　　　　　　　　　　（1392）
　　（通訊）南京網巾市 62 號
周　琦　　季舫　　江蘇宜興　　　　　　　　　　　　（524）
　　（職）上海漢口路七號益中機器公司
周茲緒　　在文　　貴州安順　　　　　　　　　　　　（612）
　　（通訊）
易鼎新　　修吟　　　　　　　　　　　　　　　　　　（445）
　　（職）杭州浙江大學工學院
林　煖　　樹春　　　　　　　　　　　　　　　　　　（391）
　　（職）上海勞勃生路安迪生公司
胡光麃　　叔潛　　四川廣安　　　　　　　　　　　　（192）
　　（職）天津法租界馬家口中國無線電業有限公司
袁祥和　　　　　河北唐山（綿織）　　　　　　　　　（873）
　　（職）天津英租界敦橋道華蔭西里三百號華光貿易公司或河
　　　　北唐山南稻地大昌恆
唐鳴皋　　建章　　四川重慶　　　　　　　　　　　　（153）
　　（通訊）四川重慶江北洗布塘
唐在均　　孟平　　　　　　　　　　　　　　　　　　（744）
　　（通訊）
高　華　　君實　　江蘇吳縣　　　　　　　　　　　　（454）
　　（通訊）

工程科學組——電工股

孫繼丁　丙炎　　　　　　　　　　　　　　　（102）
　　（職）鄭州隴海鐵路局機務處
徐尙　志卿　江蘇　　　　　　　　　　　　　（131）
　　（通訊）南京鼓樓二條巷二三號
徐恩曾　可均　浙江吳興　　　　　　　　　　（994）
　　（職）南京中央黨部
徐繼文　又連　　　　　　　　　　　　　　　（176）
　　（通訊）
徐學禹　　　　浙江紹興　　　　　　　　　　（1381）
　　（職）上海江西路西門子電廠
　　（通訊）上海金神父路金谷村五八號
翁爲　存齋　江蘇武進　　　　　　　　　　　（804）
　　（職）江蘇浦口津浦鐵路電汽廠
倪尙達　　　江蘇上海（無線電）　　　　　　（858）
　　（職）南京中央大學物理系
陳延炆　笛孫　　　　　　　　　　　　　　　（795）
　　（通訊）廣州市都府街十號或青島膠濟鐵路局
陳茂康　　　四川　　　　　　　　　　　　　（735）
　　（通訊）上海愚園路一八四街一號
陳炳基　一公　　　　　　　　　　　　　　　（196）
　　（通訊）
陳長源　　　　　　　　　　　　　　　　　　（179）
　　（通訊）
陸法曾　富如　江蘇吳縣　　　　　　　　　　（284）
　　（通訊）南京沈舉人巷六號
郭克悌　　　河南洛陽　　　　　　　　　　　（961）
　　（職）瀋陽大西邊門外大昌實業公司經理室
許厚鈺　式度　安徽蕪湖　　　　　　　　　　（854）
　　（通訊）上海呂班路萬宜坊五五號

74　　　　　社 員 分 股 名 錄

許應期　　　　　　　　　　　　　　　　　　　(1167)
　　(職)國立中央大學工學院
許先甲　　肇南　　貴州　　　　　　　　　　　(237)
　　(通訊)
曹仲淵　　　　浙江溫嶺(無線電)　　　　　　　(995)
　　(通訊)上海金神父路金谷村二八號
曹鳳山　　　　江蘇江都　　　　　　　　　　　(944)
　　(職)杭州浙江大學工學院
梅貽琦　　月涵　　　　　　　　　　　　　　　(509)
　　(職)北平清華大學
梁乃鑑　　希甫　　廣東南海　　　　　　　　　(477)
　　(通訊)
梁　步　　　　　　　　　　　　　　　　　　　(202)
　　(通訊)
梁引年　　　　廣西桂林　　　　　　　　　　　(456)
　　(通訊)
莊　启　　　　　　　　　　　　　　　　　　　(363)
　　(職)常州建設局
張廷金　　貢九　　江蘇無錫(無線電)　　　　　(660)
　　(通訊)上海徐家匯路孝友里十八號
張蘭閣　　　　河北鉅鹿　　　　　　　　　　　(520)
　　(通訊)
張承緒　　　　　　　　　　　　　　　　　　　(774)
　　(通訊)上海南翔毛家灣大街張和記
張寶桐　　問渠　　江蘇吳縣　　　　　　　　　(682)
　　(職)蘇州觀前街電氣廠事務所
張維正　　　　　瀋陽　(電磁學)　　　　　　　(1366)
　　(通訊)

工程科學組——電工股

康清桂　　　　湖南衡山　　　　　　　　　　　(1335)
　　(職)南京山西路國立編譯館
彭鍾珺　　虞笛　　　　　　　　　　　　　　　(527)
　　(職)四川成都學道街工科大學院
黃篤修　Huang T. S.　廣東嘉應　　　　　　　　(450)
　　(通訊)509 Huntington Ave., Boston, Mass;
黃　輝　Huang, Hui　福建　(2.水力工程)　　　(1255)
　　(通訊)c/o Mr. Y. T. Ku, Sibley College, Cornell Univ. Ithaca, N. Y.
程孝剛　　叔時　江西　　　　　　　　　　　　(81)
　　(通訊)
溫嗣康　　少鶴　　　　　　　　　　　　　　　(371)
　　(通訊)四川重慶城內柑子壩金陵溫寓
曾德鈺　　金璧　　　　　　　　　　　　　　　(539)
　　(職)四川重慶曾家岩工業中學校
曾昭權　　　　湖南　　　　　　　　　　　　　(151)
　　(通訊)長沙湖南大學
單毓斌　　允工　江蘇泰縣　　　　　　　　　　(713)
　　(通訊)泰縣蕭家巷或上海靜安寺路靜安別墅109號
楊培芳　　芷芬　　　　　　　　　　　　　　　(407)
　　(通訊)天津英租界五八號路三二號
楊孝述　　允中　江蘇松江(2.物理)　　　　　　(1)
　　(職)上海亞爾培五三三號中國科學社
楊肇燫　　季璠　四川潼南(2.物理)　　　　　　(476)
　　(職)上海霞飛路八九九號物理研究所
葉建柏　　新甫　　　　　　　　　　　　　　　(172)
　　(通訊)
葉建梅　　和軒　　　　　　　　　　　　　　　(389)
　　(通訊)

| 76 | 社　員　分　股　名　錄 |

裘維裕　　次豐　　江蘇無錫　2.物理） (248)
　　（職）上海徐家匯交通大學
褚鳳章　　漢雛 (295)
　　（通訊）
趙訪熊 Chao, Robert F. H. （江蘇常州）（數學） (1242)
　　（通訊）Tech. Do me. Cambridge, Mass,
趙　訒　　壽岡 (197)
　　（通訊）
熊正理　　雨生　　江西南昌（2.物理） (79)
　　（職）長沙湖南大學
歐陽祖綬　　穀貽 (415)
　　（通訊）江西南昌干家後巷
劉其淑 (398)
　　（職）上海江西路二二號中國電氣公司
劉錫祺 (348)
　　（職）上海漢口路七號益中機器公司
劉崇佺　　　　福建福州 (822)
　　（通訊）
劉孝勳 (652)
　　（通訊）
劉錫瑛 (342)
　　（通訊）
鄭禮明　　朗昭　　福建閩侯 (1084)
　　（職）河南豐樂鎮六河溝煤礦
鄧福培　　栽岑　　江蘇無錫 (658)
　　（通訊）上海靜安寺滄洲別墅四號
黎智長　　長卿　　河南正陽 (959)
　　（通訊）

工程科學組——電工股

潘先正　　覺粹　　　　　　　　　　　　　　　　（396）
　　（通訊）
潘銘新　　　　　　　　　　　　　　　　　　　　（325）
　　（職）杭州浙江省電氣局
樓兆緜　　　　浙江　　　　　　　　　　　　　　（1361）
　　（通訊）
錢國鈕　　　　　　　　　　　　　　　　　　　　（148）
　　（通訊）
盧文湘　　　　　　　　　　　　　　　　　　　　（472）
　　（通訊）
薛紹清　　守澄　　江蘇　　　　　　　　　　　　（353）
　　（職）杭州浙江大學工學院
蕭冠英　　菊魂　　　　　　　　　　　　　　　　（624）
　　（通訊）
鍾兆琳　　琅書　　浙江德清　　　　　　　　　　（849）
　　（職）上海徐家匯交通大學
謝作楷　　　　　廣東新會（2.礦務工程）　　　　（1015）
　　（職）Kwangtung Electric Suppy Co. Ltd. Canton.
魏樹勳　　岳東　　　　　　　　　　　　　　　　（351）
　　（通訊）北平後門定府大街後大新開路二號魏寓
魏菊峯　　　　　江蘇上海（2.機械）　　　　　　（1367）
　　（通訊）青島廣西路十九號
薩本棟　　亞棟　　福建閩侯　　　　　　　　　　（913）
　　（職）北平清華大學
譚友岑　　質維　　浙江麗水　　　　　　　　　　（1003）
　　（通訊）常州城內磨盤橋新屋二樓
顧維精　　心一　　江蘇無錫　　　　　　　　　　（105）
　　（通訊）無錫石塘灣久徵堂內

4. 礦冶股

王正黼　　子文　　浙江　　　　　　　　　　　　　　　（345）
　（職）

王謨　　求定　　　　　　　　　　　　　　　　　　　　（97）
　（職）上海郵政匯業總局

王錫藩　　　　　　　　　　　　　　　　　　　　　　　（231）
　（通訊）

王育瓚　　　　　　　　　　　　　　　　　　　　　　　（414）
　（通訊）

石心圃　　集齋　　河南濟源　　　　　　　　　　　　　（463）
　（通訊）河南濟源添漿鎮

任殿元　　式三　　河南南陽（採礦）　　　　　　　　　（484）
　（職）河南焦作福中礦務學校

朱翽聲　　弼成　　廣東興寧（採礦）　　　　　　　　　（717）
　（通訊）廣州市上西關高第坊內福綸西街十四號

李待琛　　白芹　　　　　　　　　　　　　　　　　　（1125）
　（職）南京軍政部兵工廠

李國欽　　炳麟　　　　　　　　　　　　　　　　　　　（278）
　（通訊）

李葆和　　河聲　　河南濟源　　　　　　　　　　　　　（483）
　（通訊）

李輝光　　璧文　　　　　　　　　　　　　　　　　　　（181）
　（通訊）

李餘慶　　善堂　　河南襄城（2.應用地質）　　　　　　（488）
　（通訊）

李珠　　子明　　　　　　　　　　　　　　　　　　　　（583）
　（通訊）天津鄉大畢莊

| 工程科學組——鑛冶股 | 79 |

阮寳江 (46)
　　（通訊）
吳 鑛　霱宸 (288)
　　（通訊）
吳維基 (139)
　　（通訊）
宋國祥　　　福建興化 (598)
　　（通訊）
林則衣 (121)
　　（通訊）
林士模 (334)
　　（通訊）
周志宏　偉民　江蘇江都 (928)
　　（通訊）揚州大佛庵巷
周則岳 (338)
　　（通訊）湖南益陽三里橋周正泰轉交
周　烈　繼武 (525)
　　（通訊）四川成都少城東門街一〇三號
周　敏 (513)
　　（通訊）
周文爕　仲理　江蘇上海 (490)
　　（通訊）
周開基　子建 (158)
　　（通訊）
胡汝麟　石青　河南 (783)
　　（通訊）
胡庶華　春藻　湖南攸縣 (1185)
　　（職）湖南大學

| 80 | 社 員 分 股 名 錄 |

胡博淵　　維傾　　江蘇武進　　　　　　　　　　　（639）
　　（職）南京實業部鑛業司
胡嗣鴻　　濟平　　　　　　　　　　　　　　　　　（232）
　　（通訊）
洪彥亮　　瞿士　　浙江瑞安　　　　　　　　　　　（692）
　　（通訊）浙江溫州瑞安林宅巷
姜榮光　　黎輝　　　　　　　　　　　　　　　　　（113）
　　（通訊）
馬恆矗　　戴之　　河南安陽　　　　　　　　　　　（464）
　　（職）河南焦作福中鑛務大學
唐之肅　　敬亭　　山西平定　　　　　　　　　　　（581）
　　（職）山西太原民生煉鋼機器廠
孫昌克　　劼勤　　　　　　　　　　　　　　　　　（44）
　　（通訊）
孫延中　　景稚　　河南商邱　　　　　　　　　　　（485）
　　（通訊）河南焦作工學院採鑛冶金科
常濟安　　霽庵　　　　　　　　　　　　　　　　　（117）
　　（通訊）
梁培穎　　　　　　　　　　　　　　　　　　　　　（186）
　　（通訊）
陳家騏　　康六　　　　　　　　　　　　　　　　　（360）
　　（通訊）
陶文端　　子琛　　　　　　　　　　　　　　　　　（435）
　　（職）四川重慶川東聯合會縣立甲種工業學校
陶鳴燾　　繼魯　　　　　　　　　　　　　　　　　（317）
　　（通訊）
許本純　　粹士　　安徽歙縣（2.地質）　　　　　　（1280）
　　（通訊）

工程科學組——鑛冶股　　81

曹誠克　　勝之　　安徽績溪　　　　　　　　（361）
　　（通訊）北平鑛冶學會
張廷玉　　連成　　　　　　　　　　　　　　（579）
　　（通訊）
張可光　　正平　　江蘇江寧（2.地質）　　　　（967）
　　（通訊）
張廣輿　　仲魯　　河南鞏縣　　　　　　　　（462）
　　（職）河南焦作福中鑛務大學
張軼歐　　翼後　　江蘇無錫　　　　　　　　（758）
　　（職）南京實業部
張清漣　　文濤　　河南南陽　　　　　　　　（487）
　　（通訊）
張士瀛　　海樵　　　　　　　　　　　　　　（264）
　　（通訊）
陸志鴻　　筱海　　浙江嘉興　　　　　　　　（1072）
　　（職）南京中央大學工學院
黃有書　　仲通　　　　　　　　　　　　　　（336）
　　（通訊）
黃漢和　　　　　　　　　　　　　　　　　　（1107）
　　（職）南京鐵道部
黃昌穀　　詒孫　　　　　　　　　　　　　　（291）
　　（通訊）
黃金濤　　　　　　　　　　　　　　　　　　（439）
　　（通訊）
程宗陽　　　　　　　　　　　　　　　　　　（198）
　　（職）蚌埠淮南煤鑛局
程義法　　　　　　　　　　　　　　　　　　（110）
　　（通訊）

| 82 | 社 員 分 股 名 錄 |

馮景蘭　　懷西　　河南沘縣(2.地質)　　　　　　　　(486)
　　　(職)天津西沽北洋大學
曾應聯　　　　　　　　　　　　　　　　　　　　　　(786)
　　　(通訊)
曾魯光　　漁生　　　　　　　　　　　　　　　　　　(127)
　　　(通訊)
勞兆丁　　　　　　　　　　　　　　　　　　　　　　(168)
　　　(通訊)
董　常　　次平　　　　　　　　　　　　　　　　　　(651)
　　　(職)山東坊子魯大公司煉炭所
熊說岩　　築雲　　　　　　　　　　　　　　　　　　(681)
　　　(通訊)
趙元貞　　　　　　　　　　　　　　　　　　　　　　(253)
　　　(職)甘肅敎育廳
劉　潤　　　　　　　　　　　　　　　　　　　　　　(164)
　　　(通訊)
劉寶濂　　楚材　　陝西西安　　　　　　　　　　　　(116)
　　　(職)南京兵工署內兵工研究委員會
黎鴻業　　　　　　　　　　　　　　　　　　　　　　(246)
　　　(通訊)
蔣尊第　　　　　　　　　　　　　　　　　　　　　　(276)
　　　(通訊)杭州東坡路三二號
蔡　翔　　怡亭　　　　　　　　　　　　　　　　　　(95)
　　　(通訊)青島黃縣路新五號
蔡　雄　　聲白　　　　　　　　　　　　　　　　　　(88)
　　　(職)上海美亞織綢廠
盧　伯　　平長　　江蘇泰縣　　　　　　　　　　　　(875)
　　　(通訊)浙江溫州道司前省立第十中學

| 工程科學組——鑛冶股 | 83 |

盧其駿　捷之　　　　　　　　　　　　　　　（238）
　　（職）
錢家翰　浩如　　　　　　　　　　　　　　　（67）
　　（通訊）
諶立　湛溪　貴州織金　　　　　　　　　　　（66）
　　（通訊）北平拴馬椿苦水井
薛桂輪　志伊　　　　　　　　　　　　　　　（40）
　　（通訊）
鍾伯謙　奚若　　　　　　　　　　　　　　　（82）
　　（通訊）
酈壽堃　　　　廣東　　　　　　　　　　　　（899）
　　（職）北平門頭溝煤鑛公司
羅萬年　祝民　　　　　　　　　　　　　　　（721）
　　（通訊）
嚴莊　敬齋　　　　　　　　　　　　　　　　（57）
　　（職）南京實業部
嚴恩棫　治之　　　　　　　　　　　　　　　（429）
　　（通訊）

5. 染織股

王榮吉		浙江杭縣	(510)
（職）上海兆豐路錦雲綢廠			
朱光燾	謀先	浙江杭縣	(819)
（通訊）杭州板橋路十一號			
周連錫	百朋		(223)
（通訊）			
周延鼎	君謀	浙江吳興	(377)
（通訊）杭州西大街四九號			
韋憲章			(189)
（通訊）			
高介清	惜冰		(746)
（通訊）			
陳華甲	孟孚		(647)
（通訊）蘇州城北顏家巷二六號			
陳文沛		浙江	(584)
（通訊）			
張文潛	濬思		(754)
（職）南通南門外大生副廠			
張佶	朵山	河北昌黎	(1282)
（通訊）			
許炳堃	潛夫	浙江德清	(430)
（通訊）南京網巾市十號世界學會			
劉北禾			(365)
（職）南京江蘇教育經費管理處			
劉煒明	耀辰	河北文安	(570)
（通訊）天津西勝芳鎮南榮祥轉交安屯里積善堂			

IV 社會科學組
1. 教育股

王文培　　仲達　　　　　　　　　　　　　　　　（193）
　　（通訊）
水　梓　　楚琴　　　　　　　　　　　　　　　　（659）
　　（通訊）
朱　經　　經農　　江蘇寶山（2.歷史）　　　　　（306）
　　（職）湖南省教育廳
朱斌魁　　君毅　　浙江江山　　　　　　　　　　（800）
　　（職）南京立法院編譯處
朱少屏　　　　　　江蘇上海　　　　　　　　　　（37）
　　（職）上海卡德路寰球中國學生會
汪懋祖　　典存　　江蘇吳縣（2.心理）　　　　　（412）
　　（通訊）蘇州中學
李應南　　次薰　　　　　　　　　　　　　　　　（1124）
　　（職）廣州中山大學附屬中學
李紹昌　　景周　　　　　　（2.社會）　　　　　（92）
　　（通訊）
林和民　　有任　　　　　　　　　　　　　　　　（90）
　　（通訊）
金曾澄　　湘帆　　廣東番禺　　　　　　　　　　（729）
　　（通訊）廣州高第街又六十四號之六
周鼎培　　翠鈞　　廣東高要　　　　　　　　　　（1196）
　　（職）廣州中山大學
孟憲承　　　　　　江蘇武進　　　　　　　　　　（578）
　　（職）浙江大學文理學院教育系

85

社員分股名錄

俞慶棠	鳳岐	江蘇無錫		(1325)

（通訊）無錫江蘇省立教育學院

袁同禮　守和　河北　（目錄學）　　　　　　　　　（891）
　　（職）北平中海北平圖書館

高君珊　　　　福建　　　　　　　　　　　　　　　（1086）
　　（通訊）上海膠州路合豐里1027號

高　陽　踐四　江蘇無錫　　　　　　　　　　　　　（130）
　　（職）江蘇無錫中央大學民衆教育院

韋　愨　捧丹　廣東　　　　　　　　　　　　　　　（141）
　　（通訊）上海愚園路九八三衖十七號

凌　冰　濟東　　　　　　　　　　　　　　　　　　（314）
　　（職）古巴公使

孫貴定　　　　江蘇無錫　　　　　　　　　　　　　（1099）
　　（職）福建廈門大學

陳家麟　紱卿　　　　　　　　　　　　　　　　　　（702）
　　（通訊）

陳宗嶽　　　　　　　　　　　　　　　　　　　　　（433）
　　（通訊）

陳　容　主素　江蘇松江　　　　　　　　　　　　　（331）
　　（通訊）

陳鶴琴　　　　浙江上虞　　　　　　　　　　　　　（632）
　　（通訊）上海匯山路四八號

陸士寅　敬夫　江蘇武進　　　　　　　　　　　　　（408）
　　（職）南京外交部

推　士 G. R. Twiss　美國　（物理）　　　　　　　（728）
　　（通訊）2595 Summiel St., Columbus, Ohis,

陶知行　　　　江蘇　　　　　　　　　　　　　　　（339）
　　（通訊）

社會科學組——教育股 87

許壽棠　　　　　浙江　　　　　　　　　(519)
　　(職)南京成賢街中央研究院
許崇清　　　　　　　　　　　　　　　　(790)
　　(通訊)廣州市文德東路五號
郭秉文　　鴻聲　　江蘇上海　　　　　　(337)
　　(通訊)
張元愷　　舜舉　　山西　　　　　　　　(895)
　　(職)山西汾陽銘義中學校
張昭漢　　默君　　湖南　　　　　　　　(649)
　　(通訊)南京立法院
程其保　　稺秋　　　　　　　　　　　　(1207)
　　(通訊)南京成賢街安樂里二號赴歐洲
程時煃　　柏廬　　江西　　　　　　　　(655)
　　(職)福建教育廳
姬振鐸　　金聲　　遼寧開原　　　　　　(1304)
　　(通訊)北平後門內蠟庫胡同四四號孫宅轉
黃鈺生　　子堅　　湖北沔陽(2.心理)　　(781)
　　(職)天津南開大學
黃希聲　　　　　　廣東台山(2.心理)　　(1195)
　　(職)廣州廣東教育廳
楊蔭楡　　　　　　江蘇無錫(2.數理化)　(518)
　　(通訊)無錫北門外長安橋
楊蔭慶　　子餘　　　　　　　　　　　　(143)
　　(通訊)
楊若堃　　伯欽　　　　　　　　　　　　(541)
　　(通訊)
董　時　　任堅　　浙江杭縣(2.心理)　　(568)
　　(通訊)上海愚園路新邨十二號

88　　　　社　員　分　股　名　錄

廖世承　　茂如　　江蘇嘉定　　　　　　　　　　　　（708）
　　（職）上海大西路底光華大學
熊元鏊　　季貞　　　　　　　　　　　　　　　　　　（222）
　　（通訊）
熊夢賓　　禮民　　山東陽穀　　　　　　　　　　　　（816）
　　（通訊）
鄭德柔　　初年　　　　　　　　　　　　　　　　　　（712）
　　（職）上海西門西林路西區小學
鄭宗海　　曉滄　　浙江　　　　　　　　　　　　　　（125）
　　（職）杭州浙江教育廳
蔣夢麟　　　　　　浙江　　　　　　　　　　　　　　（387）
　　（職）北平北京大學
歐陽祖經　先詁　　　　　　（2.理化）　　　　　　　（415）
　　（通訊）江西南昌干家巷後
戴　超　　志騫　　江蘇青浦（圖書館學）　　　　　　（482）
　　（通訊）
鍾榮光　　　　　　廣東中山　　　　　　　　　　　　（136）
　　（職）廣州嶺南大學校董會
韓　安　　竹坪　　　　　　　　　　　　　　　　　　（335）
　　（通訊）

2. 經濟商業股

刁培然　　　　　四川江津（財政）　　　　　　（1357）
　　（通訊）
尹寰樞　　任先　　　　（財政）　　　　　　　　（258）
　　（職）天津法界六路一一四號西北實業公司
卞肇新　　淑成　　　　（商科）　　　　　　　　（385）
　　（通訊）天津英租界電燈房後
王敬禮　　毅俟　　浙江黃巖　　　　　　　　　　（375）
　　（職）南京中央研究院
王　徵　　文伯　　　　（商）　　　　　　　　　（233）
　　（通訊）
王　華　　　　　　　　（商）　　　　　　　　　（378）
　　（通訊）
王毓祥　　祉偉　　　　（商科）　　　　　　　　（171）
　　（職）上海大夏大學
王禹偁　　　　　廣東香山（商業管理）　　　　　（922）
　　（通訊）
王瑞林　　　　　安徽蕪湖（銀行會計）　　　　　（987）
　　（通訊）
王逸之　　　　　安徽蕪湖　　　　　　　　　　　（998）
　　（通訊）
白敦庸　　　　　四川西充（2.市政管理）　　　　（951）
　　（通訊）北平西四南小院胡同二九號
江啓泰　　　　　福建德化　　　　　　　　　　　（1364）
　　（通訊）
江之泳　　　　　　　　（商）　　　　　　　　　（719）
　　（通訊）

| 90 | 社 員 分 股 名 錄 | |

任嗣達　　　　　　（商科）　　　　　　　　　（170）
　　（通訊）
朱亦松　　　　江蘇江寧　　　　　　　　　　　（929）
　　（通訊）
沈元鼎　　籟清　　（商）　　　　　　　　　　（340）
　　（通訊）上海法租界陶爾斐司路四合里三四號
李思廣　　　　　　（銀行）　　　　　　　　　（303）
　　（通訊）
宋子文　　　　廣東香山　　　　　　　　　　（1001）
　　（職）南京財政部
吳永珊　　玉章　　　　　　　　　　　　　　　（399）
　　（通訊）四川榮縣蔡家堰
何思源　　仙槎　　山東荷澤　　　　　　　　（1204）
　　（職）山東教育廳
何德奎　　中流　　浙江金華（商）　　　　　　（983）
　　（通訊）上海江西路英工部局華總辦事處
何　廉　　醉帝　　湖南　　（1.財政2.統計）　（1045）
　　（職）天津南開大學
祁　暄　　　　　　（商）　　　　　　　　　　 （94）
　　（通訊）
邵元冲　　翼如　　浙江紹縣（2.社會）　　　　（962）
　　（職）南京立法院
邱正倫　　宇清　　四川井研（銀行）　　　　　（512）
　　（職）上海復旦大學
金國寶　　侶琴　　江蘇吳江　　　　　　　　　（984）
　　（通訊）
林景帆　　　　　　（財政）　　　　　　　　　（835）
　　（通訊）

社會科學組——經濟商業股

林襟宇　　　　　浙江永嘉（會計）　　　　　　（281）
　（職）南京審計部
周佛海　　　　　湖南沅陵　　　　　　　　　　（988）
　（職）鎮江江蘇教育廳
保君建　　旣星　　　　　（生計）　　　　　　（600）
　（通訊）
胡紀常　　　　　江蘇無錫　　　　　　　　　　（1272）
　（職）南京雞鳴寺路社會研究所
施濟元　　　　　　　　　　　　　　　　　　　（324）
　（通訊）
俞曹濟　　　　　　　　　（銀行）　　　　　　（166）
　（職）上海河南路道一銀行
孫天孫　　　諤高　　　　（商）　　　　　　　（411）
　（通訊）
裘開明 A.Kaiming Chiu,閻輝　浙江鎮海（2.統計3.圖書館學）（1396）
　（通訊）Oriental Library, Harrard Univ. Camb., Mass.
馬寅初　　　　　浙江　　　　　　　　　　　　（879）
　（通訊）
徐新六　　振飛　　浙江杭縣（2.冶金）　　　　（678）
　（職）上海浙江興業銀行
徐調均　　　　　江蘇青浦（商科）　　　　　　（1308）
　（職）上海科學儀器館
梁慶椿　　　　　廣東中山（財政）　　　　　　（1365）
　（通訊）
陳廷錫　　淮鍾　　　　　（商）　　　　　　　（93）
　（通訊）
陳寶年　　蔚青　　　　　（商）　　　　　　　（149）
　（通訊）上海愛文義路聯珠里一五四三號

92　　　社員分股名錄

陳友琹　　　　　廣東三山　　　　　　　　　　　(1170)
　　(通訊)廣州市文德西路七號光廬
陳長衡　伯修　　　　　　　　　　　　　　　　　(188)
　　(通訊)南京第一公園北門東廠街二號
陳清華　澄中　　　(商)　　　　　　　　　　　　(468)
　　(職)上海黃浦灘中央銀行祕書處
陳翰笙　　　　　江蘇無錫(2.外交史)　　　　　　(545)
　　(職)南京雞鳴寺路一號中央研究院社會研究所
陳漢清　　　　　浙江定海(商法)　　　　　　　　(902)
　　(職)南京下關二馬路七七號律師事務所
陳　總　岱孫　　福建閩侯　　　　　　　　　　　(1114)
　　(職)北平清華大學
陳　端　心銘　　　　　　　　　　　　　　　　　(330)
　　(職)南京市政府首都建設委員會或南京三茅宮一號
陳　樸　友古　　　　　　　　　　　　　　　　　(80)
　　(通訊)
陳　熹　紹平　　福建閩侯(銀行學)　　　　　　　(502)
　　(通訊)
郭泰楨　　　　　湖北廣濟(商業)　　　　　　　　(997)
　　(通訊)
陶履恭　孟和　　　　　　　　　　　　　　　　　(793)
　　(通訊)北平北新橋小三條十五號
張同亮　梅孫　　浙江　　　　　　　　　　　　　(757)
　　(通訊)
張福運　景吾　　　　　　　　　　　　　　　　　(700)
　　(職)南京財政部
張祖訓　慰慈　　　　　　　　　　　　　　　　　(559)
　　(通訊)

社會科學組——經濟商業 93

張 釗　彥三　甘肅　　　　　　　　　　　　　　　（492）
　（通訊）
張 度　納川　江蘇　（2.商業）　　　　　　　　　（1206）
　（通訊）上海辣斐德路益餘坊二一號
童啓顏　冠賢　河北　（2.社會）　　　　　　　　　（991）
　（職）南京中央大學法學院
馮 攸　次行　浙江慈谿（2.商業）　　　　　　　　（990）
　（通訊）
黃漢樑　　　　廣東　（2.政治）　　　　　　　　　（89）
　（通訊）
黃寶球　　　　　　　（商）　　　　　　　　　　　（42）
　（通訊）
區兆慶　詠篤　　　　（銀行）　　　　　　　　　　（773）
　（通訊）
湯 松　　　　　　　（商）　　　　　　　　　　　（75）
　（通訊）
傅 霖　　　　　　　（2.政治）　　　　　　　　　（428）
　（通訊）
楊端六　　　　湖南長沙（2.政治）　　　　　　　　（1008）
　（職）湖北武昌武漢大學商學系
楊 銓　杏佛　江西（1.工商管理 2.機械工程）　　　（15）
　（職）中央研究院
楊津生　　　　福建　（2.商業管理）　　　　　　　（1209）
　（通訊）青島觀海一路五號
鄒曾侯　魯如　江西南昌（2.政治）　　　　　　　　（1355）
　（通訊）江西南昌進外慧園街四四號
葉元龍　　　　安徽　　　　　　　　　　　　　　　（739）
　（職）安慶安徽省財政廳

94　　社員分股名錄

趙興昌　炳生　　　　　（商）　　　　　　　　　　　（383）
　（職）上海四川路二九號漢冶萍鑛務公司
黎照寰　曜生　廣東　（生計）　　　　　　　　　　　（322）
　（職）上海交通大學
劉大鈞　君謨　　　　　　　　　　　　　　　　　　　（621）
　（通訊）上海霞飛路興業里六號
劉樹梅　　　　湖南沅陵（1.統計2.社會3.工業管理）　（489）
　（職）福州福建鹽務稽核所
劉克定　鴻生　江蘇　　　　　　　　　　　　　　　　（1248）
　（通訊）上海四川路六號中國企業公司
劉乃宇　宜芬　　　　　（商）　　　　　　　　　　　（159）
　（職）上海郵政儲金總局
劉柏棠　　　　　　　　（商）　　　　　　　　　　　（279）
　（通訊）
劉　勁　　　　　　　　（銀行）　　　　　　　　　　（145）
　（通訊）
劉導誅　　　　　　　　（2.生計）　　　　　　　　　（797）
　（通訊）
鄭壽仁　鐵如　　　　　（商）　　　　　　　　　　　（230）
　（職）香港中國銀行
鄭　萊　蓬仙　廣東香山（銀行）　　　　　　　　　　（1009）
　（職）上海九江路一號C字財政顧問辦事處
蔡增基　　　　　　　　　　　　　　　　　　　　　　（709）
　（職）上海市政府財政局
衛挺生　琛父　湖北棗陽（財政金融）　　　　　　　　（190）
　（職）南京立法院
蕭純錦　叔絅　江西永新　　　　　　　　　　　　　　（759）
　（通訊）北平黃化門大街四號

工程科學組——經濟商業股

鍾利　義甫　　廣東新會（商科）　　　　　　　　（929）
　（通訊）
鍾相青　幼誠　　湖北漢川（1.保險2.統計）　　　（867）
　（通訊）北平新華門前花園大院六號
瞿祖輝　季剛　　　　　　　（商）　　　　　　　（273）
　（職）上海國華銀行
羅有節　　　　　　　　　　　　　　　　　　　　（42）
　（通訊）
譚葆梧　秀蒼　　廣東新會（2.政治）　　　　　　（764）
　（通訊）
顧宗林　　　　　　　　　　（會計）　　　　　　（460）
　（通訊）
顧翊羣　季高　　江蘇淮安（商業管理）　　　　　（953）
　（職）上海中孚銀行

3. 法政股

王世杰　雪艇		(1111)
（通訊）		
王純燾　伯秋		(266)
（通訊）南京王府園		
吳之椿　　　湖北江陵		(996)
（職）北平清華大學		
吳敬恆　稚暉　江蘇無錫		(1007)
（通訊）上海環龍路志豐里十號		
宋春舫　　　浙江吳興（2.經濟3.海洋學）		(1180)
（通訊）青島福山路新一號		
汪英賓　　　安徽婺源（2.新聞）		(871)
（通訊）		
汪兆銘　精衛		(767)
（職）南京國民政府行政院		
汪大燮　炎武　安徽　（市政）		(1339)
（通訊）		
金岳霖		(293)
（職）北平清華大學		
孟　森　心史　江蘇常州		(1006)
（通訊）		
季警洲　惕凡　江蘇崇明		(911)
（職）南京外交部		
施宗嶽　　　廣東　（萬國公法）		(1014)
（通訊）廣東廣州寶源大街三九號		
唐慶貽　　　江蘇無錫		(374)
（職）上海徐家匯交通大學		

工程科學組——法政股

孫　科　哲生　　廣東中山（2.經濟）　　　　　　（359）
　　　（職）
孫紹康　　　　　　　　　　　　　　　　　　　　（394）
　　　（通訊）
孫浩煊　　守剛　　江蘇崇明　　　　　　　　　　（1036）
　　　（職）上海大夏大學
徐淑希　　　　　　廣東汕頭　　　　　　　　　　（480）
　　　（職）北平燕京大學
徐公肅　　　　　　江蘇吳縣（1.國際法2.外交史）（1273）
　　　（通訊）上海西愛咸斯路恆愛里五號
陳　羣　　人鶴　　　　　　　　　　　　　　　　（715）
　　　（通訊）
郭泰祺　　復初　　湖北廣濟　　　　　　　　　　（997）
　　　（職）南京外交部
章　壽　　　　　　浙江杭縣　　　　　　　　　　（815）
　　　（通訊）
崔宗塤　　　　　　河南南陽　　　　　　　　　　（1042）
　　　（職）安慶安徽大學或南京高樓門傅厚崗一號
崔士傑　　景三　　山東臨淄　　　　　　　　　　（1377）
　　　（通訊）青島平原路五號或青島膠濟鐵路局
張一志　　　　　　江蘇儀徵（2.社會）　　　　　（1069）
　　　（通訊）鎮江萬全樓旅社二號
張海澄　　　　　　江蘇鎮江（2.經濟）　　　　　（1344）
　　　（職）南通江蘇省南通中學
張　耘　　奚若　　　　　　　　　　　　　　　　（150）
　　　（職）北平清華大學
黃　綬　　元賁　　四川西克　　　　　　　　　　（1312）
　　　（職）四川富榮縣富榮西鹽場

社員分股名錄

楊汝梅　　　　　河北磁縣（2.經濟）　　　　　　　　（903）
　　（通訊）
萬兆芝　　元甫　　　　　　　　　　　　　　　　　　（57）
　　（通訊）
葉達前　　上之　　江蘇松江　　　　　　　　　　　　（419）
　　（通訊）上海法租界平濟利路紹安里五號
葛敬恩　　　　　　　　　　　　　　　　　　　　　（1208）
　　（職）南京航空署
雷沛鴻　　賓南　　廣西南寧（2.經濟）　　　　　　　（1000）
　　（通訊）上海金神父路三五四號
翟俊千　　覺羣　　廣東東莞　　　　　　　　　　　（1074）
　　（通訊）
壽天章　　　　　松江　　　　　　　　　　　　　　（1385）
　　（通訊）陝西西安大湘子廟街四八號陝西省水利局
鄧胥功　　只純　　四川巴縣（2.經濟）　　　　　　　（671）
　　（通訊）四川成都少城吉祥街十七號
應時　　　溥泉　　浙江吳興　　　　　　　　　　　（808）
　　（職）上海薛華立路第二特區法院
羅家倫　　志希　　　　　　　　　　　　　　　　　（716）
　　（通訊）南京中央大學

4. 哲學股

吳　康　　致覺　　江蘇吳縣　　　　　　　　　　　　　　(239)
　　（通訊）
胡　適　　適之　　安徽　　　　　　　　　　　　　　　　(8)
　　（職）北平南長街二二號中華教育文化基金董事會
馬　良　　相伯　　江蘇丹徒　　　　　　　　　　　　　　(830)
　　（通訊）上海徐家匯土山灣貧兒院內
張　頤　　眞如　　四川叙永　　　　　　　　　　　　　　(1106)
　　（職）北平馬神廟北大學院
張東蓀　　　　　　浙江　　　　　　　　　　　　　　　　(802)
　　（通訊）
喬萬選　　子青　　　　　　（2.法律）　　　　　　　　　(749)
　　（職）南京航空署
趙元任　　　　　　江蘇武進（2.數3.理4.語5.樂）　　　　(5)
　　（職）美國留學生監督
蔡元培　　子民　　浙江　　（2.民族學）　　　　　　　　(261)
　　（職）上海中央研究院

5. 史學股（附社會）

王繩祖　　成祖　　江蘇　　（2.地理）　　　　　　　　　（1184）
　（職）

王玉章　　　　　　江蘇江陰　　　　　　　　　　　　　　（1028）
　（通訊）

田世英　　　　　　安徽阜陽　　　　　　　　　　　　　　（1302）
　（通訊）江陰大司馬坊沈宅轉

李　濟　　濟之　　湖北　　（1.人種學2.心理學）　　　　（803）
　（通訊）北平後門外方磚廠二一號

何炳松　　柏丞　　浙江金華（2.政治）　　　　　　　　　（807）
　（通訊）上海極司非而路中振坊十四號

武同舉　　霞峯　　江蘇灌雲　　　　　　　　　　　　　　（1328）
　（通訊）

柳詒徵　　翼謀　　江蘇丹徒　　　　　　　　　　　　　　（734）
　（職）河南大學

胡　卓　　　　　　江蘇無錫　　　　　　　　　　　　　　（573）
　（職）上海南站大同大學

陳衡哲　　　　　　湖南　　　　　　　　　　　　　　　　（87）
　（通訊）北平大羊儀賓胡同九號

梁思永　　　　　　廣東新會（人類學）　　　　　　　　　（1238）
　（通訊）北平北海鼉壇

張宗文　　　　　　浙江　　（1.社會學2.人類學）　　　　（1175）
　（通訊）

黃人望　　百新　　浙江金華（2.政治）　　　　　　　　　（806）
　（通訊）

傅斯年　　孟真　　　　　　　　　　　　　　　　　　　　（1198）
　（職）北平北海公園歷史研究所

工程科學組——文藝股 101

馮漢驥　伯良　湖北宜昌（人類學）　　　　　　　　（1398）
　　（通訊）351 Harvard St., Cambridg, Mass.
鄒　銘　　　　　　　　（社會）　　　　　　　　　　（182）
　　（通訊）
雷海宗　伯倫　北平永清　　　　　　　　　　　　　（817）
　　（通訊）
錢端升　　　　江蘇上海　　　　　　　　　　　　　（971）
　　（通訊）北平府右街餻餺房八號

6. 文藝股

周岸登　葵叔　四川　　　　　　　　　　　　　（1317）
　　（職）四川重慶大學文學院
徐崇欽　　　　　　　　　　　　　　　　　　　（1133）
　　（通訊）
陳去病　　　　　　　　　　　　　　　　　　　（788）
　　（通訊）
張孝若　　　　江蘇南通　　　　　　　　　　　（22）
　　（通訊）江蘇南通濠南別業
張道潘　　　　貴州盤縣　　　　　　　　　　　（1269）
　　（職）南京交通部
梅光迪　迪生　安徽　　　　　　　　　　　　　（19）
　　（通訊）
曾峻岡　孝同　　　　　　　　　　　　　　　　（551）
　　（通訊）四川重慶沙井灣
楊振聲　今甫　山東蓬萊（2.心理學）　　　　　（1202）
　　（通訊）山東蓬萊縣水城楊宅
趙志道　　　　江蘇　　　　　　　　　　　　　（420）
　　（通訊）上海霞飛路霞飛坊五號
劉　復　半農　江蘇江陰（語音學）　　　　　　（1117）
　　（通訊）北平大元寶胡同三〇號
蕭友梅　　　　　　　　（音樂）　　　　　　　（644）
　　（職）上海辣非德路國立音樂院
關伯益　伯益　河南開封（考古）　　　　　　　（1375）
　　（通訊）河南開封博物館
顧燮光　鼎梅　浙江紹興（金石學）　　　　　　（1297）
　　（職）上海河南路六二號科學儀器館

學科不明待查者

王心一 (1129)
　　（通訊）
王希閔　子蟇 (523)
　　（通訊）
朱世昀 (245)
　　（通訊）
李志仁 (704)
　　（通訊）
李保白 (1128)
　　（通訊）
李　衷 (438)
　　（通訊）
李　駿　顯章 (318)
　　（通訊）
李　鏗 (234)
　　（通訊）
吳祖耀　覺生 (665)
　　（通訊）
沈祖榮　紹期 (842)
　　（通訊）　武昌巡道嶺一三號
金宗鼎　定九 (705)
　　（通訊）
胡　珍　儒誠 (834)
　　（通訊）
區公沛 (69)
　　（通訊）
黃漢河 (62)
　　（通訊）
黃國封 (772)
　　（通訊）
馮元勛 (631)

103

104　學科不明待查者

姓名	字	通訊地址	編號
馮翰章		（通訊）四川成都建設廳	(1122)
程樹榛	慕頤	（通訊）	(683)
稅紹聖	西恆	（通訊）	(747)
楊繼楨		（通訊）	(1055)
趙正平	厚生	（通訊）四川成都少城東勝街建設廳	(913)
趙 昱		（通訊）上海陶爾非司路二五號	(20)
劉惠民		（通訊）	(841)
劉樹墉		（通訊）	(748)
鄭祖穆		（通訊）	(718)
鮑 鍈	遠聲	（通訊）	(702)
閻開元		（通訊）	(553)
韓 楷	子揆	（通訊）四川成都少城四二道街二六號	(1136)
羅 充		（通訊）	(633)
酈培齡		（通訊）	(289)
管際安		（通訊）江蘇吳縣	(1334)
謝恩隆	孟博	（通訊）	(595)

補　　錄

（下列新社員，係在本刊印刷後通過，不及列入各股名單中，茲補錄于后）

陳思誠　復初　廣東中山　土木工程　　　　　　　　　　　（1401）
　　　（職）上海京滬滬杭甬兩路工務處
鄭西谷　　　　　安徽廬江　教育　　　　　　　　　　　　（1402）
　　　（職）上海南市陸家浜上海中學
嚴瑞章　　　　　浙江鎮海　化學　　　　　　　　　　　　（1403）
　　　（通訊）上海麥特赫斯脫路五十六弄張園舊址十一號
劉淦芝　　　　　河南商城　昆蟲　　　　　　　　　　　　（1404）
　　　（通訊）北平清華大學吳宓先生轉
胡金昌　　　　　廣東順德　數學，天文　　　　　　　　　（1405）
　　　（職）廣州中山大學數學天文系或廣州粵華東二街十一號三樓
羅端先　　　　　陝西高陵　數學，教育　　　　　　　　　（1406）
　　　（通訊）陝西西安九府街六二號
石解人　　　　　陝西華陰　醫藥　　　　　　　　　　　　（1407）
　　　（職）陝西省立醫院
方際運　龍丁　江蘇金山　電機　　　　　　　　　　　　　（1408）
　　　（職）上海百老匯路二六九號亞洲電器公司
魯　波　澤普　河北獻縣　化學工程　　　　　　　　　　　（1409）
　　　（通訊）614 Riverview Dr, Parchment, Kalamazoo, Mich.
吳　光　國光　浙江　動物學　　　　　　　　　　　　　　（1410）
　　　（通訊）Zoology Depart. Univ. of Michigan, Ann Arbor Mich.
翁元慶　Y.C.Owng　琴孫　江蘇常熟　電機工程　　　　　（1411）
　　　（通訊）411 Hamilton Place, Ann Arbor, Mich., U.S.A.
吳大猷 Ta-You Wu, 廣東高要　物理，數學　　　　　　　（1412）
　　　（通訊）Department of Physics, Univ. of Michigan, Ann Arbor.

105

106 補 錄

袁丕濟 Pae-Tsi Yuan, 雲南昆明　數理統計學　　　　　　　　　(1413)
　　　(通訊)336 E. Washington St. Ann Arbor. Mich., U.S.A.
李　達 Ta Li　湖北羅田　化學工程　　　　　　　　　　　　(1414)
　　　(通訊)411 Hamilton. Place, Ann Arbor, Michigan.
高文源　味根 Men-Yuan Kao 陝西西安　心理，生理　　　　　　(1415)
　　　(通訊)609 Monroe St. Ann Arbor, Mich.
饒欽止 Chin-Chih Jao, 考祥　四川巴縣　生物　　　　　　　　(1416)
　　　(通訊)713 Church St, Ann Arbor. Michigan.
何增祿 Tseng-Loh Ho, 浙江諸暨　物理　　　　　　　　　　　(1417)
　　　(通訊) Calif. Institute of Tech, Pasadena, Calif. U.S.A.
周北屏 P. P. Cheo, 安徽無爲　物理，工程　　　　　　　　　(1418)
　　　(通訊)℅ Mr. S. P. Cheo 1430 Cambridge Rd, Ann Arbor, Mich.
陳建宜 Frank Laingi Chan, 來義　廣東汕頭　化學工程　　　　(1419)
　　　(通訊)Chemistry Depart. Univ. of Michigan, Ann Arbor, Mich.
林文彪 Wen-Piao Lin, 廣東　化學工程　　　　　　　　　　　(1420)
　　　(通訊)226 So. 38th St, Philadelphia, Pa., U.S.A.
廖溫義 T. W. Liao, 東美　福建彰州　化學工程　　　　　　　(1421)
　　　(通訊)713 Church St., Ann Arbor, Mich., U.S.A.
沈鴻烈　成章　湖北天門　海軍　　　　　　　　　　　　　　1422)
　　　(通訊)　青島觀海一路二十九號
張孝庭　　　　浙江鎮海　工業化學　　　　　　　　　　　　(1423)
　　(職)上海愛文義路平喬里六號東方化學廠
王海波　　安徽懷遠　經濟　　　　　　　　　　　　　　　　(1424)
　　　(通訊)南京新街口忠林坊十三號
安漢　傑三　陝西南鄭　農業　　　　　　　　　　　　　　　(1425)
　　(職)南京實業部

附錄 107

職員表

董事會

馬良　孟森　蔡元培　吳敬恆　熊希齡
汪兆銘　宋漢章　胡敦復　孫科　（書記）任鴻雋

理事會

王璡（社長）　楊孝述（總幹事）　周仁（會計）　翁文灝　胡先驌
竺可楨　任鴻雋　楊銓　趙元任　胡剛復　秉志　丁文江
李協　孫洪芬　胡庶華

美國分社

社長　湯佩松　　書記　任之恭　　會計　周田

社友會

南京	理事長	蔡元培	書記	王璡	會計	葉元龍
北京	理事長	丁文江	書記	楊光弼	會計	白敦庸
上海	理事長	曹惠羣	書記	何尚平	會計	朱少屏
廣州	理事長	陳宗南	書記	張雲	會計	黃炳芳
蘇州	理事長	汪懋祖	書記	王義玨	會計	王剛森
青島	理事長	蔣丙然	書記兼會計	嚴宏洭
杭州	理事長	李熙謀	書記	張紹忠	會計	錢寶琮

生物研究所

所　長　秉志　　祕書　錢崇澍

動物部主任教授　秉志　教授　王家楫

植物部主任教授　錢崇澍　教授　裴鑑　鄧叔羣

圖書館

主　任　路敏行

委員會　竺可楨　周仁　秉志　楊孝述　楊銓

編輯部

編輯主任　王璡　　專任編輯　路敏行

編　輯　李協　李儼　沈良驊　竺可楨　葛綏成　楊鶴慶
　　　　趙修鴻　蕭純錦　趙燏黃　尤志邁　吳在淵　董時　楊肇燫

科學教育委員會

委員長　張子高

委員　丁緒寶　王璡　姜立夫　錢崇澍　周厚樞

名譽社員

*張　謇　　Mitlon J. Greenman

贊助社員

王雲五　王敏芳　王　岑　江恆源　宋漢章　宋子文　吳毓麟
*范源廉　姚永清　徐世昌　唐紹儀　許　沅　*袁希濤　黃炎培
*梁啓超　張載陽　張靜江　張乃驥　張　謇　陳陶遺　傅增湘
蔣中正　齊爕元　葉恭綽　楊庶堪　趙鳳昌　熊克武　*黎元洪
熊希齡　盧永祥　閻錫山　謝蘅牕　韓國鈞　*譚延闓　*嚴　修
嚴家熾

特社員

汪兆銘　吳偉士　吳敬恆　周　達　胡敦復　馬　良　馬　和
孫　科　張軼歐　蔡元培　葛拉布

（以上社員均以筆畫多少爲序）　　*已故

永久社員

胡敦復	任鴻雋	竺可楨	溫嗣康	孫　洺	許先甲	徐乃仁
孫昌克	朱文鑫	劉柏棠	陳寶年	黃昌穀	黎照寰	關漢光
金邦正	趙志道	程時煃	陳衡哲	李垕身	侯德榜	朱　鑅
胡　適	周　仁	鍾心煊	曹惠羣	謝家榮	秉　志	譚熙鴻
張軼歐	李　協	程燿椿	姜立夫	王　璡	胡先驌	熊慶來
張乃燕	胡剛復	楊孝述	楊　銓	楊端六	程瀛章	劉夢錫
王　徵	何　魯	丁文江	翁文灝	稅紹聖	劉惠民	朱經農
李孤帆	盧　伯	嚴　莊	廖慰慈	張昭漢	葉元龍	王伯秋
段子燮	鄒秉文	萬兆芝	莊　俊	高君珊	李　儼	程志頤
黃伯樵	胡庶華	孫國封	楊振聲	顧燮光	田世英	徐宗涑
楊光弼	吳承洛	劉樹梅	陳　端	王　廣	吳　憲	盛紹章
姬振鐸	郝更生	劉仙洲	周厚樞	蔡　堡	涂　治	湯雲龍
葉善定	盧于道					

歐美籍社員

W. H. Adolph	（竇維廉）
Mary N. Andrews	（安權露）
J. C. Buck	（卜　凱）
H. Chatley	（查得利）
G. B. Cressey	（葛石德）
C. S. Gibbs	（吉普思）
Gee Nathaniel Gist	（祁天錫）
A. W. Grabau	（葛利普）
J. B. Griffing	（郭仁風）
J. T. Illick	（伊利克）
W. C. Lowdermilk	（羅德民）
F. A. McClue	（莫古禮）
C. M. Mcloy	（麥克樂）
J. C. Thomson	（唐美森）
G. R. Twiss	（推　士）
M. Vittrant	（費德朗）
C. W. Woodworth	（吳偉士）

已故社員錄

楊永言	鄺勵眞	計大雄	錢天任	陳藩
朱正	葉承豫	孫潤江	藍兆乾	陳鎭海
何運煌	徐昌	曹麗明	汪夔龍	吳家高
吳大昌	顧珊臣	衞錫鈞	劉經庶	徐允中
羅富生	夏重民	史逸	胡明復	梁杜蘅
金紹城	李昂	凌善昭	朱璡	過探先
呂彥直	宋繼瀛	巴玉藻	劉述員	顧璐
劉潤生	劉濟生	金湯	孫多懿	孔繁祁
楊克念	汪元超	王子荅	黃海平	陶烈
唐腴廬	江逢治	鄭泗	王錫恩	阮志明
程振鈞	胡鴻基	沈祖偉	黃敏才	

中國科學社第十七次年會紀事錄

民國二十一年十一月刊

中國科學社
第十七次年會紀事錄

本社第十七次年會，于二十一年八月十三至二十日，在陝西西安舉行。年會職員如下：

年會名譽會長　楊虎城

年會委員會　　李　協（委員長）李百齡　壽天章（祕書）
　　　　　　　李　儼　楊孝述　許心武　李賦京

論文委員會　　竺可楨（委員長）翁文灝　陳宗南　鍾心煊
　　　　　　　王　璡

會程委員會　　周　仁（委員長）胡剛復　沈百先　秉　志
　　　　　　　路敏行

演講委員會　　楊　銓（委員長）王　璡　汪懋祖　任鴻雋
　　　　　　　許心武

招待委員會　　壽天章（委員長）熊正理　錢天鶴　趙福基
　　　　　　　楊鶴慶

各地招待員　　楊孝述（上海）　錢天鶴（南京）　楊光弼
　　　　　　　（北平）　嚴宏洪（青島）　李得庸（漢口）
　　　　　　　陳宗南（廣州）

本年赴會社員均下榻於西安民政廳內訓政樓。民廳爲唐中書省地，訓政樓爲本年之新建築。該處屋宇巍峨，房舍寬敞。承陝西建設廳預爲佈置。會場宿舍莫不處置適宜。尤以飲食特別注意。是以雖當虎疫猖盛之時，而諸社友處於其中，仍得開懷暢飲，絕不以虎疫爲虞。本年年會適值陝西實業考察團同時在西安集合，本社社員參加是舉者頗不乏人。因將年會日程臨時更變以避衝突。會程如次：

八月十三日（星期六）

上午九時　開始註册（訓政樓）

下午二時　正式開會　年會委員長致開會辭　社長報告　來賓演說　社員演說（訓政樓禮堂）

七時　陝西省政府公宴（新城大樓）

八月十四日（星期日）

上午八時　社務會（訓政樓禮堂）

下午二時　公開演講（西安民衆教育館）

四時　遊碑林

五時　建設廳　民政廳　財政廳　教育廳　高法院　會食公宴（西北飯店）

第十七次年會記事

八月十五日（星期一）

上午七時　宣讀論文

十一時　隴海潼西段工程局午宴（西北飯店）

下午一時　遊覽小雁塔　杜公祠

七時　年會宴會（西北飯店）

八月十六日（星期二）

上午　遊覽城市

下午二時　公開演講（鐘樓）

八月十七日（星期三）

上午五時　出發參觀涇惠渠

下午一時　涇陽午餐（渭北水利工程處宴會）

宿張家山參觀涇惠渠閘

八月十八日（星期四）

上午六時　出發返西安

涇陽午餐

下午一時　遊覽周陵　返西安　遊覽城市

八月十九日（星期五）

上午七時　離西安赴華清池

中國科學社

下午三時　遊華山（宿）

八月二十日（星期六）

下午一時　出潼關　年會閉幕

本年年會到會社友共計二十一人如下：　王　璡　陳燕山　沈良驊　路敏行　葛綏成　周　仁　李　儼　徐南騶　孫延中　余謙六　壽天章　孫雲鑄　楊鶴慶　朱其清　李永振　胡庶華　胡博淵　李　協　馮景蘭　顧鼎梅　淩鴻勛

年會第一日，八月十三日，

下午二時在西安民政廳訓政樓大禮堂舉行開幕典禮。出席社員二十餘人。到會來賓有省主席楊虎城（省祕書長南汝箕代表），祕書景莘農，建設廳長趙友琴，教育廳長李壽亭，財政廳長韓威西，民政廳長李子光，西京籌備委員魏叶貞，水利局工程師孫繩齋，新聞記者崔志學張益參及西北實業考察團等六十餘人。由年會委員會委員長李協主席，行禮如儀。

主席致辭　略謂：在這二十世紀民族生存鬥爭的過程中，完全運用科學的力量戰勝一切，也可以說科學是國家和民族間，強而有力的武器。中國之所以貧弱受列強的壓迫侵凌

第十七次年會記事

的原因，就是科學不發達，一切的自然現象，和天然富源，沒有充分的力量，和超越的智識利用牠，貢獻給社會，使人人享同等的權利。中國科學社是國內科學家，暨國外留學學生，於民國三年前，在美國組織成立。自民國三年回國後，到現在已有二十一年歷史了。在這二十年的期間，舉行科學年會十七次，各社員均能本着一種創造精神，堅苦毅力，懇誠的提倡科學，督策進行。一切物質科學，工程科學，生物科學，社會科學，現在已經各社員的奔波設施，漸漸的在國內各地萌芽了。其他生物地質調查及物質創造，亦有相當的成績。從前十六次年會，都在沿海各地舉行。這次在西安舉行，確有不可思議的偉大成功。因為西北是中國古代文化策源地，天然富源的薈萃所。一面舉行年會，作實地之研究，一面從事考察，供將來的設施。流通歐美各國的科學方式，普遍於中國各地，然後中國才可富強與列強抗衡云。

陝西省政府祕書長南汝箕代表楊主席致詞：科學社諸君在此溽暑炎夏，及虎疫流行時期，能不辭艱苦，不憚煩勞，來僻處西北的長安舉行年會，我們除欽佩精神之偉大外，更是十二萬分的感謝！因為西北民眾在此天災人禍嚴重時期，

雖亦有知科學之需要，但未得到過科學的因緣。所幸今日貴社在此舉行這樣的盛會，望對本省政治，軍事，教育……等以科學精神和方法，不客氣的加以批評和指導，使得到美滿的改進。再者：我們知道現在世界上無論有形或無形的戰爭，人與人或國與國間之奮鬥，科學發達者必歸勝利，此乃定例。此次貴社在長安舉行年會，使科學流傳西北，使西北民衆能接受科學，故除感謝外，更誠懇的接受。最後更望科學不僅流傳於西北，尤須流傳於全國云云。

　　本社社長王璉報告　本社到西安後，承陝西各界，備極招待，使我們精神上，物質上，種種得到愉快，實深感謝。本社成立以來，實際已有二十年歷史，好像長成的孩子了。本社目的，是在闡發科學與國家之關係。長安爲中國故都，文化策源地，以古代而論，實爲東西文化交接之處，故本社探定爲開會地址，實有深刻之意義。至本社社員研究科學之目的，并非徒務表面，而是幫助政府之建設。我們折一枝花，並不要插在瓶內，是要將花插在地上，使其滋長起來，結實成爲有用之物。本社組織雖小，而其志甚遠，想把科學提高，在中國有相當的地位。現在我們的工作，一方面研究，

一方面實習。但因限於經濟，致礙研究進行，後因各方幫助，始成立生物研究所於南京。科學不外兩大類。一，物質科學如工程，理化等。二，社會科學，如人類學，社會學等，尤以物質科學為切要，但同時對於社會科學亦甚重視。至宣傳方面使民眾對於科學先有認識，其方法為出刊物，（如科學雜誌，科學叢書，科學通論等等）並於上海南京等處設立圖書館，存科學書籍數萬冊。上海為工業區，有此圖書館，可供研究以期達到本社之目的。此外各地辦理關于科學事業甚多，不及詳細報告云云。

建設廳長趙守鈺演詞　略謂：中國物產豐富，人口眾多，而貧弱之一大原因即是科學不發達。我們日常所需物品，多由外人供給，實足令人痛心。現代民族生存鬥爭，完完全全以科學為保障。要實現民族精神，必先提倡科學。現在中國科學還在萌芽狀態中，這次在西安舉行年會，也就是科學社進一步的工作，更希望於最短期間，科學設施，進行到中國邊境，務使國內各地人民，一致享受科學幸福云。

社友凌鴻勛演詞　略謂：陝西為古代文化發祥之地，有許多事業，均已有科學之表現。如禹治洪水，春秋時代之鄭

国渠，均以科学方法利用或征服自然，足见在过去科学事业之发展。现在社会进化，国家强弱，更以科学为转移云。

社友胡庶华演词　略谓：一个科学家，应有两种精神。第一创造精神，我们今天开会，是在烈炎夏日疫疠盛行的陕西而无畏缩情事，这便是我们创造精神的一种，此后我们还要继续祖宗创造精神，努力研究，如神农之尝百草，黄帝之造舟车等，尽量发挥光大。第二奋斗精神，要知我们奋斗，是为大多数人类利益，故不避一切困难，向前干去，今年之年会，在此举行者，亦本社社员奋斗精神之表现也。

社友杨叔吉演词　略谓科学常识之重要即以本省今年虎疫蔓延之盛可以想见。虎疫之传染由于食料。食料清洁则虎疫自可免。此是极普通之科学常识。一般人无此常识，因而不注意食料，遂使虎疫蔓延几及三十余县，皆不解科学之故。提倡科学实为最急之务云云。

末由社友周仁致词散会，已五时余，即在训政楼前摄影一帧。六时许共赴新城大楼，应省主席之公宴。新城在城之西北隅，小碑林在焉。是晚杨主席除欢迎科学社社员外，并宴西北实业考察团团员。宾朋满座，济济一堂。社员等登楼

少憩，即往小碑林摩挲石刻。新出土之顏勤禮碑聳立中央最為可貴，其他石碑林立，不愧為碑林之稱。復登城遠眺，西望周陵，南瞻雁塔，風景絕佳。迨夕陽西下，全集大樓攝影一幀，遂入席。首由建設廳長趙守鈺代表主席致歡迎詞。略謂陝西連年災患，民多四散逃亡。近復虎疫流行，益覺無以為生。然而推究其原因，所謂災患與疫癘非絕對莫可抵禦。昔日禹鑿龍門疏九河而水患平，近日水利局通涇惠渠而旱患息。飲食清潔而疫癘自不能蔓延。凡此皆可以人力抵禦。然而一般人民奔走駭汗，一若天災之莫可抵抗。坐是失望而不加努力，馴至災患愈烈而不可收拾。是皆由於不明科學之巧妙有足以奪造化之力。所謂天災皆得利用科學方法以解除之也。今承科學家實業家連袂蒞臨敝省，喚起民眾科學之觀念，提倡實業之先聲，以解倒懸而出諸水火，不勝慶幸云。繼由鐵道部次長錢宗澤，代表隴海局致辭。略謂隴海局此次發起招集國內科學專家以及實業專家組織西北實業考查團有二種意義。隴海鐵路現已進入潼關。潼西一段亦正在進行建築。維是道路為運輸謀便利而物產能暢流為目的。陝西物產豐饒，平原千里。然而生產不盛。近復因水旱之災出產大減。

10　　中國科學社

常此不振物產之來源絕而道路之效用失。此所以有考查團之組織而謀提倡生產之方也。陝西既有寶藏而民衆無科學方法以開發之。一任其朽蠹而無補於民生。誠爲可惜。此所以組織考查團以輔佐民衆以開發富源而裕民生也。

次由社員胡庶華致辭。略謂長安爲文化之策源地。吾等由東南來到西北，猶如囘到老家，看看老家的情形。吾等離開老家已經好幾百年。年年向東沿海而去，漸漸地與海外文化相接觸。與家鄉日遠，與海外日近。海外文化已領略了一些。現在囘到老家來要看看。如有好的老法吾等要保留而推行之。如有壞的老法，吾們搬些海外科學方法來貢獻西北。這是吾等此行之目的云。

末由社長王璡致答詞。略謂陝西地廣物博，祇以連年災患，以致民不聊生。所謂地有餘利民有餘力而庫拙民貧者無科學方法以爲之助耳。邦人君子有鑒於茲，竭力提倡。他年民衆具科學之觀念，知科學方法之萬能。利用科學，然後民盡其力地盡其利，不難民殷庫裕。本社本年在此開會，到會人數不多，實少貢獻。承蒙招待優渥，深爲感謝。希望陝省經一度考查，進而建設。以造成燦爛莊嚴之西京，殷實充裕

第十七次年會記事

之都市。他年再有機緣，重來集會，以觀厥成。不勝禱祝焉。辭畢進餐。賓主盡歡而散。

年會第二日　八月十四日

上午八時在訓政樓大禮堂開社務會議。出席者社員十二人。列席來賓五人。由社長王璡主席，幷報告開會程序。

總幹事楊孝述報告一年來社務狀況（由路敏行代表報告報告附後）

生物研究所報告（由路敏行代表報告，報告附後）

會計周仁報告二十年度收支帳目（報告附後）及經濟狀況，該項帳目曾經查帳員顧翊羣何德奎二君於八月三日負責清查無誤。由李協提議接受，李儼附議。全體通過。

圖書館主任路敏行報告（報告附後），希望社員謀開源收入之方，庶能增購新出雜誌及書籍以備社員之用。李協提議書籍統計以後以文字分析，如英文類法文類等，幷通告經費開源法。

常任編輯路敏行報告（報告附後）本社出版之科學，據一年來統計，社員投稿少而非社員投稿反多。非社員所投之稿多譯述之類，價值較少。是後希望社員多投有價值之稿。

| 12 | 中國科學社 |

报告畢，揭曉候選理事，選舉結果。共收到選舉票一百六十張。 當選者計 任鴻雋 135票 秉志 127票
竺可楨 126票 丁文江 120票 王璡 111票
周仁 86票 胡庶華 76票 孫洪芬 74票
李協 67票

次多數：胡先驌 59票 錢崇澍 51票 曹惠羣 50票
黎照寰 50票 曾昭掄 42票 高君珊 37票
丁緒賢 36票 宋梧生 36票 蔣丙然 34票
董時進 32票 李熙謀 31票 錢寶琮 31票
朱庭祐 20票

報告畢，選舉本年度職員。

(一)司選委員 由葛綏成 徐乃仁 李儼當選

(二)查帳員 由何德奎 顧軼羣當選

(三)編輯員 由李協 李儼 竺可楨 葛綏成
沈良驊 趙修鴻 蕭純錦 楊叔吉當選

(四)編輯部主任 由王璡當選

選舉畢，通過明年(第十八次)年會地點定爲福州開封或成都三處。供理事會參攷決定之。

第十七次年會記事

主席以第九十九次理事會議議決建議修改章程案提交大會，衆以修改章程非少數人能負責通過。本屆年會到會人數不多，宜交下屆大會通過，遂不付議。

此次在西安舉行年會，備受各界招待，議決閉幕後備函致謝。遂散會。

下午一時參觀民衆教育館科學運動週開幕，幷由社員朱其清演講無線電，佐以實驗。由該館主席楊與榮致介紹辭後，朱君起立演講無線電與思想。略謂：記得七八年前兄弟在南京參加本社年會時，曾作公開講演，預備自帶無線電機，但因笨重攜帶不便。至今七八年後進步甚速，不惟較前形式巧，重量輕，而效用尤大。至此次兄弟帶此機器，有以下四種原因：(一)因現在無線電機能測量礦苗，兄弟此次隨攷察團來陝攷察，卽預備爲攷察礦學團員作助。(二)因近五年來短波無線電電台增加，困難亦多，故帶此機探聽各地無線電波聲浪，減少困難，藉作研究。(三)傳達攷察團消息。(四)公開講演時可作表演。至今日爲什麼擬定『無線電與思想』這個題目，因前數年外國人奧勃生曾帶無線電機往各地講演，或者來到過西安，大家聽過他的無線電講演。兄弟今天擬定

此題，可與考察發生關係，並可啓發新的知識，孔子說『舉一反三』大家聽過此次講演，或可聯想到其他。我們知道：無線電發明至今僅二十餘年，而其進步與變化，較之他種科學均很快。以五六年前之無線電機與現在比較，可知其形式，內容，作法，效用，均比以前大有進步。今舉其進步之例說明於次！(一)無線電是利用兩機經一電火花及桿，即可發波浪。如用石擊水發生水波，但其效力小，距離短，厥後始發現揮扇桿，揮快則風大，揮慢則風小，無線電亦如此理而改進，至今始功效大，距離遠。(二)最先無線電只能以機附耳而聽，不能寫，後因發現用雞觸電則足動之現象，始改良，至今不惟能聽亦能書寫。(三)最初發明無線電如以石擊水，四面八方均能聽到，不能保守祕密，厥後因發明五金能阻止電波前進，故利用此理而進步至爲某地發電，只某地能接到，由此始可保守祕密。(四)因五金能阻止電波進行，故至今日又利用無線電機探礦苗。總之，無線電機近年來發展甚速，利用甚廣。在無線電歷史上有重大意義者爲大發明家愛迪生發明以燈泡代用礦石收音機，更進而用小機器可通至五百里至一千里之路程。由無線電機之發明可知牠對人類思想

第十七次年會記事

之功效與貢獻之偉大。故今日擬定『無線電與思想』這個題目，因為牠可增加幷開啓一般人科學知識，幷可引起研究興趣。現在中國科學落後，望大家對此踴躍研究云云。朱君講時幷實驗所帶之無線電機，全場甚為忻悅，至四時盡歡而散。

五時赴西北飯店應教育廳，建設廳，財政廳，民政廳，高等法院之宴。席次互相討論陝西近年災害之烈，謀所以救濟之方，宴畢已八時，始盡歡而返。

年會第三日　八月十五日

上午八時在訓政樓大禮堂宣讀論文。出席社員九人，來賓列席者四人，由王璡主席。本年論文共計十一篇，是日宣讀者共六篇。

(一) 李儼　中國算學史大意　演講 $\pi=3.14159265$，四元論，明朝算盤，$(a+b)^2$ 指數係數各種發明比外國為早。

(二) 胡博淵　我國最重要的幾個科學問題 (王璡代讀)

(三) 陶延橋　國內植物鞣革材料之考查 (路敏行代讀)

(四) 陶延橋　不受潮之火柴 (路敏行代讀)

(五) 李國楨　陝西種植脫字棉之結果 (演講)

(六) 楊鶴慶　全國虐力拉瀰漫傳達之研究及預防法 (演

講）

未宣讀者有

(一)倪尚達王佐清　100% Modulation 百分調輻之分析

(二)周厚福　含淡環狀有機化合物誘導體之研究

(三)周厚福　拉曼効應在有機化學之應用

(四)紀育灃　蛋白質含淡誘導體之預備 (pyridin)

(五)余蘭園　酸根分析新系統

論文讀畢已十時餘，略加討論即散會。本日上午十一時為西北實業考察團由西安出發考察。本社社員參加斯團者共有十餘人。考察團出發後，各社員應隴海鐵路局之公宴，十一時赴西北飯店。路局由黃學周君代表招待。席間討論新發明木炭汽機之構造，効用及其提倡之法。復討論硫酸之製造，以及工廠之管理等各問題。賓主盡歡而散。

下午一時由張午中君偕同社員出南關遊杜公祠及小雁塔，五時餘始返民政廳。

六時假西北飯店舉行年會宴會。并邀請陝西省主席各廳長及各界人士。計到會者共有五十餘人。入席後由社長王璡起立致詞。略謂本社此次來陝開會，深蒙西安各界招待。使

本社同人在物質上精神上受到很大的愉快。本社向各界深爲致謝。陝西年來在各方面均有勃勃生氣。在科學方面有研究者，有正在作科學事業者。故在一二年後陝西定可放出光華燦爛之異形。他日同人若能重新蒞陝，其愉快必更有勝於今日云。辭畢舉杯敬祝在席諸君康健。次由建廳長趙守鈺代表致答詞。略謂中國科學社在科學落後之西北開會，使西北民衆能接受科學因緣。望今後科學家多來西北開會，使科學流傳西北。末謂此次招待不周希望原諒云云。致詞畢卽進餐席散已八時。復由旅陝社友壽天章君請全體社員赴三意社參觀秦腔戲劇。觀畢而返，已十時餘矣。

年會第四日　八月十六日

上午遊覽碑林及城市

下午二時本定在鐘樓請孫純齋工程師公開演講。題爲涇惠渠。後因接洽地點未就緒，改爲遊覽。由建廳長趙守鈺偕諸社員謁董仲舒墓，考察城堡。趁車至嶽廟賞鑒古代壁畫。返至趙君寓所茶敍。暢談一時餘始興盡而返。

年會第五日　八月十七日

上午六時由張午中君引導全體社員分乘兩汽車出西關，

赴鈞兒嘴，參觀涇惠渠。途次因汽車損壞，遂渡渭水，卽於咸陽渡口少憩。入咸陽城遊覽。進謁縣長，卽在縣署略進早點。返渡口少息，車已修竣。遂共登車首途，渡涇水，直趨涇陽。縣長等均出關相迓。社員下車握手為禮，相偕入城，抵孫純齋工程師之寓所。時已下午一時徐渭北水利局卽在孫寓設宴款待社員。宴畢略息。復登車首途，直趨涇惠渠。沿渠而行。時復下車考察河渠工程，放水閘口，以及水道分途之堤等。均由孫工程師一一指點。沿渠一帶土地，豐草綠縟，佳木蔥籠，不啻江南沃壤。以視乎咸陽以西之沿途田地，荒蕪不毛者，遠不相謀。據孫工程師言，是渠可以灌漑田萬頃。其有利於民生可謂大矣。車行屈曲抵山坡，漸轉折上山。迨夕陽西下始達山巔。社友乃共下車。漸聞水聲潺潺。俯視山麓，則澗水奔流，渠之源在焉。遂步行下山止於張家山之麓，於水利局辦事處略息。時已薄暮。再下山屈曲行五里許而至渠之源。由孫工程師指示堤之建築，閘之設備等，遂返張家山麓辦事處。是夜因不及返涇陽，遂宿於水利局辦事處。該局已豫備晚餐，卽在山麓野宴。莫不盡興而息。

年會第六日　八月十八日

第十七次年會記事

上午七時各社員全體步行上山登車，直駛涇陽。抵郊外，捨車，步行荒草間，觀前代牌坊。彫縷精細，見藝術之工。入城復抵孫寓，進午餐，餐畢始出發返西安。途次謁周陵。除文武二陵外，舊代建築已不可見。陵前碑碣略有存者。秦瓦漢磚，周陵辦事處略有保存。該處卽在二陵之前。有姬先生者文武之後裔也。出與社員等周旋，幷導觀二陵。參觀畢，返咸陽，渡河抵西安已四時餘矣。

年會第七日　八月十九日

上午七時各社員均束裝乘汽車出東關離西安。邵建廳長及西安社友等送至灞橋，始各握別。是日本定遊驪山，華清池洗澡。後因社友等來時已經遊過，且已洗澡，遂定直趨華鎮，暢遊華山。於渭南略進午餐。四時許抵華鎮。改僱洋車，止於山麓。時已薄暮，捨車步行上山。抵谷口，澗水湍激，兩旁山石峭然壁立。入谷緣澗而行，時復跨澗而過。迴旋曲折，高下崎嶇。山谷幽邃，山徑險隘。行五里許抵五里關。已天色黑暗，道途莫辨。社員中有勞頓不堪繼續進行者。乃投宿於三教堂，山中之古刹也。其餘復鼓勇前進，至於莎蘿坪而止。下榻於廟中。因太華山奇趣，多在青柯坪以上，

沙蘿坪以下尚未達險處。社員中有身體不佳，不願登峯造極者，遂議定不再上登。次日卽下山遄返。

年會第八日　八月二十日

上午八時各社員全集下山。抵華鎭改乘汽車。中午抵潼關之東關。下午二時始各乘火車出關，第十七次年會遂閉幕焉。

一. 總幹事報告

本年度受滬事影響，本社工作雖不輟，祇能繼續舊有事業，未有新創建設，關于經濟方面，存爲基金之國庫公債，利息由八厘而減至五厘，其他收入亦減少甚巨，故各部不得不暫探緊縮政策，各地社友會亦以時局俶擾，人心不安，除上海社友會曾舉行盛大之新年交誼會，廣州青島各舉行一次聚會外，其他各地均未有報告，九一八之後，瀋陽社友會已無形解散，幸在瀋各社友均能安全避難，美國方面自趙元任丁緒寶二君赴美後，本社已託其重行整理分社，聞本年已定期舉行分社年會。各地社友會職員辦事，如代收社費招待外埠社友等，均頗熱心，深致感謝。本社總辦事處職員人數一如往年，總幹事以下仍設文牘一人，事務會計兼出版一人，另一人辦理西文文牘及編譯事宜，則由圖書館館員兼任，茲將一年來，事務摘要報告如次。

1. 理事會議 因各理事散處各方，計上海四人，南京二人，北平三人，杭州武昌各一人，集會殊感不易，本年內僅開會六次，而按照社章至少每月開會一次，所幸下年度起

理事名額已增至十五人．理事會並有設常務理事六人之建議案，已照章于六月十五日社友上公布，希望于本屆年會中通過，以資理事會處理社務之便利．

2. 新社員　本年度通過新社員計

永久社員二人　朱德和　葉善定

普通社員四十四人　高振華　彭謙　周邦彥　汪大燮
戴晨　康清桂　管際安　趙武　曾慎　胡品元
李方訓　李良慶　周明牂　李慶賢　湯覺之　鄒曾佚
胡梅基　張和岑　陶桐　馮敬棠　曹勵恆　翟鶴程
楊善基　李振翩　徐蔭祺　刁培然　汪呈因　樓兆緜
張海澄　王葆和　江啓泰　梁慶椿　張維正　黃均慶
魏菊峯　李才琮　張銓　韓組康　關佰益　鄧叔羣
崔士傑　楊鍾健　徐學禹　趙中天

仲社員二人　狄憲　王輔世

3. 編訂分股名冊　本社社員專長學科種類繁多，不得不分別門類，納于系統。本社成立之後，曾有分股委員會之設置，以從事此項工作。近幾年來，社員人數大增，亟宜劃分組別股別，俾習同類學科之人，于研究討論上益增密切，

面與其他各組各股亦有有系統之聯絡。本社有鑒于此，在本年度內，一方面加事調查，一方面編訂分股名冊。按本社向用之科學分類，分為物質科學，生物科學，工程科學，社會科學四大組。物質科學組分算學，物理，化學，天文，地學，氣象六股。生物科學組分生物，醫藥，農林，心理四股。工程科學組分土木，機械，電工，鑛冶，染織五股。社會科學組分教育，經濟，法政，哲學，歷史社會，文藝六股。將來每組每股各推職員，各有組織。現分股名冊全部編成，稍加整理後，即可將草編付印也。

4. 募集愛氏紀念金基金　愛迪生先生於去年十月八日逝世，本社以先生盡粹於科學事業，其精神毅力足為師表，因發起募集獎金基金，以為紀念。其獎金之範圍，假定為研究發明事業，視基金之多寡而定。推定委員五十人担任募捐。惟時水災甚厲，全國救災之不暇，無能及此，其後復繼以九一八及一二八之役，籌款益加困難。卒賴諸委員之努力，得集成數，計募集洋一千七百餘元。其用途尚待討論後決定。紀念愛氏除募集基金外，並定於科學內特刊專號一期。

5. 新出版物　本年度新出版物除「科學」外，有下列各

種：論文專刊第七卷第三期一期。研究叢刊有裴鑑之中國馬鞭草一種。其他雜著計有科學的南京（本社編輯），軍用毒氣毒氣中毒及其防護（孟心如著），顯微鏡的動物學實驗（鮑鑑清著），袖珍積分式（顧世楫編），空氣濕度測定指南（顧世楫著）。

6. 社友　本年「社友」仍照去年辦法刊行，因在戰事期內停刊，故僅出十期。社員對于本刊之投稿及來函共收到二百〇九件。

7. 出版物之銷數　本年度出版物之銷數較去年為損。其原因由於時局之不靖，更由於代售機關如商務印書館等停業之故。本年科學定戶計有四百十四戶，比去年減少一百八十戶，零售科學計有二千七百七十五冊，其他出版物售出一千四百十一冊。本社因各機關來函補購舊科學者甚多，因將舊有餘冊並廣收缺籍，薈訂成冊。前後售去者計有十部，每部自二卷至十五卷均全。

8. 廣告之收入　本年廣告部份亦因時局應響，各商家先後停止刊登，而新廣告為數甚少，故亦未有進步。計該部本年收入共一千零七十九元。

第 十 七 次 年 會 記 事

9. 中國科學公司新發展　本社前為印刷便利計，發起創辦中國科學圖書儀器公司。該公司營業日漸發展，惟舊租屋宇湫溢，不適於工廠之用。因於本年度在福煦路另租新建高大房屋，係由業主出資，公司打樣監造，以便擴充營業。而謀生產效率之增進。該公司近鑒於社會需求，因召集科學專家，編譯科學書籍。現已着手進行者為全套初中科學教科書，其已於八月中出版者有四種。尚有六七種預計一年內皆可出版。本社鑒於該公司為服務社會之需要且設立科學書籍編譯院與儀器製造廠，與本社事業之計劃適合，故願盡力予以提倡。

10. 獎金　高女士紀念獎金，本年度論文範圍為生物學，參加者共計四人。惟應徵各文，由審查委員詳加討論，認為各文均不能及格，因此無人中選，本年獎金不給，其款暫儲待理事會議決後再定施行。

11. 參與社外事業　本年內曾推派薛紹清張延祥許應期三君為出席世界動力協會中國分會代表，並指定許君兼任該分會評議員，陸志鴻徐乃仁出席工業標準委員會代表，又周仁代表本社參加陝西實業考察團。

26　　中　國　科　學　社

12. 科學咨詢　一年中來函咨詢者共計十六起，計關於算學者二件，化學八件，電學一件，農業一件，物理二件，冶金一件，醫學一件。

以上諸端爲本年度工作之大略情形。本社當戰事之際，除因浪人倒亂之虞，圖館暫停公開月餘外，工作一任其舊。本社圖館因建築之堅固，上海各大學及學術機關之處於危險區域者，莫不利用本館以爲保險儲藏之所　如地質研究所交通大學大同大學等皆以圖書儀器藏於本館，待戰事敉平，始各移去。各機關因當戰區之衝，假本社以繼續工作者有評論週報社，中央研究院地質研究所及同濟大學之一部，現皆各返原所。本社生物研究所因南京不安定，不能工作，亦移滬社工作。重要儀器書籍亦移來滬上，以避危險。各研究員因此各得專心研究不輟。現首都已漸安定，不日亦將返京。

　　　　　　　　　　　　　　總幹事楊孝述　二十一年八月

二. 會計報告

中華民國二十年度

說明

一· 本屆報告係中華民國二十年度賬目自二十年七月初至二十一年六月底止

二· 本報告賬目由本社社友顧季高何中流二先生於二十一年八月三日偕同中孚銀行陸襄祺胡起翔二先生來社詳細審查證明無誤謹此誌謝

三· 生物研究所收支各款由中華教育文化基金董事會補助費內開支者仍別造決算書附後

四· 社費在二十一年六月底以後繳到者及間有六月底以前交在本社所委託之外埠社友處而該款尚未轉到者概入下年度賬歸下屆報告其餘收支各款悉如此例

五· 分賬收社費名單有一名兩見者本年度繳過兩次

六· 省補助費一下半月被劃向溧陽縣屢提無着故此半個月費本年度分賬內未列

七· 本社各種主要基金除暫存大同大學一部份外均存上海中國銀行由基金保管委員蔡元培宋漢章徐新六三先生

保管每六個月另有詳細報告存社

八． 總社及編輯部支出各款由楊允中于詩鳶二先生經手生物研究所支出各款由錢雨農先生經手圖書館支出各款由路季訥先生及以上三君分別經手幷此誌感

總　賬

I. 上存項下 ($13,308.93 + G$1.00)

1. 上海銀行364戶	$	2,316.47
2. 上海銀行8036戶	$	421.27
3. 上海銀行儲蓄2292戶	$	410.00
4. 高君韋女士紀念基金（上海銀行儲蓄1509戶）	$	1,100.00
5. 北平社友獎金基金（上海銀行儲蓄1625戶）	$	2,359.94
6. 中國科學公司存摺4戶（本年度提$2,000購新股收結存項下餘$3,000）	$	5,000.00
7. 上海總社未報（圖書館建餘$281.35 生物所$205.00在內）	$	466.87
8. 南京生物研究所未報（上年度收入項下生物所文化基金助費多還$1.01在內）	$	419.65
	G$	1.00
9. 現金	$	814.73

II. 本年度收入項下 ($46,702.64)

1. 基金委員會撥來	$	22,000.00
2. 江蘇省教育經費管理處補助	$	10,811.00

第十七次年會記事

3. 社費	$	1,616.00
4. 科學公司股息	$	1,179.94
5. 社屋租金	$	429.56
6. 發售刊物	$	3,226.20
7. 刊物承登廣告	$	1,079.20
8. 版稅	$	190.88
9. 圖書館借書保證金	$	60.00
10. 圖書館閱書保證金	$	58.00
11. 雜收（李良慶，翟鵾程交社費美金升水在內）	$	95.04
12. 特收	$	720.64
13. 銀行利息	$	203.57
14. 建築費（中國銀行透支281戶）	$	440.00
15. 大同大學存息	$	1,499.04
16. 科學公司存息	$	554.32
17. 借生物研究所文化基金助費	$	360.00
18. 生物研究所文化基金助費還圖書館墊付生物雜誌費	$	473.05
19. 安迪生紀念基金（浙江興業銀行儲蓄4/47戶）	$	1,706.20
共計	$	60,011.57
	G$	1.00

30　　中　國　科　學　社

III. 本年度支出項下($47,802.31)

1. 總社	$	15,462.895
2. 生物研究所	$	3,332.20
3. 編輯部	$	11,215.76
4. 圖書館	$	13,204.455
5. 會計用費	$	87.00
6. 科學公司新股（內有$2,000係存款項下移充）	$	3,800.00
7. 建築費	$	600.00
8. 考古學獎金	$	100.00

IV. 結存項下($12,209.26 + G $1,00)

1. 上海銀行 364 戶	$	261.93
2. 上海銀行 8036 戶	$	1,422.18
3. 上海銀行儲蓄 2292 戶	$	519.79
4. 高君韋女士紀念基金（上海銀行儲蓄1509戶）	$	1,100.00
5. 北平社友獎金基金（上海銀行儲蓄1625戶）	$	2,359.94
6. 中國科學公司存4戶（移購新股餘額）	$	3,000.00
7. 總社未報（建餘$210.49在內）	$	1,050.74
8. 生物研究所未報（結欠生物所文化基金助費$160.00）	$	.75
	G $	1.00

9. 安迪生紀念基金（浙江興業銀行儲蓄4/47戶）	$	1,706.20
10. 現金	$	787.73
共計	$	60,011.57
	G$	1.00

分賬

總賬II:1 收基金委員會撥來

第一次	$	5,000.00
第二次	$	12,000.00
第三次	$	5,000.00
	$	22,000.00

總賬II:2 收江蘇教育經費管理處補助

二十年四月份下半	$	569.00
二十年五月份上半	$	569.00
二十年五月份下半	$	569.00
二十年六月份上半	$	569.00
二十年六月份下半	$	569.00
二十年七月份上半	$	569.00
二十年七月份下半	$	569.00
二十年八月份上半	$	569.00
二十年八月份下半	$	569.00

32　　　　中　國　科　學　社

二十年九月份上半	$ 569.00
二十年九月份下半	$ 569.00
二十年十月份上半	$ 569.00
二十年十月份下半	$ 569.00
二十年十一月份上半	$ 569.00
二十年十一月份下半	$ 569.00
二十年十二月份上半第一次	$ 269.00
二十年十二月份上半第二次	$ 300.00
二十年十二月份下半	$ 569.00
二十一年一月份上半	$ 569.00
二十一年二月份上半（一月下半劃由溧陽縣付收不到故缺）	$ 569.00
	$ 10,811.00

總賬Ⅱ:3 收社費

甲・永久社費

姬振鐸（30）徐宗涑（30）郝更生（30）劉仙洲（20）

蔡　堡（30）周厚樞（50）劉夢錫（30）涂　治（50）

朱德和（60）黃伯樵（50）　　　　　　$ 380.00

乙・入社費

羅　河　趙修乾　田錫民　汪　榕　王孝華　黃　綬

第十七次年會記事

周岸登	武崇林	管際安	項志達	俞慶棠	張春霖
戴安邦	湯騰漢	康清桂	戴晨	曾慎	彭謙
趙武	張海澄	李慶賢	李方訓	李振翮	高振華
韓組康	曹屬恆	張銓	李良慶	翟鶴程	汪呈因
陳忠杰				$	310.00

丙．常年社費

馮肇傳	許壽裳	王守成	余青松	金寶善	馮肇傳
徐公肅	陳漢清	裴鑑	葉達前	陳清華	陳納遜
衛挺生	譚友岑	孫貴定	楊毅	趙廷炳	范賚
鄒應薰	胡光熊	王金吾	郭守純	華鳳翔	林士模
鄧傳	李書田	歐陽祖經	陳伯莊	湯震龍	馮銳
葛敬中	曾昭掄	王敬禮	胡文耀	曾詒經	顧世楫
柳克準	吳定良	張一志	唐仰虞	柯成楙	孫榮
王正黼	蔣德壽	趙修乾	田錫民	汪榕	許心武
陳方濟	徐仁銑	潘慎明	武崇林	莊長恭	胡步川
陳樞	顧翊羣	竇維廉	方頤樸	陸費執	唐啓宇
薛繩祖	又	張道藩	馬基磐	鄭厚懷	鈕肇經
丁緒賢	崔宗損	楊蓋卿	又	余澤蘭	張紹忠
紀育澧	程延慶	鄭禮明	又	吳樹閣	袁祥和

34　　中　國　科　學　社

陳煥鏞	李良慶	李殿臣	吳詩銘	湯彥頤	何尚平
楊肇濂	徐新六	劉大鈞	尤志邁	章元善	榮達坊
劉乃宇	康清桂	蔡　雄	徐調均	王季眉	李慶賢
何青杰	凌道揚	陳燕山	倪尚達	羅世嶷	叉
韋　愨	徐景韓	翟鶴程	陳茂康	路敏行	費德朗
張春霖	曾　義	胡　澤	殷源之	陸志安	戴　晨
朱　復	魏元光	戴安邦	李得庸	祁天錫	沈　怡
魯德馨	曾瑊益	王　和	王家楫	陳納遜	陳　嶸
張延祥	許炳堃	卜　凱	錢天鶴	唐燾源	鄭法五
鄒樹文	王善佺	羅　河	歐陽祖經	汪呈因	朱少屏
李賦京	陳鼎銘	林文慶	陳忠杰	李永振	張筱樓
華享平	吳文利	劉克定	何炳松	鄧樞培	何文俊
趙燏黃	朱學鋤	曲桂齡	顧宜孫	程宗陽	查得利
韋以黻	張　拯	鄺恂立	楊承訓	陳德元	傅爾攽
何　廉	汪元起	吳在淵	唐仰虞	蔡鎦生	馮祖荀
葉企孫	吳有訓	竇維廉	林可勝	謝玉銘	薩本棟
單毓斌	張一志	周彥邦	孫學悟	(以上各交五元共	

八百九十元)

張賢	羅河	王孝華	萬宗玲	黃綏	陳爲楨

第十七次年會記事

王　敏　周岸登　管際安　韓組康　張　銓　陳可培

（以上各交三元共三十六元）　　　　　$ 926.00

　　　　　　　　　　　　　　　　　　$ 1,616.00

總賬Ⅱ·9 收圖書館借書保證金

　　許炳熙　錢海如　胡步川　鍾心煊　張一志　郭任遠

　　　　　　　　　　　　　　　　　　$ 60.00

總賬Ⅱ·12 收特收

　　科學公司貼本社總幹事兼該公司經理本年度俸

　　　　　　　　　　　　　　　　　　$ 600.00

　　出售壽盌第三批　　　　　　　　　$ 72.00

　　陳可培捐閱書保證金　　　　　　　$ 2.00

　　王和捐借書保證金半數及舊存寄書郵費餘額

　　　　　　　　　　　　　　　　　　$ 6.64

　　生物研究所電表押金　　　　　　　$ 40.00

　　　　　　　　　　　　　　　　　　$ 720.64

總賬Ⅱ·13 收銀行利息

　　上海銀行8036戶二十年度（廿一年十二月底結／廿一年六）

　　　　　　　　　　　　　　　　　　$ 67.30

36　　　中　國　科　學　社

上海銀行364戶二十年度（同上）　　　$　　20.80

總社存上海銀行79戶二十年份（廿年六／十二月底結）

　　　　　　　　　　　　　　　　　$　　 5.68

上海銀行2292戶十五至廿年份（十五年六月底至／廿年十二月底結）

　　　　　　　　　　　　　　　　　$　 109.79
　　　　　　　　　　　　　　　　　$　 203.57

總賬III:1支總社

　薪金　　　　　　　　　　　　　　$　6,690.00
　工食　　　　　　　　　　　　　　$　1,014.60
　工程　　　　　　　　　　　　　　$　 267.50
　購置　　　　　　　　　　　　　　$　 444.55
　印刷（論文專刊，叢書在內）　　　　$　4,013.46
　文具　　　　　　　　　　　　　　$　 80.19
　稅捐　　　　　　　　　　　　　　$　1,309.18
　消耗　　　　　　　　　　　　　　$　 413.655
　通訊（郵電日報）　　　　　　　　　$　 412.66
　廣告　　　　　　　　　　　　　　$　 205.92
　雜支　　　　　　　　　　　　　　$　 333.858

第十七次年會記事

特用（職員赴十六次年會旅費在內）	$	277.322
	$	15,462.895

總賬III:2 支生物研究所

薪金	$	400.00
工食	$	1,055.77
工程	$	140.83
購置	$	171.81
文具	$	1.54
消耗	$	685.69
通訊（郵電日報）	$	253.70
雜支	$	187.39
特用	$	84.47
保險	$	150.00
退回生物所文化基金助費上年度多還款	$	1.00
還本年度借生物所文化基金助費	$	200.00
	$	3,332.20

總賬III:3 支編輯部

薪金	$	2,700.00

38　　　　　中　國　科　學　社

稿酬	$ 325.00
印刷（"科學"在內）	$ 7,526.20
文具	$ 1.59
郵資	$ 656.63
雜支	$ 6.34
	$ 11,215.76

總賬III:4 支圖書館

薪金	$ 3,070.00
購置	$ 114.40
添書（內墊生物雜誌費$473.05已還收總賬II:18內）	$ 8,595.74
印刷裝訂	$ 1,118.65
文具	$ 8.85
郵資	$ 63.00
圖協會費	$ 5.00
發還借書保證金（胡步川　阮志明　王維克　李寅恭　張偉如　錢海如）	$ 60.00
雜支	$ 121.915
特用（館長赴十六次年會旅費）	$ 4.90
發還閱書保證金	$ 42.00
	$ 13,204.455

第十七次年會記事

總賬III:5 支會計用費

旅費三次	$	80.00
印泥	$	6.00
郵費	$	1.00
	$	87.00

總賬I:7,II:14,III:7,IV:7 收支建築費

收上年度上海總社未報內上存
 圖書館建餘 $ 281.35 $ 926.35
 生物所建餘 $ 205.00
收本年度提中國銀行透支281戶 $440.00

支本年度付圖書館花木 $100.00
支本年度付生物所打樣 $300.00 $ 715.86
支本年度付還朱森記承造生物
 所押費 $200.00
支十七年度上海總社墊付圖書館
 晒圖費（見上年度會計報告說明八）$115.86   (一

結存（歸在總賬IV:7總社未報內） $ 210.49

生物研究所中華教育文化基金董事會補助費收支決算書

I. 上存項下 （$1,471.17）

 上年度餘款 $ 1,471.17

II. 本年度收入項下 （$40,211.85）

40	中國科學社		
本年度補助經費		$	40,000.00
銀行利息		$	110.95
其他		$	100.90
	共計	$	41,683.02

III. 本年度支出項下（$38,410.11）

薪金	$	21,026.00
標本室費	$	2,635.33
試驗室費	$	1,102.32
採集	$	1,664.75
書籍雜誌	$	3,956.87
購置	$	2,316.44
印刷	$	4,079.53
雜支	$	1,628.87

IV. 結存項下（3,272.91）

實在		$	3,272.91
	共計	$	41,683.02

會計理事 周 仁

三. 生物研究所報告

自去年三月，本所藉中華教育文化基金會捐款所建築之新舍落成以來，研究工作之進行，較前順利。且所長秉農山，又屢荷該基金會推選為研究教授，其薪給與研究所耗，由基金會供給之，于是本年度，經費，實際上已增加數千元。且向時兼職他處之正式職員（王仲濟，裴季衡），至二十一年一月，乃以全力服務于本所；鄧叔羣又由基金會推薦來本所研究。從事學術，探究者，既已增多，全所努力之精神，以此激奮；而國難突來，外侮緊迫，吾人感于國事之蜩螗，原于學術之不振，益覺自身所負責任之重要。故最近數月來之工作，愈淬厲刻苦，以期略有成就，可以表襮于世界，維持學術界之卓立，繫國際榮譽于百一；亦使國內人士，知努力科學之切要，樹獨立研究之先聲。雖鷦鷯一枝，鼴鼠滿腹，其所持益，不過滄海之一粟；而艱難奮發顛沛不離之微忱，或可為國人所共許。茲值本年度之終抄，敬將一年來本所之狀況，略陳後述，希垂覽焉。

動 物 部

42　中　國　科　學　社

1. 正式職員

秉　志	主任兼動物學技師
王家楫	動物學技師
王以康	研究員兼標本管理員
張孟聞	研究員
周蔚成	研究員
郝世襄	研究員
何錫瑞	研究員
馮展如	繪圖員
賈泰寅	標本室助理員
陳進生	切片製造員
劉子剛	標本採集員
王克華	標本裝製員

2. 非正式人員

熊大仕	南開大學生物學教授
方炳文	中央研究院自然歷史博物館動物部技師
陳　義	中央大學動物學系助教
吳紹熙	中央大學心理學系助教

第十七次年會記事

吳功賢	中央大學動物學系助敎

3. 研究結果已經印行者

福州魚類之調查	伍獻文
南京雙棲類誌	方炳文・張孟聞
四川陸地寡毛類及數新種之記述	陳義
南京動物誌略	秉志
透明金魚及雜斑金魚發生期中返光質之變化	戴立生
長江上游魚類小誌	伍獻文，王以康
蛙腎臟四季之變遷	崔芝蘭
南京蛇類及龜類之調查	張宗漢，方炳文
石虎䓪魚類全誌	方炳文，王以康
鯽魚胃部之變遷	鄭集
煙台四種新魚誌	伍獻文，王以康

4. 研究論文已經付印者

四川爬蟲類略誌	張孟聞
牟指蜥蝎舌部解剖	秉志
南京之變形蟲	王家楫

5. 研究之在進行中者

44　　　中　國　科　學　社

電流及于豚鼠大腦皮層運動區域所施于其四肢之感應遲速試驗	秉志，吳紹熙
浙江之兩種化石魚	秉　志
四川雙棲類誌略	張孟聞，徐錫藩
南京石龍子類舌部之解剖	秉　志，周蔚成
齒隙寄生變形蟲之形態及其生活史	王家楫，郝世襄
蛙腸寄生之纖毛蟲	王家楫，郝世襄
豚鼠腸內鞭毛蟲之形態及其生殖	王家楫
上海根足蟲類略記	王家楫
烟台魚類之調查	王以康，伍獻文
浙江爬蟲類雙棲類略記	張孟聞
爬岩魚分類之訂正	方炳文
浙江蚯蚓誌	陳　義
白鼠大腦皮層稜錐狀細胞之生長及其形態之變遷	吳功賢
白鼠小腦中潘根奇細胞之生長及其形態之變遷	吳紹熙

6. 標本之採集與利用

最近過去之一年中，動物部迭次派人向各處採集標本。一九三一年七八月間，張孟聞偕方炳文二人，赴寧波沿海採

集，間亦涉足山間，凡經歷奉化，鎮海，穿山，舟山，普陀等處，歸途復轉紹興杭州，歷二閱月返所，得數新種魚類云。同時，王以康前往烟台，搜羅海產魚類，而鳥類，兩棲類，爬蟲類，軟體動物及其他之無脊椎動物，亦兼收並蓄，鉅細不遺焉。冬間，王君復偕劉子剛往山東，再事調查魚類與軟體動物，延留于青島者甚久。劉君則在該省內地獵取鳥類。彼等歸來不久，又合組一採集隊，前赴浙江東南沿海，自寧波以迄溫州。此旅程中曾遭遇極嚴重之事變。當彼等自舟山發海門，其所乘之輪舶，為海盜所刼持，舟中旅客，俱受洗涼，採集隊員所攜之資斧，遂無留存。顧採集之用具及所已採得之標本攜與俱行者，則以無經濟價值之故，未嘗染指，倖免于難。王劉二人，于脫匪難之後，逗留于天台縣之左近，借些許之貲財，探求深山急湍之稀見種類，期待匯款為之持續，以完成未竟之歷程。大抵五月之杪，當發溫州，若政事平定，更擬南趨閩粵，作大規模之採集也。

此歷程既未終了，採集之成績若何，現時未能前知。但以歷年所聚而言，此時本所標本室中之動物標本，蓋已積有三萬六千餘攷，約二千二百種云。

46　　中　國　科　學　社

植　物　部

7. 正　式　職　員

錢崇澍	植物學技師
裴　鑑	植物學技師
鄧叔羣	細菌學技師
方文培	研究員兼採集員
孫雄才	研究員兼標本室管理員
鄭萬鈞	研究員兼採集員
劉其燮	標本室助理員
賀賢育	採集員兼標本室助理員
陳光勳	採集員
傅貽昌	標本室助理員

8. 非　正　式　人　員

沈其益	國立中央大學生物學系學員

9. 研究論文已經印行者

稻之黑穗病菌胞子發芽之觀察	鄧叔羣
棉病之初步研究	鄧叔羣
貴州鐵杉之一新種	鄭萬鈞

第十七次年會記事

南京唇形科植物	孫雄才
中國西南部眞菌之記載，一	鄧叔羣
中國二屬半知菌之研究，一	沈其益
南京鍾山森林之觀察	錢崇澍
廣西貴州馬鞭草科植物之記載	裴鑑
貴州山茱萸科植物之記載	錢崇澍
貴州裸子植物之記載	鄭萬鈞
中國馬鞭草科植物誌	裴鑑

10. 研究論文在印刷中或將次付印者

中國槭樹科之初步觀察	方文培
中國馬鞭草科之增補	裴鑑
南京鍾山之岩石植物	錢崇澍
貴州唇形科植物之記載	孫雄才
廈門植物名錄	裴鑑

11. 研究之正在進行中者

南京植物誌	本部研究員
南京植物記載	裴鑑及其他研究員
中國松杉植物之研究	鄭萬鈞

48　中國科學社

中國蘭科植物之研究	錢崇澍
中國西部植物之記載	本部研究員
浙江植物之記載	本部研究員
中國石南科植物之初步觀察	方文培
中國百合科植物之研究	裴　鑑
中國東南部樹木誌略	鄭萬鈞

12. 本年度進行之工作

標本之蒐集及交換　去年，鄭萬鈞復由中華文化基金會補助，乃得再赴四川松，理，茂，懋，文，及西康之東部等處。繼續其松杉植物野外之研究。計此次在外工作七閱月，共採得標本約一千號。去年秋季，派賀賢育赴浙江寧波一帶採集，計得標本約八百號。本年春，復派賀君及陳光勳分往寧波紹興等處採集，接其最近之工作報告，謂已得數百號矣。南京之植物，由本部各職員採得者，有千餘號。凡多餘重複之標本，已次第分贈各處以資交換。此類由各研究機關交換而得之標本，約有三千餘號。故標本室所儲蓄者，總約有二萬份八千種之譜。依據在國內各處所蒐集之標本，擬先完成四川浙江等省之植物誌。惟以缺少書籍之參考及模式模本

之對照，不獲早覩厥成。此項工作之完成，須有更多之書籍及多數標本之參攷。而此種困難，在作南京植物誌時，亦常遇之。南京植物誌以需要甚亟，擬于最近一年中完成之，其有遺漏者，擬於將來增訂之。

中國植物目錄之卡片　本目錄卡片之重要，已于本所去年報告中述及。就吾儕之經驗，覺此種工作實爲任何分類學上所不可缺少者。此種卡片之工作，雖耗費時光，然本所研究員，總期其增加完全，以利研究。本年度新增加之卡片，約有一萬餘張。

13. 圖書之收藏

本所歷年以來，極努力于收藏重要文獻，每年必斥鉅款，向歐美坊間購取古昔名貴雜誌。此等雜誌，今已絕版，或惟有近年來之數卷，本所則務求其全甌無缺，以備參考。或有學會自己發刊者，則以本所出版物交換得之，其不應者，亦復籌款請購。新近之流行期刊，亦大抵先請以交換。惟必須現金購取者，乃始以現金應之。舊儲書籍，已見歷年來報告，茲將本年度所添置者，開列於次：

甲　期刊自交換而得者：

Acta Phytogeographica.

Annals of Transvaal Museum, South Africa.

Arvernia Biologica.

Natur und Museum.

Beiträge zur Naturgeschichte Ostasiens.

Bergens Museum Aarbok and Bergens Museum Aarsberetning.

Bolletino dei Musei di Zoologia e Anatomia Comparata della R. Universita di Genova.

Bulletin de la Sociéte Zoologique de France.

Bulletin de le Jardin Botanique de l'Université de Cluj.

Bulletin de l'Institut des Recherches Biologique.

Bulletin of Biological Research Institute of Perm, U. S. S. R.

Bulletin of Natural and Applied Sciences of University of Philippines.

Bulletin of Southern California Academy of

Sciences.

Bulletin of the Lloyd Library.

Contributions from the Freshwater Biological Laboratory of the University of Copenhagen.

Contribution from the Biological Laboratory of Princeton University.

Illinois Biological Monographs.

Journal of Entomology and Zoology, Pomona College.

Journal of Faculty of Science, Bot. Series, Hoppaido Imperial Univ.

Journal of Science, Iowa State College.

Journal of Science and Technology, Dominion Museum, New Zealand.

Journal of Zoological Research.

Magazine of Natural History, Museum of St. Joseph College, India

Manchester Museum, the

Memoirs d'Academie Royale des Sciences et des Lettres de Denmark.

Memoirs of Natural Museum, Melbourne, Australia.

Notizblatt des Botanischen Gartens u. Museum zu Berlin-Dahlem.

Occasional Papers of Museum of Zoology, Univ. of Michigan.

Ohio Journal of Science, Ohio State University.

Proceedings of the Natural History Society of Fukien Christ. Univ.

Proceedings of U. S. National Museum.

Publications from Museum of National History, Univ. of Illinois.

Publications from Laboratory of General Physiology, Institute of Biology, Cambridge.

Publications from the Parasitology Laboratory, Peking Union Medi. Coll.

Publications from West State College of Colorado.

Publications from the Zoological Laboratory of the University of Penn.

Publications from Zoologische Station der Univ. Helsingfors, Tvarminne, Finland.

Publications of the Dudley Herbarium, Stanford University.

Publications on Botany, University of California.

Records of the Botanical Survey of India.

Records of the Canterbury Museum.

Records of the India Museum.

Reprints on Botany, Botanical Dept., Melbourne University.

Reprints of Zoological Department, University of Edinburgh.

Scientific Bulletin of the University of Kansas.

Scientific Proceedings of Royal Dublin Society.

Senckenbergiana.

Transactions of San Diego Society of Natural History.

乙　期刊以現金購得者：

The Journal of Botany, British and Foreign.

New Phytologist, the

Transactions of the Linnean Society, Botany.

丙　書籍自交換而得者：

Chu, Y. T., Index Piscium Sinensium.

Fernald, M. L., Specific Segregations & Indentities in Some Floras of Eastern North America and the Old World.

Harmer, History of Whaling, Polyzoa.

Kin Chou Tsang, Recherches Cytologique sur la Famille des Peronosporees.

Three Thesis of Freiderich-Wihelms, University zu Berlin.

Tsen Cheng, Recherches sur la Maladie de Dégénérescence.

Weaver, C. E., Paleontology of Jurassic & Cretaceous of West Central Argentina.

Yagle, Water Exchange through Egg Membranes of Fundulus.

丁　書籍以現金購得者：

Bentham, Labiatarum Genera et Species.

Boulenger, G. A., Catalogue of the Batrachia Gradientia & Apoda.

Boulenger, G. A., Catalogue of the Batrachia Salientia.

Boulenger, G. A., Catalogue of the Chelonians, Rhynchocephalians & Crocodiles.

Boulenger, G. A., Catalogue of Freshwater Fishes of Africa in the British Museum.

Collin, R, Comptes Rendus de l'Association des Anatomistes.

Coulter, Cowles & Barns, A Textbook of Botany, vol. I-III.

De Dalle Torre et H. Harms, Genera Siphonogamarum.

De Man, Antomische Untersuchungen ueber Freilebende Nordsee Nematoden.

Endlicher, Genera Plantarum, vol. I-V.

Engler & Plantle, Die Naturlichen Pflanzenfamilien. Bd. 19a 19c.

Flower, W. H., List of the Cetacea in the Zoological Department of the British Museum.

Gerrard, E., Catalogue of the Bones of Mammalia in the Collection of the British Museum.

Gray, J. E., Catalogue of the Carnivorous, Pachydermatous & Edentate Mammalia in the British Museum.

Gray, J. E., Catalogue of the Monkeys, Lemurs & Fruit-eating Bats in the Collection of the British Museum.

Gray, J. E., Catalogue of the Ruminat Mammalia

in the British Museum.

Gray, J. E., List of the Specimens of Mammalia in the Collection of the British Museum.

Handel-Mazzetti, Symbolae Sinicae, vol. VII, pt. 2

Index to Curtis Botanical Magazine, vol. 1-127.

Index to Fedde Repertorium, vol. 11-20.

Kaup, J. J., Catalogue of the Lophobranchiate Fishes in the Collection of the British Museum.

Lemee, A., Dictionaire Descriptiff et Synonymique des Genera de Plantes Phanerogams, Tom. III.

Merrill, Plantae Elmerianae Borneenses (presented by Mr. C. Pei).

Millais, Rhododendrons and Various Hybrids, 2 vols.

Penard, E., Les Heliozoaires d'Eau Douce.

Penard, E., Les Sarcodines des Grands Lacs.

Pool, R. J., Flowers and Flowering Plants.

Reichenbach, Naturgeschichte d. Pflanzenreichs.

Sargent, Trees and Shrubs (presented by Mr. W. C. Cheng).

Schlechter, Die Orchideen.

Schulze, M., Die Orchidaceen.

Stapf, Index Londinensis, vol. I-VI.

Stein, F., Der Organismus der Infusionsthiere.

14. 儀器藥品之添置

自新舍落成，標本得以展列陳設。于是動物部添置標本陳列櫥十架，植物部又添置鋼櫃二十架，貼標本用紙千五百磅。向時蘊藏雜沓者，至是乃得稍稍分其擁擠。又以研究人員之增多，因復購新式兩用顯微鏡一架，解剖用具五十餘事。此外所添置者，皆為日常用具，計玻璃器具四百餘件，化學藥品五百磅，獵槍一枝，獵彈千發，中國植物目錄卡片櫃兩架，桌櫥椅櫈雜件，亦略有增購，稱所需要。

15. 學術機關之聯絡

本所于草創之始，即邀得許多學術機關之贊助。此良好之關聯，迄互續不斷，繼續增長。其中最為關切者，當推北

第 十 七 次 年 會 記 事

平靜生生物調查所，兩所之標本與書籍，時時交互閱覽，或相餽遺，有時且合組採集隊從事于遠征。其次則爲中央大學。本所正式職員，常兼任該大學動植物學系之教授，設課授業，以啓迪後學；而彼等自大學所得之薪給，則盡捐所中，貲爲研究之耗費。大學中之敎員與高年級學生，亦頗有入利用本所之書籍儀器標本，來所研習其所業。本所植物部之採集員，常應外界之請求，爲採集遠省各種標本，種子，苗本，以供其所需。中山陵園，中央大學及江蘇造林場，卽嘗利用此等機會者也。中央研究院自然歷史博物館，數年來輒聘此間研究人員爲學術顧問，館中執事，常用本所之文獻，來所作研究，而本所人員，間亦轉而利用該館之標本，爲研究資料，以其結果，交付該館刊印。浙江西湖博物館與四川中國西部科學院，時以標本贈本所，或予交換，或予借鑑。南開大學教授熊大仕君于去冬來所作南京水牛體內寄生之原生動物研究，此間蓋竭其所能，以輔利其工作。本所藏書，雖不能謂之繁博，要已略備幾許重要書籍，爲國內所難得，研究者所珍貴。歷年來旣頗受外界之獎助，固亦深願以其所有，公諸社會也。

外此，國外科學團體，亦頗有友善之聯絡，或交換刊物，或惠贈宏著，或借予標本，或慨為示範，若英倫自然歷史博物館，巴黎博物院，美國自然歷史博物館，合衆國國立博物院，野外博物館等，其尤著者也。

16. 本所部份之遷移

滬戰既起，舉國騷然，顧本所人員，猶于鼙鼓聲中，努力常持其研究工作不懈。自十九路軍撤退防線，京滬線遂受壓迫，南京且曾一度受砲艦之轟擊。本所鑑于東方圖書館，商務印書館之被燬，江灣吳淞各校之焚圮，知敵軍之專于毀害吾國文化機關也，履霜堅冰，不能不早為之所，遂決意將重要之文書標本及貴重儀器，運往上海科學社總社中以求平安。雖知託庇租界，同為可恥，然較之文物盡燬，竟失寶藏，則又此善于彼。乃于職員捐款中，分支幾許，以給運輸之所需。今則研究人員，已在上海照常工作，採集者亦仍照常首途進行矣。顧自抵滬以來，敵機旦夕驕馳于天宇，吾人仰首即是敵蹤，目擊耳聞，能無感憤，知非努力莫以自存，用是益自奮發，以期略有成就，自慰于萬一。至于南京本所，則仍留有幾許人員以保管所中書物及此他不能移動之資產。

吾儕深望國事敉平，早驅夷虜于海外，庶幾返歸故居，奮厲于所業，追隨英勇將士之後塵，發揚吾國榮光于世界。

所長秉志　二十一年八月

四. 圖書館報告
（二十年八月至廿一年七月）

金價高昂，社費拮据，卽繼續訂購舊定雜誌猶虞不足，應添置之需要甚切之工藝用書及民衆科學用書，更無法購置。又自圖書分置京滬二館以來，日常事務增加，生物論文擴充贈閱及交換名單後，所收到之期刊種類及關于交換印刷品之函件亦日益加多。預計一二年內館員亦須添加（現在滬館二人京館一人）。經濟窘迫如此，而書籍雜誌費及其他費用又非增不可。望吾社友早日設法籌款，以免臨渴掘井之患。茲將本期內要事分別述之如下：

（一）關于書籍者　京館添置西文生物書籍53冊，接到國文書籍18冊，雜誌裝訂成册者101冊。滬館接到西書134冊（大半爲社員存入），中書2770冊，雜誌裝訂成册者475冊，共計西書763冊，中書2788冊。

周美權先生捐鉛版圖書集成1618冊，其他中書54種計938冊，又舊小說28種約150冊，書此誌謝。本館所藏中書，大半現已登記幷已分類製片矣。

（二）關于雜誌者　京館共接到定購各國雜誌52種，外國

文交換雜誌約160種，國文雜誌約50種，裝訂雜誌101冊。滬館接到定購各國雜誌92種，交換外國文雜誌約50種，國文雜誌約100種。二十年四月至二十一年七月共裝訂雜誌564冊，五年來共裝訂雜誌約3000冊。

本期內增購雜誌七種，茲列舉之：

(1) Annals and Magazine of Natural History

(2) Archives de Zoologie experimentale et generale

(3) Archiv für Protistenkunde

(4) Zoologischer Anzeiger

(5) The Journal of Botany, British & Foreign

(6) The New Phytologist

(7) Transactions of the Linnean Society, Botany

所接到之單行本卡片目錄在打製中。

(三)關于日報者 美國紐約時報及其索引仍繼續訂購。大陸報已停購，現定上海字林西報。滬館仍備有申報新聞報時事新報及時報。

民國日報于廿一年一月廿五日停止出版。

從廿一年七月二日起承上海晨報館惠贈晨報一份，特此

誌謝。

(四)新交換出版品機關　生物論文贈閱及交換名單自二十年擴充以來，仍時有增減。寄動植物論文者現有334處，專寄動物論文者190處，專寄植物論文者131處，合計655處。本期內允交換之期刊又增多，擇其緊要者列舉如下。

1. Ohio State University, U. S. A. Ohio Journal of Science
2. University of California, U. S. A. Publications on Botany
3. Pomona College, U. S. A. Journal of Entomology and Zoology
4. The Stanford University, U. S. A. (1) Publications of the Dudley Herbarium. (2) University publications on biological sciences
5. University of Oregon, U. S. A. (1) Publications on geology (2) on mathematics (3) on physical education (4) on plant biology (5) on psychology

6. Southern California Academy of Sciences, U. S. A. Bulletin

7. Professor H. B. Ward, Department of Zoology, University of Illinois, U. S. A. Reprints

8. Vermont Agricultural Experiment Station, U. S. A. Bulletins

9. Washington University, U. S. A. Monographs

10. Senckenbergische Bibliothek, Germany. (1) Senckenbergiana (2) Natur und Museum

11. Universitäts-Bibliothek, Leipzig, Germany. Dissertations

12. Academie Royale des Sciences et des Lettres, Denmark. Memoirs

13. University of Warsaw, Poland. Reprints of Stefan Kopéc

14. Zoologische Station der Universität Helsingfors, Tvarminne, Finland. Publications

15. The Royal Horticultural Society, England,

Journal
16. Zoological Department, University of Edinburgh, Scotland. Reprints
17. Biological Research Institute of Perm, U. S. S. R. Bulletin
18. Dominion Museum, Wellington, New Zealand. Journal of Science and Technology
19. Zoological Gardens, Melbourne, Australia. Annual Report of the Royal Zoological and Acclimatisation Society of Victoria
20. Botanical Department, Melbourne University, Victoria, Australia. Reprints
21. Natural History Museum of St. Josephs College, Trichinopoly, India. The Magazine
22. St. John's University, Shanghai. Biological Bulletins
23. The Natural History Society of Fukien Christian University. Proceedings

第十七次年會記事

24. 中央研究院化學研究所集刊

外國文刊物現由交換而得者，京滬兩館共有 212 種，此數尚不及接到本社印刷品之機關數三分之一，預料于一二年內續有增加。

國文雜誌概由交換而得，其數亦日增。惟自廿年九一八東三省事變及廿一年一月廿八日上海戰事以來，凡東三省及上海商務印書館所出版之期刊均暫不收到。現在京滬二館共收到國文雜誌約 150 種。

(五)圖書統計　本館現有書籍雜誌冊數如下：

書籍雜誌總數	37855
(一)書籍總數	20939
(1)國文書籍　6464	
(2)西文書籍　14284	
本館所有者　5285	
國際交換書籍存本館者　7547	
社員寄存者　1452	
(3)日文書籍　191	
(二)雜誌總數	16916

| 68 | 中　國　科　學　社 | |

(1) 國文雜誌　　　　6037

(2) 西文雜誌　　　　10279（因裝訂減少）

(3) 日文雜誌　　　　605（因裝訂減少）

國文書籍本期內增加2788冊，西文及日文書籍因裝訂成冊之雜誌作書籍算故亦增加，實則本期內所購置之書籍不過50冊耳（大半屬于生物學的）。

六．圖書雜誌費收支狀況

收入	國幣(元)	美金(元)	法郎	馬克	英磅
前存	——	29.43	1780.70	——	——
會計交來	13.50	1312.48	——	——	172-8-0
利息	——	1.12	97.76	——	——
總計	13.50	1343.03	1878.46	——	172-8-0

支出

G.E. Stechert, Leipzig		641.85			
H.W. Wilson Co.		51.18			
Elliot Stock					170-0-0
Thomas Murby & Co.					0-15-0
Gauthier-Villars et Cie.			630		

第十七次年會記事

G.E. Stechert, N.Y.C. 150.00

Moore-Cottrell 500.00

日本 化學總覽 13.50（合Y.8.74）

International Booksellers Ltd., Shanghai   1-13-0

總計   13.50   1343.03   630.00 — 172-8-0

結存 — — 1248.46

中華教育文化基金董事會補助費項下本期圖書雜誌費收支狀況如下：

	國幣(元)	美金(元)	法郎	馬克	英磅
上期結存	—	—	14.35	—	85-18-1
上期結欠	—	489.41	—	—	—
本期收入	616.81	338.45	195.00	313.95	41-18-9
動物部購書4種及雜誌	436.97	69.45	—	147.00	9-0-2
植物部購書12種及雜誌	179.84	19.00	—	166.95	52-1-6
支出總計	616.81	88.45	—	313.95	61-1-8
結存	—	—	209.35	—	66-15-2

70　中　國　科　學　社

(存 Jaques Lechevalier)
(存 Elliot Stock 63-11-1, Dulou 1-18-0, International Booksellers, Ltd., 1-6-1)

結欠　——　239.41（欠 Stechert, N.Y.C.）——

International Booksellers, Ltd., 1-6-1

（七）館舍及辦事情形　滬館雜誌室在樓下而閱書室在樓上，開覽時間館員一人不能兼顧，況閱覽者每日祗二十人左右，故閱書者及閱雜誌者事實上亦不必分坐二室，故多種雜誌已于廿年冬移置樓上閱書室矣。除星期一外，每日下午開覽四小時暑天亦不間斷。惟以時局關係自廿一年二月中旬至三月廿一日停覽。

館員孫君香亭忽中疗毒，于廿年十二月廿四日在滬逝世。孫君服務本館已逾十年，工作勤慎，早年長逝，殊可惋惜。

滬館雜誌登記及收發，自廿一年一月起由王君復初担任，其餘事務由于君星海及敏行分任。京館事務由蔣君逸羣担任。

圖書館主任路敏行
二十一年八月

五．編輯部報告

一年來本部共編「科學」十二期，即自十五卷九期至十六卷八期，計共1942頁，內中論文92篇，共1511頁，投稿者73人，社員22人投27篇共452頁，佔論文總頁數之29.91%；非社員51人投65篇，共1059頁，佔論文總頁數之70.09%，論文篇數與頁數最多者為化學，計19篇，309頁，最少者為生理，1篇，17頁，詳「科學內容統計表」。（插圖35面，未列入本文頁數）。

自廿年八月初至廿一年七月底，共收稿件128篇，不登者寄還，餘稿甚感缺乏，三年來社員投稿數量遠遜非社員，茲列表比較于次：

年　月	論文投寄人數		論文篇數	論文頁數		佔論文總頁數之%	
	社員	非社員		社員投	非社員投	社員投	非社員投
十八年九月至十九年八月	32	44	101	674	862	43.80	56.20
十九年九月至二十年八月	24	39	82	521	793	39.65	60.35
二十年九月至二十一年八月	22	51	92	452	1059	29.91	70.09

中國科學社

本部對於科學內容，曾詳細討論，有下列數點之意見，望諸社友多投此類稿件。

(一)科學材料，應取合于中學教員及大學學生閱讀之作。

(二)每期中應有現代各種科學狀況之論文。

(三)宜多登本國各種工業之攝影。

(四)對于國內各種科學現狀，宜特別注意。

(五)應逐漸增加書評，及重要雜誌摘要之材料。

(六)增加關于科學教育之記載。

本部為檢查以前科學便利起見，編輯「首十五卷科學總索引」，已由中國科學圖書儀器公司出版。

編輯部主任王璡　二十一年八月

科學內容統計表（二十年九月至二十一年八月）

卷期	化學	算學	物理	生物	地學	農林	氣象	醫藥	通論	工程	傳記	社會科學	人學	天文	生理衛生	雜組	自修課程	科學新聞	科學名詞	科學譯詞	附錄	頁數
15-9	20	19	31	22			29						20			7	14	10	13	1		187
15-10	12	15	10	17			31										10	9	12	1		186
15-11	17	36		20		23		14						19		21	11	9	7	2	1	163
15-12	38	45	10	23		9				29						10	5	9	2			156
16-1	26	51	25	9		25			13		7				17	9	7	3				162
16-2	38	13	18	42		9		54			17	22				7	6	4				175
16-3	33	14	32	29			20		10						15	17	9	4	3			168
16-4	15	15		15												7	6	15	4	24		171
16-5	36	20	25	19		15	19		12						15	15	8	6		21		179
16-6	40	42	7	17					8							8	6	10	3	12	2	154
16-7	18	22	6	6												6	6		3			124
16-8	16	6	20	20		43										7	5		3		2	120
頁數	309	298	184	161	109	109	99	68	43	29	24	22	20	19	17	123	102	77	60	57	4	1942
篇數	19	17	13	10	6	7	6	3	4	1	1	1	1	1	1	17			6		2	
占總頁數之百分數	15.91	15.35	9.47	8.29	5.61	5.61	5.09	3.50	2.21	1.49	1.28	1.13	1.03	0.98	0.88	6.33	5.25	3.96	3.09	2.93	0.31	0.20 0.10 100%

SCIENCE SOCIETY OF CHINA
(AMERICAN BRANCH)
THIRD ANNUAL MEETING
WALKER MEMORIAL HALL
MASSACHUSETTS INSTITUTE OF TECHNOLOGY,
CAMBRIDGE, MASSACHUSETTS
August 29-31, 1932
PROGRAM

Monday, August 29

9:00 A.M. REGISTRATION   Lobby, Walker Memorial Hall.

10:30 A.M. BUSINESS MEETING: Faculty Room, Walker Memorial Hall.

2:00 P.M. VISITING M.I.T. AND HARVARD: Visiting the Physical, Chemical and Biological laboratories of M.I.T. and Harvard: Meet at the Lobby of Walker Memorial.

6:30 P.M. DINNER AND SOCIAL: The Grill Room of Walker Memorial Hall; Prof. G. H. Parker, Director of the Zoological Laboratories of Harvard will address the members of the Society.

AMERICAN BRANCH

Tuesday, August 30

9:30 A.M. PRESENTATION OF SCIENTIFIC PAPERS: Faculty Room, Walker Memorial Hall. Dr. C. K. Jen presiding.

1. The chemical and potentiometric investigation of free radicals—Dr. B. F. Chow, Harvard

2. The law of organic growth—Mr. E. V. Enzmann, Harvard

3. Determination of specific heat by the calibrated heat conduction method—Mr. S. C. Hsiung, Johns Hopkins

4. Rhythmic Consumption of Oxygen By the Eggs of Arbacia During Cleavage—Dr. P. S. Tang, Harvard

5. The continuous electron affinity spectrum of hydrogen—Dr. C. K. Jen, Harvard

2:00 P.M. "RECENT ADVANCES" TALKS: Faculty Dining Room, Walker Memorial Hall. Dr. P. S. Tang presiding.

1. Recent advances in the statistical study of Chinese agricultural economy—Mr. A. Kaiming Chiu, Harvard

2. Recent advances in Physics—Mr. T. C. Chow, Princeton

3. Recent advances in physico-organic chemistry—Dr. B. F. Chow, Harvard

THE REPORT OF THE THIRD ANNUAL MEETING 3

8:00 P.M. SYMPOSIUM: Faculty Room, Walker Memorial Hall. Dr. Y. R. Chao presiding. Subject: SCIENTIFIC RESEARCHES IN CHINA: A PROGRAM FOR THE NEXT 25 YEARS

Wednesday, August 31

OBSERVATION OF THE 1932 SOLAR ECLIPSE: Time and place to be announced.

MEMBERS OF THE EXECUTIVE COMMITTEE:
- P. S. Tang, Chairman
- C. K. Jen, In charge of the solar eclipse excursion and scientific papers
- B. F. Chow, In charge of registration and acting secretary-treasurer
- P. H. Wang, In charge of living accommodations

4 AMERICAN BRANCH

The President,
Science Society of China,
Nanking, China.
Dear Sir;

The undersigned hereby cordially submit to you the report of the third annual meeting of the American branch of the Society, which was held in Cambridge, Aug. 29-31, 1932.

The head quarters were in the Walker Memorial Hall of the Mass. Institute of Technology, Cambridge, Mass. The morning of the first day was devoted to registration and business meeting. There were 12 persons registered, and they came from such Universities as Johns Hopkins, Cornell, M.I.T, Harvard, and Columbia. Dr. and Mrs. Y. R. Chao of Washington D. C. were also registered.

The business meeting was held in the Faculty Lounge of Walker Memorial Hall 11:00 a.m. Dr. Y. R. Chao, Director of the Chinese Educational Mission and member of the Board of Directors of the Society was asked to preside. An election committee was chosen including Mr. Y. C. Hui of Cornell, Dr. Y. R. Chao, and Dr. Pei-sung Tang. They were authorized to nominate three candidates for each of the following posts: President, Secretary, and Treasurer, of the American Branch. It was also agreed that any 5 members of the society can add to the list of candidates one or more candidates in addition to those nominated by the committee. Dr. Chao was elected Chairman of the committee and will take charge of the election. It was also agreed

THE REPORT OF THE THIRD ANNUAL MEETING

upon that the Initiation fee for the American Branch should be $2.50 and Annual dues, $1.50, gold, of which the equivalent of $10.00 and $5.00 Mex., respectively, was to be remitted to the Home Society and the excess to be retained for expenses of the American Branch. The business meeting was adjourned.

The afternoon was spent visiting the laboratories of M.I.T. and Harvard. At M.I.T., the recently completed Eastman Laboratory was visited, and the members were especially interested in the Spectroscopy Room which is unique in design. At Harvard, the University Museum was visited, and the Ware collection of glass flowers was admired. Dr. Bacon Chow, Research Assistant in Chemistry at Harvard, conducted the group through the Chemical Laboratories at Harvard and explained the apparutus and researches in detail. Dr. Pei-sung Tang, Instructor in General Physiology at Harvard then led the group through the Physiology Department.

An informal dinner and social were held that evening at 6:30, in the Grill room of Walker Memorial Hall. Prof. G. H. Parker, Director of the Zoological Laboratories at Harvard addressed the gathering of 25 members and guests. After the address, Dr. Y. R. Chao kindly consented to give an impromptu talk on Chinese music, illustrated with many songs which were sung by a trio consisting of Dr. Chao and his two daughters.

The second day of the meeting was entirely devoted to scientific discussions. The morning session was devoted to the reading of scientific papers of which there were 12, much more than we anticipated. Those papers which were read in full are: The chemical and potentiometric investigation of free radicals—Dr. B. F. Chow, Harvard; The Law of Organic growth—Mr. Enzmann, Harvard; The determination of specific heat by the calibrated heat conduction method—Mr. S. C. Hsiung, Johns Hopkins; Rhythmic consumption of Oxygen by Arbacia eggs during cleavage—Dr. Pei-sung Tang, Harvard; The continuous electron affinity spectrum of hydrogen—Dr. C. K. Jen, Harvard; Gonorrhea and the eye—Dr. Eugene Chan, Johns Hopkins. Those papers which were read in part are: Concerning analytic functions in space—S. P. Chow, Michigan; The reinforced brick work—W. P. Lei, Mich.; Design of Tridite plant—T. Li and K. C. Li, Mich.; Air resistance of automobile bodies—Robert Suez and coworkers. The study of Spectral terms of negative and positive ions; Eigen value problem with two unequal minima in the potential field—both papers by T. Y. Wu, Mich. Many of these papers are not to be published by the expressed wish of the authors, while there are a few which will be sent to the Society later for publication. The Session was presided by Dr. C. K. Jen.

The afternoon was devoted to a series of talks on the recent advances in the various fields of science. Mr. A. Kaiming Chiu, Librarian of the Chinese Library at Harvard, gave the recent advance in the statistical study of Chinese agricultural economy. Dr. T. C. Chow of Princeton gave a talk on the recent advances in physics, and Dr. B. F. Chow of Harvard gave a talk on the recent advances in physico-organic chemistry. Dr. P. S. Tang presided.

THE REPORT OF THE THIRD ANNUAL MEETING 7

The evening was devoted to a round table discussion of the scientific researches in China. Dr. Y. R. Chao presided. A very lively and interesting discussion was maintained for two hours, and a set of resolutions were adopted, which will be submitted separately by Dr. Jen who acted as secretary.

The formal part of the meeting ended with the evening discussion, and the third day was entirely devoted to the viewing of the 1932 solar eclipse.

After making repeated trips to all the New England States, Dr. C. K. Jen, who was in charge of the solar eclipse excursion, finally decided to lead the group to Gloucester, Mass. to see the grand spectacle. The party started at 11 a.m. and reached the destination 2 hours before the event was to take place. The party was rewarded by a very clear view of the eclipse, and many pictures were taken by the members of the society. Many interesting observations were claimed to have been observed by members of the party, and a very lively discussion of the reality and significance of the observations took place which would have kept the party in Gloucester over-night if it were not for the anxiety of the lady-members to go home. This marked the climax and the end of the third Annual Meeting of the American Branch of the Science Society of China.

From every point of view the meeting was a great success. The spirit of the members is that of close cooperation and comeradship. The number as well as the contents of the papers are very encouraging. There is no reason to doubt that out of these meetings, a sense

AMERICAN BRANCH

of close cooperation among the scientific men of China will develop into great heights. It is our earnest hope that the annual meetings of the future will be even more successful than this one, and that the Science Society of China as a whole will flourish forever.

The results of the election will be reported by Dr. Y. R. Chao later.

The financial report will be compiled by Dr. B.F. Chow separately.

Dr. Jen will transmit to the Society the resolutions made by the members attending the meeting.

Before we conclude, we wish to extend to the following Institutions our sincere gratitude. It is only with their help and cooperation that the meeting was made a success:

The Chinese Educational Mission, Washington D.C.—Dr. Y. R. Chao and his assistants.

The Mass. Institute of Technology—especially the staff at the Walker Memorial Hall.

Very respectively yours
The Executive Committee,
3rd. Annual Meeting of the
Science Soc. of China, Amer. Branch.
Pei-sung Tang, Chairman (signed)
C. K. Jen (signed)
Bacon F. Chow (signed)
P. H. Wang (signed)

THE REPORT OF THE THIRD ANNUAL MEETING 9

表決議案

年會中第二日(八月三十日)晚，假麻工 Walker Memorial 開討論會，由趙元任先生主席，任之恭君臨時書記，出席者共有十四人。討論之餘，通過下列四議案：

（1）建議總社由本社邀約各種專門科學機關組織各種科學名辭委員會審定各種科學名辭及其推行辦法之計劃（提議者：裴開明君）

（2）建議總社由明復圖書館發起調查國內各機關已有各國科學雜誌名目起迄時期並在「科學」月刊中於每年六月或十二月號發表之（提議者：裴開明君）

（3）建議總社設立專部或專員負責調查中國科學人材並繼續存備履歷表（提議者：周同慶君）

（4）建議總社作全國各門研究事業現狀之調查，並注意何處有重複何處闕漏，及何處有分工合作之情形（提議者：趙元任君）

上列四案旣經年會通過，本籌備委員會現以美國分會名義，正式向中國總會提出原案請其設法辦理，並於最近時內，通告美國關於各案進行情形。

AMERICAN BRANCH

> 1360 Madison Street, N. W.
> Washington, D. C.
> October 14, 1932.

Dear Fellow Members:

We beg to announce the results of the election of 1932-33 officers as follows:

Chairman:	Dr. Pei Sung Tang	17 votes
	Dr. Bacon Field Chow	2 votes
	Dr. Chih Kung Jen	8 votes
Secretary:	Dr. Chih Kung Jen	17 votes
	Sherman R. Wang	7 votes
	Ting Ping Chao	3 votes
Treasurer:	Dr. Bacon Field Chow	16 votes
	Sherchin C. Hsiung	5 votes
	Pao Ho Wang	6 votes

Dr. Tang is therefore elected Chairman; Dr. Jen is therefore elected Secretary; and Dr. Chow is therefore elected Treasurer.

Faithfully yours,

Election Committee
Y. R. Chao, P. S. Tang, C. Y. Hui

中國科學社第十八次年會紀事錄

附美國分社年會紀事錄

目 次

年會紀事……………………………………… 1
社員提議案件………………………………… 28
各部報告
　總幹事報告……………………………… 36
　會計報告………………………………… 45
　生物研究所報告………………………… 62
　圖書館報告……………………………… 81
　編輯部報告……………………………… 89
川中各日報之時論…………………………… 91
歡迎電報……………………………………… 100
年會中所見之標語…………………………… 102
美國分社年會紀事錄………………………… 105

中國科學社

第十八次年會紀事錄

本社第十八次年會，于二十二年八月十六日至二十一日在四川重慶舉行。閉會後并赴成都峨嵋等處遊覽考察。年會職員如下：

年會名譽會長　劉　湘

年會委員會　　盧作孚（會　長）曾　義（祕　書）季叔平
　　　　　　　（會　計）胡先驌　何　魯　段調元　傅有周
　　　　　　　任鴻雋　溫嗣康　曾德鈺　楊孝述

論文委員會　　秉　志（委員長）竺可楨　翁文灝　饒育泰
　　　　　　　王　璡　鍾心煊　張　雲

會程委員會　　周　仁（委員長）吳有訓　胡剛復　錢崇澍
　　　　　　　盧于道　丁燮林　何德奎

招待委員會　　甘典夔（委員長）何北衡（副委員長）張德敷
　　　　　　　鄭獻徵　傅有周　段調元　何文俊

交際委員會　　張表方（委員長）溫嗣康（副委員長）吳蜀奇
　　　　　　　陳學池　劉航琛　楊懋實　裴　鑑

2　中　國　科　學　社

演講委員會　何　魯（委員長）竇維廉　稅西恆　周君道
　　　　　　王　璡　胡先驌　徐乃仁

　　本屆年會，經各委員會長時間之籌備，尤以四川社友之努力，川省軍政當局與社會人士之熱忱贊助，得以成功，且為空前之盛舉。各地赴會社員於八月四日集中上海，乘民生實業公司特派年會專輪民貴號出發。沿途在南京，大冶，漢口，宜昌，夔府，萬縣，酆都各埠停靠，上岸遊覽，南京漢口兩埠均有社員加入赴會。大冶鐵廠，武漢大學，萬縣王方舟師長及各機關，酆都縣政府及各機關或招待參觀或設筵歡迎至為可感。于八月十五日下午五時抵重慶。民貴輪設備整潔，招待周到，同人雖苦氣候酷熱而仍不減長途旅行之樂。此次會期旣長，開會地點亦多。會員下榻之處，先後計有重慶巴縣中學，溫泉公園，重慶青年會，內江沱江中學，成都華西大學等處，莫不設備周至，交通方面亦處置適宜，使同人咸有賓至如歸之樂。招待人員之努力辛勞，尤使同人感激不已。開會期內承重慶成都以及沿途各地之各機關各團體設筵款待，慇勤指導，其熱心盛意，在在使同人感奮。年會會程如次：

第十八次年會記事

八月十六日（星期三）

上午九時　開始註册（巴縣中學）

下午六時　劉澄甫督辦歡宴（陶園）

八月十七日（星期四）

上午九時　正式開會

社長致開會辭　來賓演說　社員演說　（共立師校大禮堂）

下午四時　公開演講（共立師校　重慶市商會　重慶青年會三處）

六時　重慶全市五十餘團體公宴（適中花園）

八月十八日（星期五）

上午八時　出發赴溫泉公園十一時到

下午一時　遊憩並入浴

四時　第一次社務會（溫泉公園臨時大禮堂）

七時　社友交誼會

八月十九日（星期六）

上午八時　赴縉雲山遊覽十一時到

下午二時　第二次社務會（縉雲寺大講堂）

中國科學社

五時　赴夏溪口參觀運河及鐵道

七時　返溫泉社友交誼會

　　　八月二十日（星期日）

上午八時　宣讀論文（溫泉公園）

十二時　到北碚參觀模範建設事業

下午四時　公開演講（北碚露天會場）

五時　參觀北川鐵路

七時　回溫泉

　　　八月二十一日（星期一）

上午八時　自溫泉公園返重慶

十二時　重慶大學，四川鄉村建設學院，川東共立師範公宴（永年春）

下午二時　參觀銅元局，中心農場，自來水廠

六時　年會宴會（適中花園）

二十二日上午七時　由重慶出發赴成都

　　　　下午七時　沱江縣長歡宴

二十三日上午七時　由內江出發

　　　　下午　成都各機關團體在城外武廟開歡迎會

第十八次年會記事

二十四日中午華西大學歡宴（華大理學院）

　　　下午六時　　成都各機關團體聯合歡宴

二十五日中午四川大學歡宴（大學大禮堂）

　　　下午四時　　公開演講（春熙舞台，四川大學）

　　　七時　　劉澄甫督辦歡宴（俞園）

二十六日上午赴新都廣漢二縣參觀

　　　中午　　陳靜珊師長歡宴（廣漢公園）

　　　下午七時　　田頌堯鄧錫候楊森劉存厚四軍長公宴（俞園）

二十七日晚　　四川大學華西大學開話別會（華大）

二十八日　　出發赴嘉定

三十日　　抵峨嵋縣

三十一日　　上峨嵋山九月二日下山

九月五日返重慶，年會閉會。

本年年會到會社友共計一百十八人，又省外來賓三十二人，姓名列下：

　　甘典夔　黃元貢　楊　芳　曹玉冰　鄧永齡　張精一
　　唐建章　羅淑斌　鄭奠歐　柯堯放　曾自强　熊春膏
　　涂承繼　費宗之　羅伯剛　何應樞　王國源　唐世承

6　中　國　科　學　社

林　恕	白美勳	任錫朋	連鼎祥	馮永年	羅紹杰
鄭獻徵	丁秀君	漆公毅	楊達權	唐子謙	羅竟忠
羅世襄	王嘉猷	顧鶴皋	袁樹聲	張國權	李蠹儀
周君適	曾健民	左紹先	喻正衡	岳尙忠	羅業廣
汪敷昇	王介祺	張儉如	朱世通	司子和	王德熙
郭谷初	劉伯量	曹伯禹	陳行可	李之郁	熊學慧
賈志欽	李世希	金初銳	胡家榮	楊世才	唐幼峯
胡學淵	曾廣銘	徐修平	陳思明	沈問梅	黃次咸
王季剛	劉嘯松	劉文章	柳高藹鴻	黃鈺生	張洪沅
楊紹曾	丁　佶	葛成慧	張鴻基	周子競	陳燕山
李永振	葛綏成	許植方	秉農山	唐　鉞	顧鼎梅
周榕仙	張凌高	馬壽徵	盧于道	徐乃仁	楊允中
葉善定	胡剛復	劉夢錫	胡博淵	王季梁	馬心儀
劉恩蘭	裴　鑑	戴芳瀾	郭鳳鳴	方文培	孫昌克
丁巽甫	何德奎	伍連德	李振翩	張湘文	胡步曾
朱昌亞	杜長明	盛紹章	陳邦傑	陶　英	歐世璜
區國著	張道宏	陳宗螢	曾吉夫		
省外來賓	柳無忌	黃鈺生夫人	張洪沅夫人		張端珍

第十八次年會記事

女士 于吟詹女士 柳大綱 沈叔逵 盧于道夫人 徐南驥夫人 楊允中夫人 楊姮彩女士 朱振鈞 裴玉芬女士 陳邦傑夫人 陶英夫人 李正蒙 賀劍英女士 傅耀誠 許萱伯 楊臣勳 曾吉夫夫人 楊臣華

年會第一日,八月十七日

上午九時在重慶川東共立師範學校大禮堂舉行年會開幕典禮。出席社員一百十餘人。各機關代表到會者有劉督辦代表甘典夔,市商會代表溫少鶴,重慶大學代表李乃堯,川江航務處長何北衡,峽防局長盧作孚以及速記張邦永,新聞記者各界來賓共二百餘人。由重慶社友會理事長何魯主席,行禮如儀。

社長王璡致開會辭 中國科學社第十八屆年會,于本月十七日午前,在川師大禮堂舉行,到會者百數十人,濟濟一堂,極一時之盛,午前十時,正式開會,先由王季梁社長致開會辭云,

各位來賓,各位社友。今天中國科學社在重慶開第十八屆年會,蒙廿一軍軍部及重慶各機關代表到此贊助,同人等覺得十分榮幸。中國科學社成立,差不多二十年了。在此二

8　　　中　國　科　學　社

十年之間，雖遇到很多的困難，我們總是繼續步步的進行。并不敢說對于社會國家有多少貢獻，或有甚麼成績。今天趁此開幕的機會，不過對諸君簡略的報告本社的主旨及其希望。我們知道一個國家，一個社會，要找出路，就要向科學方面去尋。所以有許多同志在留美的時候，就覺得科學的緊要，即組織了這個科學社。開辦的時候，目的雖然很大，但是仍要從小地方作起。我們覺得有三點要注意的。

第一點，要注意研究。因為科學不是光喊口號，光講空話就行了的。從前那樣作了幾十年，一點沒有成效。所以我們要實際研究，抱定研究的目的去工作，實事求是，先從小規模作起。最初就辦一個生物研究所。并不說生物特別重要，不過因為生物有地方性，中國地大物博，有許多東西是世界各國沒有的。我們研究生物，取材容易，又可引起興趣。研究得了結果，在國際上很可以提高我們科學的地位。我們作這種研究的工作，曾蒙許多人士的贊助，許多學者都有深刻的研究，所以結果很好。這一方面的研究，現在比較有頭緒了，建築已經弄好，設備也還完全，不過這是小規模的研究，希望將來還有大規模的研究。

第十八次年會記事

第二點，就是希望普及科學的知識。若是科學家只在研究室裏面工作，傳不到社會上去，卽有心得，也不能利用厚生，所以應該要推行到社會上去。于是我們就作了幾件事，頭一個就是辦科學雜誌，諸君必定看見了。凡是研究得有價值的知識，及普通人應該知道的都放在裏面。希望各位對于此事，將來多多指教。不過單靠這個雜誌，還是不能普及一般民衆，所以在雜誌之外，又辦了一個科學畫報。因爲要使人人都了解科學，文字是不夠的，要拿實在的物體跟他看，但是試驗室又不容易辦到。所以用圖畫，一方面可以補救設備之不足，一方面又可以引起兒童和一般民衆的注意。今天帶得有些畫報來，希望各位與以批評指教。

第三點，聯絡各界幷引起科學的興味。我們從前是注重教育，所以有科學教育委員會和圖書館。現在相對實業家有點貢獻，所以在科學雜誌內，有一個諮詢欄，希望各位社友齊擔負這個責任的。近二十年來我們兢兢業業盡力的工作，不敢說有甚麼成績，不過總是認定方向走去，繼續進行。現在到了四川，四川地大物博，很可以作些工作，遇有困難的還要請重慶社友及各位來賓指教。

10　　中　國　科　學　社

劉甫澄督辦代表甘績鏞演說詞　今天是中國科學社第十八屆年會開幕之日，劉督辦因公在省，不能親臨，令本人代表參加，敬致歡迎之忱。個人學識淺薄，對於科學無深刻之研究，未便有所措詞。不過把歡迎之意，及希望之點，簡單報告。世界文明，科學競勝，在國際上非科學不能救亡。所幸十餘年來，中國科學社同人，盡心研究，努力著述，故有今日之成績。比之各國，未遑多讓。將來更進一步，中國科學駕而上之，亦非不可能者。科學之關係，旣是這樣重要。中國科學社諸君，遠道來到偏僻的四川，舉行年會，我們非常歡迎，我們的希望亦甚大。科學萬能，人人爭道，不過一說科學就完了。爲甚麼緣故呢？就四川說，四川號稱天府，蘊藏很富。年來多故，人民瘠苦。若欲挽救，惟有開發實業，利用厚生。四川動植物及地質方面，各種礦產，所在皆是。不過言及實業，卽有許多難題。如四川的農產絲糖綿粟茶桐油皆頗豐富，現在說要改良，很不容易。又如煤鐵等等之抵制舶來品，亦不容易。必用科學專門人才，方可能解決種種困難問題。劉督辦近來對於農工礦方面，雖有規劃。但限于環境，缺于人才，尙少實施。現在四川有統一之望，希望

第十八次年會記事

貴社社友有以成全之，此希望於貴社者一也。再就教育言。教育為立國之根本，尤其是科學教育實關重要。近來許多人鑒于科學教育之失敗，主張改良。二十一軍亦很想以職業教育為標準，以農工商業為單位。但推行未久，收效未宏，方法是否適當，未敢臆定。究竟教育應如何改革推行，職業教育應從何處入手，科學教育秩序應如何規定，種種問題，希望貴社諸君切實指教。二十一軍數年前創辦重慶大學預科，去年何奎垣先生回川，始設本科，與夫四川鄉村建設學院，均係草創，缺陷在所不免，亦待指教。此希望貴社者二也。就軍事說，世當戰爭的勝負，皆以科學程度之優劣為準。必要科學，必要武力科學化，乃能戰勝救亡。希望貴社諸君將科學知識，入輸軍人腦筋，不但使能應用科學方法作戰，以制强敵，并望使軍人以科學發展各種實業，化消耗為生產，使人民利賴，財源增益，一舉而數善兼備。此希望于貴社者三也。以上三端，非科學專家不能辦，故請切實指導，對症下藥。國家人民，均受其益矣。

社友溫少鶴代表重慶社友會及重慶市商會致詞　略謂川省土產豐富而商業蕭條。重慶為西北工商業中心，對於開發

富源，救濟全川商業，所負責任極大。如何調查研究，希望科學社同人加以指導。

重慶大學代表李乃堯致詞　略謂四川交通不便，人才缺乏，雖稱天府之國，而生產猶未整理出來，在人種上說，青年少氣概，體魄亦不健。物質上與人種上之問題，均須賴教育與科學之力量以挽救。此係重慶大學之責任。此次貴社來此開會，實予重大以極好機會，希望指導與合作。

社友秉志演說略謂同人此次來川，不是遊歷性質，而是研究性質。川省人士及川省當局，向來對於學術機關來川採集調查，必予以種種便利。故同人來川開會，想望已久。往年任叔永先生發起調查團，入川做科學工作。不過大團體入川，至今天方才實現。彼此希望亦至今天方才接近。承蒙貴省熱烈招待，同人定當效一得之愚。

最後由招待委員長何北衡報告，籌備赴成都情形。禮畢攝影散會，已正午十二時矣。

下午四時公開演講，同時分三處舉行。第一處在青年會，伍連德博士講「生活，健康與財富」女社員馬心儀博士講「植物與人生」。第二處在總商會，胡步曾博士講「四川農村

第十八次年會記事

經濟復興問題之討論」。第三處在川東師範學校，秉農山博士講「生物與科學教育」。每處聽講者各有五六百人，極形踴躍。川中人士對於科學之興舊，於此可見一斑。各人演講詞詳本刊年會演講之部。

下午七時由全市五十餘團體在適中花園歡宴全體社員及來賓。甘典夔主席致歡迎詞，王季梁答謝。

年會第二日，八月十八日

上午十時全體社員來賓由重慶乘民生公司"民福"專輪，上溯嘉陵江，赴溫泉公園開會，下午二時到達。

下午四時在該園用蔑席搭造之臨時大禮堂，舉行第一次社務會。出席社員九十六人。楊允中主席。並首先報告本社一年來之工作。分（一）美國分社及各地社友會情形。（二）原有事業進行狀況（三）新辦事業。次由周子競報告本社經濟狀況及賬目。並由查賬委員代表何德奎說明全部賬目無誤，全體通過接受。更由主席說明本社基金之來源，及保管委員宋漢章蔡子民徐新六三君之保管得當特致感謝。社員劉夢錫臨時動義，楊杏佛先生對於本社勞苦功高，不幸於六月間在上海遇害，此次大會全體，應起立靜默三分鐘。全場一致起立

14　　　中　國　科　學　社

，靜默誌哀。次由裴鑑代表生物研究所報告該所狀況。次由王季梁報告編輯部狀況。次由楊主席代圖書館館長路季訥報告該館狀況。各有油印報告分布。（總幹事，會計，生物研究所，圖書館，編輯部各報告，詳本刊「各部報告」之部。）

最後由司選委員會代表徐乃仁報告選舉新理事結果。略謂本年應改選理事七人，共收到正式選舉票一百七十五張，開票結果如下：

1. 翁文灝　131票　　2. 秉　志　126票　　3. 竺可楨　116票
4. 胡剛復　103票　　5. 趙元任　 78票　　6. 孫洪芬　 71票
7. 李四光　 69票　　8. 錢天鶴　 55票　　9. 葉企孫　 50票
（又楊銓50票作廢）　10. 錢崇澍　 43票　　11. 嚴濟慈　 39票
12. 胡博淵　 30票　　13. 丁緒賢　 29票　　14. 何　魯　 27票
15. 張其昀　 24票　　16. 何炳松　 22票　　17. 程瀛章　 21票
18. 李壼身　李寅恭　張乃燕　各20票　　19. 杜鎮遠　 17票
20. 李壽恆　陸費執　各　　15票　　21. 馮景蘭　 14票
22. 徐世大　 12票　　23. 查　謙　 10票

以最多數翁文灝秉志竺可楨胡剛復趙元任孫洪芬李四光等七人當選為新理事六時散會。

第十八次年會記事

年會第三日　八月十九日

上午八時全體社員由溫泉公園出發登縉雲山遊覽風景，並赴縉雲寺舉行社務會。出發時一律乘坐招待委員會所備之滑竿代步，共一百數十乘，分二十組，每組有勤務一名，任指揮及管理之職。一路線聯而行，蜿蜒若蛇，約長二里許，狀殊奇偉，洵為縉雲山上第一次之盛況。九時許行至半山，在紹隆寺休息一刻鐘後，復整隊前進。十時許抵山頂，已見一片葱蘢，循曲徑幾經迴繞，方達縉雲寺。有漢藏教理院人員在門前接待，延入寺內，略事休憩，又出發步登獅子峯，穿古寨，上極巔，矚目山下，莫不咋舌稱奇。時各社員有採集標本者，有攝影以作紀念者，有持畫具寫生者。返寺，由漢藏教理院招待茶點。並即在寺午膳。

下午二時，即在寺內大講堂開第二次社務會，出席社員八十八人，王季梁主席，楊允中紀錄，討論議案如下。

1. 選舉下屆司選委員三人。開票結果何魯62票，劉夢錫43票，唐鉞38票，三人得票最多當選。次多數為伍連德33票，胡博淵31票，楊紹曾17票，陸費執 8票。

2. 選舉查賬員　陳宗瑩提議推舉前任查賬員顧季高何

16　中　國　科　學　社

德奎二人連任，裴鑑附議，衆請付表決，全體舉手通過。

3. 選舉科學編輯員　一致推舉王季梁連任編輯主任，並無第二人提出，主席付表決，全體通過。次主席聲明科學編輯員由大會推舉八人，其餘一半由理事會聘任。楊孝述提議照本社所分物質科學，生物科學，工程科學，社會科學四大組，每組先各推候選人四人，再於每組四人中推舉二人。對于分科問題略有討論，嗣以此問題太複雜，仍照本社習用之分科辦法，衆無異議，付表決通過。主席指定龔正善，裴鑑，杜長明，楊孝述四人爲監選員。選舉結果：物質科學組由任鴻雋61票，何魯47票當選，次多數趙宗堯26票，劉恩蘭14票。生物科學組由胡先驌68票，伍連德48票當選，次多數何尚平30票，陳宗瑩8票。工程科學組由徐乃仁47票劉夢錫37票當選，次多數張洪沅30票，李書田27票。社會科學組由葛綏成46票，盧作孚47票當選，次多數蔡子民39票，何德奎19票。

4. 理事會提議修改社章案，由總幹事楊孝述代表說明，謂本會鑒於理事散處各方，開會不易，且社章中向無開會法定人數之規定，往往感覺困難。本會曾于民國二十一年一

第十八次年會記事

月九日通過修改章程二條提議于年會，並依社章第十四章第三十七條及三十八條于同年六月十五日通告各社員各在案，祇以去年西安年會人數太少，未能提出，特于本屆大會提出修改，議案如下。

(1)原社章第二十九條後增加一條，條文為『理事會設常務理事六人，社長總幹事會計為當然常務理事，其他三人每年由理事會互選出之，承理事全體大會之命在閉會期內執行一切社務』以下各條條數順次推後一條。

(2)第四十條（原第三十九條）原文為『理事會每月至少開會一次，開會日期地點……』修正文為『理事會每年開大會二次，常務理事每月至少開會一次，均以過半數為法定人數，開會日期地點……』

衆主張常務理事人數以單數為合宜，改為七人。

主席逐項付表決，第一項照原文，惟改六人為七人，以59票通過，第二項照原文以68票通過，均超過出席人數三分之二。

5. 建議四川當局組織四川富源調查利用委員會案，提議人胡先驌，連署者孫昌克等十二人（提案修正文見後）。

18　　　中　國　科　學　社

先由提案人說明意見與辦法，將來聘請委員時，本有職務者酌給旅費，特聘者給俸薪，何德奎主張省政府名義有問題，此案不必正式成立，恐怕引起嫌疑，由私人向當局表示意見為善。喻正衡曾義均主張成立，惟改省政府名義為當局二字，胡剛復主提案中「若蒙下問可由本社介紹」一段刪去。楊孝述主張本案應照何喻曾胡諸君所發表之意見，修正文字，正式將提案通過，以示同人對于川省貢獻之熱忱，一面由大會委託提案人，以大會名義，口頭向川省最高當局建議。周仁贊成楊說。主席以楊孝述之提議付表決，以62票通過

6. 河南大學理學院生物系奉部令停辦，請援助案。提議人曾吉夫陳宗瑩，連署者秉志等十四人（原文見後）經提案人說明案由辦法後，主席詢眾本案是否成立付表決，以52票通過原則成立。曾義主張不用公文直接向部交涉，應先組織調查委員會，調查真相以資應付，由理事會于連署人中指定三人為委員。楊孝述贊成曾說，但主張即由大會推定三人，面向教育部調查真相，並說明生物系應設于理學院之理由，主席付表決，以58票通過，並當場舉出秉志錢崇澍裴鑑三人為調查委員，負責處理。

第十八次年會記事

7. 提議呈請政府對于全國醫藥事業須用科學人材改進及整理案，提議人伍連德，連署者胡先驌等六人（原文見後），衆無異議，主席付表决，以58票通過。

8. 擬請本社社員中對于執業醫務化學農業三項之社員，組織一中國藥物研究所案，並附辦法大綱七條，提議人葉善定，連署者李振翮等八人，（修正文見後）。胡先驌主張加入植物學家，周仁主張改"中國藥物"爲"國產藥物"字樣，李振翮主張本社與中華醫學會合辦國產藥物研究所，衆無異議，主席以各修正點付表决，62票通過。

9. 中國科學社，應組織農業委員會應用科學方法推進中國農業案，提案人陳燕山馬壽徵李永振。（原文見後）

楊孝述主張推提案人爲籌備委員與本社理事會接洽後，再羅致國內農業專家組織農業委員會，衆無異議，主席付表决，以73票通過。

10. 爲提出成渝鐵路計劃書，擬請由中國科學社建議四川省政府採擇修築案，提議人盛紹章，連署人裴鑑等四人。（原文見後）衆以此案由計劃人自行向川省當局面陳一切，較爲簡捷詳盡，主席付表决，以54票通過，將來本會推定代表

20　　　中　國　科　學　社

與川省當局晤談時，提案人為代表之一。

11.　全體一致通過致謝招待此次年會之各當道各機關團體各個人並由本社具函道謝，又決議省外到會社員，每人至少捐助十元，購置紀念物品，贈送中國西部科學院。

下午五時三十分散會，下山時，一部份社友又轉道赴夏溪口，參觀新開運河工程，及寶源煤業公司煤窰新建輕便鐵道工程，參觀完畢已將七時，乃改乘木船順流而返，抵園時已夜色朦朧矣。

晚飯後，各社員略事休息，又在淺草坪會場舉行社員交誼大會。同時招待委員會各職員亦參加在內，共約二百人，濟濟一場，誠屬溫泉公園之空前盛舉，其遊藝節目有沈叔逵先生之崑曲，唐幼峯先生之魔術，陳燕山先生之笑話，原定節目本有十餘項，因時間關係，保留至明晚表演。

年會第四日　八月二十日（星期日）

上午八時在溫泉公園臨時大禮堂宣讀論文，到一百餘人，胡剛復主席，由本人宣讀論文者有馬壽徵，曾吉夫，裴鑑，方文培，許植方，葉善定，何魯，秉志，盧于道等九人，每人宣讀時間定為十分鐘，討論時間五分鐘，是日各文宣讀

第十八次年會記事

之後均有質疑及討論，全場興趣甚濃，至十一時散會。此次年會收到論文共四十二篇，茲將提文人姓名及題目列下：

馬壽徵　磷之研究

曾吉夫　河南山蠶之研究

裴　鑑　南京植物之概略

錢崇澍 ⎫
　　　　⎬ 中國槭樹屬之分佈
方文培 ⎭

許植方　益母草子鹽鹼之初步研究

胡　澤　川產黃葛漿之研究

葉善定　中國藥物論

何　魯　中等算學之新教授法

秉　志　長江下游之無脊椎動物

盧于道　Postnatal growth of the Cerebral Cortex.

王善佺　棉作分枝習性之新解

鄭萬鈞　中國松類之概略

鄭萬鈞　中國西南部鐵杉之分類

秦仁昌　Lithostigia—A New genus of Polypodiaceus fern from Sikkim-Yunann.

| 22 | 中 國 科 學 社 |

王志稼　南京藻類之發見

湯元吉　海藻酸之研究

湯元吉 ⎫
王曰瑋 ⎭ 白菓樹纖維質之研究

徐鳳早　南京之仙蝦類

倪達書　沙殼纖毛蟲之新種

何錫瑞　Observation on the Breeding Habit of the Gold Fish.

伍獻文　兔腸寄生蟲之一新種

W. R. Morse　Notes on the Anthropology of West China, a very abridged report on the Chinese and non-Chinese Population

朱　洗　化生說之進化

朱　洗　種子發生說之復習

楊鍾健　論研究有地方性科學之基本工作

紀育灃 ⎫
何紫玉 ⎭ The Preparation of 2-Ethylmercapto 5-phenyl-6-thiocyanpyramidine.

紀育灃 ⎫
斯　芳 ⎭ The Preparation of Ethyl-2-ethylmercapto-6-chloropyramidine-5-acetate.

| 紀育灃
閔世型 | The action of potassium cyanate upon 2-ethyl-mercapto-5-carbethoxy-6-chloropyramidine. |

| 紀育灃
陳運煌 | Preparation of uracil, a modified procedure. |

| 紀育灃
施繼鴻 | Preparation of tertiary amyl-bromide, a modified procedure. |

| 紀育灃
李永茂 | Preparation of Ethyl benzoyl-acetate, a modified procedure. |

| 金蘭園
榮甫 | 羊角椒之化學成份及生理作用 |

D.F. Pen　Lacquer toxicity and attempts at immunity production.

黃際遇　Gudermann 函數之研究

華羅庚　On pseudo-periodic functions.

華羅庚　On the representation of integers by circulant.

沈七駿　超導性

陳世驤　On some Asiatic Chrysomelidae.

張孟聞　Herpetological notes on Szechuan.

24　　中　國　科　學　社

張孟聞　記浙江一種新蠑螈

方炳文　華西鯉科新屬誌

鄭稷熙　四川銀耳概論

上午十一時半離溫泉公園，於中午十二時抵北碚場，參觀各種新事業。先至民衆俱樂部茶點，乃分十組分道參觀醫院，民衆教育館，嘉陵江日報館，農民銀行等機關。一時許在新營房午膳。雖係粗柱茅屋，然以布置得宜，亦殊落落雅緻，另具風格。餐棹排成中字式，舖白紙，以花瓣綴成標語警句。各人分食，以盧作孚氏所創之南瓜飯爲主，附以其他精美蔬菜，味甚可口。盧氏且躬親在場指揮一切。飯罷復分組出發參觀西部科學院，動物園，博物館，圖書館，各研究所，公共運動場，三峽工廠等處。按北碚僅一鄉村耳，居民不過千戶。自經盧作孚氏經營其地，市政畢舉，文化發展，人民安居樂業，實爲一國內之模範自治村也。至三時半，一部分社友赴北川鐵路參觀。五時在露天會場舉行公開講演。由馬壽徵君講「由中國化學肥料問題說到農村復興」。次陳燕山講「改進中國棉業之重要」。次李永振講「農業改良」聽者二百餘人，極能引起地方人士之注意。

第 十 八 次 年 會 記 事

晚八時舉行第二次社友交誼會，以四川社友與峽區辦事員之演唱川戲為特色，至十一時方散。

年會第五日　八月二十一日（星期一）

上午八時全體社員乘專輪二艘自溫泉公園返重慶。仍住巴縣中學。中午由重慶大學，四川鄉村建設學院，川東共立師範三機關歡宴於永年春。由鄉村建設學院院長甘典夔氏致歡迎詞，由秉農山君答謝。午後原定出發參觀，（一）銅元局（二）中心農場（三）自來水廠。惟其時各社員因天氣酷熱，連日開會奔走已甚疲勞，且下午須整理行裝，預備明晨出發，故除有一小部分社員參觀銅元局外，其餘二處均未有人去，有負主人招待之盛意，同人咸抱歉不盡。晚六時由本社年會設席適中花園，答謝重慶各機關團體。第十八屆年會乃正式閉幕。

八月二十二日上午，本社同人除一小部分因事留渝者外，俱應劉甫澄督辦之歡迎，分乘汽車出發赴成都。該晚宿於內江縣之沱江公學。羅縣長殷勤招待，並設宴歡迎。由王季梁代表本社答謝。內江出產蔗糖極富，土法榨糖廠遍地皆是。惜因為時匆促未能參觀一二。

26　　中　國　科　學　社

　　二十三日上午從內江出發，經過資中簡陽等縣，下午過龍泉驛，遂至成都郊外。成都各機關各學校各團體在城外歡迎者，有百餘人，極一時之盛，幷在武廟開會，由華西大學校長張凌高君等相繼演說，本社由秉農山君答謝。該晚本社同人俱寄宿於南門外華西大學。華西大學爲吾國西部有數之大學，設備甚佳。而牙科學院尤著。

　　二十四日本社理事胡步曾秉農山周子競王季梁與社員何伯衡盛紹章諸人代表本社往訪劉甫澄督辦；楊子惠軍長等，暢談四川建設計劃。楊軍長對于本社事業尤極注意。中午華西大學歡宴本社同人於理學院。該晚又有成都各機關聯合歡宴本社同人。成都社友會幷以祝詞銀盾見贈，女子師範博物教員某君幷以桐花鳳標本贈與本社，由胡步曾君答謝，對於四川省之急宜科學化與建設，三致意焉。

　　二十五日四川大學之大禮堂。由王校長向院長及鄧主任等引導參觀，幷致歡迎詞。由李鷺賓代表本社答謝。是日下午本社社員何奎垣胡博淵胡步曾秉農山何德奎王季梁諸人全春熙舞台及大學等處作通俗演講，藉以答各界歡迎之厚意。晚間劉甫澄督辦歡宴本社同人於兪園，座中幷有川中之五老

第十八次年會記事

七賢，席間有劉軍長代表及楊子惠軍長諸人演說。

二十六日同人應獨立師陳師長離君之約，共至新都廣漢二縣參觀。陳師長在公園中歡宴同人，盛意極為可感。由胡博淵王季梁二人代表本社答謝。該晚田頌堯鄧錫候楊森劉存厚四軍長邀本社同人在愈園酌聚，并有客串表演川劇崑曲京劇，田頌堯軍長演講川中情形及對於本社之希望，由秉農山君答謝，對於科學精神多所發揮。

二十七日晚間，四川大學華西大學在華大開會與本社同人話別。由王宏寶張凌高二校長致詞，社員何伯衡何奎垣胡步曾秉農山盛紹章王季梁諸人相繼談話，俱以努力科學相勉勵。至十時後方散。

二十八二十九兩日同人遂分乘柏木船泛岷江順流而下，途經彭山眉山青神等縣而至嘉定。沿江風景絕佳，惜當軍事之後，秩序尚未恢復，乃嘉定軍政當道，仍為本同人謀種種便利，為之備多輛人力車送至峨嵋，厚意實所難忘。九月一日同人分批下山返重慶，年會遂告結束焉。

社員提議案件

一・建議四川當局組織四川富源調查利用委員會　　胡先驌提

四川地大物博農產林產礦產水力之富甲於全國而以歷年兵亂資金外流各項建設事業不能舉辦卒致民生凋敝經濟破產言之慨然前此對於本省富源雖學術研究機關如地質調查所中國科學社生物研究所靜生生物調查所及新創之西部科學院在純粹科學研究過程中亦曾爲附帶之調查但未爲大規模而純以經濟眼光之檢討蓋亦由於環境所不許今幸統一有期全蜀人士望治心切正千載一時之機會本社同人此次入蜀開年會爲發展中國實業與酬射四川政府機關與四川學術團體之招待起見理應建議於四川當局組織四川富源調查利用委員會由四川省酌定每年籌出若干經費聘請專家來川先後爲各種調查如礦產水力土壤農產林產等以五年或三年事畢各以調查所得編爲報告關工程礦業並附以詳細之設計俾刊布之後可供四川省當局及

第十八次年會記事

企業家之利用將來如各項建設計畫次第開辦時本社亦可負介紹技術人員之責假使四川建設事業能以此爲嚆矢則亦不負於本社提倡科學之宗旨矣是否有當伏乞　　公決

連署人　楊孝述　曾　慎　胡博淵　胡剛復　馬壽徵　徐南驥
　　　　葉善定　杜長明　盛紹章　孫昌克　秉　志　李成翮

二・河南大學理學院生物系奉部令停辦請予援助案

案由：查河南大學生物學系開辦迄今近十餘年師資設備均日
　　　蒸進所貢獻於科學界者實屬不少乃本年暑假教育部突
　　　以該系學生太少令行停辦其實該系學生共有二十餘人
　　　較諸全國各大學生物系學生蓋有過無不及之者吉夫等
　　　虞科學之濡進憚事業之中墜故特提請援助

辦法：　一・擬請著說促全國科學界之注意
　　　　二・擬請用本社名義函部力爭收回成命

　右案謹提請

公決

　提案人　曾吉夫　陳宗鎣

| 30 | 中　國　科　學　社 |

連署者　葉善定　萬宗玲　胡步曾　盧于道　李成鄝
　　　　郭漸明　馬心儀　歐世璜　馬壽徵　胡剛復
　　　　秉　志　裴　鑑　方文培　陳邦傑　陶　英

三・提議呈請政府對于全國醫藥須用純粹科學人材改進及整理案

理由：查科學發達以來其利用于社會民生之最切近者莫若醫藥故各國近百年來其醫藥之進展實有一日千里之勢皆科學之賜也我國社會文化落伍思想龐雜對于科學之認識稚弱特甚徵之醫藥現狀昭然可見以切身生死關係而不以實事求是之科學爲之左右則其對于科學之信任永遠不能達于誠摯之地此科學發展前途之莫大危險也亟宜急起提倡以正社會之趨向而一民衆之耳目近來頗有欲以無科學訓練之人掌改進整理之事此乃社會輕視科學之表現以若所爲決無成績可見此端若開則凡吾國之各項科學事業何一不可假手於門外漢而冠以科學方法四字卽算了事耶爲此宜請政府速選擇有科學智識科學手術科學修養之醫藥人材董理其事庶幾成効可覩國粹可以發揮矣

提案人　伍連德

連署人　葉善定　盧于道　馬心儀　李成翮　秉志
　　　　曾慎　胡光驌

四・擬請本社社員中之醫藥化學農業及植物學四項專門學者組織一國產藥物研究所案　葉善定提議

竊查中國衛生行政上所標準之醫療藥品，乃依據中華藥典，而中華藥典之取材，據今日鄙人所知，百分之九十六，爲舶來品，以中國地大物博，乃關係衛生之藥物，尚仰給外國，一旦若有戰事，其危險誠不堪設想，爲未雨綢繆計，爲國民衛生計，爲國家實業民生計，實有創設大規模藥廠之需要，惟大規範之藥廠，必須有具體之計劃，研究之報告資料。中國科學社，爲社會領導科學機關，擬請本社醫師，藥劑師，化學師，農業家各社員以分工合作，種植化驗實驗配合各項關於中國藥物研究上之任務（名爲中國科學社藥物研究組）造此事有成，則對於國藥之提倡發展，必有可觀，而大規模藥廠之設立，亦得視時以進行之，是否有當，謹請公決　議行

附議者　陳宗瑩　郭鳳鳴　李成翮　丁巽甫　伍連德
朱昌亞　葛成慧　張湘紋

附中國科學社國產藥物研究所辦法大綱

(1) 國產藥物研究所，以本社社員之專門於醫藥化學，農學及植物學者，為基本研究員，

(2) 本所由社員分工合作，譬如醫師，對治療上，試用國產藥物，而藥師任生物試驗，細菌試驗，及配合製成之責，以供醫師試用化學家，任藥物分析之責，農植專家，任藥物移植之責，為 Bbllabanns Atrbpa Diaitalis PR. 等，自國外購種子試植之，麻黃　當歸　人參等，自各省採種子移植，足購求其種植之方法及心得，

(3) 研究所得盡量貢獻，論文，在科學雜誌，或中華藥報上發表之，

(4) 為提倡國產藥物促進藥學智識起見，其經費由提議人自行設法，中國科學社，不負經費之責。

(5) 本所為集中全國有藥學興趣人才起見，歡迎非本會會員加入。

第 十 八 次 年 會 記 事　33

(6) 中國科學社，予本研究所以相當之便利，如圖書儀器之借用，及團體上之介紹等。

(7) 本研究所，不能有政治色彩，及攻擊他人學術團體之文字，專門謀國藥之發展，藥學智識之增進，中國醫療上之進步，及喚起全國人士，對國藥之注意而設。

五・中國科學社應組織農業委員會應用科學方法推進中國農業案

理由 中國以農立國數千年來經營農業自具相當經驗惟不知應用科學方法所以改進之效甚少若以歐美應用科學以改進農業之國家比較相差遠甚近年來外國農產物輸入我國與年俱增漏卮浩大益足表現中國農業落伍之事實其影響農村社會國家經濟有莫大之關係現在談救國者皆以改進農業復興農村爲維繫國家生存之要素此項任務中國科學社自負有相當使命應就本社組織農業委員會設法推行中國科學農業之發展是否有當提請公決

辦法 經大會通過後由大會當場推定若干人爲籌備委員與理

34　中　國　科　學　社

事會協商組織之

提案人　馬壽徵　李永振　陳燕山

六・為提出成渝鐵路計劃書擬請由科學社建議四川當局採擇修築理由書

提議人　盛紹章

敬陳者川省素稱天府資源無限社員胡君先驌業經提出建議調查四川富源意見書衡以四川現狀實為發展川省實業刻不容緩之舉惟查凡百實業之發展莫不依賴優良之交通工具未有交通工具不完備而能為大規模之生產者故為發展四川實業計不可不為川省先籌優良之交通工具此建議修築成渝鐵路之理由一也四川連年內爭形同割據而和平建設實為最多數川民之渴望惟能在川省為大規模之建設為川民謀永久之福利者方能得川民衷心之擁戴方能有統一川局之基礎故惟能為川民建設者始能獲川局之統一如必欲俟統一而後謀建設則俟河之清人壽幾何恐卽此破碎之現狀猶難繼續維持何能言及建設與和平此建議修築成渝鐵路之理由二也川省人民對於大規模實業之投資久已視為畏途對於經營旣乏經驗收獲利益尤無把握惟成

第十八次年會記事

鐵路綫經過區域均屬川省富庶之地若辦理得當將來獲利極有把握故成渝鐵路一經築成獲利不惟可以為發展實業之工具兼可以增長川民對於大規模實業之信仰與經驗且可鼓舞其投資川省其他實業之決心此建議修築成渝鐵路之理三也具此理由故紹章以川民一分子之地位本具從事鐵路事業之研究與經驗為鄉土樹立建設之基礎計曾經擬有成渝鐵路計劃書以備初步商榷之用茲特附具該計劃書一冊可否由科學社建議四川最高當局採擇施行之處敬祈

公決

　　附成渝鐵路計劃書一冊

　　連署人　秉志　裴鑑　孫昌克　胡先驌

各部報告

一 總幹事報告

在此一年中，本社各部事業因爲經濟所限，並無若何重大之新發展，惟各部人員之工作，努力緊張，始終如一，則爲可慰也。生物研究所，圖書館，編輯部，會計部各有報告提出，不必多贅。茲將社務近況及理事會一年來經辦事件摘要報告如下。

I. 分社，社友會及社員人數

1. 美國分社自經留美社員趙元任丁緒寶等提倡復興後，漸臻發達。去年八月底在哈佛大學舉行分社第三屆年會，有極具興味之會程。曾表決議案四件送請總社酌辦。計(1)整理全部科學名詞,(2)調查全國已有外國雜誌,(3)調查全國科學人材,(4)調查全國研究事業狀況。查關于第一案者，以前本社曾參與科學名詞審查會，數理化生物名詞均係本社社員起草,且大部分已經整理就緒。但此項事業已經國民政府教育

部收辦，故現時本社僅能處於輔助地位。關於第二案已交明復圖書館辦理，正在進行中，惟茲事體大，非短時期內所能竣事。關於第三四案因本社總辦事處人少事繁，一時尚不易着手。

2. 社友會除原有南京上海北平廣州瀋陽杭州青島蘇州八處外，本年又核准重慶社友會之設立。重慶社友創立斯會，前後開大會三次，故其組織較其他社友會為完善而健全。本年內上海社友會曾集會二次，北平一次。其他除瀋陽已無形解散外，南京廣州等五處均未舉行集會。其原因都在職員已離開原地，以致無人主持。故鄙人甚希望各地社友會能每年選舉新職員一次，定可增進會務。西安社友雖人數不多而尚未成立社友會，但甚有精神，此一年來曾舉行二次集會，通過向省政府請領大批荒地，儲作發展科學事業之用。其第二次集會則為歡迎洛夫博士。丁斯開發西北聲中，本社有此基本集團，亦一好消息也。

3. 本社現有社員共 1623 人，其中在本年內選認者凡 199 人。新社員姓名如下：

永 久 社 員 二 人

38　中國科學社

甘績鏞　季宗孟

普通社員

盧作孚	M. N. Andrews	王以康	戈定邦	張丙昌	
壽天章	王愼名	金賢藻	孫文青	李國楨	裘開明
張國藩	馮漢驥	丁緒淮	楊樹勳	陰毓璋	顧毓珍
沈鴻烈	張孝庭	石解人	方際運	魯波	吳光
翁元慶	吳大猷	袁丕濟	李達	高文源	饒欽止
何增祿	周北屏	陳建宜	杜文彪	胡金昌	劉淦芝
嚴瑞章	羅端先	鄭西谷	廖溫義	王海波	安漢
陳思誠	王恆守	江澤涵	周家彥	李惠伯	包可永
鄧振光	祁開智	孫雲臺	伍連德	袁稅伯	張道宏
柳高藹鴻	張希陸	萬樹焜	楊述祖	郭慶雲	劉孝基
李博文	劉耀翔	張兆麟	姚啓鈞	俞德浚	彭先陸
李方桂	蔡樂生	朱鶴年	陳炳祖	C. D. Reeves	
高學中	魯淑音	王鍾麒	高禩瑾	錢頤格	李慕楠
秦玉麒	林翊春	陳廷輝	張樹霖	徐兆瑞	陳世璋
吳蘊初	陳思明	E. Sperner		王宗和	卞松年
葉葆定	葛毓桂	葉雲樵	楊威仁	馬孟強	丁佶

第十八次年會記事

林覺世	馬仁堪	張克忠	張登三	李蔭楨	薛承萊
鄭 愈	劉世楷	李季偉	高沛郇	鄭壁成	楊培英
胡國猷	黃勤生	宋師度	胡 助	劉志先	沈在銓
廖天祥	周泰嶽	丁緝熙	張世勳	高毓嵩	胡民翼
丁 驢	郭 恕	魏嗣鑾	楊秀夫	陳爾康	劉同仁
劉淑蘭	楊 懋	陳學池	楊月然	何廷遂	馮執中
李奎安	魏嗣鎮	黃子裳	陳家懋	甘南引	顧升騄
何北衡	何兆青	陳得一	劉雨若	常隆慶	張博和
徐崇林	蘇孟守	劉芥青	王嘉猷	李琢仁	喻正衡
曹宅麻	周榕仙	甘明蜀	劉航琛	任師尚	李樂元
唐之瀛	吳蜀奇	羅世襄	胡學淵	葉樹聲	范道鬻
曹觀瀾	胡汝航	張國權	任筱莊	黃次咸	楊 聲
劉恩蘭	楊敷典	沈 璿	劉之介	張明俊	Morse
彭子富	鄭 集	施肇祥	L. G. Kilborn		馮大然
方文培	陶 英	王士仁	葉 麐	區國著	杜長明
張凌高	郭鳳鳴	馬心儀	朱昌亞	張湘紋	馬壽徵
彭家元	許引明	林紹文			

仲社員六人

40　　中　國　科　學　社

孫基昌　祝紹祖　杭慶元　劉勳美　歐世璜　孫克銘

本 年 去 世 社 員

胡鴻基　沈祖偉　楊培芳　楊　銓

II. 原有事業之進行

1. 演講　公開演講為本社事業之一，除每年年會中在所在地及社員個人在各機關舉行外，向來又在社所中作有組織的或臨時的公開演講。本年內本社在上海社所前後舉行公開演講凡六次，演講人為秉農山二次，王家揖裴鑑錢雨農各一次為生物學演講，又劉達義一次為臨時的。每次聽講者多者一百二三十人，少者不過四五十人而已。

2. 出版部　本年出版物除定期刊物科學按期出版外，有論文專刊二冊，生物研究論文三十種，增訂科學名人傳一冊，劉淦芝著昆蟲採集法一冊。社員分股名錄一冊。

『社友』為本社社員互通聲氣之機關，本年內共出十二期。除投稿外，共收到社員個人通訊二百四十一件。

出售刊物數目比去年略增。計科學定戶為702戶，零本售去3046冊，舊科學全部六部，廣告費計收入七百四十元，其他書籍售去1613冊。

第 十 八 次 年 會 記 事

3.科學諮詢處　本年收到諮詢科學問題較重要者共計四十餘起，對于化學及化學工業問題十一件，電工六件，鑛冶五件，算學四件，機械及生物各三件，醫藥天文各二件，航空造紙氣象等各一件。以上諸問題請由社員答復者共計二十餘件。此外雖經徵求尚未有答復，以後務望各社員對于諮詢問題盡量答復或介紹專家詳爲指示，俾釋詢者之疑，且符本社服務社會之旨。

4.愛迭生紀念獎金基金　于去年九月底截止募捐，共收到捐款一千七百三十九元。全部徵信錄已刊入科學十六卷十期愛迭生逝世紀念專號。理事會于十月十一日通過給獎辦法五條亦在該期科學內發表。

5.關于科學教育者　本社向有科學教育委員會之設置，最近理事會中且有中等學校科學教育研究會之擬議，擬先就上海一埠辦起，與全埠中學理科教員作密切之聯絡。業由圖書館添置關於科學育教之書報及通俗科學書多種藉資參考。去年十一月間因江蘇全省中等學校理科教員在上海開會之便，本社特開會招待，商討關于科學教育上之種種問題。

又科學影片關於民衆科學教育影響甚大，本社特託趙理

42　　　中　國　科　學　社

事元任在美國收集關於該項影片之資料甚多，業已由美寄到，備供參考。

6. 中國科學公司　本社集股創辦之中國科學圖書儀器公司為本社編譯叢書製造儀器計畫之實現，成立迄今已及三載，關於印刷部分已有根基。為擴展業務起見，於去年十月間遷入福煦路新址，所建水泥大廈卽由該公司自行計劃，託由開宜公司打樣建築，故極適用。出版方面已刊行初中算術，代數，幾何，物理，動物，英文法等六種，又高中英文三册。儀器方面已與本社生物研究所合作，由公司津貼一部分助手薪水，從事製造標本。該所已製成切片多種，供該公司出售，印刷方面新添機器甚多，生產量比前增進約百分之五十。

III. 新事業。

1. 博物館之籌備　本社因上海缺乏自然歷史博物館，且明復圖書館樓上尚有餘房，因卽於本年四月間着手籌備，除南京生物研究所已撥來動物標本數百件外，復承中央研究院自然歷史博物館捐贈鳥獸標本二百餘件，北平地質調查所特贈新發見猿人頭骨之模型一具，社員方面有劉淦芝君從廣東

第十八次年會記事

帶來之蟻窠一大棵。均係極有價值之標本，拜領之餘不勝感謝。主持陳列者爲生物研究所王以康社友，惟王君因職務所覊，且時常遠遊探集，而上海本社又乏相當專門人才處理其事，故該館尙未正式成立。開辦之後，除公開展覽外，對於本社擬議設立之中等學校理科教育研究會，當有助益。惟館址不大，將來無擴充之餘地，且開幕後非有專門人員常駐指導管理不可，斯則迄今尙成爲問題也。

2. 科學畫報之刊行　本社爲普及科學於一般民衆起見，特于本年六月間着手籌備科學畫報半月刊一種。八月一日開始發行第一期，備受社會人士之熱烈歡迎，初版五千本不旬日而售罄。該刊由本社特設畫報編輯部主編，委由中國科學公司發行。本社事業由此而得深入民間，與一般民衆接觸，是値得紀念者也。

3. 編輯實用科學小叢書　本社參加科學化運動之計畫擬有三種工具，一爲電影教育與巡迴演講，二爲科學畫報，三卽編輯極通俗之實用科學小叢書，其旨在供給一般民衆關于日常生活之切要科學知識，並供各縣民衆教育人員宣傳科學之資料。本年內已出版者有劉淦芝著實用昆蟲探集法一種，

已編輯者有榮達坊著內地飲水料問題一種。此外正在分頭請人編輯。

IV. 今後之計畫

1. 本社社員已達一千六百餘人，其所專學科，包羅甚廣，若不嚴加組織，易於失之散漫。惟有注重分股，俾一切討論研究由各股自行負責進行，總社處於各股間聯絡之地位，則全社精神自更貫注，學術研究上更得密切切磋之益。本社已刊有分股名錄，將來當作更進一步之組織，俾收分工合作之效。

2. 普及科學，啓發民智，促進社會生產建設，為本社之重大使命。故今後對于民衆科學化之運動更須積極進行。

鄙人在作此報告之餘，謹代表理事會致謝一年來本社各職員各委員各編輯員努力社務之熱忱，尤應特別感謝者為基金保管委員會宋漢章蔡子民徐新六三先生，經其數年來之努力及善於運用，俾本社基金日臻穩固，新建築新設備日有增加，編輯部部長王季梁先生及會計周子競先生，終年努力，不憚煩瑣，其犧牲精神，至感佩也。

民國二十二年八月十八日總幹事楊孝述

二．會計報告

中華民國廿一年度

說　　明

一．本屆報告係中華民國二十一年賬目自二十一年七月初至二十二年六月底止

二．本報告賬目由本社社友顧翊羣何德奎二先生於八月二日來社詳細審查證明無誤謹此誌謝

三．生物研究所由中華教育文化基金董事會補助費內開支之研究費仍別造決算書附後

四．社費在二十二年六月底以後繳到者及間有六月底以前交在本社所委託之外埠社友處而該款尚未轉到者概入下年度賬歸下屆報告其餘收支各款悉如此例

五．分賬收社費名單有一名兩見者本年度繳過兩次

六．本社各種主要基金除暫存大同大學一部份外均存上海中國銀行由基金保管委員蔡元培宋漢章徐新六三先生保管每六個月另有詳細報告存社

46　中國科學社

七．總社及編輯部博物院等支出各款由楊允中于詩鳶二先生經手生物研究所支出各款由錢雨農先生經手圖書館支出各款由路季訥于星海及以上三先生分別經手并此誌感

二十二年八月十八日理事會會計周　仁

總　賬

I. 上存項下（$12,209.26＋G$1.00）

1. 上海銀行364戶	$　　261.95
2. 上海銀行8036戶	$　1,422.18
3. 上海銀行儲蓄2292戶	$　　519.79
4. 高君韋女士紀念基金（上海銀行儲蓄1509戶）	$　1,100.00
5. 北平社友獎勵基金（上海銀行儲蓄1625戶）	$　2,359.94
6. 安迪生紀念基金（浙江興業銀行儲蓄4/47戶）	$　1,706.20
7. 中國科學公司存4戶	$　3,000.00
8. 總社未報	$　1,050.74
9. 生物研究所事務費未報（結欠生物所研究費$160.00）	$　　　0.75
	G$　　　1.00
10. 現金	$　　787.73

— 383 —

第十八次年會記事

II. 本年度收入項下（$55,719.53）

1. 基金委員會撥來	$ 29,000.00
2. 江蘇省教育經費管理處補助	$ 14,794.00
3. 大同大學撥來基金息（廿一年元月底結）	$ 1,500.00
4. 社費	$ 2,987.00
5. 社屋租金	$ 1,230.00
6. 發售刊物	$ 4,315.65
7. 刊物承登廣告	$ 739.65
8. 版稅	$ 35.63
9. 圖書館借書保證金	$ 100.00
10. 圖書館閱書保證金	$ 200.00
11. 雜收（莫古禮交社費港幣升水在內）	$ 13.53
12. 特收（科學公司貼總幹事兼該公司經理本年度俸）	$ 600.00
13. 銀行利息	$ 123.71
14. 續收安迪生紀念基金（中國科學公司存27戶）	$ 38.00
15. 上年度所收安迪生紀念基金存息（浙江興業銀行儲蓄４/47戶）	$38.25
16. 生物研究所研究費還事務費運書墊款	$ 4.11
共計	$ 67,928.79

48　　　中　國　科　學　社

	G$ 1.00

III. 本年度支出項下（$54,897.24＋G$1.00）

1. 總社	$ 14,602.14
2. 編輯部	$ 10,944.24
3. 圖書館	$ 12,434.61
4. 生物研究所事務費（還上年度結欠研究費$160.00及本年度墊研究費$4.11均在內）	$ 5,282.87
	G$ 1.00
5. 博物院	$ 924.34
6. 會計用費	$ 92.00
7. 科學公司新股	$ 10,000.00
8. 楊理事杏佛葬費	$ 612.04
9. 取消廣州社友會墊款	$ 5.00

IV. 結存項下（$13,031.55）

1. 上海銀行364戶	$ 105.53
2. 上海銀行8036戶	$ 1,266.76
3. 上海銀行儲蓄2292戶	$ 519.79
4. 高君韋女士紀念基金（上海銀行儲蓄1509戶）	$ 1,100.00

第十八次年會記事　　　49

5. 北平社友獎勵基金（上海銀行儲蓄1625戶）	$ 2,359.94
6. 安迪生紀念基金（中國科學公司存27戶）	$ 1,782.45
7. 中國科學公司存4戶	$ 3,000.00
8. 總社未報	$ 1,912.00
9. 生物研究所事務費未報	$ 113.35
10. 現金	$ 871.73
共計	$ 67,928.79
G.$	1.00

分　賬

總賬Ⅱ：1 收基金委員會撥來

第一次	$ 6,000.00
第二次	$ 15,000.00
第三次	$ 8,000.00
	$ 29,000.00

總賬Ⅱ：2 收江蘇教育經費管理處補助

廿一年二月份下半	$ 569.00
廿一年三月份上半第一次	$ 284.50
廿一年三月份下半	$ 569.00

50　　中　國　科　學　社

廿一年三月份上半第二次	$ 284.50
廿一年四月份上半	$ 569.00
廿一年一月份下半	$ 569.00
廿一年四月份下半	$ 569.00
廿一年五月份下半	$ 569.00
廿一年五月份上半	$ 569.00
廿一年六月份	$ 1,138.00
廿一年七月份上半	$ 569.00
廿一年七月份下半	$ 569.00
廿一年八月份上半	$ 569.00
廿一年八月份下半	$ 569.00
廿一年九月份上半	$ 569.00
廿一年九月份下半	$ 569.00
廿一年十月份上半	$ 569.00
廿一年十一月份上半	$ 569.00
廿一年十月份下半	$ 569.00
廿一年十一月份下半	$ 569.00
廿一年十二月份上半第一次	$ 341.40

第十八次年會記事

廿一年十二月份上半第二次	$ 227.60
廿一年十二月份下半	$ 569.00
廿二年一月份上半	$ 569.00
廿二年一月份下半	$ 569.00
廿二年二月份上半	$ 569.00
廿二年二月份下半	$ 569.00
	$ 14,794.00

總賬II：4 收社費

甲・永久社費

湯震龍（100） 葉善定（100） 盧于道（50） 涂　治（50）
吳承洛（25） 朱德和（20） 周厚樞（50） 張孝庭（25）
雷沛鴻（40）　　　　　　　　　　　　　　$ 460.00

乙・入社費

崔士傑	孫文青	張肇騫	壽天章	周彥邦	徐學禹
盧作孚	楊鍾健	金賢藻	李方琮	趙中天	魏菊峯
熊大仕	王海波	裘開明	嚴瑞章	陳思誠	戈定邦
沈鴻烈	方際運	胡金昌	石解人	羅端先	許振英
劉淦芝	孫雲臺	王鍾麒	包可永	安權露	鄭西谷

52　　中　國　科　學　社

楊　偉	區嘉煒	李博文	鄧振光	張樹霖	徐兆瑞
朱鶴年	李慕楠	張道宏	袁稅伯	張兆麟	彭先蔭
伍連德	陳祖炳	劉孝基	姚啓鈞	錢頤格	秦玉麒
林翊春	陳廷輝	高禩瑾	魯淑音	劉耀翔	徐蔭祺
高學中	柳高藹鴻	周榕仙	吳葆元	陳興璋	黎富思
袁翰青	李國楨	陳邦傑		$	630.00

丙·常年社費

李振翮	賈念曾	李　岡	葛綏成	胡步川	何衍璿
楊紹曾	又	孫寶墀	王應偉	孫寶墀	蔣丙然
曾　省	湯騰漢	黃際遇	嚴宏湛	陳延攻	唐恩良
謝學瀛	許守忠	李應芬	何德奎	吳元滌	裴翰興
王金吾	程延慶	錢寶琮	金曾澄	鄧植儀	鍾榮光
黃炳芳	陳　煨	沈鵬飛	何衍璿	鄔保良	李應南
張　雲	黃　巽	許崇清	伍伯良	朱耀芳	朱庭祜
黃肇翔	項志達	錢崇澍	范　賚	沈良驊	張肇騫
鈕因祥	丁求眞	翁　爲	張　祿	桂質庭	王　敏
吳旭丹	熊正理	張心一	曾昭掄	胡鴻基	趙興昌
葉達前	趙　武	柯成楸	王敬禮	趙恩賜	又

第十八次年會記事

陳思義	郭美瀛	林天驥	金紹基	關百益	謝恩增
袁祥和	秦汾	許心武	何思源	潘慎明	伊禮克
陸鳳書	紀育灃	沈燕謀	又	劉寰偉	錢宗賢
顧世楫	張資珙	程華燦	嚴濟慈	陳楨	孫延中
崔宗塤	黃壽恆	朱耀芳	周培源	馮景蘭	趙琦
李書田	吳南薰	吳貽芳	許壽裳	卞肇新	胡經甫
薛培元	陳宗賢	白敦庸	劉拓	莫古禮	宋春舫
楊雨生	楊津生	劉朝陽	余青松	張度	熊大仕
李昶	沈宗瀚	陳友琴	趙進義	王星拱	顧毓琇
郝坤巽	韋爾巽	鄭肇經	丁穎	鍾兆琳	又
徐恩曾	李殿臣	劉復	嚴仁曾	又	楊鶴慶
又	陳忠杰	孫貴定	魯德馨	黃家齊	許厚鈺
鄭德柔	沈怡	朱少屏	徐新六	葛綏成	何德奎
溫毓慶	辛樹幟	湯彥頤	鄭西谷	陳燕山	沈宗瀚
尤志邁	段育華	劉北禾	沈良驊	葛成慧	鄺恂立
王季眉	徐調均	吳在淵	費德朗	章元善	許振英
又	劉大鈞	何思源	李慶賢	壽天章	戴安邦
徐景韓	徐淑希	孫學悟	彭謙	羅家倫	劉克定

54　　中　國　科　學　社

陳思誠	汪元起	楊　偉	李得庸	唐仰虞	朱耀芳
區嘉煒	林文慶	何尙平	李方訓	揚紹曾	王世毅
王義珏	胡煥庸	又	金紹基	劉運籌	白敦庸
郭承恩	曾祗益	汪　榕	黃友逢	王　和	趙燏黃
唐燾源	李書田	徐世大	查得利	熊大仕	陶延橋
又	莫古禮	汪楳祖	朱學鋤	張延祥	趙修鴻
張丙昌	嚴瑞章	趙　武	劉晉鈺	桂質庭	劉　咸
張春霖	薛卓斌	何文俊	潘愼明	吳元滌	翁　爲
吳欽烈	孫林翰	張洪沅	陳友琴	何衍璿	廖崇眞
張　雲	金曾澄	黃　巽	黃希聲	張筱樓	華享平
任　誠	李賦京	張--志	吳樹閣	胡金昌	朱物華
王　敏	錢宗賢	包可永	學徐禹	楊武之	竇維廉
周同慶	孫國華	吳有訓	葉企孫	錢端升	金岳霖
薩本棟	盧作孚	王國柱	嚴濟慈	鄭法五	戴　晨
黃鈺生	郝象吾	高　魯	陳茂康	鄧振光	何育杰
羅　河	朱　復	應　時	周彥邦	王長平	殷源之
陳德元	張　拯	吳詩銘	趙承嘏	劉淦芝	曾昭掄
李世瓊	鄧福培	趙興昌	顧　振	張道藩	蔡　雄

第十八次年會記事 55

童啓顏	郭美瀛	徐恩曾	榮達坊	李良慶	路敏行
莊長恭	金秉時	陸志鴻	趙連芳	陸志安	韋慤
胡光熙	丁爕林	曾省	薛培元	錢昌祚	王星拱
吳旭丹	邱培涵	趙恩賜	張紹忠	丁求眞	錢寶琮
程延慶	紀育灃	董時進	袁復禮	吳文利	劉寰偉
陳思義	宋春舫	劉劍秋	沈鴻烈	丁人鯤	彭謙
李寅恭	又	辛樹幟	童啓顏	王守成	曹元宇
又	艾偉	陸法曾	張其昀	又	高均
袁翰靑	張世杓	宋希尙	許炳堃	康清桂	金賢藻
朱其清	凌道揚	張心一	鄒應憲	李待琛	陳納遜
錢崇澍	馮家樂	楊子嘉	陳邦傑	陳漢清	錢天鶴
崔宗塤	張江樹	李國楨	倪尙達	王家楫	（以上各

交五元共一千七百六十五元）

陳爲楨	崔士傑	張肇騫	狄憲	李方琮	趙中天
魏菊峯	黃均慶	狄憲	陳可培	曲桂齡	杭慶元
張樹霖	祝紹祖	李博文	徐兆瑞	朱鶴年	李慕楠
張道宏	袁稅伯	張兆麟	彭先蔭	伍連德	陳祖炳
劉孝基	姚啓鈞	錢頤格	秦玉麒	林翊春	陳廷輝

56　　　中　國　科　學　社

高禩瑾　魯淑音　劉耀翔　高學中　柳高藹鴻　周榕仙
吳葆元　陳世璋　黎富思　孫基昌　萬宗玲　張　賢
（以上各交三元共一百廿六元）

徐蔭祺　（以上各交六元共六元）　　　　　$　1,897.00
　　　　　　　　　　　　　　　　　　　　$　2,987.00

總賬II·9收圖書館借書保證金

金賢藻　吳樹閣　鄺恂立　沈溯明　陳思義　張孝庭
方子衛　張鴻年　黃均慶　沈良驊
　　　　　　　　　　　　　　　　　　　　$　　100.00

總賬II:13收銀行利息

上海銀行364戶廿一年度（廿二年十二月底結／廿二年六月底結）　$　　3.60
上海銀行8036戶廿一年度（廿二年十二月底結／廿二年六月底結）　$　　72.26
總社存上海銀行79戶廿一年度（廿二年十二月底結／廿二年六月底結）　$　　45.82
生物研究所事務費廿一年六月摺　　　　　　$　　2.03
　　　　　　　　　　　　　　　　　　　　$　　123.71

總賬IV:6結存安油生紀念基金

科學第十六卷十期1584頁或社友第廿四號揭載（即總賬I:6
　$1,706.20及滬大科學社，陸宗賢，徐作和，曾昭楡，俞大綱33.00）
　　　　　　　　　　　　　　　　　　　　$　1,739.20

第十八次年會記事　　57

續收鍾兆琳經募（前項五戶及本戶共$38.00即總帳II:14）　　　　$ 5.00

浙江興業銀行儲蓄4/47廿一年上半年結息（即總賬II:15）

　　　　　　　　　　　　　　　　　　　　　　　$ 33.25
　　　　　　　　　　　　　　　　　　　　　　　$ 1,782.45

總賬III:1支總社

薪金	$ 6,530.00
工食	$ 1,096.00
工程	$ 671.45
購置	$ 239.33
印刷	$ 2,244.07
文具	$ 112.63
稅捐	$ 1,640.27
消耗	$ 809.73
通訊（郵電日報）	$ 458.91
廣告	$ 140.22
雜支	$ 232.57
特用（社友廿三號渴裁十七次年會貼費$203.96在內）	$ 426.96
	$ 14,602.14

58　　　中　國　科　學　社

總賬III：2支編輯部

薪金	$ 2,880.00
稿酬	$ 35.00
印刷	$ 7,302.89
通訊	$ 713.69
雜支	$ 12.66
	$ 10,944.24

總賬III：3支圖書館

薪金	$ 3,410.00
添書	$ 7,369.65
印刷裝訂	$ 1,305.98
文具	$ 9.95
通訊	$ 88.10
發還借書保證金（張一志，吳承洛，金賢藻，竺藕舫，陶延橋，張鴻年，黃均慶，郭任遠）	$ 80.00
發還閱書保證金	$ 86.00
雜支	$ 84.93
	$ 12,434.61

總賬III：4支生物研究所事務費

第十八次年會記事

薪金	$ 390.00
工食	$ 1,011.82
工程	$ 2,263.16
購置（剪草機在內）	$ 73.38
印刷	$ 13.00
文具	$ 0.37
消耗	$ 439.20
通訊	$ 322.49
雜支（墊研究費運書費$4.11在內）	$ 149.59 G$1.00
特用	111.00
保險	$ 348.86
還上年度結欠研究費借支	$ 160.00
	$ 5,282.87 G$1.00

總賬III：5支博物院

購置	$ 887.00
雜支	$ 37.34
	$ 924.34

總賬III：6支會計用費

60　　中　國　科　學　社

旅費（赴年會及京社三次）	$	90.00
通訊	$	2.00
	$	92.00

總賬III·8支棺理軍杏佛葬費

墓地（永安公墓九華區552—557共六穴）	$	588.04
葬事開銷	$	24.00
	$	612.04

生物研究所研究費收支決算書

I. 上存項下（$3,272.91）

二十年度結餘	$	3,272.91

II. 本年度收入項下（$40,118.05）

中華教育文化基金董事會補助	$	40,000.00
銀行利息	$	90.79
其他	$	27.26
共計	$	43,390.96

III. 本年度支出項下（$40,718.14）

薪金	$	22,561.40

標本室	$ 3,560.88
試驗室	$ 1,717.87
採集	$ 2,647.38
書籍雜志	$ 3,409.12
儀器藥品	$ 1,677.46
印刷(論文)	$ 4,295.55
雜支	$ 848.48
IV.結存項下($2,672.82)	
銀行存款	$ 510.17
現金	$ 364.07
預付金	$ 1,798.58
共計	$ 43,390.96

查賬員　顧翊羣(簽)　何德奎(簽)

會計理事　周　仁(簽)

三. 生物研究所報告

古人有言，逸豫亡身，多難興邦。惟恫目時艱，則益自奮勉。蓋此一年來，本所同人，感于外患之侵迫，暴寇之強猾，于其所業，益用淬厲堅進。故雖中經播遷，偶移滬瀆，而自返歸新都以來，感念深切，其所進求，亦愈踔奮。若人各忠於所守而尤求邁進，家國之興，其庶幾乎。雖吾儕所能臍就者，極爲戔微，而刻苦努力之精神，或可爲國人所嘉許歟。茲將此一年來本所之工作狀況，略陳于次，敬希 鑒覽。

動物部

I. 正式職員

秉志	所長兼動物部主任動物學技師
王家楫	動物學技師
王以康	研究員
張孟聞	研究員
周蔚成	研究員

倪達書	研究員
何錫瑞	研究員
陳月舟	繪圖員
賈泰寅	標本室助理員
陳進生	切片製造員
劉子剛	標本採集員
王克華	標本裝製員
郝敏堅	切片製造員

II. 非正式人員

孫宗彭	國立中央大學動物學教授
伍獻文	中央研究院自然歷史博物館動物部技師
方炳文	中央研究院自然歷史博物館動物部技師
常麟定	中央研究院自然歷史博物館動物部助理員
吳功賢	國立中央大學動物學助教
徐鳳早	國立中央大學動物學助教
楊䖙	國立編譯館編譯員
苗雨膏	國立河南大學化學助教

III. 已經印行之研究論文

四川爬虫類略述	張孟聞
半指蜥蜴舌部之解剖	秉　志
南京之變形虫	王家楫
四川兩棲類略記	張孟聞，徐錫藩
南京湖蛙腸內之纖毛虫	倪達書
浙江兩種蠑螈記	張孟聞
廈門原生動物之調查	王家楫，倪達書
山東鯊魚誌	方炳文，王以康
平胸扁魚唇部之觀察	伍獻文，王以康
山東硬骨魚類，一	王以康
中國之獅子魚	伍獻文，王以康
新種蛙名之更改	張孟聞

IV. 已經付印之研究論文

山東硬骨魚類，二	王以康
山東硬骨魚類，三	王以康

白鼠及豚鼠腸內之變形蟲鞭毛蟲	王家楫，倪達書
浙江兩棲類初誌	張孟聞
浙江爬蟲類初誌	張孟聞

V. 在進行中之研究工作

豚鼠大腦皮層對于電流刺激所發生之反應速率	
	秉志，周蔚成，吳紹熙
南京蜥蜴類舌部組織之比較	秉志，周蔚成
南京蜥蜴類胸部組織之比較	秉志，周蔚成
浙江魚類初誌	王以康
中國鯉魚各屬之校勘	伍獻文
沙殼纖毛蟲三新種	倪達書
南京兩棲類腸內原生動物之調查	倪達書
南京家畜腸內原生動物之調查	王家楫，倪達書
新種淡水鞭毛蟲之記載	王家楫，倪達書
豚鼠腸內三鞭毛蟲之形態與分裂	王家楫
白鼠腦皮稜錐狀細胞之發生及形態上之變遷	吳功賢
南京豐年魚形之解剖及其生活史	徐鳳早

鹽類對于草履蟲伸縮泡之影響	楊 虎
南京之獸類	何錫瑞
鎮江魚類誌	茵雨膏

VI. 標本之探集

此一年中，動物標本採集之進行，一如往昔，按程以進。去年夏間，派王以康劉子剛二人往閩浙沿海若寧波，福州等處採集海產魚類，亦兼及鳥類，兩棲類，爬蟲類，以及軟體動物等之無脊椎動物。 王家楫倪達書二人，應中華海濱生物學會之邀，去年七八月間，曾皆留于廈門，採得許多海產動物，若蛞蝓魚，介貝之殼，棘皮動物，腔腸動物及海綿等。 最近又遣王以康何錫瑞二人往定海附近搜羅魚介鳥獸之屬，繪圖員陳月舟亦協同前往，就地繪取動物之原狀，拜施以彩色，務求逼真，俾歸所後，就圖寫記物狀，不爽累黍焉。至于長江流域之動物，則隨時有所採獲，不復詳述。

就此數次之探集所得，積與前此所蓄，標本室所藏之動物標本，約有六萬枚，隸三千五百種，此中且頗有新種之原型也。

第十八次年會記事

植物部

VII. 正式職員

錢崇澍	植物學技師
裴 鑑	植物學技師
鄧叔羣	眞菌學技師
方文培	研究員兼採集員
孫雄才	研究員兼標本室管理員
鄭萬鈞	研究員兼採集員
陳 詩	採集員
賀賢育	採集員兼標本室助理員
傅貽昌	標本室助理員
姚仲吾	標本室助理員
馮展如	繪圖員

VIII. 非正式人員

王志稼	前國立中央大學植物學教授
陳邦傑	常州中學生物學教員

萬宗玲	常州中學生物學教員
淩立	國立中央大學畢業生
沈其益	國立中央大學高年級生

IX. 已經刊印之研究論文

中國馬鞭草科之補述	裴鑑
南京鍾山山頂巖石植物之觀察	錢崇澍
中國槭樹科之初步研究	方文培
貴州唇形科植物之記載	孫雄才
中國西南部眞菌之增誌	鄧叔羣
南京眞菌之記載，二	鄧叔羣
浙江眞菌之記載，一	鄧叔羣
浙江木本植物之二新種	鄭萬鈞
南京維管束植物記載，一	裴鑑
荳科三新種	錢崇澍
眞菌類數新種	鄧叔羣，淩立
浙江眞菌記載，二	鄧叔羣
廣東眞菌類	鄧叔羣

第十八次年會記事

浙江新植物	鄭萬鈞
南京眞菌記載,三	鄧叔羣
南京眞菌記載,四	沈其益
中國槭樹科再誌	方文培
北京大學植物標本室眞菌之記載	淩立

X. 已經付印之研究論文

南京水綿藻誌	王志稼
分離菌類胞子之一法	鄧叔羣
中國多孔菌中一屬之研究,一	淩立
中國交讓木屬之研究	錢崇澍
中國槭樹科之地理分佈	錢崇澍,方文培
南京植物誌略	裴鑑
南京顫藻誌	王志稼
南京維管束植物,二	裴鑑
南京眞菌記載,五	鄧叔羣
浙江眞菌記載,三	鄧叔羣
浙江顯花植物記載,一	鄭萬鈞

XI. 在進行中之研究工作

南京維管束植物	裴　鑑及其他研究員
浙江植物記載	本部研究員
南京眞菌誌	鄧叔羣及其他研究員
四川峨嵋山植物記載	本部研究員
中國松樹之研究	鄭萬鈞
南京植物圖譜	裴　鑑及其他研究員
中國蘭科植物之研究	錢崇澍
中國百合科植物誌	裴　鑑
中國東南部樹木誌	鄭萬鈞
中國唇形科植物誌	孫雄才

XII. 標本之採集與交換

長江流域之植物種類，爲本部同人研治之資庫，故最近數年來所採集者，率注重于此一區域。去年派陳詩賀賢育二人入浙省廣事蒐羅，自寧波紹興越諸暨以入該省南部若天台山雁蕩山龍泉雲和諸縣，胥爲游蹤所至，前後凡閱四月，計

得標本千八百餘號。以經過期間之短促，此所得者，自不足以概浙省，近來頗有所獲，常自旅所郵寄本所。

本京植物之採集，則數年來如一日，本部同人，始終勉力以期其完備。雖此中部為舊知之品種，然時時仍有所新獲，蓋僅就維管束植物言之，已不下千種云。本京植物之總錄，期于本年內完成之，然後再作圖誌，庶幾按圖索驥，舉應無訛，藉便學子。

本部又時時與國內外各機關交換所得之標本。此一年來，計自四川成都大學交換得標本四百枚，自四川章樹楓君八百枚，中國西部科學院六百枚，北平靜生生物調查所三百六十枚，上海褚乙然君百四十枚，金陵大學二百七十枚，自然歷史博物館贈六百枚及自廣東嶺南大學千三百枚。此外，又有自美國杜達雷植物標本所安諾德植物院兩處寄贈者，亦頗不少。總計交換所得，約六千許。由此所送贈者，亦差如此數。

本年本所植物標本室所藏儲之標本，截至今日，已達三萬七千六百二十一枚，其未經整理而庋藏于別庫有待于董治者約逾五萬，足供研究所需矣。

XIII. 中國植物目錄卡片

本目錄卡片，仍賡續舊作，此一年來計增益六千張左右。

XIV. 圖書之收藏

歷年以來，本所每年必斥鉅款以購求舊時歐美名貴雜誌。至于近日流行之期刊，則以本所出版物交換得之，其有書肆發行而非爲學會刊贈者，乃以現金購置之。最近美國韋斯德生物研究所惠贈其所藏儲之副份雜誌凡四百卷，計九十三種，惠益本所，殊非淺鮮，此則應特爲表記以誌感謝者也。茲將本年內贈購所得者，比列如次。其已經報告者，茲不復錄。

甲. 期刊自交換而得者

Acta Horti Gothoburgensis.

Bernice P. Bishop Bulletin.

Bollettino del la Societa Italieta di Biologia Ex-perimentale.

Bollettino del Laboratorio di Zoologia Generales Agraria.

Bollettino del la Sociata Botanica Italiana.

Bulletinul Gradinii Botanics si la Mussulni Botanic.

Contributions to Canadian Biology and Fisheries.

Contributions from the Herbarium of Taihoku Imperial University.

Journal of Chosen Natural History.

Mitteilungen aus dem Zoologeschen Staatsenstitute und Zollogischen Museum in Hamburg.

Publications from Arbeiten aus Biologischen Versuchsanstalt.

Publications from the Mount Desert Island Biological Laboratory.

Publications from University of Buffalo.

Publications from University of Oregon.

Publications from Bergeno Museums Arbok.

Research Publications of the University of Minnesota.

Research Publications of Tokuguwa Institute for Biology.

The Australian Zoologist.

乙． 期刊以現金購得者

Archiv fur Protistenkuude.

Journal of Mammalogy.

Verdoorn Fr. Annales Bryologici.

Zoologischer Anzeiger.

丙． 動物書籍以現金購得者

Anrep, G. V. & Harris, D. T., Practical Physiology, 1923

Beddare Frank D., The Structure and Classification of Birds, 1898

Burns David, An Introduction to Biophysics, 1929

Claparede et Lachmann, Etudes sur les Infusoires et les Rhizopodes, 1858-1861

Cunningham, J. T., Sexual Dimorphism in the Animal Kingdom, 1900

Desmarest, A. G., Considerations Genera les sus la Classe des Crustaces, 1825

Dobson, G. E., Catalogue of the Chiroptera, 1878

Dudekem, M. J., Description des Infusoires de La Belgique, 1862

Heller, Camil, Crustacean der Novara, 1865

Henderson, I. F., A Dictionary of Scientific Terms, 1929

Jesus de La Compagnie de—Memoires Concernant L'Histoire Naturelle De L'Empire Chinois, Tomes 1-4., 1880-1899.

Kingsdury, B. F. & Johannson, O. A., Histological Technique, 1927

Nicholson, E., Indians Snakes, 1878

Penard, E., Etudes sur Les Infusoires D'Eau Douce, 1622

Qunther Albert, Catalogue of the Acanthopterygian Fishes in the Collection of the British Museum,

Vol. 2, Parts 1-2, 1860

Quennerstedt, August, Bidrag till Sveriges Infusoire-Fauna, 1844

Rogers, C. G., Textbook of Comparative Physiology, 1927

Roux, J., Faune Infusorienne., 1901

Sclater, W. L., The Zoological Record, 1931

Tilney, F. & Riley, H. A., The Form and Functions of the Central Nervous System, 1928

Wallengren, Hans, Studier Ofver Ciliata Infusorier, Vols. 1-4. 1894-1906

Wenyon, C. M., Protozoology, Vols. 1-2, 1926

丁· 植物書籍以現金購得者

Annals Bryology, Supplement Vols, 1-2. 1930-1931

Barnes, C. R., Analytic Keys to the Genera and Species of North American Mosses, 1896

Camus, E. G., Les Bambusees (Texte et Atlas), 1913

Clinton-Baker, H., Illustrations of Conifers, Vols.,

第十八次年會記事

1-3, 1909

Darker, G. D., the Hypodermataceae of Conifers.

Engler, A., Die Naturlichen Pflanzenfamilien, Bend 7a, 1933

Handle-Mazzetti-Plantae Sinensis

Hitchcock, A. S., Field Work for the Local Botanist., 1932

Jesus de Campgnie de-Heude Museum Herborisations Dans Le Kiang-Souen, 1918

Koidzumi, G., Florae Symbolae Orientali-Asiaticae., 1930

Kudo, Yushun-Labiatarun Sino-Japonicarum Prodromus.

Lemee Albert, Dictionaire Descriptif et Synonymique des Generes de Plantes Phanerogames, IV, 1932

Maximowidz, C. J., Diagnoses Plantarum Novarum Asiaticarum, Vols. 1-7, 1877-1888

Overholts, L. O., The Polyporaceae of Ohio, 1914

78　　中　國　科　學　社

Schneider, Camillo Karl, Illustrieries Handbuch der Landholzkunde, 1912

Siebold, Fr. de, Florae Japonicae, Vols. 1-2., 1844-46

Siebold Fr. de, Plantarun quas in Japonia Collegit

Verdoorn, Fr., Manual of Bryology, 1922

XV. 儀器藥品之添置

欲善其事，必先利器，故儀器藥品之設備，實不容或緩焉。本年新事增設諸件，略陳如下表：

標本庋置架	十架
方型測微計	二枚
輪型測微計	一枚
解剖用具	四十件
壓力殺菌器	一座
乾氣殺菌器	一座
卡片櫥	一架
顯微鏡庋藏櫥	一座
各種藥品	五百磅

標本室用紙	千五百磅
玻璃用具	六百件
雜用器具	五十件

XVI. 學術機關之聯絡

本所自倡立之始，即得各方之贊助，其關係尤為密切者，厥為後起之北平靜生生物調查所。彼此之標本常互有贈貽以資借鏡，書籍文典，亦復有無相通。互助合作，極臻繁密，儼如一所矣。本所動植物兩部正式職員，頗有任教中央大學動植學系者，授課設教，以啓迪後進，而薪給所得，則盡以捐之所中，資為研究之耗費；而該校之教員與高年級學生亦多有來所研求，以利用本所之設備。植物部採集員常為中山陵園，中央大學附設之林場及其他造林機關採取四川植物及種苗。國立中央研究院自然歷史博物館延聘此間專家為其學術顧問，而本所工作人員，亦頗借用其所採獲，資作研究，發表其成績于該館刊物。浙江西湖博物館與四川中國西部科學院，時為本所採借標本，此間亦惟力之所及以輔助之。外此，國外之學術機關，亦常惠與濟助，或交贈標本，或遠

| 80 | 中國科學社 |

貽書物，其尤著者爲倫敦不列顛自然歷史博物館，巴黎博物院，美國紐約自然歷史博物館，華盛頓合衆國國家博物館，支加谷野外博物院。其他諸處，不復一一具列于此。

二十二年八月十八日所長秉　志

四. 圖書館報告

本館於去年年會時曾建議謀經濟充實之方，嗣後未得具體辦法，祇能仍照原有豫算進行。一年來雖困於經濟，事業之進展可報告者如下：

添置圖書爲本館第一急務。惟限於經濟未能多增。去年因於科學須謀普及。增購英美通俗科學書籍計三十餘種。幷增訂通俗科學雜誌十餘種。此外書籍之增購。除南京圖書館因敎育文化基金董事會之補助，得添置生物書籍外可謂絕無僅有。惟本館雖無力添購書籍，社友中以舊藏或新著惠贈者甚多。去年本社社長王季梁先生爲紀念其令兄王琎先生捐贈本館西文社會科學及英國文學典籍計六百七十餘種。皆爲本館尙未收藏之書。又沈君怡先生捐贈德文工程科等書十餘册。潘冠卿先生捐贈日文化工舊雜誌卅餘册。葉善定先生捐贈醫藥書籍數十册。社友而外中央研究院將全部出版品惠贈本館一份，並允將來出版物繼續贈閱。上海製造局惠贈該局譯印圖書全份計七百卅五册。因此京滬兩館去年共增加書籍

82 　中　國　科　學　社

計一千餘册。

　　本館自將生物論文交換機關擴充以來，年有增益。其中雖有停止交換，而增加者亦復不少。因此交換，本館得贈加書籍不少。維大半均爲關於生物學之期刊。

　　本館遵照美國分社之提議，開始編輯國內機關收藏之外國文雜誌目錄。俾便研究員之按圖索驥。自調查表格發出以來，各機關已陸續回覆。現正着手整理。惟現在職員無多，工作蔡緩。且此種工作與年俱進，爲長期之工作。將來工作過繁，尚須增加員工。該項目錄預定年內出版。

　　本館以科學爲前提，頗受外界之歡迎。來館參考者與函電詢問者日有數起。第以本館藏書無多，供不應求。參考者往往失望而返。二年以來，益覺科學圖書館實爲社會所殷求。本社以科學爲倡導，尤不能不先充實書庫。俾有志之士欲研討者知所問津。上海爲工業發達之區，研究參考者關於工業問題者爲多。將來本館經濟有着，當首先購置工業書籍以助上海工業之發展。尚望社友衆擎共舉，爲本館謀開源之方，啓工業發展之徑。精神物質，均所歡迎。

　　本館閱覽向以公開爲主，惟近來發現竊書及不守規則之

第十八次年會記事

閱者,乃不得不加以限制。是後閱者須購閱書證,每張兩元。書證繳還時,該款仍得領回。

本館職員王復初君,於二十一年九月辭職。王君職務現聘張君大瑞担任。其他職務仍舊。

本館現有書籍數列表如下:

1. 新增書籍

    本國語言書籍

    滬館新增書籍　　　　164冊

    滬館舊雜誌裝訂成冊　349冊

    京館新增書籍　　　　43冊

    京館舊雜誌裝訂成冊　15冊

    　　共　計　新　增　551冊

    外國語言書籍

    滬館新增書籍　　　　834冊

    滬館舊雜誌裝訂成冊　124冊

    京館新增書籍　　　　24冊

    京館新增生物書籍　　67冊

    京館舊雜誌裝訂成冊　218冊

中國科學社

共計新增　　　1307冊

2. 本年內定期刊物

本國語言刊物：本國語言刊物大半由交換而得。現在滬館所有較去年為增。計增73種，因停止而減少者亦有36種。連前現共有150餘種。京館現有131種。其中新增者有三種。

外國語言刊物：滬館本年定期刊物比較去年略有增減。現在訂閱者共有85種。新增者有下列幾種：

1. Education
2. School Review
3. Review of Scientific Inetruments
4. Popular Science
5. School Science Review
6. Science Education
7. Science New Letter
8. School Science and Mathematics
9. American Journal of Science
10. Nature Magazine
12. Research Bulletin of the National Education Association.

第十八次年會記事

又由交換而得之刊物共有110餘種。新增者有十餘種。京館本年定期刊物訂閱者有55種。其中新增者有三種。交換贈閱者計153種。其中新增者10種。現在滬京兩館外國語定期刊物各有200種以上。

3. 日報

本國語言日報有申報，新聞報，及時報。時事新報及晨報仍得繼續贈閱。

外國語言日報有美國紐約時報及其索引仍繼續訂閱，又字林西報亦繼續訂閱。

4. 圖書統計　本報現存書籍雜誌冊數如下：

一. 書籍總數　　　　　　　　22757
　　國語書籍　　　　　　6975
　　外國語書籍　　　　　15591
　　本館所有者　　　　　6592
　　國際交換書籍存本館者　7547
　　社員寄存者　　　　　1452
　　日文書籍　　　　　　191
二. 雜誌總數（其中有已裝訂成冊而減少）　17186

86　　　中　國　科　學　社

國語雜誌　　　　6564

外國語雜誌　　　10017

日文雜誌　　　　605

交換刊物機關： 生物論文交換及贈閱機關時有增減。現在國內交換動植物論文者有30餘處。國外交換植物論文者337處。交換動物論文者189處，交換植物論文者131處。共計687處。較之去年增加32處。凡國外之著名學術團體或學校等均與本館互相交換刊物，有價值之典籍陸續收到者甚多。本年新得國內外之交換機關有：

Biologische Richsanstalt für Land, Germany.

Zoological Museum, Göteborgs

Universitets-Bibliiteket, Sweden

The Herbarium Columbia University, N. Y.

Universitäts-Bibliothek, Lipzig.

The Atlantic Biological Station of Biological Board of
　　　Canada.

Deutsche Academie der Natulforsoker, Holle

Herbarium en Museum voor Systematiche Botanic,

— 423 —

第十八次年會記事

Java

Royal Asiatic Soc. North China Branch.

Institute für Auslandsbibliographic, Berlin-Britz

Dominion Museum, New Zealand.

American Philosophical Society, Philadelphia

The Lenin Academy of Agricultural Science in U.S.S.R.

Societe Dendrologique de France, Paris

Edith Stephans, University of Cape Town, Rondebach

Staats-u Universität-Bibliothek, Hamburg.

The Kanazawa University of Medicine

Universitäte-Bibliothek, Greifswald

Linnologische Station Niedeirkein Hinebeck, Haro Bey.

Western China Union University, Szechwan.

本館收支狀況及中華教育文化基金董事會補助費項下圖書費之收支狀況兩表，以遠處山間，籌據不便查考，暫略。俟下年度一併報告。

88　　中國科學社

敏行自廿二年五月初起因病請假，經理事會之議決，准假三個月。在請假期內，滬館一切事務均由于星海及張大瑞但任。京館由蔣逸羣但任。誌此以表謝忱。

　　　　　　　　　　　圖書館主任路敏行
　　　　　　　　　　　二十二年八月十八日

五. 編輯部報告

一年來本部共編"科學"十二期，即自十六卷九期至十七卷八期，計共1947頁其中論文96篇，其1701頁，投稿者78人，社員31人投39篇，計586頁，佔論文總頁數之34.45％ 非社員47人，投57篇，計1115頁，佔論文總頁數之65.55％ 論文篇數與頁數最多者為化學，計28篇，508頁，最少者為醫藥，計1篇7頁。詳「科學內容統計表」

全年十二期中有專號兩期。一為廿一年十月間「愛迭生逝世周年紀念專號」，出版後不久即已售完，曾再版發行。一為今年八月份之「氣象專號」，論文全部係中央研究院氣象研究所所供給。十七卷七期稿件係胡先驌先生所徵集，大都關於生物學者。翁文灝先生所集關於地學稿件，定於十七卷十期登載。趙燏黃先生主編之「國藥專號」，則將於九月初出版

本年三月間曾通函各科學研究機關及各學校，徵求各科學研究狀況及關於科學教育設施之稿件及照相與統計圖表等，其後陸續接到此類稿件，爰從十七卷六期起加闢"國內科

90	中　國　科　學　社

學"欄以登載之，甚望熱心吾國科學者時錫教言不吝指導，為幸！

二十二年八月十八日編輯部主任王　璡

科 學 內 容 統 計 表 （廿一年九月至廿二年八月）

卷	期	化學	氣象	物理	博記	農林	生物	無線電	算學	工程	地學	通論	天文	醫藥	雜俎	科學新聞	國內科學	科學名詞	本件附錄	科學咨詢	頁數
16	9	48		18			19							7	3						171
16	10	3		35	93	7				31				6			18				158
16	11	61	7			12			30			3		7	3	26					129
16	12	36	9	25		33								3	4	16		1			152
17	1	82			12	7		18	15		22	5	11	6	3		7				165
17	2	72	35	38	8	20	15		28	31				4	3						175
17	3	52	40	15			19	50	21					6	6	1					180
17	4	45	40			5	46	20		31	15	23		6	6						172
17	5	47		13			19	17			9			2	6	2	6			1	174
17	6	31			9	46	4						7	10	7		16	4			140
17	7	31												8	8			4			130
17	8		188										1	4	5				+)201		=1947
頁數		508	319	144	129	123	122	105	94	62	46	31	11	69	52	45	26	26	2		
佔總頁數之百分數		26.10	16.40	7.25	6.63	6.31	6.25	5.41	4.83	3.28	2.37	1.60	0.58	3.54	2.66	2.31	1.34	1.34	0.10			100 %
論文篇數		28		12	8	7	8	12	4	2	4	4	1	7	5	4	26	26	2		1	34

備註：
(1) 論文共96篇，1701頁。
(2) 社員投論文39篇，586頁；非社員投論文57篇，1115頁。
(3) 插圖26面，未列入本文頁數。
(4) 十二期（全年）本文共1947頁

川中各日報之時論

在年會期內，重慶成都各大日報對於本社，均特撰時論，勗勉備至，並表示熱烈歡迎，鴻文碩論美不勝收。惜記者因會務叢六，未及搜藏。茲將所得者轉錄於次。

慶祝中國科學社

重慶商務日報

我們聽說中國科學社要到重慶來開年會，早就表示誠懇的歡迎，（參看十五日本報）今天果然在重慶正式開會了，于是我們也再來誠懇的慶祝。因為我們感覺到過去二三十年間，種種主義，種種學說，由外洋移植到中國來，結果總是遷地不良，或藥不對症；有時甚至于變本加厲，如水益深，如火益熱，如今簡直被軍閥官僚及政客文盲們利用為擴充勢力，騙錢吃飯的工具去了。現在弄到國難臨頭，內外交逼的地步，勢窮則變，又不能不改絃易轍，于是種種救國主義又應運而起。但我們認定處此時際，惟有提倡科學才足以雪恥

91

,足以救亡。最近中央要人通電主張發展民力以充實國力，千言萬語，仍不外提倡科學救國，可見其爲當務之急了。故我們對于潛心硏究科學的團體，要特別表示誠懇的慶祝與歡迎。

近代歐美文明各國之所謂文明，實際祇是能將宇宙間所有一切天然的物質利用以厚生而已。詳細點說，就是他們國中隨時有很多很多的科學家，能將一切天然的東西，無論其爲有形的質，或無形的力，通通包羅攏來，分門別類的各作精密而有系統的硏究。于是一切天然東西的性質功效旣瞭然于心，結果自然能夠支配他們，征服他們，對于聲光電氣可當作牛馬奴隸一樣的驅使。換句話說，就是現代文明各國的文明，完全是科學家苦工血汗所創造出的，能夠指導普通民衆利用一切天然東西以爲衣食住行種種養生工具罷了。

但是這些天然物質，我們中國境內又何常不富足呢？甚且還可進一步說，我們中國土地廣大，氣候亦温和適宜，所有可爲養生之具的天然物質，實在是較任何文明國豐富得多。可惜民智閉塞，少有科學家指導，于天然現象的因果關係，不能十分明瞭，以爲有甚麽神甚麽鬼爲之主宰。于是結果

來祇有服從天然，受其支配，甚且反被天然的威力，當作牛馬奴隸一樣虐待。例如近月來天久不雨，似乎虐待我們連飯都不許吃了，而一般民衆祇有設壇懺悔茹素禁屠，從沒有人能夠利用科學方法去巧奪天工。唉！民智閉塞如此，怎能不藏富于地，坐而患貧呵。

我們自古以農立國，然而農業的成績，數千年如一日，農民胼手胝足，終歲勤苦，結果仰事俯畜，尙感不足，真可憐極了。但我再看農業最發達的美國，姑專就其農具說，在十九世紀，尙多用手工農具，現在則自下種耕耘以迄收穫，無不以機器替代了。至運用農具，最初尙假人力，繼則改用牛馬，現在則大都利用汽力電力了。據美國農部調查，謂在一八三〇年，每一英斗小麥之出產，須費人工三點零三分鐘，至一八九六年，以有機器耕種，每一英斗小麥之出產，僅須十分鐘，以工價計之，前者所費爲美金一角七分，後者則僅三分。一八五〇年每一英斗玉蜀黍之出產，須費人工四小時半，在一八九四年，僅須四十一分鐘。一八六〇年，每噸牧草之出產，須費三十五小時半之人工，至一八九四年，則十一時半，至今則僅一小時半了。設就工價計算，則一八九四年

每噸牧草須費工價八角三分，今則祇須一角六分了。這種種增加生產的機器，完全是科學家潛心研究科學所得的成績。他如肥料的製造，物種的選擇，土壤的改良，以及園藝牧畜森林等等的發達進步，亦無一非受科學之賜。再就其產額說，據其一九一七年之統計，在一八五二年輸出農產品之價值為美金七千萬餘元，至一九一七年則驟增至一萬萬四千餘萬元，比較增多兩倍，現在則更增至四倍五倍了。因其農業技術旣年有進步，則其產額自然要年年增加呀。倘與我們中國農業比較，真所謂相去天淵呵。但農業尚受地力有盡的限制，致其收穫不能利用科學為無窮的增加，若製造各業，則與地力少直接關係，所受科學之益尤為宏大。其他政治軍事凡百事業亦無不大賴科學家苦心努力，運用科學方法，增進效率，乃能充分發達。所以歐美各國，簡直有科學萬能之說。當此國難臨頭，我們亦認定惟有提倡科學，乃能雪恥救亡。

中國科學社是我國研究科學者唯一著名之集團，過去有十八年的歷史，關于科學上的貢獻當然不少。但我們這僻處西隅的四川，雖則各學校裏都在教授科學課程，實際一般民衆對于科學觀念薄弱的很，凡百事業亦幼稚的很。今天科學

社諸君既不遠萬里而來開年會，我們當然歡迎各專門學者依據科學方法，具體的指示我們利用一切天然物質，盡量發展農工各業。因為我們四川表面雖則僻處邊隅，實則自古號稱天府之國，所有煤鹽鐵油一切天然物質可為人們養生之用的東西，到處豐富得很，可惜民智閉塞，不知利用科學以謀開發罷了。今幸各專門學者惠然肯來，詳加指導，我們七千萬衆自然受益無窮了。末了，我們謹祝中國科學萬歲！

歡迎科學家來川

萬州日報

中國科學社將於本月在重慶舉行年會，社員百餘人已乘輪來川，預計今日午後抵萬。此間王師長及市縣機關代表準備招待，本報於此特綴數語，以示參加歡迎之忱。

四川僻處西陲，風習特殊，等國內一小國，為迷信之淵藪，歷史上每有方士妖人以術干當道惑民衆，甚而聚黨為亂，典籍所載，其例甚多，故雖沃野千里，號稱天府，竟不能免於先亂後治之譏評，良有以也！科學者迷信之勁敵，破除迷信，端賴科學，即振興四川，大有賴於科學，吾人歡迎科

學家來川，此一義也。

四川旣以地勢，土壤，氣候，交通種種關係，造成一種特殊民族性。有衝鋒陷陣之戰將，無頂天立地之政客，學術思想史上多吟風弄月之文人，少成一家言之學者。如司馬相如楊子雲陳子昂以及蘇氏父子均四川歷史上最負盛名之人，但均文士而非學者。明末遭張獻忠之亂，讀書種子幾絕，四川文化降至零點，各省簍人移殖來川，奔走數十年衣食旣足，始敎子弟讀書，故有淸一代卽文士亦復寥寥。淸末張文襄來川主持學政，有見及此，乃延聘海內學人入川，兪曲園以母老謝却，王湘綺來主尊經書院，四川文風稍盛。然湘綺爲一代詞人。其所陶鑄獎拔類多文士；曲園乃一代經師，以科學方法治經。使當日惠然肯來，則其成就旣不同。影響亦殊鉅。四川今日之學風或不至此。是知風氣閉塞文化落後之區，得一二賢者爲之創導足以一改舊觀。何況中國科學社諸君，乃海內學者，聯翩西來，指導贊助。其促進四川文化寧有涯涘。此吾人歡迎之又一義也。

際此時局倥偬。復値盛夏溽暑，遠道跋涉，不避險阻，科學社諸君誠勞苦矣。尚望爲國珍重，便祝諸君康健！

第十八次年會記事

二二，八，一三，

歡迎中國科學社

嘉陵江日報

中國科學社社友百二十人，已于本月十五日聯袂抵渝，又于今午十一時來峽，在溫泉公園舉行第十八屆年會。此素稱「魔窟」之四川，或以該社諸君之忻然來臨，得以一線曙光，而有其新的途徑，卽舉國所謂「魔窟中之樂園」之峽區，更引以爲榮，而抱有無窮之願望。茲僅就管見所及，縷陳鄙冀數端，維科學社諸君子察納焉。

遍讀吾國古籍，如清之盛行八股，明之趨重理學，漢之騖于玄學，⋯⋯靡非徒事空談，虛構理論，而不求實際，是于國家社會，不惟無用，反而釀成思想之混亂，社會之不安，致遺種種不澈底之事實與現象，此固因一個時代之環境而產生者。然而覘乎現代整個的社會，其所積極需要者何？更而覘乎當前之中國，所急求者何？以最淺顯之眼光觀之，其所積極需要者，厥惟科學二字耳。

有人云，中國抗日應有三道防線，第一道防線卽在前方

實際作戰者，第二道防線卽國內之礦山工廠，第三道防線築于化驗室中，而由各科學家鞏其後防。由是言也，可知科學所處地位之緊要，所負責任之重大，而各科學家之應努力，從事救國工作，更不待嘵叨于是矣。

　　近代文明各國之日漸趨乎强盛，莫不以科學是賴。若科學在任何環境皆處于領導地位，而非被動的。是故一個科學昌明之國家，其國之文化，建設，兵力，…………必隨之而邁進。如蘇俄自公佈五年計劃以後，各科學家率皆盡力研求其實現之方法，若建築工塲也，開發礦山也，探求寶藏也。………如日本旣恃其武力佔據東北以後，擧國之科學家悉隨其武力之後從事開闢建設之工作。反而自論，吾國幅隕之廣旣居世界之第三位，人口之稠又冠于全球，寶藏之厚甲于天下。然而幅隕雖闊，實不啻砧上之肉，任人盤據；人口雖衆，却難敵區區倭寇，任其搏殺；寶藏雖富，則從而不事開發，反求于外。…………擧凡類此之不景氣象，胥科學不發達之故也。諸君子旣負有科學之使命，則所有全國「用」的方面之開闢，建設，發明，開採，…………工作，非諸君子莫屬矣，而領導我國入强盛之途者，亦非諸君子莫能矣。

第 十 八 次 年 會 記 事

上此所述僅關于科學上縱的方面者，科學之大豈惟如是。他若政治經濟所有之一切方法計劃，亦皆含有科學方法。蓋科學乃求物之至理，一事之方法亦然，須探其必然之因果，始克臻乎眞善美之境地。是故愚以爲科學不僅當由縱的方面求進步，亦應同時從橫的方面求發展。

鄙見所及，僅此潦潦數語，且語而無倫，意而不周。要之，大而全國，小而吾川，更而吾峽，莫不予諸君子以最重大之希冀。深盼諸君子爲我國民族闢一新的途徑，領導全國民衆建一新的國家。

來 電

成都劉督辦來電

軍部轉中國科學社鑒本屆開會湘以要務覊身不克躬親出席至以為歉茲特派甘校長典夔前來代表藉達鄙忱並派何北衡君招待一切偕行來省極為懽迓特電佈聞劉湘元

中華建設學會來電

盧作孚先生煩轉中國科學社列位先生惠鑒夙欽德輝莫名景仰茲聞聯旆西邁雅集渝中錦水巴岳增顏色定知名理眞光照曜寒野有造文化寧有際涯征輈何時赴蓉祈先期電示以便郊迎敬聆教益特致歡悃佇盼環雲中華建設學會叩皓

成都楊軍長來電

民生公司盧作孚兄鑒中國科學社會員諸君此行來川考查作實地之探究為科學啓新機稗益良非淺尠敝軍同人極深佩幸如能赴廣考查藉得親承指導尤所歡迎茲派敝軍秘書劉湘浦會

同招待卽希代達此意是所感盼楊森巧叩

成都田軍長來電

渝民生公司盧作孚兄轉中國科學社社員諸先生均鑒貴社昌明科學國內晚從此次到渝開會爲吾川莫大榮幸此間人士仰望豐采甚殷切盼諸先生移駕來蓉昭示科學眞諦用資觀感特電歡迎幷頌旅祺田頌堯叩巧

成都華西協合大學來電

民生公司盧作孚先生轉科學社列位先生均鑒德星光降渝郡生輝再懇來蓉呼高應遠特電歡迎惠臨是幸華西大學叩巧印

此外尙有四川大學等來電,曾在布告處公佈,惟記者臨行時已爲他人收去,無從覓取,不及刊入本刊,深以爲歉。

年會中所見之標語

重慶市商會之歡迎標語

重慶市商會，所以欠中國科學社來川舉行第十八屆年會，尤其在渝埠與北碚溫泉兩地開會，誠空前未有之盛況，特領導全市各幫商人，表示極熱烈之歡迎，幷書標語，張貼滿衢。以激起川人從事科學建設之興趣。其標語為該會主席溫少鶴手擬，茲以所見錄后：『科學救國』『歡迎中國科學社在渝開年會，所以引起一般人民之科學觀念』『利用科學方法可以振興一切事業』『開發四川富源，端賴科學』『欲挽救吾國貧弱，非提倡科學不可』『研究科學使吾人理智趨於正確』『欲發展農工商業非從科學入手不可』等等，下款均寫重慶市商會製，

北碚之歡迎標語

『訓練青年：以科學的方法爲人；以科學的方法救國乃至于救世。』『用科學方法，尋求中國西部的出產；從地質研

102

第十八次年會記事

究上，尋求地下的出產；從生物研究上，尋求地上的出產。科學事業以生產為中心；研究方面，研究生產的方法；教育方面，教育生產方面需要的人才。』『提倡以科學方法生產』。『提倡以科學方法訓練工人；以科學方法管理工廠』。『增加民眾科學的常識，科學的技術』。『以科學方法，訓練民眾解決當前問題；領導民眾開闢未來道路。』『我們要以科學方法：調查農村經濟；發展農村經濟。』『我們要以科學方法：研究農民生活；指導農民生活。』『我們要以科學方法調查戶口，保持治安，講求公共衛生，預防公共災害。』『我們要以科學方法：訓練自己，幫助民眾。』『提高人類的兩種生活：科學的，藝術的。』『我們從自然接觸上，研究自然科學；從社會接觸上，研究社會科學。』『我們從圖書館中，建設科學的環境，幫助科學的研究。』『現代的兩大文明：科學的物質建設，科學的社會組織。』『以科學的信仰替代迷信』。『科學有兩大方法：橫的方面，是求一個系統，縱的方面是求一個因果的關係。』『我們採用科學方法使——物質建設，直到世界最後一步，社會組織，會比現在更進一步。』『科學的對象，是實際事物，不是書本。』『科學是整理經驗的方法，我們

104　　中　國　科　學　社

必須有經驗，經驗必須經整理。』『國防三道防線：第一線是海陸空軍；第二線是礦山工廠農場火車輪船；第三線是科學實驗室，端賴科學家鞏固最後防線。』

尚有巴縣中學，川東師範，溫泉公園等處之標語甚多，因限于時間，未及抄錄。

中國科學社 美洲分會 / 中國工程師學會美洲分會社

聯合年會紀事

　　民國二十二年聯合年會於八月二十四至二十八日在紐約舉行，會場設於紐約國際公寓甲乙丙會集室。事先由兩分會舉人共同籌備，如敦請名人演講，徵集論文，籌備游藝，舉行餐會，遊覽名勝，接洽參觀，共計四日之會序，無不先期極力求全，從事籌備。至開會時，除在哥侖比亞大學附近通衢公佈外，並發行年會特刊，以利會員及外界來賓，內載四日年會會序及此次年會論文提要，開兩分會之先例。凡關心兩會之人士，設未能參與盛會，而人手一本，讀及會序，可知年會之情形；讀及論文提要，可知兩會會員研究之趨向矣。茲特將四日經過，記之於後，藉誌始末：

　　會場——會場設於國際公寓甲乙丙室。丙室為進口，門頭標「科學工程」四字，旁懸對聯一付「協力同心致知格物」「集思廣益利用厚生」。上聯寓通力合作，努力於科學之意，

中國科學社 　106

下聯寓共同討論發展工程，以利民生之意，同時引用科學社社徽上之「致知格物利用厚生」八字。室內用紅綠紙帶交叉，中懸一鐘，雖點綴簡單，而莊嚴之意頗能充分表現。丙室用為辦公室，甲乙兩室用為會場。值此新秋天氣，溽暑漸消，有此時地之相宜，到會者之興趣，亦因以倍濃焉。

八月廿五日

註册——廿四日下午四時至六時及廿五日九時至十時為註册時間，本年因多數會員返國，兩會會員註册者僅十八人。

開幕典禮——上午十時舉行開幕禮，由張光華君主席，先述兩會合作之原因及將來在中國科學工程界努力之需要。次介紹科學社職員周田君致歡迎詞，周君發揮年會之意義有三，一為交換知識報告心得。二為聯絡感情。三為提倡科學與工程。再次介紹工程師學會連任會長歐陽藻君致歡迎辭。歐陽君首述科學工程兩會過去在中國之努力。當今日國內外經濟軍事暗鬥愈激之時，第二次世界大戰在最近之將來恐終不免。欲謀中國之生存，須從速利用工業化，以裕民生，力固國防，以免蠶食。欲達此種目的，端賴科學與工程。願科

學與工程同志，互相共勉，向此兩途努力焉。

名人演講——年會開幕時，有名人演講。首先主講者為趙元任博士，趙先生為科學社昔年發起人之一，返國後在物理方言上頗多貢獻，現任清華留學生監督。其講題為「方言學在科學與工程上之重要」，發表科學理論，闡明工程應用，莫不賴簡捷有效之方言。中國文字雖稱為世界最有系統之文字，然因其困難，遂不能為科學家所採用，其次為英文。我國科學前途之發達，仍希望於我國文字，能在科學上之應用。文言，白話，駢體，散行，何者為宜，固無一定之標準。然就科學本身言之，當以文字能直接表明意義而簡單實用者為佳，其中要以白話為宜。次為華樂兒教授（Prof. E. P. Warner）演講。華氏為航空界前輩，曾於柯立芝總統任內時，任海軍部航空司司長。曾任麻省理工大學航空教授多年，著有航空學書籍甚多，現任「航空月刊」總編輯。其講題為(The Engineer) 華氏對於(一)工程師本身與社會之關係；(二)打破與利用習慣來解決社會問題；(三)廣義之工程師並非限於技術方面，是就整個社會上之需要，利用其技術，來適應於社會環境而為人羣謀福利等等，發揮詳盡。並以其昔

日任事之經驗及美國有成績之工程師所經過之途徑為例證。二氏之演講皆關於發展中國科學與工程之基本問題，值得我青年學者注意及之。十二時宣告散會，到會者多被邀至興記園共膳。

宣讀論文——宣讀論文，計有二組。今日下午係第一組，由周田王葆和兩位博士分任主席，按會序排列，計有論文十二篇，但因作者有八位未到，當場宣讀者，僅有六篇。如周田君之 (The relation between the rate of reaction and the potential of system) 化學工程師 (R. L. Holliday) 之「化學工廠內工程部之組織」，航空工程師周傳璋君之「新式快行飛機上空氣阻力之研究」，丁緒寶君何增祿君之「創辦中國科學儀器廠」意見書四篇，皆由作者親自宣讀。此外作者未到，其論文請人代讀者，有周西屏君所作之 (Brief Historical account of the vector calculus with reference to Electrical Engineering) 及馬翠周君所作之「上海飛機廠之設計」兩篇由周傳璋君代讀，共歷三小時之久。登台宣讀者咸能解釋清晰，在每人規定十五分鐘之內，能扼要發揮理論，使聽者領略要旨，非研究有素者，頗難如此流暢也。（其他論文

第十八次年會記事

題參閱聯合年會特刊第四、七、八等頁)。

交際會——星期五晚八時半，在甲乙兩室開交際會，所以招待來賓，俾會員來賓間相互聯絡感情也。由李振南博士主席，先介紹琢恩（J. A. Dean, Service Engineer, Sperry Products Company）先生放映活動電影解釋「裂軌」檢驗器 (Detection of Rail Fissures by Sperry Rail Detector,) 及羅賽 (F. A. Rossell) 先生演講紐約「赫德生 (Hudson) 隧道之建築史」。二位均用幻燈及活動電影，按圖說明，引人入勝，歷一時半之久。惜時短片長，未能令其演完，不無抱憾，至十一時由主席介紹趙元任先生兩女公子歌唱畢，即宣告自由談話，互相通報姓名，以收聯絡感情之實效。籌備委員雖事先預備諸多遊藝節目，如李闓奉女士之遊戲，蘇宗固，韓傳華諸位之音樂，均以時晏，未克表演。籌備委員會主席李振南夫人，對來賓深覺抱歉。該晚雖時至午夜，男女賓朋仍未盡散，於此可知其興趣之濃矣，當晚到會者共計六十餘人云。

宣讀論文

宣讀論文——今日上午九時至十一時係論文第二組宣讀

。由丁緒寶周傳璋兩位先生分任主席。列入今日論文組會序者，計有論文十一篇。本人到會宣讀者計有李振南博士之「互聯法之原理及其應用於商情預測」，貝克華(M.R. Bahagwat)氏之「科學思想」(Scientific Mind)，羅榮安先生之(The Curtiss Hawk Persuit Plane)王葆和博士之(Continuous Recording of Kennelly-Heaviside Layer Heights)祁定(H. J. Keating)先生之(Tool Planning and Inspection for Munition Production)。本人未到請人代讀其論文者，有馬翼周先生一篇，題爲(Controllable-Pitch Propeller)由周傳璋君代讀。此六篇論文中，或關於預測商情，或關於飛機設計，或關於工廠管理，或關於電波現象，皆爲自然或應用科學上之當今切要問題。宣讀者能專心研究，寫成大塊文章，裨益於科學工程界者。誠非淺鮮也。

事務會議——原定會程今日下午爲科學工程兩會分組討論會務，嗣以到會人數不齊，遂改在明日下午舉行。

年會宴會——每年宴會，不特爲年會中重要節目之一，卽在中國學生團體中，亦屬盛舉。事前印就餐券，遍貼廣告，分函送券，以便關心中國之人士，得有機會參加。今晚七

第十八次年會記事

時，宴會在陳利餐館舉行，到會者共計四十餘人，並請有幾位名人出席演講。宴會由李嗣綿君主席，聚餐畢，由主席介紹包朗（D. A. Brown）博士演講「中國水災問題」。包氏任華洋義賑會名譽主席有年，年前在中國關於防水築隄工作，有切實之調查。民國二十年長江水災後，包氏親睹三千英哩築隄工作，完全由中國工程師在氾濫時期中主持築成，其功實不可沒。包氏自稱為與中國最親善之友人，對中國作反宣傳者，遇有機會，包氏恆無所忌憚，作强有力之辯正。希望我國人自己對這點宜深加注意。包氏辭畢，繼起者有白夫人（Mrs. T. C. White）夫人以德菱公主著名，為前清公主，適白氏多年，卜居華美兩國，來往甚頻，此次來紐約居住者已六年。平昔關心國事，努力於著作，從事於演講，無時無地不令一般美國人了解中國文化，認識中國民族，誠為中國愛國之有心人也。白夫人起立述其在美對國事宣傳之努力，並竭誠希望中國青年工程師科學家能人人繼詹公天佑之後，具創造精神，建起一新中國。末為張祥麟博士演講，略謂我國目前地位低落，無往不受暴日之中傷，即以此次芝加哥博覽會為例，經張博士幾次之抗議，博覽會當局始將世界否認

112　　中　國　科　學　社

之滿洲國之利日宣傳取消，但亦應作事實上有力之辯護。至於我國國內情形，亦希望勿爲一般無事實上根據之報紙所淆混，諸位爲科學與工程同學，所負責任與所取步驟，應按歐陽君所作特刊中之引言上確實做去。演詞畢，由主席起立致謝，宣佈正式散會。後請會員來賓留此跳舞及欣賞「平地舞」(Floor Show)。客散後，留連夜景者，尚不乏人。

八月廿七日

討論會今日上午九時至十二時，爲公開討論會。題爲「中國工業化」，因人數不足，未能按時開會，候至十二時半始由丁緒寶先生主席，宣佈開會。首請歐陽藻君宣讀論文，其題爲「中國在工業化過程中之地位」歷半小時之久。將中國工業化必需之主要原動力，金屬，交通，農產等，按確實之調查，作爲圖表二十二幅，表示何者爲急需，何者最落後，提出幾種先決問題，欲實際施行工業化，此等問題，絕對不可忽略。次由朱玉崙君宣讀其「發展中國煤礦業之研究」論文一篇。朱君積多年之研究，已將此問題，寫成兩冊，在極短時間內，當然不能盡量發揮，但於緊要問題，屬於經濟方面的如生產，消售，工資，競爭問題；屬於工程方面，如開採

第十八次年會記事

，運輸等問題，皆能一一涉及。其中撮要者爲今日中國之煤業，被英日所控制，欲與之爭市面，非用巨量機器生產及廉價運輸不可，倘此點能做到，國外商場，亦有插足之可能。朱君讀畢，繼以短時間之討論，由歐陽藻君主席主持討論，各人隨意發表意見。除各會員及來賓相繼發言後，並有來賓美國女士加入討論。交換意見，所說頗多扼要。討論至四時，關於工業化題目，認爲極關重大，絕非我等少數人所能探得結論，應有繼續討論的必要。本年係第一次提出，多數人未能參加討論，深望兩會會員，就其本身與國家存亡之關係，人人起而研究之，庶明年年會時可有較充分之討論。其他關於兩會應搜集及同人應介紹關於工業化之文章，亦有相當之提議。四時一刻，繼以事務會議。

事務會議——應於昨日下午舉行之事務會議。改爲今日下午舉行。科學社因人數不足，未開會。工程師學會，到會者有周傳璋，朱玉崙，王葆和，張光華，梁興貴，歐陽藻六人，歐陽藻君主席，首報告過去一年會務概況，會員人數，經濟狀況，新職員結果等。次爲今日應討論之節目，一爲補充職員，二爲議定分會會刊發行期數，結果王葆和君被舉爲

書記並出版委員會主席，朱玉崙君為會計。嗣以時晏，五時半宣佈散會。

遊覽名勝——按會序今日下午為遊覽名勝，晚間參觀射電城(Radio City)。因射電城星期日缺人招待，遂改為星期一，故今晚時間可以完全改為遊覽名勝。同行者六人，乘地道車至一百八十街過華盛頓吊橋至紐赫色(New Jersey Side)，橋高水面二百五十呎，登橋頂四望，遠見輕便汽艇，一二風帆，往來水面。俯視泅人成羣，出沒無定，儼似魚遊。左岸則月上東山，隱約於層樓之梢（紐約）。右岸則夕陽深樹，點綴於青崖碧嶂之間（紐赫色）。此情此景，令我等胸襟為之一展，腦海為之一新，燈火齊明之候，我等至紐赫色方面，覓得餐館，進晚膳後，乘車至(Pollisade Park)遊戲園內暢遊至深夜，始乘輪渡而返。

八月廿八日

參觀工廠上午十時至 Brooklyn 之 Sperry Gyroscope Co. 參觀。前往者計十一人，內有美國女友一位。人數齊到時。由該公司派嚮導兩位分兩組參觀。自船舶上所用之羅盤(Gyroscope Compass)，飛機上所用之定向儀器，海洋巨艦

第 十 八 次 年 會 記 事

防止擺動之 Gyroscopic Stablizer)高射炮上所用之探聲器(Sound Locater)，探照燈 (Search Light)，小至學校用之(Gyroscope)模型等，無不一一看到，嚮導詳爲解釋。臨行時，復各贈一份印刷品，以備參考。由該公司出來，即至中國城如意館用點心充午膳。膳畢囘至公寓，再糾集同人渡赫德生河，前往(Edgewater)參觀福特汽車公司裝置部。同去者凡九人，到時已遲，公司派一嚮導，領至各處略覽一週。此廠爲該公司在美最大之裝置部，充分容量，可容六千人，現僅雇用二千人。最大生產量每日可產汽車八百部，現時出產量爲二百六十部。此廠出貨專供給美國東部及國外市場，各零件皆運自別廠。自裝置原動機，配合車身，油漆門窗。直至各部完成，開車至貨棧，經過各種手續，無不一一走馬看花，歷時一點半鐘而返。時間雖短，對於汽車裝配之方法。可略知其大概。晚間七時往紐約城中正在建築中之射電城參觀。城佔 Rockeffeller Center 之一部，著名者有瞭望塔 (Observation Tower) 音樂廳 (Musical Hall) 及新 Roxy 電影院。此行有十人前往，由值夜之經理領至各部參觀，先登電梯至八百呎高之瞭望塔，放目曠觀，全城在望。夜班司

闊者，復能於電光閃爍中，指出各處高樓大廈，一一介紹於我遊人之前，所說多引人生趣。次由高塔下降，歷經各部，直至地窖上，距地面六十五呎之深處。關於廈內之熱冷水管道之裝置，冷氣房(Refrigeration Plant)電梯配電及控制室，及NBC無線電廣播電台將來所用之電力室等，皆能盡量參觀。此不遵限於RKO高廈之內，他樓不在焉。至音樂廳，則另一部也。觀畢引導者復代向音樂廳接洽，遂得參觀該廳後台之佈置，粉光變換室，化裝室，製造行頭室，練習室，轉台控制機關，及音樂隊升降機之動作，佈景之變換，得窺內幕。其最有趣者，當舞女表演時，我等在後台能親歷其境，極目暢觀，因窺全豹，是較費頭等戲票去看戲者，所樂不啻有霄壤之別也。待參觀畢，時近十點，領導者復邀我等入樓座，請看白戲，凡電影，雜耍，音樂，跳舞，節目，我等悉覽無餘。待戲台空，觀客四散之時，我等參觀團人人喜形於色而相告曰，如此參觀，『大揩其油』我學會有感於射電城者多矣。可惜多數會員未能參加，不免有向隅之憾。總計四日聯合年會，於此興高采烈聲中宣告閉幕矣。我會員散居各處，或赴會有心而孔方不便，或已擇期命駕，而忽為事阻

，致誤盛會。讀此一篇庶可知此屆年會之梗概矣。

歐陽藻　九月十日

聯合年會職員表

委員長　　歐陽藻

代　表

中國科學社	中國工程師學會
美洲分社	美洲分會
總幹事	大會主席
周　田	張光華
熊學謙	幹事　周傳璋
論文組主席	論文組主席
丁緒寶	王葆和

交際委員會

委員長　　李振南夫人

出版委員會

委員長　　Edward W. Fong.

中國科學社第十九次年會紀事錄

第十九次年會紀事錄內容

1. 年會紀事
2. 總幹事報告
3. 會計報告
4. 生物研究所報告
5. 圖書館報告
6. 編輯部報告
7. 年會論文提要

中國科學社

第十九次年會紀事錄

　　本社第十九次年會，於二十三年八月二十一日至二十六日在江西省廬山蓮花谷青年會，與中國地理學會，中國動物學會，中國植物學會三團體聯合舉行。閉會後復赴南昌演講，幷參觀收復匪區中一切新建設工作。承江西省政府預籌款待，予以種種便利，年會得能順利進行，不勝感謝。年會職員及年會日程如下：

年會名譽會長　熊式輝

年會委員會　蕭純錦（委員長）程時烇　胡先驌　鍾心烜
　　　　　　董時進　楊孝述　方子衞

論文委員會　竺可楨（委員長）張景鉞　謝家榮　何衍璿
　　　　　　曹梁廈　茅以昇　顧翊羣　葉企孫　王家楫

演講委員會　胡先驌（委員長）何　魯　嚴濟慈　楊紹曾
　　　　　　伍獻文　秦仁昌　胡博淵　陳清華　張延祥

會程委員會　任鴻雋（委員長）周　仁　張其昀　胡剛復
　　　　　　錢崇澍　熊正理　盧子道　孫洪芬　路敏行

招待委員會 李右襄（委員長）羅一束（副委員長）蔣志澄 李中襄 鮑公任 鍾季襄 程宗宣 趙可師 謝頤年

交際委員會 程時烴（委員長）夏家珧（副委員長）龔伯循 歐陽祖經 劉孝堪 鍾季襄 熊正琚

八月二十一日（星期二）

上午九時起 註冊（青年會事務所）

八月二十二日（星期三）

上午九時 正式開幕 主席領導行禮並致詞 社長致開會詞 中國地理學會會長致詞 中國動物學會會長致詞 中國植物學會會長致詞 來賓演說 社員演說 （青年會大禮堂）

下午二時 第一次社務大會（青年會大禮堂）

八月二十三日（星期四）

上午九時 宣讀論文 分理化地理組 動物學組 植學組 宣讀（青年會事務所樓上教室）

下午二時 中國植物學會 中國地理學會 中國動物學會 社務會（青年會事務所）

第十九次年會紀事

下午五時　蔣介石委員長及夫人在牯嶺十三號公館招待野餐會

下午七時　江西省政府公宴（青年會大食堂）

八月二十四日（星期五）

上午九時　宣讀論文　（分組及地點同前）

下午二時　遊覽，及物理學會物理名詞審查會（天池）

下午六時　廬山管理局　九江市政委員會

九江縣政府公宴（牯嶺惠爾康餐館）

八月二十五日（星期六）

上午九時　第二次社務大會（青年會大禮堂）

下午二時　遊覽

下午七時　年會宴會（青年會大食堂）

八月二十六日（星期日）

全日遊覽

八月二十七日（星期一）

上午七時　出發赴南昌

本年會到會社員註册者共計一百二十七人，又社員眷屬及來賓註册者共計二十二人，姓名列下

4　中國科學社

社員 伍連德	劉恩蘭	許植方	周榕仙	劉肇安	榮達坊
徐善祥	竺可楨	裴維裕	馬心儀	周　銘	胡剛復
張洪沅	張江樹	李寅恭	魯淑音	趙廷炳	薛紹清
何　魯	曾　義	趙孝清	倪尚達	黃　綬	黃羅淑斌
柳詒徵	柯象峯	柯成懋	路敏行	陳納遜	任叔永
周　仁	秉　志	方子衞	袁樹聲	朱鶴年	姚啓鈞
張　雲	翟俊千	盧于道	王家楫	伍獻文	張宗漢
范肖岩	董聿茂	貝時璋	孫宗彭	馮言安	楊叔吉
蔡賓牟	楊季瑤	何德奎	潘承誥	汪典存	楊孝述
張景鉞	盛永發	黎崇恆	何育杰	程時煃	劉夢錫
沈　㴀	董時進	盧作孚	朱其清	梅貽琦	崔宗塤
熊正理	熊正珽	熊正琚	劉孝基	周宣德	孫明經
李先聞	楊卓新	鄧植儀	諶湛溪	張孟聞	方　壺
鄧啓東	朱起鳳	陳可忠	辛樹幟	湯佩松	武兆發
朱庭祜	壽振黃	高振華	錢崇樹	胡敦復	周厚樞
張鴻基	羅一東	樂天愚	胡先驌	傅煥光	史久莊
翁文灝	張其昀	王崇植	陳清華	蕭純錦	顧　振
R. M. Chester		歐陽祖經	蔣夢麟	熊學謙	劉廷蔚

第十九次年會紀事

衛挺生　閻彝銘　朱德明　葛毓桂　韋潤珊　楊蔭慶
彭　謙　石道濟　蔡源明　鄭法五　裴益祥　張精一
馬名海　秦仁昌　陳封懷　曾昭掄　韓明炬　葉善定
吳雨霖　彭維翰

社員眷屬　劉肇興　張洪沅夫人　李寅恭夫人　魯美音　柯成楸夫人　路敏行夫人　袁樹聲夫人　汪典存夫人　崔之蘭　黎崇恆夫人　劉夢錫夫人　朱其清夫人　劉孝基夫人　楊淑敬　鄭法五夫人　韓明炬夫人　葉善性

來賓　羅廣庭　黃維榮　項顯洛　唐甯康　李達夫

八月二十二日　年會第一日

上午九時在蓮花谷青年會大禮堂行開幕典禮，全體到會社員出席，並到來賓蔣委員長代表陳布雷，江西省政府主席熊式輝，教育部長王世杰，中央委員陳立夫等共約二百人。由年會委員長蕭純錦主席，開會如儀。首由主席致歡迎詞，並對于科學建設中興民族多所發揮。略謂匪共為患，為歷史上之一大變故，蔣委員長以全國之力，收復匪區，在民族生存上，最有意義。江西匪共，肅清之期不遠

9　中國科學社

，但以國際不景氣，全國農村破產，僅恃兵力，亦未能解決一切問題，端賴專門人才，科學方法，從事善後建設，方克有濟。江西河道便利，物產豐富，手工業發達，在共匪殘破之後，開始建設之期，同人適於此時來此，定有大貢獻於江西建設。一民族發生大難非偶然之事，肅平大難亦非偶然可致。能克服此難關，民族可中興，不能克服卽滅亡，今日眞是大難關頭也。

社長任鴻雋致開會詞　先表示對於江西省府招待之謝意。次報告，略謂本社成立以來可分爲三時期。民國四年至八年爲萌芽時期，在國外。八年至十三年爲移植時期，從國外逐漸移至國內，以後爲發育時期。迄現在社員人數已達一千六百餘人，北平南京上海廣州重慶等九處均設有社友會。本社以聯合同志，研究學術，共圖中國科學之發展爲宗旨。說到研究，西方從事實上研究，中國向來從文字上研究，此是東西文化之所以不同，本社提倡科學研究，卽在要採取西方之所長。本社所辦之事業，有出版，包括月刊，畫報半月刊，論文專刊，及其他各種書籍，南京設生物研究所，上海設明復圖書館，此外如審查科學名詞

第十九次年會紀事

，舉行公開演講等事業。十餘年來照章進行，從不間斷。年會漸漸成為重要之事，其旨在交換智識，參觀國內各地，隨處貢獻意見。前年在陝西，去年在四川，以求遍及全國。本年在廬山，以其名勝學術均有地位，且可就近參觀匪區，在在足供我人之研究。本屆年會更有特點，地理動物植物三學會係本社之年輕兄弟，在此聯合開會此其一。本年論文多至一百數十篇，為往年所未有此其二，地點難得，朱子講學之地再加上西方學術，益使廬山在學術上有重要地位。所以本年會可謂四美具，二難并矣。

地理學會代表竺可楨致詞　中國地理學會因時間經濟關係在此開成立大會，中國科學社是本會的姊姊，承姊姊指導成立，深覺感謝。地理學在中國古代已有相當注意，如禹貢一書卽古代之地理學。至現代，尤其在歐戰以後，更其重要，國家一切問題，都與地理有關係。我國尚無好地圖，最近申報出版翁丁二君所製之地圖，已算第一好書。所以班洪問題發生，外交部竟無地圖可據，不但中國自己無圖，卽外國所已有者亦不備。此外為開發西北問題，亦須賴精確地圖，方能進行無礙。本會成立，除研究地理

8　　中　國　科　學　社

外，並在提倡使國人相當注意。

植物學會代表錢崇澍致詞　植物學會成立於去年本社四川年會中。中國科學社包括各科專門甚廣，植物學範圍甚狹，但各種科學彼此都有關係，故有一同開會之必要。人謂科學萬能，但科學家的能力甚小，惟有互相合作，方可得科學萬能，希望明年本社年會再有別種學會加入。

動物學會代表秉志致詞　科學社創辦之時只有十餘人，辦一種科學雜誌，人才經費都感缺乏。以十餘年之奮鬥，千百人之合作，始有今日之規模。動物學會尚未開成立大會，只可算尚在胚胎時期。社的範圍甚大，動物學之範圍甚狹，但研究動物之人今已甚多，足見國內科學已有相當發達。甚願本會成立後，永遠與科學社發生關係，不脫離母體。方才錢先生已說過，科學萬能而科學家只有一能，所以科學家必須互相合作，科學方能發達。現在各科學之間實已不能分離，即以生物而論，已有生物化學，生物物理，生物算學，等科目。將來或許有生物天文，研究各種星球上動植物種子之傳遞。動物學一門在門外漢看來以為很小，但同人畢生研究不盡，而且與醫藥，生理，社會

第十九次年會紀事

等在在有密切關係。早婚子孫多不壽，動物學會之成立動機還在數年以前，醞釀至今年成熟，方開成立大會，晚婚子孫定可壽命長久。

蔣委員長代表陳布雷致詞　貴社在此開會，蔣委員長很高興，本要親來與會，祇以主持軍訓，疲勞過甚，亟須休養，特囑本人代表參與盛會。茲以個人意見所及貢獻於諸位學術先進之前。此次開會雖有四團體，其實合之只有一團體。貴社格言為格物致知，利用厚生，可知純正與應用並重，包括事業甚廣。故希望一方面不斷地研究各種專門學術，發揚光大，一方面本為科學而犧牲到底之精神，來糾正全國青年頹靡之風氣，挽回目前嚴重之困難。我國科學家雖不能像其他各國科學家之有種種便利，但科學家之精神，就在克勝困難。歐戰時科學家於炮火之下，尚在地下室研究。此種偉大之精神，實足以風動全國知識界而剷除其自私自利之心。科學為超空間超時間的而以造福於人羣為依歸。故科學家第一為學術而犧牲，第二為國家而犧牲，已饑已溺，振救民族。不論純粹與應用，必先其所急，特別注意國家民族所需要。改變全國頹唐風氣，糾正

青年病態，以求民族復興。是所期望於諸學術先進者，恭祝健康。

熊式輝致詞　江西最近十年來，天災人禍，人民痛苦萬分。今得國內名流學者，會集一堂，精神上不勝愉快。二十世紀爲科學世界，一民族能利用科學爲工具，方有希望。各專家對於江西殘破況狀，自比普通人感覺爲深，故特別歡迎指導。此次招待設備簡陋，無任抱歉。

陳立夫致詞　本人係第一次參加貴社年會，無專門話貢獻但希望於貴社者甚大。第一近來中學基本理科，如理化生物未見進步，尤其算學爲科學之科學，以個人觀察所及，不及以前。以中國如此之大，大學無基本，實爲敎育界整個危險。第二，整理中國固有之材料，爲我人之責任。如中國醫學書，能加以整理，就是科學。大學一書爲生命力之科學。我人妄自尊大固不對，妄自菲薄更不對。第三，應盡量翻譯各國最新科學雜誌書籍，以享國人，使國人與各國人民同時同樣的獲得科學上之最新知識，而免落伍淘汰。第四，應用很重要，我國目前急迫於生產建設，故必須利用科學上最快最捷之路。第五，中國科學社處於

第十九次年會紀事

領導各學術團體之地位，本年有動物植物諸學會加入，希望以後礦冶學會亦能加入，以完成動植礦之團聚。

王世杰致詞　謂學會有二大責任：（一）提倡實用問題研究，因吾國正當救死不遑之時，所以要注重實用。（二）注重科學教育及普及科學知識。

江西教育廳長程時煃致詞　謂廬山以前有宗教的及哲學的講學，此次科學社年會來此，益以科學的講學，廬山在學術上的地位更增高矣。詞畢。

攝影散會。

下午二時社務會

社長任鴻雋主席

（一）首由總幹事楊孝述報告一年來之社務，並說明科學畫報推銷情形。

主席說明科學畫報不屬於科學編輯部，係由楊君以餘暇主持。

劉夢錫提議接受報告，全體舉手通過。

（二）會計周仁報告一年收支情形，並說明經費之來源與基金之保管及近況。

12 　中　國　科　學　社

　　查賬員何德奎說明查賬之經過及基金保管委員會保管基金之得當。

　　全體通過接受報告。

　　(三)生物研究所祕書錢崇澍報告生物研究所一年來工作之經過，全體通過接受。

　　(四)圖書館主任路敏行報告圖書館情形畢，頗有討論。

　　盧于道提出編訂國內各地所藏各國科學期刊書目問題。

　　何魯提出本社圖書館可收集各國最新出版之科學書報陳列館內，以供國人選購。

　　竺可楨主張(1)編訂目錄，事繁費巨，可請中央研究院主持。(2)販買科學書報可請中國科學圖書儀器公司經辦。(3)上海明復圖書館應注重收集算學書報及普通科學書籍。

　　竺可楨提議每年另籌一萬元爲購書費，至少五年。全體通過。

　　(五)路敏行代表編輯部報告，並對于改善「科學」內

第十九次年會紀事

容提出七項建議。社員中頗多討論。

胡先驌謂，編輯部建議之第七項由司選委員會選舉編輯主任，社章中無此規定，不必討論。本人主張自下年度起，聘請一位總編輯，以負全部責任。

何魯謂往年編輯由大會選出，未得本人同意，形同虛設，不負責任，故主張取消選舉。編輯部仍設上海，各地社友會亦應負編輯之責，與總社聯絡一氣。

竺可楨提議聘請有給職之總編輯一人，編輯員由總編輯接洽，轉請理事會聘請。

何德奎主張應優給稿酬，吸收好文章。

胡先驌主張科學雜誌必須半通俗性質，用生動之筆墨，深入淺出，以引起讀者興趣。

主席以竺可楨之提議付表決，全體通過。

主席聲明在新總編輯未聘到以前，原有編輯部仍有效。

（六）劉夢錫代表司選委員會報告改選理事結果，謂本社理事會除總幹事外，共有理事十四人，每年應改選七人。本屆共收到選票二百二十五張，計有效權1559，廢權13，

14　中國科學社

總權數 1572。茲將開票結果，各候選人所得權數公布如下：

任鴻雋 191，胡先驌 148，王 璡 126，周 仁 120，伍連德 114，李 協 101，丁緒寶 95，以上七人當選二十三年至二十五年理事。次多數者，

嚴濟慈	94	丁燮林	81	何德奎	72
曹惠羣	70	宋梧生	66	尤志邁	63
孫昌克	62	盧于道	56	徐乃仁	38
陳淸華	35	湯佩松	27		

年會第二日　八月二十三日

上午九時在靑年會事務所樓上宣讀論文，分三組宣讀，理化地理組由竺可楨主席，動物學組由秉志主席，植物學組由錢崇澍主席。各有討論，至中午始散。

下午二時　中國植物學會，中國動物學會，中國地理學會在事務所樓上各開會務會。

下午五時　蔣委員長介石及夫人在牯嶺十三號私邸草地設茶點，招待全體社員。蔣先生因病未有演說。由任鴻雋致謝意，蔣夫人宋美齡于茶會畢後，與社員一一握晤，

第 十 九 次 年 會 紀 事

略談而散。

晚七時 江西省政府在青年會大食堂設席款待，由程時煃主席，致歡迎辭並報告江西近況。任鴻雋代表全體答謝。社員柳詒徵演說，闡發學術機關年會之要旨在求知識，多發人深省之辭。末由蕭純錦報告江西生產，交通及建設狀況，瞭若指掌，如數家珍，聞者莫不鼓掌滿意。席散時已鐘鳴十一下矣。

年會第三日　八月二十四

上午九時　各組在原地點繼續宣讀論文

中午十二時　中國物理學會物理名詞審查會在天池開會。

下午六時　九江市政委員會，廬山管理局及九江縣政府在牯嶺惠爾康公宴。市政委員長李立候致歡迎詞，由秉農山答謝。

年會第四日　八月二十五日

上午九時　在青年會大禮堂開第二次社務會，任鴻雋主席。

(一)代表理事會提議楊森劉湘各捐助本社生物研究所

基金一萬元，甘典夔捐助二千元，熱忱贊助科學事業，照章應為本社贊助社員請公決。全體通過。

（二）又提議照本社章程第六條，凡社員有科學上特別成績，經理事會提出，得年會選決者，為特社員。茲有范銳，字旭東，改良華北食鹽，創辦久大精鹽公司，又創辦東方最大之永利製碱公司，最近又在組織硫酸錏廠，於發展國內化學工業，厥功甚偉，且對於本社種種事業，素所贊助。特提出范君為本社特社員，請公決。全體贊成通過。

（三）通過王家楫，裘維裕，劉夢錫三人為下年度司選委員。

（四）通過何德奎陳清華二人為下年度查帳員。

（五）主席提出下屆年會地點案　先報告廣西省政府及廣西大學迭次歡迎函電，並請廣西省府特派代表馬名海君說明歡迎之意及將來招待上之種種事項。

馬君略謂桂省招待年會，期在指導建議，並促進科學空氣。省府在年會之前，擬先提問題送社，分致各社員研究，以便年會時集中討論。

第十九次年會紀事

胡先驌謂明年有各專門學會參加，人數甚多，恐於經費招待上發生困難，且南方在夏季氣候上亦不甚相宜。明年為本社二十週紀念，可在北平南京或上海擇一舉行。

馬名海謂梧州夏天氣溫常在92度下，招待方面，必使諸位滿意。社員抵香港後，一切均可由省府招待。

任鴻雋謂南方氣候甚好；本人主張年會在梧州舉行，二十週紀念在十月間在上海舉行。

何魯謂我人每到一地，對於地方性之事物必須深加觀察，方可多貢獻。希望明年省府先供給材料，由本社組織團體研究討論，赴會社員應先報名，聲明擔任何項研究。招待方面希望請梧州社員擔任，總社先派一人去幫忙，務求事先佈置周詳，而免臨時顧彼失此。

竺可楨謂南方氣候比長江一帶好，不成問題。廣西省當去，惟照向例應預備第二年會地點。

周仁謂人數必多，招待上是否有相當便利應先考慮。

馬名海謂交通不成問題，自梧州至香港小輪船很多。

徐善祥謂年會與考察性質不同，年會注重論文及社務討論，若組織考察團，年會會務就難兼顧，應先決定。又

為招待上便利起見，到會人數最好有限定。帶家眷於人於己均不方便，最好不帶。社中應先派一人去布置一切，另聘一幹事去最好。

楊孝述謂年會與考察未嘗不可得兼。但求減除應酬，論文宣讀及社務討論，若緊張一下，三天可以畢事。以後卽可專注於考察及遊覽。至於限定人數，亦屬重要。可於年會期前二個月截止報名。逾期報名須有以前報名而不去者方可遞補。

討論完畢

竺可楨提議下屆年會在廣西梧州舉行，以南京為預備地點。

何魯修正竺君提議為預備地點由理事會臨時決定。竺可楨贊成修正案。

主席以修正之竺可楨提議付表決，全體通過。

(七)柳詒徵提議，本社二十週紀念大會，在明年年會期前，社員集合上海待出發赴會時開會。楊孝述附議。主席附表決，全體通過。

(八)竺可楨提議 本年論文委員會成立，時間太促，

第十九次年會紀事

不便審查與整理，以後應提前組織案。

議決通過。

（九）胡先驌提議邀請其他學會參加年會。

竺可楨主張限於有科學論文之專門學會。

楊孝述主張明年年會除動物植物地理學會已表示繼續參加外，另由本社邀請物理化學二學會同時開會，其餘專門學會願意參加者，可正式來函接洽，予以接受。

主席以楊提案付表決，全體通過。

（十）主席提出本社大政方針案。略謂近年來各種專門學會先後成立，本社範圍較大，組織上似有改變之必要。葛拉布先生曾提議本社改為 Chinese Association for the Advancement of Science(C.A.A.S.) 以與美國之A.A.A.S.及英國之 B.A.A.S, 鼎足而三，適為 A.B.C.。請諸君發表本社今後應行之途徑，藉資參考。

何魯謂本社與各學會應當分頭發展，每年論文有普遍性者在本社宣讀，極專門者在各學會宣讀。

楊孝述謂本社現行組織及一切事業之計畫，都係十年前所規定，但近年來各專門學會各種研究所已紛紛成立，

情勢與十年前大不相同。不但論文方面有各專門學會與研究所所吸收，卽平時文章因各處出版物甚多，亦不易羅致，是則前途非更定方針，未許樂觀。但本社自有其存在之價値與地位。（一）A.A.A.S. 與 B.A.A.S. 之宗旨在聯絡美國或英國之科學家互通聲氣。我國各專門學會紛紛成立，彼此之間亦應有一種聯絡組織，本社擔任此種責任，在歷史上與事實上最爲相宜。至於聯絡辦法，如每年聯合開會，輔助各學會刊印論文等，均可。（二）凡有普遍性之事業，如科學敎育，科學普及運動等，非一專門學會所宜或所能辦者，非本社擔任不可。（三）關於論文方面已如何君所云，凡普遍性之論文，自以在本社之科學內發表爲最相宜。（四）本社已有研究所圖書館等事業，立足之基礎原甚固也。故本人主張本社今後應行之途徑凡三，（甲）盡力聯絡各專門學會，以爲國內科學家之集中機關。（乙）盡力發展原有事業。（丙）盡力從事有普遍性之科學事業。

張景鉞謂本社以依照美國之A.A.A.S.組織爲最相近。竺可楨謂本社之現行組織實位於英國皇家學會，美國韋斯特研究所，A.A.A.S. 及 B.A.A.B. 之間，且與後二者尤見

第十九次年會紀事

相近。今後應注重灌輸科學知識，如發行雜誌及擴充圖書館。盡力扶特生物研究所之發展，並只辦此一研究所。推行社員分股辦法以聯絡各學會。在年會中，凡極專門之論文，分組開會；彼此有關係之論文，聯合開會宣讀。

胡剛復主張推行分股組織以達到聯絡各學會之重要使命。關於刊印論文，可兩邊聲明。至於本社內部組織，應俟今後做到如何地步再說，目前可不更張。並建議予各會會員以入社之便利，如減少社費等辦法。

徐善祥謂本社如何變更組織，似可推舉一委員會或由理事會詳細計畫，提出明年年會討論。

主席謂今日承各社員發表許多意見，足供理事會極好之參考資料，詳細計畫可由理事會討論。

（十一）楊孝述提議致謝江西省政府及各機關招待本年會之盛意。全體通過。散會。

晚七時 在青年會大食堂舉行宴會。席終由社長任鴻雋介紹胡先驌為年會宴主席。主席致詞畢，介紹江西省政府教育廳長程時烓演講江西特種教育之設施，次社員胡汝麟演說農村破產由於科學與農民相離太遠。末由秉志演說

，謂我人若不再注意純粹科學，則所謂提倡科學者，亦不過爲以前之創辦招商局，兵工廠，漢冶萍公司等之企業，未有不遭失敗者。

觥籌交錯，濟濟一堂，於十一時散會，第十九次年會於是正式閉幕。

八月二十六日晚七時 以理事會名義在牯嶺美國學堂設筵答謝當地招待各機關。到蔣夫人宋美齡，熊式輝及夫人，黃膺白，陳立夫，陳布雷，蕭純錦等共十四人。

八月二十七日赴南昌約三十餘人。

八月二十八日上下午在新生活運動促進會及江西教育廳二處演講。演講人及講題如下：

何　魯　　民族性與科學教育

何德奎　　科學管理與行政

陳清華　　經濟學之科學概念

胡先驌　　木材研究與中國農林工程及軍事國防之關係

黃　綬　　心力建設與物力建設

劉恩蘭　　地理學之研究

第十九次年會紀事

八月二十九日仍在教育廳演講，演講人及講題如下：

  秉　志　　近年來之中國生物學

  盧于道　　科學的民族復興

  王家楫　　動物學教學法之要素

  伍獻文　　動物學與生產建設

本人未到而有演講稿寄到者，亦有二人，爲

  伍連德　　公共衞生與民族復興

  孫洪芬　　改進我國製紙工業之商榷

是日除演講人及一部分社員仍留南昌外，其餘約十餘人由教廳招待參觀收復匪區，經臨川，南城，南豐而達廣昌。沿途五省剿匪司令部及各縣長各學校招待。三十一日始返南昌。

中國科學社總幹事報告

本社在此一年中，各部事業，頗多興革，另有分別報告，茲不贅述。一年來本社盡力于科學普及運動，已收相當之效果，對于鞏固研究所基金之計畫，亦已實行。茲將理事會總辦事處，工作之經過，摘要報告如下，

（1）本年理事會共開全體大會一次，常務會七次，其中一次係與科學編輯部及科學畫報編輯部聯席開會，專討論編輯方面改進事宜。自去年年會通過常務理事七人之設置，以過半數爲開會法定人數後，較之以前開會已覺有標準；但即此七人亦分居京平滬三處，欲達到每月開會一次之規定，事實上仍非容易辦到，

（2）本年共通過普通社員一百五十九人，又仲社員四人，列下：

普通社員

陳宗鎣（醫學）	瞿文琳（土木）	李燕亭（化學）
孫祥正（醫學）	張朝儒（遺傳）	聞　詩（物理）
張懷樸（化學）	戈福祥（化學）	劉吉筵（算學）
馬翼周（航空）	汪長炳（圖書館）	阮冠世（物理）
仲崇信（植物）	陳繼善（汽車）	周西屏（算學）
魏壽崑（礦冶）	萬繩祖（化工）	歐陽藻（電工）
朱振鈞（化學）	柳大綱（化學）	蔡賓牟（物理）
李振南（教育）	王希成（生物）	涂允成（水利）
陳耀眞（醫科）	龍毓瑩（醫學）	關彝銘（醫學）

第十九次年會總幹事報告

劉雲浦（化學）	鄭衍芳（物理）	朱德明（醫學）
韓明炬（醫學）	謝少文（醫學）	胡傳揆（醫學）
單譽（醫學）	姚文采（解剖）	黃岊瞻（土木）
袁樹聲（農學）	汪敷昇（農學）	齊植棻（算學）
鄭奠歐（電工）	楊芳（機工）	徐修平（機械）
曹玉冰（醫科）	蔣錫智（化工）	揚世才（生物）
劉國華（鑛冶）	吳極（物理）	段江淮（教育）
楊重熙（教育）	林次棠（農業）	劉仲娃（物理）
徐榮中（算學）	周王耀羣（生物）	周太玄（生物）
朱世通（電工）	李胤（化學）	唐世丞（化學）
馮永年（鑛工）	張精一（社會）	左紹先（電工）
王介祺（電機）	張儉如（電機）	連鼎祥（經濟）
陳思明（化學）	唐宗申（機械）	黃羅淑斌（史學）
張華（電機）	李蘊儀女士（數理）	羅業廣（算學）
金初銳（鑛工）	胡家榮（化學）	鄧永齡（化學）
費宗文（教育）	熊學慧（醫學）	賴問農（農學）
唐幼峯（史地）	王季岡（機械）	龍正善（化學）
湯達權（土木）	岳尚忠（教育）	李之郁（醫學）
白美勳（文學）	林恕（美術）	漆公毅（鑛冶）
李世希（醫學）	賈智欽（醫學）	王德熙（教育）
袁砏（農業）	何應樞（工業）	曾廣銘（無線電）
曾健民（藥物）	申雪琴（經濟）	劉振書（農學）
劉嘯松（美術）	冷伯符（攝影）	曹觀瀾（鑛業）
張孝禮（算學）	王迪人（物理）	司子和（電機）

第十九次年會總幹事報告

周允文(物理)	高尚蔭(動物)	陳之常(獸醫)
楊少筌(教育)	吳雨霖(工業)	曹立瀛(社會)
徐文謨(藥物)	陳 義(動物)	趙不凡
陳世騠(動物)	楊開甲(教育)	陳世昌(物理)
張鴻德(生理)	臧玉淦(心理)	黃汝祺(算學)
熊子璥(物理)	魏培修(物理)	楊汝楫(物理)
馮澤芳(農學)	朱紀勛(生物)	褚聖麟(物理)
劉增冕(工程)	胡鳴時(土木)	盤珠祁(農學)
王宗陵(理科)	王國源(歷史)	范會國(數理)
王季岡(機械航空)	蕭庶風(醫學)	張德敷(教育)
熊春膏(機械)	陳華清(牙醫)	涂繼承(理化)
蔡德粹(地理)	劉肇安(物理)	張鈺哲(天文)
申以莊(土木)	劉 椽(化學)	倪中方(心理)
陸寶淦(化學)	郭午嶠(銀行)	方錫疇(化學)
陳葉旋(經濟)	劉麗賢女士(心理)	陳友松(教育)
宋煟章(化學)	馬師伊(化工)	何怡貞女士(物理)
曾大珏(歷史)	鄔振甫(心理)	劉肇龍(電機)
蔡路德(Miss Ruth M. Chester)(化學)		章洪楣(化學)
盛永發(政治)	朱維傑(化學)	李 闓(經濟)
王非曼女士(家政)	洪 紱(理地)	鄧引棠(電工)
		榮獨山(放射學)

仲社員

任錫朋(農學)	金咸珩(化學)	黃履中(無綫電)
周 堯(農業)		

4　　第十九次年會總幹事報告

至七月底止，統計永久，普通及特社員人數為1653人。以科學分組，人數如下：

算學	85	電工	118
物理	90	土木建築	148
化學與化工	279	機械造船	120
天文	7	礦冶	86
地學	38	染織	14
氣象	5	教育	66
生物	124	經濟商業	106
醫藥	115	政治社會	47
農林	106	文哲史	52
心理	22	未詳	24

此外計有名譽社員一人，贊助社員三十四人。

(3) 出版方面計有科學十二期，論文專刊二冊，生物研究所論文三十九種，科學畫報二十四期。增訂再版科學通論一冊，再版積分方程式及軍用毒氣各一冊，社友九期，社員分股名錄一冊。科學雜誌除社員各送一份外，全年定戶為六百三十三戶，多屬學校圖書館，售去散冊1,950本，售科學自第三卷起六套。其他書籍售去1,747本。

(4) 科學普及運動　科學畫報為本社新興事業，于去年八月一日開始發行，每半個月出版一次，每期十開大本四十面。除插圖外，約五萬言。因本社拙于資，且為推銷便利起見，特委託中國科學公司發行。編輯方面亦以限于經費，暫由孝述兼任。一年以來，承多數社員及社外好友

第十九次年會總幹事報告

義務撰文，且社員中如張巨伯李賦京盧于道蔡樂生王季梁張景歐曹梁廈等諸君更予長期撰稿，畫報聲譽，因以日隆。社會人士之熱心提倡，曷勝感佩。該報銷數月有增加，目前每期初版實印數為一萬二千份，代銷處遍及全國及南洋各地。統計去年一年內實銷總數在二十萬冊以上。本社宣傳科學能深入一般民眾者，實自此始。

（5）科學咨詢處　本社承政府意旨，設立科學咨詢處已三年。往年因外間知者少，故來件不多，全年約三四十件。自科學畫報刊行後，凡以實用問題來社咨詢者每月達四五十件。社員中如韓組康沈璿竺藕舫曹仲淵魏嵒壽楊季瑶曹梁廈徐厚孚王季梁周子競錢雨農張孟聞盧于道等諸君均長期擔任解答之責，熱心科學甚可感也。

（6）本年南京生物研究所亦曾舉行大規模之生物學展覽會及舉行通俗演講，開會十餘天，參觀者達萬餘人，其有助于科學普及運動，功效甚大。

（7）本社生物研究所經費，除由總社年支事務費及雜誌費約萬元外，其研究費概由文化基金會補助。惟本基不固，時時有頹散之虞，來日方長，何能久安。故于去年八月間特由本社董事會具名募集基金額定五十萬元。開始以來，首蒙川省楊軍長子惠，劉督辦甫澄各助一萬元。社友中捐助巨款者有甘典夔先生二千元，尤懷皐先生一千元。研究所同人亦有七千元捐入。最近又有隱名氏認捐一萬元。在此百業凋敝，國中多故之時，而熱心科學事業之人士，仍能踴躍輸將，至可慶幸，特誌此以表謝忱。

第十九次年會總幹事報告

（8）此外如科學名詞之徵集與彙訂，國內科學家與學術機關之聯絡，專門人才之介紹等等，則為日常事務，可不贅述。

（9）本社除努力于提倡學術事業外，曾集資創辦中國科學圖書儀器公司，一方面為本社開拓資源，一方面求編譯叢書，製造儀器計劃之實現。該公司成立以來，今為第四年，資本約九萬元。對於印刷技術及設備，逐步研究改良，備受社會之信仰。去年全年印刷部生產量達十八萬餘元。出版方面多為中學理科教科書，亦有相當信譽。至於儀器製造方面，除正在從事生物標本外，其他則尚未着手。

二十三年八月總幹事楊孝述

中國科學社第十九次年會會計報告

中華民國廿二年度

說明

一、本屆報告係中華民國二十二年度賬目自二十二年七月一日至二十三年六月三十日止

二、本報告賬目由本社查賬員顧翊羣何德奎兩先生於二十三年八月十三日來社詳細審查證明無誤謹此誌謝

三、分賬收社費題名有一名兩見者本年度繳過兩次餘類推社費在二十三年六月底以後繳到者及間有六月底以前交在本社所委託之外埠社友處而該款尚未轉到者槪入下年度賬歸下屆報告其餘收支各款悉如此例

四、生物研究所由中華教育文化基金董事會補助費內開支之研究費仍別造決算書附後

五、科學畫報部經費由本社及中國科學公司共同墊付賬目獨立由該公司編造本社經手支出只記總數其一切單據悉移歸該公司保存

六・本社各種主要基金均存上海中國銀行由基金保管委員蔡元培宋漢章徐新六三先生保管每六個月另有詳細報告存社其一小部份舊基金向暫存在大同大學者自二十二年十二月起亦已提出暫存浙江興業銀行12/225戶欵本年度該基金息只收至二十二年十一月底止此後歸下年度結收

七・總社及編輯部博物院科學畫報部等支出各款由楊允中于詩鳶兩先生經手生物研究所支出各款由錢雨農周蔚成兩先生經手圖書館支出各款由路季訥于星海及以上諸先生分別經手幷此誌感

二十三年八月二十二日會計理事周　仁

總　賬

I. 上存項下（$13,031.55）

1. 會計零款第一種(上海銀行儲364戶)	$	105.53
2. 會計零款第二種(上海銀行儲8036戶)	$	1,266.76
3. 編輯部整款(上海銀行儲2292戶)	$	519.79

第十九次年會會計報告

4. 高女士紀念基金（上海銀行儲1509戶） $ 1,100.00

5. 北平社友獎基金（上海銀行儲1625戶） $ 2,359.94

6. 安迪生紀念基金（中國科學公司存27戶） $ 1,782.45

7. 會計墊款（中國科學公司存4戶） $ 3,000.00

8. 總社未報 $ 1,912.00

9. 生物研究所事務費未報 $ 113.35

10. 現金 $ 871.73

II. 本年度收入項下（$44,607.45）

1. 基金委員會撥來 $14,000.00

2. 大同大學撥來舊基金息 $ 2,000.00

3. 江蘇省教育經費管理處補助 $15,932.00

4. 社費 $ 3,954.77

5. 社屋租金 $ 1,357.36

6. 發售刊物 $ 3,858.82

7. 刊物版稅 $ 83.48

8. 刊物承登廣告 $ 376.80

9. 圖書館借書保證金（陳世璋周同慶 紀育灃胡昭望） $ 40.00

10. 圖書館閱書保證金	$	174.00
11. 各部零款銀行利息	$	105.87
12. 雜收	$	605.85
13. 特收（北平圖退還購書款）	$	5.00
14. 高女士紀念基金息	$	313.50
15. 科學畫報還墊	$	1,000.00
16. 會計整款息（科學公司4戶廿年七月廿三至廿三年六月底止結 $880.81 第一次提）	$	600.00
17. 安迪生紀念基金息（科學公司27戶廿一年八月十二至廿三年六月底止結$330.36 第一次提）	$	200.00
	共計	$57,639.00

III. 本年度支出項下（$42,145.22）

1. 總社	$13,415.35
2. 編輯部	$10,907.65
3. 圖書館	$10,908.85
4. 生物研究所事務費	$ 3,237.00
5. 博物院	$ 148.85
6. 科學畫報部墊款	$ 3,189.71
7. 高女士紀念獎金	$ 100.30

第十九次年會會計報告

  8. 安迪生紀念獎金 $ 100.10

  9. 會計用費 $ 117.41

  10. 楊理事杏佛墓道建費（設計人員會簽） $ 20.00

IV. 結存項下（$15,493.78）

  1. 會計零款第一種（上海銀行儲364戶） $ 108.71

  2. 會計零款第二種（上海銀行儲8036戶） $ 3,464.98

  3. 編輯部整款（上海銀行儲2292戶） $ 519.79

  4. 高女士紀念基金（上海銀行儲2804戶） $ 1,100.00

  5. 北平社友獎基金（上海銀行儲1625戶） $ 2,359.94

  6. 安迪生紀念基金（中國科學公司存27戶） $ 1,782.45

  7. 會計整款（中國科學公司存4戶） $ 3,000.00

  8. 總社未報 $ 2,131.00

  9. 生物研究所事務費未報 $ 72.59

  10. 現金 $ 954.32

              共計 $57,639.00

分 賬

6　中國科學社

總賬II:1 收基金委員會撥來

第一次	$ 8,000.00
第二次	$ 6,000.00
	$14,000.00

總賬II:2 收大同大學撥來舊基金息

廿一年八至廿二年七月份全年	$ 1,500.00
廿二年八至十一月份 $\frac{1}{3}$ 年	$ 500.00
	$ 2,000.00

總賬II:3 收江蘇省教育經費管理處補助

廿二年三月份上半	$ 569.00
廿二年三月份下半	$ 569.00
廿二年四月份上半	$ 569.00
廿二年四月份下半	$ 569.00
廿二年五月份	$ 1,138.00
廿二年六月份	$ 1,138.00
廿二年七月份上半	$ 569.00
廿二年七月份下半	$ 569.00

第十九次年會會計報告　　　　7

廿二年八月份上半	$	569.00
廿二年八月份下半	$	569.00
廿二年九月份上半	$	569.00
廿二年九月份下半	$	569.00
廿二年十月份上半	$	569.00
廿二年十月份下半	$	569.00
廿二年十一月份上半	$	569.00
廿二年十一月份下半	$	569.00
廿二年十二月份上半	$	569.00
廿二年十二月份下半	$	569.00
廿三年一月份上半	$	569.00
廿三年一月份下半	$	569.00
廿三年二月份上半	$	569.00
廿三年二月份下半	$	569.00
廿三年三月份上半	$	569.00
廿三年三月份下半	$	569.00
廿三年四月份上半	$	569.00

8　　　中國科學社

廿三年四月份下半　　　　　　　　　　$ 569.00

　　　　　　　　　　　　　　　　　　$15,932.00

總帳II：4收社費

甲・永久社費

　　朱漢爵(廿元)盧于道(五十元)郝更生(五元)

　　季宗孟(百元)吳承洛(五十元)甘績鏞(百元)

　　孫繼丁(五十元)程孝剛(百元)魯　波(百元)

　　唐鳴皋（川幣百元九二折）張延祥（百元）

　　陳宗鎣（八十七元）曾珹益（百元）楊樹勛

　　(廿五元)雷沛鴻(六十元)葉企孫(百元)　　$ 1,139.00

乙・入社費

　　王以康　張克忠　江澤涵　斯柏納　李蔭楨

　　任師尚　陶　英　丁　倌　沈　璿　馬壽徵

　　劉恩蘭　黃次咸　陳宗鎣　王恆守　林覺世

　　施肇祥　鄭璧成　王士仁　張丙昌　馬孟強

　　方文培　杜長明　劉淑蘭　張博和　李樂元

　　劉雨若　黃子裳　徐崇林　廖天祥　馮大然

第十九次會會計報告計

瞿文琳　劉廷蔚　申立超　張懷樸　劉吉簽
張朝儒　蔡賓牟　許引明　莫爾司　區國著
張凌高　馬心儀　張湘紋　朱昌亞　胡竟銘
黃屺瞻　齊植棻　李燕亭　柳大綱　朱振鈞
朱德明　韓明炬　閻彝銘　單　譽　劉世楷
楊敷典　彭鴻章　胡　助　俞德浚　魏壽崑
周泰嶽　楊開甲　陳爾康　冷伯符　朱紀勛
聞　詩　范會國　劉增冕　楊述祖　申以莊
張鈺哲　彭子富　蔡德粹　倪中方　林紹文
陸寶淦　張孝禮　蔡樂生　何增祿　劉　椽
徐榮中　王廸人　方錫疇　鄧叔羣　彭家元
姚文采　馮澤芳　趙孝清　萬樹焜　丁緒淮
（以上各十元計九百元）
劉國華　楊　芳　張精一　馮永年　鄧永齡
張德敷　鄭奠歐　熊春膏　費宗之　何應樞
王國源　唐世丞　白美勳　連鼎祥　涂繼承
漆永忠　楊達權　顧升驥　王嘉猷　黃勤生

10　　　　　中　國　科　學　社

袁樹聲　曾健民　左紹先　黃羅淑斌　李蕘儀
林　恕　楊　聲　喻正衡　岳尙忠　羅發勤
汪敷昇　王介祺　龍正善　張儉如　朱世通
司子和　王德熙　李之郁　熊學慧　賈智欽
李士希　金初銳　胡家榮　楊世才　曾廣銘
徐修平　陳思明　唐幼峯　王季岡　（以上
各川幣十元九二折計四百五十元八角）　＄ 1,350.80

丙・常年社費

鄭宗海　　又　　張肇騫　蔡鎦生　張景鉞
劉寶濂　劉崇樂　李振翮　李永振　歐陽祖經
朱庭祜　江澤涵　鍾榮光　陶　英　曾　愼
王應偉　崔士傑　孫寶墀　蔣丙然　嚴宏溎
陳延炆　許守忠　李方琮　劉朝陽　趙中天
陸費執　王金吾　黃際遇　葛敬應　曾　義
胡　澤　戴芳瀾　陸鳳書　郭　霖　許植方
王恆守　黃子卿　孫雲台　章爾巽　文　澄
柯成楸　吳南薰　馮　銳　衞挺生　胡竟銘

第十九次年會會計報告

李燕亭	高　均	傅爾攸	蔣夢麟	徐淵摩
李先聞	楊開甲	鍾兆琳	陳忠杰	顧宜孫
魯德馨	周　烈	聞　詩	許振英	王士仁
劉　復	又	胡　澤	趙承嘏	沈　璿
徐新六	朱少屏	費德朗	楊述祖	鄘恂立
沈鵬飛	湯彥頤	陳燕山	周榕仙	方文培
伍連德	李書田	王季眉	徐調均	朱振鈞
李慶賢	徐景韓	丁　穎	又	邱崇彥
彭　謙	劉恩蘭	黎富思	鄧福培	何德奎
瞿文琳	孫學悟	張資珙	張筱樓	華享平
劉寶濂	王星拱	倪尚達	壽天章	石解人
胡金昌	彭子富	蕭純錦	吳文利	區嘉煒
劉廷蔚	張紹忠	程延慶	錢寶琮	馮祖荀
曾昭掄	李順卿	李永振	張景鉞	朱德明
韓明炬	單　譽	李賦京	吳葆元	劉耀翔
鄧植儀	汪元起	趙廷炳	吳在淵	孫延中
林翊春	沈　怡	朱斌魁	熊大仕	張洪沅

中國科學社

許心武	曾詒經	盧作孚	陳祖炳	林紹文
李得庸	吳樹閣	翁 為	張兆麟	張春霖
孫林翰	黃岊瞻	齊植棻	林覺世	趙興昌
張 祿	崔宗壎	歐陽祖經	馮大然	曹元宇
曹元宇	周彥邦	楊紹曾	徐淑希	何育杰
趙元任	趙楊步偉	裴翰興	傅 驌	蔡樂生
姚啓鈞	何文俊	丁求眞	何增祿	戴安邦
秦玉麒	葉達前	劉大鈞	葛成慧	徐兆瑞
陳世璋	楊肇爎	張湘紋	劉劍秋	林 煖
查德利	何尙平	尤志邁	蔡 雄	郭美瀛
吳元滌	薛培元	鄒應憲	沈良驊	沈在善
杜長明	譚友岑	徐恩曾	閻彝銘	張廣興
陳思義	朱光燾	何思源	嚴仁曾	錢宗賢
李蔭枌	李振翩	胡光麃	金國寶	朱 復
卡肇新	陳思誠	沈鴻烈	區國著	葛綏成
羅家倫	羅 河	又	唐仰虞	冷伯符
蔡賓牟	張丙昌	黃 綬	何衍璿	傅爾攸

第十九次年會會計報告

魏元光	曾　省	蔡鎦生	竇維廉	張　銓
高學中	楊藎卿	薩本棟	徐榮中	劉寰偉
丁緒賢	王迪人	張道宏	段育華	桂質廷
陸志安	裴　鑑	鄧叔羣	傅煥光	高振華
彭家元	陳　嶸	馮澤芳	趙孝清	康清桂
凌道揚	金賢藻	許炳堃	丁緒淮	宋希尚
陳劍儵	陳　嶸	陳裕光	陳納遜	李寅恭
張其昀	王家楫	錢天鶴	萬樹煃	陳邦傑
裴　鑑	朱其清	姚文采	陳漢清	張世杓
錢崇澍（以上各五元計一千三百零五元）				
張克忠	斯柏納	李蔭楨	任師尚	丁　佶
黃次咸	陳宗鎣	林覺世	鄭璧成	孫克銘
馬孟強	劉淑蘭	張博和	李樂元	劉雨若
黃子裳	徐崇林	廖天祥	王鍾麒	申立超
莫爾司	劉世楷	胡　助	俞德浚	周泰嶽
陳爾康	朱紀勛	黃履中	范會國	任錫朋
任錫朋	又	周堯	又	又

14　　　中國科學社

金咸珩　張鈺哲　曲桂齡　蔡德粹　倪中方
孫克銘　陸寶淦　申以莊　陳可培　祝紹祖
劉　椽　方錫疇　萬宗玲（以上各三元計
一百四十四元）魏壽崐（四元五角七分）
曾　義（曾君與胡澤君合交川幣十元九
二折合後胡五元已見上曾交餘額四元二
角）徐蔭祺（四元）周泰嶽（二元）周　堯
（一元）任錫朋（任君共交川幣十元九二
折合後分交四年仲社費三年已見上餘額
二角交第四年之一部）　　　　　　　　　　$ 1,464.97
　　　　　　　　　　　　　　　　　　　　$ 3,954.77

總賬Ⅱ；11收各部零款銀行利息

會計零款第一種廿二年度（上海銀行儲364戶）	$	3.18
會計零款第二種廿二年度（上海銀行儲8036戶）	$	31.60
總社零款廿二年度（上海銀行儲79戶）	$	67.38
生物研究所事務費零款息	$	3.71
	$	105.87

第十九次年會會計報告 15

總賬II:14收高女士紀念基金息

上海銀行儲1509戶十九年度	$ 104.50
上海銀行儲1509戶二十年度	$ 104.50
上海銀行儲1509戶廿一年度	$ 104.50
	$ 313.50

總賬II:15收科學畫報還墊

久大精鹽公司登十全面廣告	$ 500.00
永利製鹼公司登十全面廣告	$ 500.00
	$ 1,000.00

總賬III:1支總社

薪金	$ 6,525.00
工食	$ 1,313.30
工程	$ 746.66
購置	$ 205.48
印刷	$ 840.57
文具	$ 55.21
稅捐	$ 1,573.80

16　　　　　　　中　國　科　學　社

消耗	$ 764.32
通訊（郵電日報）	$ 420.00
雜支	$ 478.45
特用（社友卅六期揭載十八次年會貼費在內）	$ 510.56
	$13,415.35

總賬III：2支編輯部

薪金	$ 2,950.00
稿酬	$ 146.00
印刷	$ 7,089.96
文具	$ 0.16
通訊	$ 698.11
雜支	$ 23.42
	$10,907.65

總賬III：3支圖書館

薪金	$ 3,698.25
購置	$ 100.00
添書	$ 5,418.81

第十九次年會會計報告

印刷裝訂	$ 1,274.85
文具	$ 83.10
通訊	$ 124.00
發還借書保證金（陳世璋 方子衞 周同慶 胡祖望 曹元宇 馮肇傳）	$ 60.00
發還閱書保證金	$ 106.00
雜支	$ 38.84
特用（圖協會費）	$ 5.00
	$10,908.85

總賬III:4支生物研究所事務費

薪金	$ 480.00
工食	$ 1,127.06
工程	$ 256.18
購置	$ 9.17
印刷	$ 35.30
消耗	$ 664.52
通訊	$ 324.93
雜支	$ 89.84

18	中國科學社	
特用		$ 250.00
		$ 3,237.00

總賬III:5支博物院

購置	$ 25.40
印刷	$ 4.30
雜支	$ 67.94
特用	$ 51.21
	148.85

總賬III:9支會計用費

旅費（赴年會回程及赴京二次）	$ 80.00
通訊	$ 1.00
雜支	$ 36.41
	$ 117.41

生物研究所研究費收支決算書

I. 上存項下（$2,672.82）

上年度結餘	$ 2,672.82

第十九次年會會計報告

II. 本年度收入項下($50,042.96)

中華教育文化基金董事會補助	$50,000.00
銀行利息	$ 42.96
共計	$52,715.78

III. 本年度支出項下($46,361.91)

薪金	$25,564.00
標本室	$ 3,950.65
採集	$ 2,500.33
書籍雜誌	$ 6,512.89
儀器藥品	$ 2,503.06
印刷(論文)	$ 3,926.62
雜支	$ 1,404.36

IV. 結存項下($6,353.87)

銀行存款	$ 1,224.59
現金	$ 474.66
預付	$ 4,654.62
共計	$52,715.78

20　　　　　　中 國 科 學 社

查　賬　員

會　計　理　事

中國科學社生物研究所報告

本所一年來動物植物部之工作略陳于後

動物部

I. 正式職員

秉　志	所長兼動物部主任技師
王家楫	動物學技師
王以康	研究員
張孟聞	研究員
周蔚成	研究員
倪達書	研究員
何錫瑞	研究員
苗久棚	研究員
陳月舟	繪圖員
賈泰寅	標本室管理員
陳進生	切片製造員
劉子剛	標本製造員
郝敏堅	切片製造員
傅貽訓	採集員
張宗熤	採集員

II. 研究客員

孫宗彭	國立中央大學生物系主任教授
伍獻文	中央研究院自然歷史博物館動物部主任技師兼代理該館主任

2　第十九次年會生物研究所報告

方炳文	中央研究院自然歷史博物館動物部技師
常麟定	中央研究院自然歷史博物館動物部助理技師
吳功賢	國立中央大學動物學助教
徐鳳早	國立中央大學動物學助教
朱樹屏	國立中央大學生物系高年級生
許承詩	國立中央大學生物系高年級生
楊　虎	國立編譯館編譯員

III. 本年已經印行之研究論文

中國沿海之經濟魚類	秉志
豚鼠白鼠體中之寄生原生動物	王家楫,倪達書
廈門之海產原生動物	王家楫,倪達書
中國之獅子魚	伍獻文,王以康
新種蛙名之更改	張孟聞
浙江魚類初誌（軟骨魚）	王以康
南京豐年蟲之解剖與發生	徐鳳早
沙殼纖毛蟲三新種	倪達書
長江下游蚯蚓之調查	陳義
中國比目魚補遺	伍獻文,王以康
浙江蠑螈誌	張孟聞
南京之無甲鰓足類	徐鳳早
南京肉質蟲之研究一.	王家楫,倪達書
希種新種纖毛蟲報告一.	王家楫,倪達書
四川龍蛇記名	張孟聞
金魚之求偶行為	何錫瑞

IV. 已經付印之論文

山東海岸硬骨魚誌二.	王以康
山東海岸硬骨魚誌三.	王以康
浙江爬蟲類初誌	張孟聞
南京水蟲之調查	徐鳳早
豚鼠大腦皮層對于電流刺激所發生之反應速率	秉志, 周蔚成, 吳紹熙
幾種新種纖毛蟲報告二.	王家楫, 倪達書
南京所見非洲團走子之生活史	王家楫, 倪達書
寄生于南京兩棲類體中之原生動物	倪達書
鎮江魚類誌	苗久棚

V. 在進行中之研究工作

南京蜥蜴類舌部組織之比較	秉志, 周蔚成
南京蜥蜴類腦部組織之比較	秉志, 周蔚成
中國鯉科魚類彙錄	伍獻文
寄生于南京家畜腸中之原生動物	王家楫, 倪達書
三鞭毛蟲之構造及其分裂	王家楫
南京肉足蟲之研究二.	王家楫
南京腹棘蟲誌	王家楫
鹽類對于草履蟲伸縮泡之影響	王家楫, 楊虤
南京及其附近之獸類	何錫瑞
樹木害蟲生活史	苗久棚
底毛蟲構造及其生殖	朱樹屏
南京眼蟲誌	許承詩

白鼠腦皮稜錐狀細胞之發生及形態上之變遷	吳功賢
江豬腦之解剖	秉　志
後湖浮游動物之繁殖與食用魚類產量盛衰之關係	王家楫，朱樹屏
浙江蛙類誌	張孟聞

V. 標本之採集

此一年中，動物部數數派人往各處採集標本。去夏值中華海產生物學會在廈門舉行第三屆年會，本部職員王家楫王以康倪達書于赴會之便，卽在廈門附近採集海參水母珊瑚海葵海膽及裸鰓類介殼類之屬，海水與淡水之魚，所得殊夥。十月至十二月間，王以康偕張宗熠蹀躞浙江南部中部，所得節肢動物軟體動物及脊椎動物，若魚蛙蛇龍之類，亦極繁多。本年之初，與靜生生物調查所，中央研究院自然歷史博物館，國立山東大學等合組海南生物科學探集團。一月中旬自京出發。此間派往參加者，已有數人于近日歸來。頃攜歸者已絕珍奇，大抵為熱帶亞熱帶之產物，若絢艷珊瑚，巨大之星魚，脩長之沙蠶，美麗之貝介，以及龍蝦大蟹瑇瑁海蛇之屬，要為本部諸省所不易獲見之品種也。至于長江流域動物之調查，一循舊貫，仍事蒐羅，而尤注意于有經濟價值之種類。

就最近所得而統計之，標本室所藏之標本計八萬枚，都五千五百種許，其間且不乏新種之原型也。

植物部

VII. 正式職員

錢崇澍	植物部主任技師
裴 鑑	植物部技師
王志稼	藻類學技師
方文培	研究員
孫雄才	研究員
鄭萬鈞	研究員
馮展如	繪圖員
陳 詩	採集員
陳光祿	採集員
吳中倫	採集員
傅貽昌	標本室助理
姚仲吾	採集員兼標本室助理
馮雪岩	標本室助理

VIII. 研究客員

耿以禮	國立中央大學植物學教授
方錫琛	蘇州中學生物學教員
朱裕魁	國立中央大學實驗中學生物學教員
歐世璜	國立中央大學農學院高級生

IX. 本年印行之研究論文

南京水綠藻誌	王志稼
分離菌類胞子之一法	鄧叔羣
中國多孔菌中一屬之研究	凌 立
中國交讓木屬之研究	錢崇澍

6　第十九次年會生物研究所報告

南京頓藻誌	王志羣
南京眞菌記載，五	鄧叔羣
浙江眞菌記載，三	鄧叔羣
南京維管束植物之記載，二	裴　鑑
浙江維管束植物之記載，一	鄭萬鈞
四川秋牡丹屬數種之記述	裴　鑑
南京藍綠藻之概況	王志稼
中國松杉植物誌，一	鄭萬鈞
珍珠菜屬數種之記述	錢崇澍
Polypodium Dryopteris L.及其相關種類之命名與分類上位置之探討	秦仁昌
南京維管束植物之記載，三	裴　鑑
浙江維管束植物之記載，二	鄭萬鈞
南京藍綠藻之三新種	王志稼
南京四聯子藻誌略	方錫琛
槭樹科在中國之分佈	錢崇澍，方文培
南京之植物及其羣落之狀況	裴　鑑

　　前列十八篇皆刊入本所植物論文專集八卷三期至九卷一期，最後二篇則載於第五次泛太平洋學術會議論文集中。

X. 已經付印之研究論文

三白草科裸蒴屬誌	裴　鑑
安徽藻類誌	王志稼
南京四聯子藻補誌	方錫琛
中國萵苣屬紀述	錢崇澍

四川禾本科新植物記	耿以禮
南京維管束植物之記載，四	裴 鑑，錢崇澍，鄭萬鈞
中國著要之木本植物及其新種	鄭萬鈞
浙江略圖	錢崇澍
浙江維管束植物之記載，三	鄭萬鈞
中國蕁蔴科植物記述	錢崇澍
廣西槲寄生屬之一新種	鄭萬鈞

XI. 在進行中之研究工作

南京維管束植物誌	裴 鑑及其他研究員
浙江維管束植物誌	錢崇澍及其他研究員
四川峨嵋山植物記要	方文培
中國松杉科植物誌	鄭萬鈞
南京植物圖譜	裴 鑑及其他研究員
中國百合科植物誌	裴 鑑
中國東南部樹木誌	鄭萬鈞
中國唇形科植物誌	孫雄才

XII. 標本之採集與交換

長江流域植物之調查仍繼續進行。本年所擬作者為浙江省，故標本之採集亦集中於該省。採集隊於去年春始出發，歲盡始歸。此一年間足跡所經，遍歷該省東南兩區域。凡得標本千八百號。此間又另遣隊員在蘇皖各處採集得千五百號。今年孟春，又遣採集員陳詩入浙省採集，期能得早春之花蓓，資研究以便利。近日已達毗鄰閩省諸縣，擬自慶元入閩，取道泰順返浙。此區域內產蓄繁庶，去年

8　　第十九次年會生物研究所報告

阻於戰事未獲履涉，今則宿願得償矣。秋間當移趨東南各縣，以期得浙省南部之種類。

最近又與中央大學農學院合組遠征隊前赴雲南，搜集鄰接緬甸邊疆之植物。滇省產物與長江流域者頗相關涉，故此次採集有舉行之必要。去年冬間應國防委員會之需求，特遣專員徵發皖贛，顧所得貧窳，此緣出發已遲，植物一入秋深，便已落葉，隆冬搜羅，自不能與春夏比擬也。今年該會復來商託採集西北諸省之植物，不久即當成行。甘肅新疆青海俱為旅程所經，期約一年，此次採集極有價值，蓋西北以交通不便，凡所孕育皆所罕知，今荷該會資助得以成行，於植物分佈之考查，實大有稗益，抑亦極有與會也。

至於交換標本，在此一年間計贈付者一萬三千六百十五枚。此中六千八百十五枚贈諸國內八機關，餘六千八百枚則寄貼國外。以此贈與而得饋遺，以千四百枚易得英國邱氏植物園胡克氏植物圖誌二十三卷，愛丁堡植物園亦以同數標本得其二十年來植物學會專刊。美國安諾德樹木惠贈原型標本照相六百幅，則以七百枚標本易得者。凡投贈國外，俱望其有相當之惠償。國內各機關固亦深盼其有以交貼，顧未嘗苛求，若初事建立之機關尤願為之協助。然自各處所得之標本，今年亦有五千七百枚，不得謂之寡少矣。

最近又購得秦仁昌氏自歐洲各國所攝原型標本照相一全帙，分別門類，依序納諸櫥架中。又中國植物目錄卡片

增益既多，儲此指引卡紙之櫥不復能容，乃添一新櫥以納之。

XIII. 圖書之收藏

本所常年經費雖極感竭蹶，而於圖書之購置未嘗有所吝嗇，於名貴雜誌之搜集尤為努力。百年前之文藉，輒不惜巨款購求整帙。而此間發刊之論文專刊又往往能易得各國學術團體之著作，故所蒐藏頗有可觀，茲將本年新得者彙誌於下。

甲. 添置之書籍

A 動物學之書籍

1. Loeb, L.—The Venom of Heloderma. 1913.
2. Sars, G. O.—On Cyclestheria Hislopi (Baird). 1887.
3. Sars, G. O.—Norges Ferskvandskrebsdyr Branchiopoda. 1865.
4. Fearing, F.—Reflex Action. 1930.
5. Creed, R. S. et al.—Reflex Activity of the Spinal Cord. 1932.
6. Evans, C. Lovatt—Recent Advances in Physiology. 1930.
7. Coghill, G. E.—Anatomy and the Problem of Behaviour. 1929.
8. Mathews, Abbert P.—Physiological Chemistry. 1930.
9. Brauer, A.—Uber Das Ei Von Branchipus Grubii V. Dyh. 1892.
10. Blochmann, F.—Die Mikroskopische Thierwelt des Susswassers. (Abtheilung 1: Protozoa). 1892.

11. Gunther, A.—Catalogue of the Fishes in the British Museum. Vol. 6, 1866.
12. Gunther, A.—Catalogue of the Acanthopterygian Fishes in the collection of the British Museum. Vol. 1, pts. 1-3, Vol. 2, pts. 3-4, Vol. 3, pts, 1-3, Vol. 8, pts. 1-3. 1859-1870.
13. Bechterev, V. M.—General Principles of Human Reflexology. 1928.
14. Soar, C. D. & Williamson W.—The British Hydracarina. 1925.
15. Wolcott, R. H.—Studies from the Zoological Laboratory—A Review of the General of the Water-mites. 1905.
16. Richardson, J.—Report on the ichthyology of the Seas of China and Japan. 1845.
17. Jordan, D. S.—A Catalogue of the Fishes of Japan. pts. 1-2, 1913.
18. Hengner, R. W.—College Zoology. 1926.
19. Hertwig, R.—A Manual of Zoology. 1912.
20. Hyman, L. H.—A Laboratory Manual for Comparative Vertebrate Anatomy. 1921.
21. Felt, E. P.—Manual of Tree and Shrub insects. 1930.
22. Petrunkevitch, A.—The Spiders of Porto Rico. 1929.
23. Walter, C.—Marine Hygrobatidae.
24. Jordan, H. E. & Kindred J. E.—A Textbook of Embryology. 1930.

25. Planet, L.—Histoire Naturelle de La France-Araignees. 1905.
26. Shaw, G.—General Zoology or Systematic Natural History. Vol. 1—Vol. 14, 1800-1826. (Each Volume Contains two Parts. & it is 28 copies.).
27. Noble, G. K.—The Biology of the Amphibia. 1931.
28. Thorell, T.—Descriptive Catalogue of the Spiders of Burma. 1865.
29. Balfour, F. M.—A Monograph on the Development of Elasmobranch Fishes. 1878.
30. Gouan, A.—Histoire Des Poissons. 1770.
31. Plehn, M.—Praktikum der Fischkrankheiten 1924.
32. Swainson, W.—The Cabinet Cyclopaedia. Vols. 1-2, 1838-39.
33. Sclater, W. L.—The Zoological Record. 1932.
34. Roule, L. et Bertin L.—Les Poissons Apodes Appartenant au Sous-Ordre des Nemichthydiformes. 1929.
35. Garman, S.—Report on the Selachians. 1881.
36. Jordan, D. S. & Seale A.—Review of the Engraulidae with description of new and rare species. 1881.
37. Garman, S.—New Plagiostomia and Chismopnea. 1908.
38. Garman, S.—New and Little-known Reptiles and Fishes in the Museum collections. 1881.
39. Garman, S.—New Species of Selachians in the Museum Collection. 1880.

12 第十九次年會生物研究所報告

40. Garman, S.—New Plagiostomia. 1906.
41. Shumway, W.—Vertebrate Embryology. 1930.
42. Bremer, J. L.—A Textbook of Histology. 1930.
43. Macleod, J. J. R.—Physiology and Biochemistry in modern Medicine. 1930.
44. Rogers, C. G.—Laboratory Outlines in comparative Physiology. 1929.
45. Hansen, H. J. d Sorensen, W.—On two orders of Arachnida. 1904.
46. Bleeker, P.—Overzigt der Te Batavia voorkomende Gladschuhbige Labraieden, met Beschrijving van 11 Neeuwe Species. 1849-1852.
47. Bleeker, P—Bijdrage tot de Kennis der Plagiostomen van den Indischen Archipel. 1852-1856.
48. Bleeker, P.—Enumeratio Specierum Piscium Hucusque in Archipelago Indico. 1859.
49. Bleeker, P.—Description de Quelques Especes de Cobitioideis et de Cyprinoides de Ceylan. 1862-1874.
50. Kendall, W. C. & Goldsborough, E. L.—The Shore Fishes. 1911-1912.
69. Roewer, C. Fr.—Revision der Opiliones Plagiostethi (Opi-
52. Garman, S.—The Plagiostomia. (Sharks, Skates and Rays). 1913.
53. Garman, S.—The Fisher. 1899, (Text & Plates).

54. Agassiz, A. & Whitman, C. O.—The Development of Osseous Fishes. 1915.
55. Garman, S.—The Chismopnea (Chimaeroids) 1911.
56. Garman, S.—The Discoboli. 1892.
57. Sauvage, H. E.—Notice Sur Quelques Poissons D'Especes nouvelles.
58. Kellicott, W. E.—A Textbook of General Embryology. 1913.
59. Schaffer, J.—Lehrbuch der Histologie and Histogenese. 1933.
60. Favill, J.—Outline of the Cranial Nerves. 1933.
61. Maximow, A. A.—A Textbook of Histology. 1931.
62. Mitchell, P. H.—A Textbook of General Physiology. 1932.
63. Adrian, E. D.—The Mechanism of Nervous Action. 1932.
64. Berry, R. J. A.—Brain and Mind or the Nervous System of Man. 1928.
65. Evans, C. L. Recent Advances in Physiology. 1930.
66. Brain, W. R.—Recent advances in Neurology. 1930.
67. Pryde, J.—Recent Advances in Bio-Chemistry. 1931.
68. Parker, G. H.—Humoral Agents in Nervous Activity. 1932.
69. Roewer, C. Fr.—Revision der Opiliones Plagiostethi (Opiliones Palpatores). 1910.
70. Bleeker, P.—Revision des Especer Insulindiennes de la Famille des synanceoides etc. 1874-1879.
71. Nusbaum-Hilarowicz, J.—Etudes D'Aratomie Comparee sur

les Poissons. 1923, 1920.

72. Pickard-Cambridge, O.—Biologia Centrali-Americana. Vols. 1-2, 1889-1902, 1897-1905.
73. Smith, M. A.—The Fauna of British India. (Reptilla & Amphibia). 1931.
74. Graham, S. A.—Principles of Forest Entomology. 1929.
75. Rogers, C. G.—Textbook of Comparative Physiology. 1927.
76. Binne, C. A.—Systema Naturae. Vols. 1-4, 1766-1768.
77. Maki, M.—Monograph of the Snakes in Japan. Vols. 1-2, 1931.
78. Stedman, T. L.—Practical Medical Dictionary. 1933.
79. Allen, Edgar—Sex and Internal Secretions. 1932.
80. Kuntz, A.—A Textbook of Neuro-Anatomy. 1913.
81. Papez, W.—Camparative Neurology. 1929.
82. MacBride, E. W.—Embryology. 1929.
83. Hallowell E.—Report upon the Reptilia of the North Pacific Exploring Expedition. 1860.
84. Kato, G.—The Theory of Decrementless Conduction in narcotised region of Nerve. 1924.
85. Kato, G.—The further studies on decrementless conduction. 1926.
86. Brouwer, B.—Anatical Phylogenetical and clinical studies in the central nervous system. 1927.
87. Lashely, K. S. Brain mechanisms and intelligence. 1930.

第十九次年會生物研究所報告

88. Troland L. T.—The fundamentales of Human motivation. 1928.
89. Keiller, W.—Nerve Tracts of the Brain and cord. 1927.
90. Koller, V. & Loudon, J. M. Treatise on Insects. 1840.
91. Palmer, R. & Westell, W. P.—Pests of the garden and orchard farm and forest. 1922.
92. 松村松年—日本昆蟲大圖鑑 1931.
93. 內田淸之助—日本動物圖鑑

B. 植物學之書籍

1. Kurz. S.—Forest Flora of British Burma. Vols. 1-2, 1877.
2. 岡村金太郎—日本藻類名彙 1916.
3. Ching, R. C.—Index to species and synonyms of monograph of Chinese Ferns. 1930.
4. Goldsmith, G. W. & Hafenrichter, A. L.—Anthokinetics. 1932.
5. Stevens F. L.—The Genus Meliola in Porto Rico. 1916.
6. Persoon, D. C. H.—Synopsis methodica Fvngorvm. 1801.
7. Ricken, A.—Die Blatterpilze. Vols. 1-2, 1915.
8. Dozy. F.—Bryologia Javanica (Textus), Vols. 1-2, (Tabulis) Vols. 1-2, 1855-1810.
9. Bailey, L. H.—Gentes Herbarum. Vols. 1-2, 1920-1930.
10. Dixon, H. N.—The Students' handbook of British Mosses. 1924.
11. Verdoorm, Fr.—Annales Bryologuci. Vol. 6.

第十九次年會生物研究所報告

12. Rendle, A. B.—The Classification of Flowering Plants. 1925.
13. King, F. & Parthing, R.—Orchids of the Sikkim-Himalaya. Vol. 8, parts 1-4. 1898.
14. Chamberlain, C. J.—Methods in Plant Histology. 1932.
15. Hill, A. W.—Index Mewensis Plantarum Planerogamerum. Vol. 8, 1926-1930.
16. 寺崎留吉—日本植物圖譜
17. Brooks, F. T. & Chipp, T. F.—Fifth International Botanical Congress. 1931.
18. Fifth International Botanical Congress—International Address Book of Botanists. 1931.
19. Smith, G. M.—The Fresh-Water algae of the United States. 1933.

乙. 訂購之期刊

A. 動物部

1. Biochemical Journal.
2. Journal of Bombay Natural History.

B. 植物部

1. Hookers's Icones Plantarum.

丙. 交換所得之期刊

A. 動物部

1. Archivic di Scienye Biologiche.
2. Arvernia Biologica.

3. Bulletin of the Honan Museum.
4. Bulletin Scientifique de Bourgoque.
5. Papers and Proceedings of the Royal Society of Tasmania.
6. Verhandlungen der Zoologisch-botanischen Gesellschaft in Wien.
7. Bericht uber das Zoologische Museum der Universitat in Berlin.
8. Bulletin of the Institute for Fisheries Research.
9. Contributions du Zoologie.
10. Notes D'Entomologie Chinoise.
11. Wissenschafltiche Meerssuntersuchungen.

B. 植物部

1. Botaniika.
2. Brittonia.
3. Flore et Systematica.
4. Le Valentionis Meridinal.
5. Notes de Botanique Chinoise.
6. Plantae Cryptogeamae.
7. Travaux du Laboratoire Forestier de Toulouse.
8. Travaux du Laboratoire de Botanique de L'Universite Catholique D'Anger.

XIV. 設備用品之添置

工欲善其事，必先利其器。藥物儀器之增設，每年不容有所省略焉。本年度所添置者約略開列如次：

18　第十九次年會生物研究所報告

雙眼管解剖顯微鏡	一架
加文尼測電計	一具
量周計	一具
分光鏡	一座
計數玻斤	二枚
歐洲所藏中國原型標本之攝影	萬七千幀
切片及磨礪	一付
解剖用具	六十件
植物標本紙	萬五千張
目錄指卡及原型標本櫃	二座
植物標本櫥	十架
動物貯養籠	百座
打字機	一具
化學藥品	千磅
玻璃用具	千件

XV. 試驗生物學及實用經濟方面之研究

十年以來，關於生物學之研究，常思兼顧各方，不欲有所偏畸。顧以限于財力未克遍及。近數年間，應外界之殷需，所研作者萃集于分類學，尤努力于長江流域動植物之調查。然於試驗生物學及實用經濟一方面之重要，固未嘗一日或忘也。若家畜體內之寄生原蟲，有害及有益之眞菌，經濟藻類森林昆蟲，經濟樹木食用魚類等，蓋已考求有年。外此若哺乳類爬蟲類神經系統之生理現象，及單細胞動物在不同環境中之代謝作用，亦俱著手攻研。然以困

於資用之貧乏，書籍儀器俱感簡缺，因不能卽有成就，而研治者固已以極簡陋之設備，竭智盡能以利用之矣。

XVI. 生物學智識之普及工作

甲．爲促進國內生物學之發達計，此間常願竭其棉薄以輔助各學術機關。外界人士隨時可以來所瀏覽或參考書籍，或借用設備，資作研究。國立中央大學生物系之助教與學生，輒于課餘來所，隨研究員從事于專深之研究工作。南京市各中學生物敎員，規定時間，輪流來所，此間爲之羅列標本，佐以圖解，便其敎學時之應用，偶有疑難亦可與研究人員隨時討論。

乙．又爲引起一般社會對于生物科學之興趣計，約集研究人員作系統的通俗演講按月一次，卽就所中講堂行之。此在去年曾假上海總社舉行，演講辭都有紀錄陸續發刊于科學，科學畫報及其他通行雜誌中。將來更擬彙訂成冊，俾便發行。

丙．生物學敎學重在實驗，不論大學中學生物資料之供給，俱屬切要。最近此間已設立實驗材料供給部，凡剝製浸液之標本以及胚胎學組織學之實物切片，俱以發售。顧以屋宇逼隘而人員簡少，時力不及，未能兼理貿易。因委託上海中國科學圖書儀器公司及科學儀器館二處代爲經售，彼等亦深願與此間合作，互相濟助各有便利。惟以造端伊始，諸凡簡略，未能大量供給。將來尙擬添邀人員，專事製作，庶幾供應不求，無虞府庫不給也。

XVII. 學術機關之聯絡合作

20　第十九次年會生物研究所報告

本所于成立之初，即以促進文化，努力學術自勵，凡可效勞，靡不盡力。故歷年以來，所以扶翼各機關者頗瘁心力。實例以證，北平靜生生物調查所之倡立，此間實爲其籌措規畫，執事人員多爲前時本所之職員，不啻爲此間之新枝。最近以兩者關係密切，締約相結，已爲駢盟之集團矣。國立中央研究院自然歷史博物館相與之切尤逾尋常，書物標本互爲交惠，採集硏治常相合作。今日該館技師專家，盡是前時本所之研究人員也。河南省立博物館與四川之中國西部科學院，關于生物學之工作程序，皆由此間爲之策畫。去年冬間南通農科專校，求爲規略昆蟲及菌類之研究計劃。最近又因江西省政府經濟委員會之委託，遣人往贛省調查產物，尤注意於鄱陽湖之魚類。國防委員會惠邀調查長江流域之植物狀況，及經濟樹木種類，亦曾略效馳驅。秋間又將遠發西北，與該會合作搜求邊疆之經濟植物種類。國立中央大學生物系，其教授大率爲此間研究專家。彼等自大學所得之薪金，不以自殖而移注于所內，以爲研究需耗之費。該校助教及學生資此間設備之便利，以研求所業者，亦頗有其人。蓋凡可以效益于社會者，無不致力以赴之。此外國內外學術機關之刊物標本，互爲惠益者更難僂計，不復贅詳。

　　　　　　　　　　　　　　二十三年八月所長秉志

中國科學社圖書館報告

(廿二年八月至廿三年七月)

去年金價跌落本館訂購雜誌費以國幣計算祇及前年之五分之三故能添購年前周美權先生所捐贈本館之數學雜誌數種（詳目見後）及補購歷年來所缺之雜誌一部份又定購商務書館出版之四部叢刊續編第一期書五百册（中有前未印過之大清一統志一部）及湖南等六省通志但終以社中經費拮据之故未能照豫算購足茲將一年來之大事分別報告如下

（一）關于書籍者　京館添購動物書籍105種共147册植物書籍20種計139册（內有Engler, Pflanzenreich一巨著共110册價 2357.40馬克）地圖等3種計3册收到交換書籍約50册（內有 Hooker's Icones Plantarum, Vols. 11—32, 1867—1933）裝訂雜誌456册滬館增加西文書籍140册（內有卡尼奇學社捐贈104册大半與京館所已有者重複）國文書籍131册林寶先生寄存國文書籍1129册裝訂西文雜誌349 册日文雜誌4册國文雜誌226册中國太平洋國際學會及北平社會調查所均捐贈其出版物多種謹此誌謝茲將本期內所贈書籍雜誌列表如下

（1）新增國文書籍雜誌

滬館新增書籍	1260
滬館雜誌裝訂成册	226
京館新增書籍	10
京館雜誌裝訂成册	100
共計	1596册

第十九次年會圖書館報告

(2) 新增外國文書籍雜誌

滬館新增書籍	140
滬館雜誌裝訂成冊	353
京館新增書籍	312
京館雜誌裝訂成冊	373
共計	1178冊

(二) 關于雜誌者　滬館訂購外國文雜誌125種接到交換外國文期刊約100種國文期刊約200種京館訂購外國文雜誌58種接到交換外國文期刊約200種國文期刊約150種本期內新訂購之外國文雜誌有下列十種

1. Endokrinologie
2. Insect World (Japan)
3. Biochemical Journal
4. The Mathematical Gazette
5. The Messenger of Mathematics
6. Proceedings of the London Mathematical Society
7. Quarterly Journal of Mathematics
8. American Journal of Mathematics
9. American Mathematical Monthly
10. Bulletin of the American Mathematical Society

以上首三種為京館所添購其餘七種為滬館所添購

歷年來所缺之雜誌續有補購

收到交換之期刊之重要者有 (1) Kew Bulletin of

第十九次年會圖書館報告

Miscellaneous Informations, 1917, 1928—1932 (2) Mitteilungen and dem Zoologischen Museum in Berlin, Band 17—19 (3) Notes d'Entomologie Chinoise, fasc. 1—14, 1929—1934 (4) Sydney University Reprints, zool Vol. 2 Nos. 1—6 Bot. Vol. 1 Nos. 1—41 等

美國Wistor Institute 捐贈本社另星雜誌81種詳目曾載『社友』茲不再贅

（三）關于日報者　滬館仍備有申報新聞報時事新報晨報字林西報及美國紐約時報及其索引

廿二年十一月起滬館由交換收到北平民國日報

廿三年六月起滬館停閱時報以天津大公報代之

（四）新交換出版品機關　國文期刊願與『科學』交換者日見增多現在因交換刊物而寄『科學』者約有250處本期內新增者約50處

生物論文寄往各國者仍與一年前相彷彿約共700處而收到之交換期刊京滬兩館共約300種想當逐漸加多也茲將新交換機關及其出版品名稱表列如下

1. Die Staats-und Universitäts-Bibliothek, Hamburg, Deutschland. Dissertations.
2. Universitäts-Bibliothek, Greifswald, Deutschland. Mitteilungen aus dem naturwissenschaften Verein für Neuvorpommern und Rügen in Greifswald.
3. Oberhessische Gesellschaft für Natur und Heilkunde zu Giessen, Deutschland. Bericht.

第十九次年會圖書館報告

4. Staatliche Biologische Anstalt auf Helgoland, Deutschland. Wissenschaftliche Meeresuntersuchungen, Abt. Helgoland.
5. Nassauischen Verein für Naturkunde, Wiesbaden, Deutschland. Jahrbücher.
6. Zoologischer Museum in Berlin, Deutschland. Bericht and Mitteilungen.
7. Limnologische Station Niederrheim, Krefeld, Deutschland. Die Natur am Niederrheim.
8. University of California, Berkeley, U. S. A. The zoology series.
9. U. S. Department of Agriculture, Washington, D. C., U. S. A. Technical bulletins on zoology, botany and entomology
10. The American Midland Naturalist, Notre Dame, U. S. A.
11. U. S. National Museum, Washington, D. C., U. S. A. Annual reports, bulletins and separates from the Proceedings
12. University of Wisconsin, Madison, U. S. A., Studies in science
13. Missouri State Museum, U. S. A. Bulletins.
14. Zoological Society of San Diego, U. S. A. Publications
15. American Philosophical Society, Philadelphia, U. S. A. Proceedings
16. Faculte des Science de Dijon, France. Bulletin scientifique de Bourgogne and reprints on botany
17. Societe d'Etude des sciences naturelles de Reims, France.

第十九次年會圖書館報告

Bulletin

18. Laboratoire Forestier de Toulouse, France, Travaux & Bibliographie
19. Societe d'Histoire Naturelle de Toulouse, France
20. The Association for Studying the National Problems, Moscow, USSR. Publications.
21. Scientific Research Cotton Institute, Tashkent, USSR. Publications
22. Forest Technical Academy, Leningrad, USSR. Mitteilungen
23. All-Union Scientific Institute of Animal Husbandry, Moscow, USSR. Publications
24. Library of the Academy of Sciences of the USSR, Leningrad, USSR. Transactions of the Botanical Institute & Transactions of the Zoological Institute.
25. Association of Agricultural Bibliography, Moscow, USSR. Publications
26. Gorno-Taijnaia Stancio AN Niikolsk-Ussuriiskii, Dai-Vost. Krai, USSR. Publications on natural sciences
27. Zoological Institute and Museum, University of Athens, Greece. Studies
28. Universitets-Biblioteket, Lund, Sverige. Proceedings of the R. Phsiographic Society at Lund.
29. Prof. Dr. Hialmar Rendahl, Naturhistoriska Riksmuseet, Stockholm, Sverige. Publications on Chinese fishes

30. Bibliothek der Schweizerischen und Bernischen Naturforschenden Gesellschaft, Bern, Helvetia. Vernandlungen
31. Royal Dublin Society, Ireland. Scientific proceedings
32. Botanical Society of Edinburgh, Scotland. Transactions and proceedings
33. Sydney University, Australia. Reprints of botany and zoology series
34. Bibliotheque de l'Universite, Tartu (Dorpat), Estonie. Acta et Commentations, A. & C.
35. R. Istituto di chimica Biologica, napoli, Italoa. Reprints
36. National Research Council of Japan, Tokyo, Japan. Japanese Journal of Physics
37. Geographical Institute, Bunrika University, Tokyo, Japan, Science Reports, Section C
38. 日本北海道帝國大學理學部 Journal, zoology series
39. 日本金澤醫科大學 十全會雜誌
40. 日本名古屋醫科大學 The Nagoya Journal of Medical Science
41. 北平研究院植物研究所
42. 北平輔仁大學
43. 武昌武漢大學
44. 上海震旦大學
45. 廣西大學

（五）國內各機關收藏外國文雜誌之調查 本館于廿二

第十九次年會圖書館報告

年春間即將調查表格分寄國內各機關（北平各機關所藏外國文雜誌曾由國立北平圖書館調查幷印行聯合目錄故不再調查）陸續填就寄囘者約50處現已照打目錄卡片共約5090片幷已照雜誌名稱以次排列但因圖書館未填寄者亦不在少數故尙未照原議登入「科學」惟若有所諮詢者當隨時答復以後擬將已填寄各機關名稱刊入「社友」本社社友所在機關如尙未填寄甚望幫同調查俾得早日成功以備研究者之參考

(六)圖書統計　本館現存書籍雜誌冊數如下

書籍雜誌總數	42717
(1) 書籍總數	24479
國文書籍	8245
外國文書籍	16234
本館所有者	7040
國際交換書籍存本館者	7547
社員寄存者	1452
日文書籍	195
(2) 雜誌總數	18238
國文雜誌	6890
西文雜誌	10739
日文雜誌	609

(七)圖書雜誌費支出總數　本館圖書雜誌費一部份由本社會計支付各書店皆有詳細發票由本館保存備查尙有一部份（多關于生物學者）則由中華敎育文化基金董事會補助費支付均有各書店發票及收據由生物研究所保管報賬茲將

8　第十九次年會圖書館報告

廿一年八月至念三年七月（因上屆報告未能將支付狀況列入）支付總數列下細賬不贅

本社會計支付共國幣198.97元日幣43.38元美金2153.38元英幣165—16—4磅法幣1030.00法郎德幣873.20馬克

中華文化基金董事會補助費內支出共國幣4201.93元日幣44.35元美金535.43元英幣95—17—4磅德幣5141.80馬克荷幣53.50 Guilders

（八）館舍及辦事情形　滬館雜誌室及閱書室仍合而為一每日平均來館閱覽者約20人除星期一外每日下午開覽四小時暑天則移在上午並不間斷雜誌登記及閱覽時間收發由張大瑞担任其餘事務由于星海及敏行分任

京館雖移入生物研究所新屋不久但已擁擠不堪又因館員祇一人且地位太小京館不公開閱覽但本社社員仍可到館閱覽及借書出外該館一切事務由蔣世超担任

　　　　　　　　　　圖書館主任路敏行念三年八月

編輯部報告

一年來本部共編「科學」十二期，即自十七卷九期至十八卷八期，現八期在印刷中，已出版者實得1696頁，外插圖36頁。

「科學」自十七卷十一期起闢「科學進步」欄，一年來「論文」，「科學進步」，「國內科學」，三欄共登122篇，1433頁，計社員46人投59篇，611頁，佔42.64%，非社員57人投63篇，822頁，佔57.36%,詳「科學內容統計表」。

「科學」內容，亟待改善，茲擬改善編輯部計劃如次：

（一）組織健全編輯部，即每編輯員須對於本刊確有興趣及能實際參加編輯工作者。

（二）每月開會討論每期材料內容。（由常任編輯先擬定）。

（三）譯件減少而增加「國內科學」欄之材料。

（四）大數譯件由編輯部選定，交由約定翻譯員譯出酌致稿費。

（五）於國外及國內各研究機關中，約定通信員，每年

每機關至少有二次通信，報告研究進行狀況，酌致稿費。

(六)編輯部長不定在上海，最好在滬，平，京等處，可就近與研究機關聯絡，多取材料。

(七)編輯部長之選舉，亦由司選會辦理。

科學內容統計表

（廿二年九月至廿三年八月）

卷	期	化學	醫藥	科學進步	生物	物理	國內科學	雜俎	農林	來件	科學新聞	地學	化工	算學	通論	氣象	天文	人學	無線電	航空	傳記	書評	咨詢	頁數
17	9		167				9			10	3												2	202
17	10	19			69	29		9	11		4	3		21		16								189
17	11	12	17	5	16			13	4	14	4	17	8		5									148
17	12	38		10	25	16		3	42	20	3			10										155
18	1	10	4	60				6	4		3		25	6	11									144
18	2	45		16	22			9	4	5	10													156
18	3	20	11	30		18		10	10	14	17	3	13		4							1		159
18	4	17		11		47		2	2			28			7									133
18	5	36		10	37	22		4	11	11	8	7	6					7			7			141
18	6	20		28				3	5	7	5	18	8		4	5	3		5			6		143
18	7	31		15				12	9	5	5			9			11		8		8	7		126
頁數		248	199	185	169	132	132	98	83	79	77	73	60	46	31	21	14	13	12	8	7	2	1696
佔總頁數百分之		14.62	11.53	10.91	9.96	7.78	7.78	5.78	4.89	4.66	4.54	4.31	3.54	2.71	1.83	1.24	0.83	0.77	0.71	0.47	0.41	0.12	100%
論文科學進步篇數		18	14		15	12	10	13	6		7	5	5	5	7	2	2	2	2	1			共122篇
國內科學篇數																							

備註：

(1) 篇數指論文科學進步、國內科學言，共122篇。

(2) 社員46人投59篇，611頁，佔42.64％；非社員57人投63篇，822頁，佔57.36％。

(3) 插圖36面，未列入本文頁數。

第十九次年會論文提要　目錄　　1

中國科學社第十九次年會
論文題及提要第一輯

（題目旁附＊記號者已交全篇論文，附。記號者有提要）

甲　組

1. 朱庭祜° 　江西南昌附近地下水之研究
2. 畢夢痕＊ 　南京大氣微塵數量觀測之報告
3. 張其昀＊ 　浙江風景區之比較觀
4. 竺可楨° 　東南季風與中國之雨量（英文）
5. 張寶堃 　中國各地四季之長短（英文）
6. 鄭子政° 　從樹木年輪推測北平三百年來之雨量
7. 竺可楨° 　華北之乾旱及其前因後果（英文）
8. 蔡源明° 　珠江三角洲之考察綱要
9. 朱炳海° 　颱綫雷雨一例之三度觀察（廿三年五月十五日至十七日）
10. 洪　紱° 　中國之地理區域

乙　組

11. 倪尚達，張江櫚，王佐清＊ 　電化電容器
12. 彭　謙° 　測定炭酸鉀之計容及計重新法（英文）
13. 高平子＊ 　日蝕週期之新研究
14. 鄧植儀＊ 　廣東之酸性土與鹼性田

15. 范　赞　Recherche sur les substances formatrice de Racine et le role important de l'Oxisdase Coexistant dans les hypotyles de Boloamima Impatience

丙　組

16. 樂天愚° 白皮松產地之今昔觀
17. 張景鉞° 雙子葉植物莖中原生靱皮之發達
18. 張景鉞° 白芥菜之生長與光之關係
19. 李先聞° 番南瓜 Cucurbita Maxima Duch 與南瓜 C. Pepo L. 之雜交及其染色體之研究
20. 李良慶° 廣東爛頭島與河南島之藻類植物（英文）
21. 李良慶° 中國鞘藻誌（英文）
22. 鄭萬鈞° 中國木本植物之新種及新變種
23. 鄭萬鈞° 紫杉科之一新屬（英文）
24. 方文培° 四川之一新槭樹種（英文）
25. 王志稼° 淡水藻類與飲水之關係（英文）
26. 董致棱　石榴花菓之形態與解剖
27. 黃以仁　河南省植物區之研究
28. 孫雄才° 浙江之兩種新唇形花植物
29. 曹誠英* Inheritance of Lint Length of the old World Cottons
30. 裴　鑑° 三白草科裸鞘屬之討究

第十九次年會論文提要 目錄　　3

31. 裴　鑑°　南京維管束植物之記錄
32. 史久莊　中國懸鈎子屬
33. 李寅恭°　松櫟黃銹病更迭寄生之研究
34. 胡煥庸°　江蘇省之農產區域

丁　組

35. 傅桐生°　河南爬蟲類小誌
36. 盧于道　中國人之不腦皮層
37. 朱鶴年，盧于道　下視丘及腦皮之刺激對於下壓之影響
38. 朱鶴年，盧于道　視丘及大腦皮受電流刺激後對於瞳之反射之影響
39. 張　鋆　人工試驗器內之軟骨魚血
40. 武兆發°　蝗虫精細胞之減數分裂（英文）
41. 武兆發°　蝗虫精子發生時細胞質現象及其與產生精子之關係（英文）
42. 武兆發°　一種研究細胞內含質之簡單固定液（英文）
43. 武兆發°　某類淡水昆虫之呼吸（英文）
44. 李賦京*°　中國日本住血吸蟲中間宿主生物學之研究
45. 李汝祺　雨蛙之研究
46. 李汝祺　沈詩章　扁虫復生之試驗
47. 徐鳳早　南京水蠹之調查
48. 秉　志°　北戴河象牙貝發現之記載（英文）
49. 秉　志°　Eulota pyrrhozona 之分佈（英文）

50.	秉　志°	豚鼠與白鼠脊髓中動作細胞之比較觀察（英文）
51.	秉　志°	豚鼠大腦皮割去後之影響（英文）
52.	張正衡	刺激對於神經中乳酸之影響
53.	張正衡	染料—養化炭及蜻酸鹽對於神經呼吸之影響
54.	吳功賢°	白鼠大腦皮中纖維之發長
55.	吳功賢°	白鼠大腦皮細胞中之戈爾基器
56.	苗久栅°	鎮江之魚類
57.	鄭　集°	黃豆生質精內必需之礆基酸
58.	鄭　集°	一種黃豆生質精之等電點及其最低物理性之限度
59.	伍獻文	中國河蟹名錄及新種記
60.	伍獻文	中國數種鯉科魚命名之商榷
61.	伍獻文	比目魚出鰓脈管之排列與頭圈之關係
62.	伍獻文，王以康	中國刺鯉屬全誌
63.	陳世驤	雲南及法屬東京跳蟒全誌
64.	謝蘊貞	杭州產擬叩頭虫誌略
65.	陸秀岑	南京賴弟阿斯屬寄生蟲之調查
66.	方炳文	中國銀魚全誌
67.	孫宗彭°	妊娠婦尿抽精對於卵巢副腎腺及盾狀腺增長之影響
68.	朱洗，陳兆熙*	廣州蛙類人工單性發育之研究

第十九次年會論文提要 目錄

69. 朱 洗° 廣州蛙類異種交配的簡單報告
70. 倪達書 海門海膽腸內之纖毛虫
71. 倪達書 南京兩棲類腸內之纖毛虫
72. 戴立生，倪達書 廈門雙鞭毛鞭虫之研究
73. 王家楫，倪達書 南京之有殼眼蟲
74. 王家楫，倪達書 菲洲團走子之生活史
75. 王家楫 數種纖毛虫誌略
76. 王家楫 廈門海產原生動物續誌
77. 王家楫 南京棱形鱗皮腹棘虫之發現
78. 張春霖 雲南淡水魚名錄
79. 張春霖 中國數種鯧魚之記載
80. 楊維義 中國某種椿象誌略
81. 楊維義 中國昆虫命名商榷
82. 喻兆琦 河蝦消化系統組織之研究
83. 喻兆琦 中國之赤蝦科
84. 喻兆琦 中國大蟄蝦之新種
85. 喻兆琦 四種寄生橈足蟲之記載
86. 壽振黃 浙江之鳥類
87. 壽振黃 河北鳥類之生活及分佈
88. 鄭作新 小雨蛙生殖細胞之起源
89. 鄭作新 蝦蟆睪丸中之卵胞
90. 任國榮° 嘈雜鳥屬全誌（法文）
91. 任國榮° 鳥形山雀科全誌（法文）

92. 任國榮°	西法紅嘴相思鳥各屬之研究（法文）	
93. 張孟聞	江西蛙蛇略記	
94. 張孟聞*	浙江蛇類報告	
95. 曾　省*	蚜蟻生活史之初步觀察	
96. 曾　省	海鰻寄生長尾蛭之解剖	
97. 曾　義	鍼灸銅人穴道及皮下神經分枝之關係	
98. 周蔚成	蜥蜴延腦中大細胞在冬夏兩季中之現狀（英文）	
99. 謝蘊貞°	On some Species of Languriidae of Hongchow. （丙組）	
100. 陳世驤°	A Systematic Study of the Halticinae Beetles of Yunnan and Tonkin.	
101. 馮言安°	忍冬屬植物細胞中心體之研究　（丙組）	
102. 許植方*	海人草(鷓鴣菜)之植物化學成分研究（中文本及英文本）　（乙組）	

第十九次年會論文提要

中國科學社第十九次年會
論文提要
甲　組

1. 江西南昌附近地下水之研究

朱庭祜著

摘　要

南昌為江西省會，夙稱重鎮。近年以來，人口激增，數達二十六萬有奇，各項建設，粗具端倪。惟全市飲料，仍恃淺井及江水兩種，井水鹹澀，江水渾濁，均不宜於衛生，而在近山一帶，缺水灌漑，幾全荒蕪，乃其餘事。作者於民國二十二年夏秋之交，特往該區研究地下水源，以地質為根據，察其漏水及蓄水層之位置，以為開鑿深井，補救飲料及灌漑之準備。茲篇就研究所得，分地形地質地下水及水利等數節，中英文具備，附有地質平面與剖面圖及照片，想為關心南昌建設者所樂聞也。

4. 東南季風與中國之雨量
THE ENIGMA OF SOUTHEAST MONSOON IN CHINA.

竺可楨

BY COCHING CHU
AN ABSTRACT.

It has always been taken for granted that southeast monsoon in China, like the southwest monsoon in India, is a rain-bearing wind. Yet the southeasterly wind in eastern part of China is a dry wind in summer as well as in winter, and in the Yangtze Valley, when it blows consistently, drought is imminent. These facts were known to ancient Chinese philosophers, and one famous poet of Sung dynasty wrote to the effect that when the southeast wind blows, the rainy season is at an end. Recent observations confirm this statement. The apparent paradox is explained by the fact that rainfall in China is mostly cyclonic in origin and not orographic as in India, and that most of the precipitation occurs in the cold sector. It is necessary to have a northerly or northeasterly current to lift the southeast monsoon to a sufficient height before it will yield its quota of moisture. The paper is discussed under seven headings. (1). Southeast monsoon in ancient Chinese literature. (2). The causes of monsoonal winds. (3). Monsoons in India. (4). Difference between monsoons in India and those in China. (5). Factors which give rise to precipitation in eastern part of China. (6). The confirmation of the statement of Sung Poet. (7). Why the Southeast monsoon bring about the drought.

5. 中國各地四季之長短
THE DURATION OF FOUR SEASONS IN CHINA.

BY P. K. CHANG (張寶堃)

AN ABSTRACT

A new way of dividing the year into four seasons is discussed and then applied to various regions in China based on the five day means for air temperature of 84 stations and phenological reports of several stations. The four seasons are defined as follows:

Spring or Autumn=mean 5-day temperature 10°-22°C.
Summer=mean 5-day temperature above 22°C.
Winter=mean 5-day temperature below 10°C.

According to this definition the duration of the so-called four seasons is quite different in different parts of China. The summer in south China and the winter in north-eastern China, may be prolonged to about 8 months. Speaking generally, there is almost no winter in China south of Wenchow, and almost without summer in places north of Harbin. The region noted for its equal distribution of four seasons in China is the Lower Yangtze Valley, where the duration of winter and summer is about 4 months each; while that of spring and autumn is about 2 months each. The paper, with 8 charts and 8 tables, is discussed under ten headings: (1). The Origin of the Names of Four Seasons. (2). Methods of defining the Four Seasons. (3). The New Way of dividing the Seasons. (4). The Date when Spring begins in China. (5). The Date when Suumer begins. (6). The Date when Autumn makes its Start. (7). The Date when Winter commences. (8). The Duration of Four Seasons in China. (9). The Hottest and Coldest Period in its relation to 24 Festivals in China. (10). Conclusion.

6. 從樹木年輪推測北平三百年來之雨量

鄭子政 著

提 要

樹木滋生之盛衰，因氣候之變遷而異，自一九〇一年，美國亞里蘇納大學教授陶格勒斯（Douglass, A.E.）以樹木年輪之厚薄推求古代氣候變動，實爲氣候學，生物學，

| 4 | 中國科學社 |

考古學上之一大供獻。本文依據北平附近探集所得之古木標本十株，都為白皮松屬類 (Pinus Bungenna Tucc.) 照陶氏選定年輪法 (Cross Identification) 讀取紀錄，與北平歷年雨量比較，其趨向大致相同。所得結果可以歸納三點：(一) 松樹對氣候之感覺較柏樹為銳。而一種樹木受地形之影響，往往對於氣候之感覺為之低減。研究氣候變動宜取種植地位較高者為佳(二)據探集所得北平古木標本其老者年齡大致在三百五十年前後為清初所栽植。(三)由樹木年輪推求古代氣候變動，在十七世紀初葉與中葉雨量皆甚豐沛，十八世紀初葉亦為潮濕時期，十八世紀中葉為乾旱時期，十九世紀初葉氣候潤濕，十九世紀中葉以來，雖在一八七〇與一九一〇年前後略見潤濕，大致較前二世紀有乾旱之傾向。(四)由樹木年輪推論氣候變動似屬於一種波動的，其周期尚有待於研究。謂中國北方將有化沙漠傾向之說，恐未足徵信。

7. 華北之乾旱及其前因後果

THE ARIDITY OF NORTH CHINA, ITS CAUSES AND CONSEQUENCES

By Coching Chu (竺可楨)

AN ABSTRACT

Compared to the corresponding parts of United States, N. China is exceedingly dry. This is traced to four causes: (1). the small number of cyclones passing through N. China, (2). the deflecting of the warm Japan current farther away from the Chinese coast north of the Yangtze estuary, (3). the presence of mountain barrier of Tsing-ling, and (4). the sinister influence of Siberian anti-cyclone in the winter half year. Because of the scarcity of rainfall in N. China, the variability of rainfall from year to year is very great. For it is a universal rule in climatology that the less the precipitation the greater will be the variability. The frequency of famines in North China is a direct consequence of this variability.

8. 珠江三角洲之考察綱要

蔡源明 著

提 要

珠江三角洲因其地形與構造特別故有主張無三角洲存在者，（參考科學第十八卷第三期陳國達學士論文『廣州三角洲問題』）此乃不明三角洲之定義所致。

普通河流於流入海或湖等之靜水 (Standing water) 中其流速減退，若水流速度之水平分力及河流所運物質浮力之和小於水流速度之垂直分力及此物質自身所有之重力之和時，此物質即行沉澱。故河口附近有河流所挾之物質堆積，若其量超過沿岸流及波浪等所漂去之物質之量時，沉積漸次增加，其上部遂現於水面而成三角洲平地。

三角洲名稱之由來，乃此種平地上之分流(distribuary)之間成三角形，有如希臘文字之△delta，或該平地全體之形狀如三角形，故有三角洲 (delta) 之名稱發生。

三角洲內部之構造因水準之變化，所挾泥量之增減，

及堆積泥沙地方之傾斜運動之大小，等發生差異。

三角洲之水平地形因沿岸流及波浪等之妨害之有無其形狀亦不一致。

故吾人所謂之三角洲其形狀與構造實多變化。而河口除因某特種地形與潮流關係其三角洲不能作甚大發展外，普通實多有三角洲存在。若珠江三角洲在我國及世界各種地理書中已習見之，惟非如黃河，長江之為簡單三角洲，乃由東江，北江，西江所成之複合三角洲（Compound delta），因與普通三角洲有異，故遂有無三角洲之議論發生。

珠江三角洲之成生地帶為沉降海降，島嶼甚多，因有此種島嶼存在，三角洲之發展常為所左右。故三角洲面之河道亦因此種島嶼而生變化。

珠江三角洲上由島嶼所成之低山，亦如黃河三角洲地方之有山東半島泰山等山地。山東半島地方有多數良港存在，於珠江三角洲亦然。

珠江三角洲面其低濕處因人口多，人力豐富，多築人工堤，闢為耕地，惟此種堤身不高，雨季常由洪水淹沒，故珠江三角洲地方若無此種人工堤，其大部分必尚為無用之沼澤地也。

9. 颮綫雷雨一例之三度觀察

（廿三年五月十五日至十七日）

第十九次年會論文提要　　　　7

朱　炳　海
中央研究院氣象研究所

提　要

此次雷雨,發生於一風暴之颮綫(Squall line),故名颮綫雷雨。觀其立體的結構與演變如次:

1. 平面的觀察　最初,於十五日六時歸化蘭州及成都同時報下雷雨,此後下雨區域逐漸向東向南移動。至十七日六時,北端達遼東,中段及京滬,南端抵閩粤。計其移動速率,以中段爲最大,平均 33.3 km/hr.；南端次之,25.0 km/hr.；北端最小,17.5 km/hr. 此受制於各部分氣壓分佈之不同,及地形參差之有異。

2. 高空的觀察　氣象研究所之飛機觀測,始於十六日十四時四十七分,在雷雨來臨之四小時以前,歷二小時二十二分,達最高 3.7km。按各層水分漸變之趨勢,及同日七時三十分之氣球觀測記錄,知此次飛機未能穿出地面熱氣團之範圍。但僅此 3.7km 厚之氣層而論,雷雨之所以發生,已不難窺其究竟。考此次測算結果,除 0.5—1.0km 及 3.0—3.5km 兩層以外,$\frac{\Delta\theta_D}{\Delta z}$ 均爲負數,故餘均在對流性不穩定狀態；祇需外力爲之抬起,使凝結作用開始,各氣層即激直上升。又因 1.0—1.5km, 2.5—3.0km, 及 3.5km 以上之氣層,$\frac{\Delta\theta_E}{\Delta z}$ 均爲負數,故在絕對不穩定狀態,即其本身有激直上升之運動。雷雨之所以發生,即系乎此。依

理，需有三點始能決定空中方面，今祇有南京一地記錄，高空斷面之分佈，究屬如何，此刻無從斷定。

10. 中國之地理區域

洪　紱　著

國立中山大學地理學系

摘　要

中國之地土，可依氣候與水利分二大區：曰東部季候風區域，曰中亞內陸高原區域，季候風區域，復可依氣候，水利，地勢與位置關係，分爲東北，華北，長江流域，華南熱帶地，西南高原五個區域。各該區內當依地質，地形，土壤，植物羣分若干區，是爲自然區域，各自然區域或獨成地理單位，或依地理與歷史關係再細分爲若干地理單位，是爲地理區域。內陸高原，今日尚缺詳細精確之地質與地形研究，只能依山脈，高原，與盆地地形分爲若干地理區域。（附中國地理區域表）

位　置	自然區域	地理單位
東　北（松遼流域）	松遼冲積平原 遼東半島 白山森林區 興安森林區 熱河山地	

第十九次年會論文提要

$$
\text{季候風區}\begin{cases}
\text{華北}\\\text{(黃河流域)}\begin{cases}\text{華北冲積平原}\\\text{華北黃土高原}\\\text{齊魯山地}\\\text{渭河盆地}\end{cases}\\
\text{(長江流域)}\\\text{[華 中]}\begin{cases}\text{江淮冲積平原}\\\text{湖江低地}\\\text{秦嶺荆山區}\\\text{四川紅色盆地}\\\text{大江邱陵區}\end{cases}\begin{cases}\text{雲夢平原}\\\text{豫章平原}\\\text{安慶盆地}\\\text{蕪湖盆地}\\\text{江東山地}\\\text{豫章山地}\\\text{贛西山地}\\\text{湘西山地}\\\text{淮陽山地}\end{cases}\\
\text{華南熱帶地}\begin{cases}\text{嶺東山地(仙霞嶺東)}\\\text{東南沿海低地}\\\text{嶺南山地(南嶺以南)}\\\text{珠江三角洲}\end{cases}\\
\text{西南高原}\begin{cases}\text{貴洲台地}\\\text{雲南山地}\end{cases}
\end{cases}
$$

西藏高原
康藏山脈區域
柴達木盆地

10　中國科學社

中亞高原 { 青海盆地
塔里木盆地
天山山脈
吐魯番盆地
準噶爾盆地
西蒙斷層山地區域
科布多盆地

戈壁高原（蒙古準高原）

乙 組

12. 測定炭酸鉀之計容及計重新法

NEW VOLUMETRIC AND GRAVIMETRIC METHODS FOR THE DETERMINATION OF POTASH

By Chien Peng, (彭謙) Honan University, Honan, China.

An Abstract

A. Volumetric Method (for amounts of K_2O less than 20 milligrams)—Transfer to a 200 cc. Erlenmeyer flask an aliquot of the potash solution. Evaporate to about 10 cc. Set the flask containing the solution in a cold water bath having a temperature of 10 to 15 degrees C. for about 5 minutes. Add 3 drops of phenolphthalein indicator, acidify with two or three drops of dilute (1-3) acetic acid. The solution should be clear; if cloudy, it should be filtered. Now add from a burette *drop by drop* 5 cc. of a 30 per cent $Na_3Co(NO_2)_6$ solution. Let stand for about one hour or until the supernamant liquid is clear. Filter through S & S 589 white ribbon filter paper of 9 cm. diameter. Wash the flask carefully for 5 to 6 times with small portions of 2 per cent sodium sulphate solution and then wash the precipitate and filter paper for at least 15 times until the filtrate comes through colorless. With a clean forceps transfer the filter paper holding the precipitate back to flask. Any precipitate left on the funnel should be washed into the flask with water. Add about 75 cc. of hot boiling distilled water. Close the flask with a clean rubber stopper and shake vigorously until the filter paper is finely broken. Remove the stopper and heat to boiling for about 15 to 20 minutes to dissolve all the yellow precipitate. Add from a burette 25 cc. of 0.1 N HCl which contains 3 grams of urea per liter of solution. Now *set on the steam bath for 5 to 10 minutes* with frequent stirring until the contents become entirely white in color. Cool to room temperature, add 3 drops of methyl red indicator and titrate off the excess HCl with 0.1 N NaOH solution. For each cubic centimeter of 0.1 N HCl consumed, there is present 0.00157 gm. of K_2O. The reaction involved is as follows:

$$K_2NaCo(NO_2)_6 + 3C_0(NH_2)_2 + 6HCl = 2KCl + CoCl_3 + NaCl + 3CO_2 + 9H_2O + 6N_2$$

The sodium cobalti nitrite solution is made by dissolving 30 grams of $Na_3Co(NO_2)_6$ in 100 cc. of cold distilled water. Filter into a glass stoppered bottle and keep in a cool place.

The wash solution is made by dissolving 20 grams of pure sodium sulfate in a liter of water. Cool to 15 degrees C. before using.

B. Gravimetric method (for amounts of K_2O above 20 milligrams)—Transfer to a 250 cc. beaker 25 cc. of the potash solution, slightly acidify with dilute (1-3) acetic acid. Set the beaker containing the solution in a cold water bath having a temperature of 10-15 degrees C. for 5 minutes. To the cooled solution add from a burette *drop by drop* 5 to 10 cc. of the 30 per cent sodium cobalti nitrite solution. Let stand for at least one hour. Pour the supernatant liquid through a specially prepared dried and weighed Gooch crucible (small Gooch crucible with a circular disc cut from S & S 589 white ribbon filter paper. Care must be taken to see that this paper is *tightly fitted* to the bottom of the crucible by means of a glass rod before starting filtration). Wash for five to six times by decantation with *cold distilled water*. Finally transfer the precipitate to the Gooch crucible and continue the washing for 5 to 6 times until the filtrate comes through colorless. Dry at 110 degrees C. for 2 hours and then weigh. The weight of the precipitate $K_2NaCo(NO_2)_6 \cdot H_2O$ times 0.2074 gives the wt. of K_2O.

Precaution Chemicals and the laboratory air should be kept free of ammonia.

丙　組

16. 白皮松產地之今昔觀

樂天愚　著

提　要

中國特產之松屬(Pinus)植物，最著者四種，其中以五粒松 (P. Armandi) 短葉馬尾松 (P. Tebulaelormis) 長葉馬尾松(P. Massoniana)之產地為最週知。惟白松 (P. Bungeana Zuce) 之天然產地，在二十年前，曾無人知之者。薩競德 (Sargent)氏著威爾遜植物誌，(Plantae Wilsonianae) 世人始稍知之，然其書僅載湖北巴東縣海拔三千二百尺至四千尺之處，有自生之白松，但不甚多云云。北平一帶如景山，松堂，碧雲寺，玉泉山，戒壇，以及各皇陵，各大墳墓，此樹雖頗普通，然皆人力所栽，非天然之產，一九三二年夏，余率領河南大學森林學系學生，赴太行山採集森林標本。於豫晉分界之庫郊鎮西南，有南溝台地方者，其地有大果松嶺，於山高萬尺左右之處，忽發現有大面積之天然白松林。崔懸危石，鑽穴而生，滿谷盈山，不可量紀。因此推知白松之天然產地，尚多未經人之查知者。其與巴山山脈所產，其高度竟差六千餘尺，殊出人意料之外。救荒本草，本草綱目，植物名實圖考，等書籍，均無白松之記載。惟明一統志，載鄜州開元寺，有白

松奇古。張著詩云：

葉墜銀釵細，

花飛香粉乾，

寺門煙雨裏，

渾作白龍看。

上詩詠此白松也。又鄠縣志，南山有白骨松。據此則白松之產地，除巴山山脈，太行山脈而外，秦嶺山脈亦已證明有自生之白松，黃以仁教授告余，伊曾見英人波爾登（Purdom）氏在陝西之太白山，亦採有白松之標本。（約二十餘年以前事）是則，秦嶺山脈產白松之事實，已更明瞭矣。比利時人海爾思（J. Hers）採取隴海鐵路沿綫樹木之報告，於豫西亦得有白松標本。余適才遨遊嵩山高處，亦聞見有白松散生於馬尾林中，似為其競進（Plants Succession）之結果，失敗於馬尾松（P. telenlaeformis）者，然則，吾人可於巴山山脈，太行山脈，秦嶺山脈之外，亦更可證實，伏牛山脈中，亦原有白松原產之一席地也。

17. 雙子葉植物莖中原生韌皮之發達

張景鉞著

提　要

在汗金蓮，向日葵，白芥菜，豌豆中，均發現原生韌皮。在汗金蓮中，第三葉或第四葉之雛形，已具有原生韌

皮之篩管。篩管最初分化時細胞壁加厚，且較晶瑩。是時細胞內部幷無變化。由此往下四五細胞後，篩板漸分化，篩孔極小。兩孔間之平均距離僅 0.5u。篩板極薄，直切面觀之，幾與其他隔壁無別，但鄰細胞細胞質彼此相連處可見，由是知隔壁上具穿孔。在篩板分化時，細胞核或已消失或仍存在。初發生時，每一原形成束僅具一列篩管，以後新篩管向內生。其外邊之篩管，經過一短時期，卽漸萎縮，是時篩管顯然失去其功用。

18. 白芥菜之生長與光之關係

張景鉞著

提要

實驗分兩組：第一組在天光下舉行而變光之強度，分日光，微蔭，深蔭三種，第二組在日夜無間之電光下行之。觀察法，每日或間日量節間之葉而紀其增長，幷繪成曲線以察增長之速度。所得主要結果如下：(1)在微蔭中植物莖葉較爲長大，但每葉之分化反較在日光者爲遲，莖及節間之增長亦不加速，其所以較長大之原因在生長時期較長。(2)遲種之芥菜開花較早，例如三月底所植者十七葉後始花，而一月後植者十三葉後卽開花。(3)在1500瓦特不間斷電光下植物生長及分化均極速，但生長之停止亦極早，下種後二十日八莖葉卽成熟，在日光中此部之生長期爲

二月有餘。（4）節間之加長較葉爲速而成熟亦較早。節間在花之發達後，生長忽然加速，此殆係由於花中所產之激動素所致。

19. 番南瓜 (Cucurbita maxima, Duch) 與南瓜 (C. pepo, L.) 之雜交及其染色體之研究

李先聞著

提 要

番南瓜♀與南瓜♂雜交所得之第一代，其子實多不發育，發育之數植株，似無雜種強勢之表示，而其性狀多介乎二親代之間。

第一代之花粉，大小不一，泰半爲不能發育者。是以自交不成功。但用親代之花粉，第一代亦可結實。

番南瓜及南瓜之二元染色體數目皆爲四十二即二十一對。第一代亦爲四十二。但因親代染色體上遺傳質之構造不同，是以在成熟分裂時，相同之染色體，多不行中間打紐 (interstitial chiasma formation)，太半只行頭對頭之打紐結合 (terminal chiasma formation)。或者因是之故，在小配子母細胞第一次分裂時，其染色體向兩極移動時，極不規則。因之女細胞之數目，亦多少不等。而女細胞內之染色體數目，亦多寡不一。（第二次分裂，爲規則分裂）。花粉因之亦大小不等。若花粉內之染色體失

其平衡過多時，花粉卽不發育，職是之故。

大配子母細胞分裂時，亦與此相同，因所得之第二代子寶，飽滿而能發育者佔絕對少數之故。

第二代（回交所得）之植株，大小極不一致。形狀亦形形色色。有依門氏遺傳規律者，有不可解釋者。其染色體之情形，正在繼續研究中。

20. 廣東爛頭島與河南島之藻類植物
FRESHWATER ALGAL FLORA OF LANTAU AND HONAM ISLANDS, KWANGTUNG

By Liang Ching Li (李良慶)

(Fan Memorial Institute of Biology, Peiping)

An Abstract

This paper presents an annotated list of the freshwater algae, which was collected by Professor F. A. McClure and Mr. Fung Hom of the Department of Biology, Lingnan University, from Lantau and Honan Islands, Canton Bay, Kwangtung, from July to September, 1931. The total number of species and varieties recorded (exclusive of Diatoms) is 106 belonging to 48 genera and 2 classes. The following table gives the representation of the principal groups:—

Name of the Principal Groups	Total Genera	Total Species and Varieties	New Species	New Records in China
Volvocales	2	2		
Chlorococcales	7	7		1

Ulotrichales	2	2		
Chaetophorales	5	5	1	2
Oedogoniales	1	1		
Mesotaeniaceae	4	4		2
Zygnemaceae	3	5		3
Desmidiaceae	12	51	1	32
Myxophyceae	10	29		7
Totals	48	106	2	47

There are some features which bear the siginificance as characterizing the algal flora of these two islands:—

(1). The richness of desmids seems due to the fact that the soil of this region is acid in property and is favourable for the growth of this group of plants. From the study of the geographical distribution of desmids it seems proper to conclude that that algal flora of Kwangtung is similar to that of the Indo-Malay division.

(2). The bulk of collections upon which the present paper is based were made in the summer time, and the influence of relatively high temperature is to be seen in the important part played by Myxophyceae, especially the genera *Oscillatoris* and *Scytonema*.

(3). The paucity of other filamentous and unicellular algae can be explained that the collections were either not collected at the proper time in which the maximum reproduction occurs in most filamentous forms or not from the proper places where most of the unicellular species are grown in the form of phytoplanktons.

(4). As point of special taxonomic interest attention may be drawn to the discovery of two new species, *Drapanaldiopsis sinica* sp. nov., *and Docidium sinicum* sp. nov., and the new records of forty-seven species and varieties (40 greens and 7 blue-greens) in China.

21. 中國鞘藻誌
THE ALGAL FAMILY OEDOGONIACEAE IN CHINA

LIANG CHING LI (李良慶)

(Fan Memorial Institute of Biology, Peiping.)

AN ABSTRACT

This is a monograph on the forms, varieties, species and genera of the family Oedogoniaceae found by the writer from more than 10000 collections of our freshwater algae during the past five years. All the records made by previous investigators, such as Wille, Ostenfeld, Skvortzow, Skuja, Tiffany, etc., were also included. A key, citations, and descriptions of the 72 Oedogoniums, 8 Bulbochaetes but no Oedocladium together with plates, explanations and bibliography are carefully made. These represents the records of the following localities in China: Peiping, Tientsin, Ch'angli (Hopei), Soochow, Hangchow, Nanking, Amoy, Foochow, Wuch'ang, Canton, North Manchuria, Mongolia and Tibet.

The list below gives the names of all the known data of this family included in the present monograph:

Bulbochaete creunlata Pringsh
B. gigantea Pringsh
B. intermedia De Bary var *depressa* Wittr.
B. pygmaea Pringsh
B. repanda Wittr.
B. rectangualris Wittr.
B. varians Wittr.
B. varians var. *subsimplex* (Wittr.) Hirn.
Oedogonium acmandrium Elfving
Oe. autumnale Wittr.
Oe. boscii (Le Clere) Wittr. var. *occidentale* Hirn

Oe. braunii Kuetzing; Pringsh.
Oe. calcareum Cleve
Oe. capilliforme Kuetzing; Wittr. form *lorentzii* (Magnus and Wille) Hirn.
Oe. capitellatum Wittr.
Oe. cardiacum (Hassall) Wittr. var. *carbonicum* Wittr.
Oe. cardiacum var. *minus* Lemm.
Oe. concatenatum (Hassall) Wittr. form *hutchinesiae* (Wittr.) Hirn
Oe. crassiusculum Wittr. var. *idioandrosporum* Nordstedt and Wittr.
Oe. crassiusculum var. *cataractum* (Wolle) (Wolle) Tiffany
Oe. crassum (Hassall) Wittr.
Oe. crassum form *amplum* (Magnus and Wille) Hirn
Oe. crispum (Hassall) Wittr.
Oe. crispum var. *uruguayense* Magnus and Wille
Oe. crispum form *granulosum* (Nordstedt) Hirn
Oe. cryptoporum Wittr.
Oe. curtum Wittr. and Lundell
Oe. exocostatum Tiffany
Oe. flexuosum Hirn
Oe. fonticola Al Braun
Oe. fragile Wittr.
Oe. fragile var. *abysinicum* Hirn
Oe. franklinianum Wittr.
Oe. grande Kuetzing; Wittr.
Oe. grand var. *angustum* Hirn.
Oe. intermedium Wittr.
Oe. laetevirens Wittr.
Oe. landsboroughi (Hassall) Wittr.
Oe. lautumniarum Wittr.
Oe. macrandrium Wittr. form *aemulans* Hirn
Oe. macrandrium var. *hohenackerii* (Wittr.) Tiffany
Oe. martinicense Hirn

第十九次年會論文提要

Oe. manschuricum Skvortzow
Oe. mitratum Hirn
Oe. moniliforme Wittr.
Oe. multisporum Wood
Oe. nebraskense Ohashi
Oe. nodulosum Wittr.
Oe. oblongum Wittr.
Oe. obsoletum Wittr.
Oe. obtruncatum Wittr.
Oe. oviforme (Lewin) Hirn
Oe. paucocostatum Transeau
Oe. pisanum Wittr.
Oe. plagiostomum Wittr. var. *gracilius* Wittr.
Oe. plusiosporum Wittr.
Oe. pratens Transeau
Oe. pringsheimii Creamer; Wittr.
Oe. pringsheimii var *abbreviatum* Hirn
Oe. pringsheimii var. *nordstedtii* Wittr.
Oe. pseudoboscii Hirn.
Oe. punctatostriatum De Bary
Oe. pungens Hirn.
Oe. richterianum Lemm.
Oe. rufescens Wittr.
Oe. rufescens var. *exiguum* (Elf.) Tiffany
Oe. rugulosum Nordstedt
Oe. rugulosum form *minutum* (Hansgirg) Hirn
Oe. rupestre Hirn form *pseudautumnale* Hirn
Oe. sinense L. C. Li
Oe. sociale Wittr.
Oe. spirale Hirn
Oe. spirale var. *latviense* Tiffany
Oe. stellatuum Wittr.
Oe. tapeinosporum Wittr.
Oe. undulatum (Breb.) Al Braun; Wittr.
Oe. varians Wittr. and Lundell

Oe. vaucherii (Le Clerc) Al Braun; Wittr.
Oe. virceburgense Hirn
Oe. wabashense Tiffany

22. 中國木本植物之新種及新變種
NEW SPECIES AND VARIETIES OF THE LIGNEOUS PLANTS OF CHINA

BY WAN-CHUN CHENG (鄭萬鈞)

(The Biological Laboratory of the Science Society of China.)

Celtis chekiangensis Cheng, sp. nov.

This new species belongs to the section *Euceltis*. It is apparently related to *C. Biondii* Pampan., from which it differs by its densely yellowish pubescent branchlets, by its thinner leaves with elevated small veins beneath, and by its much slender pedicels and smooth stones. It also allied to *C. sinensis* Pers. which differs from our new species chiefly in the short and stout pedicels and the pitted and ribbed stones.

Chekiang: Western Tienmushan, W. C. Cheng no. 2169 (type).

Magnolia amoena Cheng, sp. nov.

This remarkably distinct species is perhaps closely related to *M. stellata* Maxim. of Japan, from which it differs chiefly by its long acuminate leaves, and by its oblanceolate or sub-spatulate tepals (9 in each flower). It may also be compared with *M. Zenii* Cheng, which has broader oblong-obovate leaves with less acute apex, larger (12 cm. diam.) flowers with larger (6.8-7.8 cm. long, 2.7-3.8 cm. broad) spatulate tepals which are purple on the lower half of the outer surface.

Chekiang: Western Tienmushan, W. C. Cheng no. 4444A (type) in fruit, S. Chen no. 2692 (type) in flowers.

Lindera Chienii Cheng, sp. nov.

This is a very distinct species, related to *L. Oldami* Hemsl. and *L. megaphylla* Hemsl., but differs chiefly by the deciduous small tree habit, by the smaller and thinner obovate or oblanceolate leaves usually glabrescent, reticulate beneath and with shorter (2-5 mm.) petioles, and by the scarlet fruits seated on the thinner perianth tube.

This species is named in honor of Prof. S. S. Chien, Head of the Botanical Division of this Laboratory.

Kiangsu: Hsiachu, W. C. Cheng nos. 631 (type) in fruits, 4281 (type) in pistilate flowers, 4282 (type) in staminate flowers; I-Shing W. C. Cheng no. 4806, C. L. Tso no. 465, Y. L. Keng nos. 2489, 2697.

Litsea Chunii Cheng, sp. nov.

This new species seems to be related to *L. pungens* Hemsl., from which it differs by the usually smaller elliptic-lanceolate leaves with nearly glabrous lower surface even while young, by the oblong or ovote-oblong perianth lobes and glabrous stamens, and by the obovoid fruits.

This species is named in honor of Prof. W. Y. Chun, Director of the Botanical Institute, College of Agriculture, Sun Yatsen University, Canton.

Szechuan: Tasiangling, W. C. Cheng no. 672 (type) in staminate flowers.

Sikang: Yakianghsien, W. C. Cheng no. 1173 (type) in fruits.

Microtropis fokienensis Dunn var. *longipedunculata* Cheng, var. nov.

Microtropis fokienensis Rehder in Journ. Arnold Arb. XI. 165 (1930), qoad Fang no. 5756, non Dunn.

This new variety differs from the type by its longer (5-10 mm.) peduncles and longer (3 mm.) pedicels of the lateral flowers.

Szechuan: Nanchuanhsien, W. C. Fang no. 5756 (type).

Rhamnus chekiangensis Cheng, sp. nov.

This is a very distinct species of the section *Cervispina* of the subgenus *Eurhamnus*. It is apparently related to *R. senanensis* Koidz. of Japan, from which it differs by its cherry-coloured branchlets, by its usually smaller reddish-purple fruits, and by its obovate-oblong seeds openly sulcate on dorsal side. It differs from *R. rugulosa* Hemsl. in the distinctly alternate cherry coloured, nearly smooth branchlets, in the smaller and thicker leaves which are densely whitish pubescent beneath, soft pubescent, not rugulose, above and usually rounded or obtuse at apex, in the turbinate fruits, and in the yellowish-brown, obovate-oblong seeds which are openly sulcate on dorsal side.

Chekiang: Chuchihsien: S. Chen nos. 210 (type) in staminate flowers 1787 (type) in fruits; Chientehsien, S. Chen no. 1961.

Wikstroemia glabra Cheng, var. *purpurea* Cheng, var. nov.

This new variety differs from the type by its perianth-tube more or less purple outside.

Anhwei: Wangshan, P. C. Yieh no. 340 (type).

Pentapanax Henryi Harms var. *wangshanensis* Cheng, var. nov.

This new variety differs from the type by its less tementose inflorescence with smaller bracts of the umbels, and by its entirely connate styles. It differs from *P. Henryi* var. *larium* Hand.-Mzt. by its more-flowered umbels, and by its usually acute calyx lobes and entirely connate styles.

Anhwei: Wangshan, M. Chen no. 1215 (type), W. C. Cheng no. 4108.

Alstonia Yui Cheng, sp. nov.

This new species belongs to the section *Blaberopus*. It is related to *A. yunnanensis* Diels, but differs by its glabrous branchlets, glabrous elliptic-oblanceolate or oblanceolate leaves, by its white flowers with longer (5-14 mm.) pedicels and longer (19 mm.) corolla tubes, and by its distinctly pedicellate follicles.

Szechuan: Hsiachanghsien, T. T. Yu no. 1344 (type).

23. 紫杉科之一新屬
CHIENIA—A NEW GENUS OF TAXACEAE FROM CHEKIANG

By Wan-Chun Cheng (鄭萬鈞)

(The Biological Laboratory of the Science Society of China.)

Chienia Cheng, gen. nov.

This new genus is closely related to *Taxus* of Taxaceae, differing by its opposite or whorled branchlets, by its leaves with two glaucous stomatiferous bands beneath, by its 4-6-celled anthers, by its dicussate bracts of pistillate flowers, and by its thin and soft immature seed-coat. The matured seeds, when known, will no doubt show further distinguishing characters.

This genus is dedicated to Prof. S. S. Chien, Head of the Biological Laboratory of the Science Society of China.

Species 1:

Chienia taxoides Cheng, sp. nov.

Chekiang: Lungtsuan, Maoshan, S. Chen nos. 1384 (type) in staminate flowers, 3024 (type) in pistillate flowers and immatured seeds; Y. Y. Ho no. 1633 sterile.

24. 四川之一新槭樹種
A NEW ACER FROM SZECHUAN

BY WEN PEI FANG (方文培)

*(The Biological Laboratory of
the Science Society of China.)*

Acer Yuanum Fang, sp. nov.

This new species belongs to the section *Spicata*. It is characterized by the 3-lobed leaves with the obtuse, horizontally spreading lateral lobes and the ovate or lanceolate middle lobe which being usually parallel on the margin below the middle, and with spreading lateral veins, by the glabrous corymbose panicles, and by the divergent samara with convex nutlets. It seems to be related to *A. Buergerianum* Miq. which has similar leaves with acute and pointing forward lateral lobes, and with ascending-spreading lateral veins, broad-pyramidal pubescent panicles, and wings of samara parallel and connivent.

Szechuan: without precise locality, T. T. Yu no. 2672.

25. 淡水藻類與飲水之關係
FRESHWATER ALGAE AND DRINKING WATER

BY CHU CHIA WANG (王志稼)

*(The Biological Laboratory of
the Science Society of China)*

One of our interests in the study of freshwater algae is in connection with the supply of water for drinking. It has long been known that the algae are a source of annoyance in the pollution of water supplies. They grow abundantly in ditches, pools, ponds, lakes, streams and reservoirs producing disagreeable odors and tastes. The odors are generally of three kinds,—aromatic, grassy and fishy. In addition there are moldy and musty odors caused by their dead and decaying bodies. A large amount of organic material is produced to enable disease-producing organisms to flourish in the water. In this part of the country (Nanking and vicinity) algae that are evidently responsible of doing damage to our drinking water are of three groups: (1) Free swimming forms, such as *Euglena* and *Chlamydomonas*, (2) Blue green algae, most commonly seen being *Oscillatoria* and *Anabaena*, and (3). Diatoms including forms of *Asterionella*, *Tabellaria*, *Synedra* and *Melosira*. In dealing with the problem of eradicating algal growth from our water works studies on the nature of various algae and preventive measures are necessary.

28. 浙江之兩種新脣形花植物
TWO NEW LABIATE PLANTS FROM CHEKIANG
By YON-ZAI SUN (孫雄才)

AN ABSTRACT

SALVIA LIGULILOBA spec. nov.

This is a herb with 4-angled stem, simple oblong to lanceolate leaves, linear-lanceolate bracts, pinkish flowers, 1-sided racemes, bilabiate corolla and linear anther-cells. It belongs to the section *Notiosphace* (Benth.) Bunge., and differs from the other allied species by its smaller ligular and entire mid-lobe of the lower corolla-lip, longer corolla-tue and oblong to lanceolate leaves. This plant was collected from East Tien-Mu in Chekiang..

PARAPHLOMIS LANCIDENTOSA spec. nov.

It is a herbaceous plant about 30 cm. high. It has lanceolate coarsely dentate-serrate and long petioled leaves, axillary floral whorls, yellowish flowers, subequal calyx-teeth, nearly flat upper corolla-lip and unequally bilobed style. According to its characters mentioned above, it stands between the genera *Lamium* and *Phlomis*. This species is allied to *Paraphlomis gracilis* (Hemsl.) Kudo, but differs from it by its lance-triangular calyx-teeth and longer and 10-nerved calyx. The present species was collected from Yun-Huo-Hsien in Chekiang.

30. 三白草科裸鞘屬之討究

A DISCUSSION ON THE GENUS GYMNOTHECA OF THE FAMILY, SAURURACEAE[1]

By CHIEN P'EI (裴鑑)

The Biological Laboratory of the Science Society of China, Nanking.

The genus *Gymnotheca* of the family *Saururaceae* was established by Decaisne[2] in 1845. Endlicher[3] (1847) put this genus near *Saururus* and gave a short description of it. Bentham and Hooker[4] (1880) considered it as a valid genus, but they had not seen any specimen. Oliver[5] (1889) redescribed this genus with a plate. Engler and Prantl considered this genus a synonym of *Houttuynia*. Recently, Botanists working on Chinese plants refer it to the genus *Saururus*.

This genus is endemic in southern and southwestern China and in appearance, similar to *Houttuynia* rather than *Saururus*. It is a perennial, glabrous herb with prostrate habit. The leaves are broad-ovate, reniform, cordate to auriculate at the base and acute to obtuse at the tip. The inflorescences are opposite with the leaves and in racemes. The flowers are with a bract at the base or the lower bracts of the raceme are large and involucre-like, gradually becoming smaller upwards, those

---

1. P'ei, Chien, 'Notes on the Genus Gymnotheca of the Family, Saururaceae', in Contr. Biol. Lab. Sci. China. IX. 109-112 (1934).
2. .. in Ann. Sci. Nat. ser. 3, III. 100. t. 5 (1845).
3. Genera Palntarum Suppl. 4. no. 1824. 1 (1847).
4. Genera Plantarum III. i. 128 (1880).
5. in Hooker's Icones Plantarum XIX. t. 1873 (1889).

of the upper flowers are minute and shorter than the ovary. The flowers are small, sessile, with six stamens inserted on the upper part of the ovary. The style is four in number and arching over the stamens. The ovules are arranged in four rows and attached parietally.

By its structure of the flower, this genus is easily distinguished from other genera in this family, and so it should be considered as a distinct genus. The characteristic features of the three Chinese genera of the family *Saururaceae* may be summarized in the following table:

	Saururus	Houttuynia	Gymnotheca
Habit	erect	erect or prostrate	prostrate
Inflorescence	dense	compact	dense
Stamens	6, hypogenous	3, hypogenous	6, epigenous
Ovary	superior	superior	inferior
Ovules	each carpel with 1-2 ovules.	each carpel with many ovules	each carpel with many ovules

There are two species endemic in China. *Gymnotheca chinensis* Decaisne[1], occurred in the Provinces: Hupeh, Szechuan, Kweichow and Kwangtung, is characterized by its uni-

---

1. loc. cit.

form subtending bracts of the flowers. *Gymnotheca involucrata* P'ei[1], which is found by Mr. Fang in the province of Szechuan, is characterized by its involucre-like subtending bracts of the flowers at the lower part of the raceme.

31. 南京維管束植物之記錄
NOTES ON THE VASCULAR PLANTS OF NANKING

CHIEN P'EI (裴鑑)

The Biological Laboratory of the Science Society of China, Nanking

In 1933, at the annual meeting of the Science Society of China, I made a report on the Flora of Nanking, stating that the total number of the species known in Nanking was about 1028 distributed into 522 genera and 129 families. This report was based on botanical literatures concerning Chinese Flora. Now, after one year intensive collection, we have found, in addition to the datum of the last report, four new species and one new variety, and fifty species and two varities of new records which have never been reported from this locality.

NEW SPECIES and VARIETY

Magnolia Zenii Cheng,
Lindera angustifolia Cheng,
Nanocnide dichotoma Chien,
Indigofera Chenii Chien and
Akebia quinata Decne. var. Yiehi Cheng..

NEW RECORDS

Botrychium japonicum (Prantl) Underw.,
Dryopteris Championi (Benth.) C. Chr.,
Dryopteris crenata (Forsk.) O. Ktze.,

---

1. in Contr. Biol. Lab. Sci. China, IX. 111 (1934).

第十九次年會論文提要　　31

Dryopteris gymnophylla (Baker) C. Chr.
Dryopteris subtripinnata (Miq.) O. Ktze.,
Dryopteris varia (SW.) O. Ktze.,
Gleichenia linearis (Burm. f.) C. B. Clarke,
Selaginella Savatieri Baker,
Juglans cathayensis Dode,
Carpinus Turczaninovii Hance var. ovalifolia Winkl.,
Pteroceltis Tatarinowii Maxim.,
Morus cathayana Hemsl.,
Ficus Martini Lévl. et Van.,
Silene pendula L.,
Penthorum sedoides L.,
Fortunearia sinensis Rehd. et Wils.,
Spiraea prunifolia S. et Z.,
Cotoneaster hupehensis Rehd. et Wils.,
Crataegus hupehensis Sarg.,
Malus hupehensis (Pamp.) Rehd.,
Pyrus calleryana Decne.,
Rubus phoenicolasius Maxim.,
Prunus serrulata Lindl.,
Prunus tomentosa Thunb.,
Gleditsia horrida Makino,
Gleditsia macrantha Desf.,
Melilotus suaveolens Ledeb.,
Trifolium pratense L.,
Wistaria villosa Rehd.,
Gueldenstaedtia Giraldii Harms.,
Catenaria caudata (Thunb.) Schindl.,
Desmodium Oldhami Oliv.,
Desmodium racemosum (Thunb.) DC.,
Lespedeza daurica (Laxm.) Schindl.,
Lespedeza tomentosa (Thunb.) Sieb,
Campylotropis macrocarpa (Bunge) Rehd.,
Kummerowia striata (Thunb.) Schindl.,
Vicia tridentata Bunge,

Amphicarpaea Edgeworthii Benth.,
Glycine max (L.) Merr.,
Mucuna Championi Benth.,
Dunbaria villosa (Thunb.) Makino
Maackia tenuifolia (Hemsl.) Hand.-Mzt.,
Erodium cicutarium L'Herit.,
Zanthoxylum setosum Hemsl.,
Dictamnus albus L.,
Evonymus patens Rehd.,
Evonymus radicans Miq. var. acuta Rehd.,
Celastrus angulata Maxim.,
Tilia Henryana Szyszyl.,
Tilia Miqueliana Maxim. and
Tilia tuan szyszyl. var. chinensis (Szyszyl.) Rehd. et wils.
There are few species formerly wrongly named by early Botanists. This is due in some respects to the lack of literature and wanting of specimens. As to the increasing of literature and specimen, the number of more or less wrongly named species are verified to the correct conception. Those are illustrated in the following list.

Zelkova sinica Schneid.＝Zelkova Schneideriana H.-M.
Carpinus laxifolia (S. & Z.) Bl.＝Carpinus Turczaninovii
　　　Hance var. ovalifolia Winkl.
Stephania hernandifolia Walp.＝Stephania japonica Miers.

33. 松櫟黃銹病更迭寄生之研究

提　要

（插圖畫等從略）

李寅恭著

松櫟黃銹病 Cronartium quercuum (Cke) Miyabe，

屬擔子菌，係吾國馬尾松上一種銹病，普通認爲Gall rust，但是生長衆卉中。迨菌胞子成熟，輒傳播於其他樹種，以形成其轉換寄主之公例。綜合近稔各地採集報告觀之，如麻櫟 Quercus serrata 白櫟 Q. Fabri 及別一種橡 Q. variabilis 等，皆被其更迭寄生，鮮或倖免。甚至栗 Castanea Sps.，亦蹈可能傳染之嫌疑，應無可逃樹病學家之目。

按此項黃銹病之生活史，當馬尾松生長漸入中年，其罹此病害者，率爲喬柯之頂枝，以及幹部，特少見於幼樹。每屆春季，銹癭之皮裂處，發現黃銹，是謂冬胞子；隨風散播，集於櫟葉背面，作黃色點狀體，是謂夏胞子，高出葉表，作柱頭矗立形態；其下則滿貯不顯明之菌絲，爲引伸穿透作用。入冬，輾轉變易成黑色毛狀凸出體，內含多數菌胞子，是謂冬胞子。入春，每一冬胞子輒又發芽，結果產生三數擔子狀菌胞子，是謂Sporidia。由此再過松樹，而一度重演其新生活史。如此，所以完成其Life history 者。

吾人考 Cronartium 屬之銹病，在世界植物史，無慮若干種。危害之度，各以其寄生與傳染狀況不同。其見於美之白松者，有 C. cerebrum 及 C. ribicola 二種，與橡類 oaks 爲轉換寄主，亦至爲一般林業者注意。栽植時僉設法以求避免，至少限制其隔離約里許，有過之罔不及，固已全無疑議。

Cronartium quercuum，今松櫟交受其殃，無復發育盛旺之望，不俟贅述。又其分佈，現就耳目所及，在中國日本殆占絕大區域。重以吾國近年馬尾松人工營林，發現松毛虫害，人民苦之，有似日本人曾作赤松亡國之論調者然。不過為變更計畫者，若以麻櫟……等代之，其失敗又如操左券。寅恭不佞，期期以為不可。故除調查造林適合樹選分省宣布外，急草斯篇，以為吾全國林界告。

34. 江蘇省之農產區域

胡煥庸 著

提 要

江蘇位于長江淮河下游，東鄰大海，南濱太湖，幾全部為冲積平原所構成，除省西南部，間有若干黃土邱陵，與高達百公尺以上之山地以外，其餘均為平坦原野，高于海面不足五十公尺，太湖附近，及江北裏下一帶，地勢尤為低窪，河港紛歧，灌溉極便，雨量分布，自南趨北漸減，南部約一千一百公厘，北部約六百餘公厘，惟下雨時期，均以夏季為多，以是適合植物之生長。

全省鄉村人口，約佔總人口之百分之八十四，全省秈粳稻產量，佔全國總產量之十二分之一，小麥佔全國總產量之八分之一，棉花佔全國總產量之五分之一，鮮繭佔全國總產量之七分之一，本省農業重要，于此可想見矣。

省內小麥產地，各縣皆備，約作平均之分配，係冬季

重要作物。

稻產分布，限于水田區域，本省北部，自淮安阜寧以北，稻田幾已絕迹，寶應鹽城以南，始為產稻區域，其中大江以北及江南寧鎮一帶多植秈稻，蘇常淞滬，多植粳稻

棉花產地，多限于沿海一帶，南起淞滬，北達鹽阜，無不產之，淮南一帶，近年廢鹽改墾，棉田增加尤多，新墾地帶，除棉花外，絕不另種他物，是因土壤含有鹹質之故。

本省蠶桑區域，多限于太湖沿岸，與浙江同為全國最重要之產絲區域，太湖流域以外，非不宜于植桑，惟習俗相沿，未曾發達耳。

由上所述，江蘇農產區域，約可分為四區，北部為旱糧區域，小麥以外，盛產高粱玉米之屬，沿海一帶為棉花產區，淮揚寧鎮為秈稻區域，太湖附近，則為粳稻蠶桑區域。

（表及圖俱略）

丁　組

35. 河南爬蟲類小誌
NOTES ON SOME REPTILES FROM HONAN
By T. S. Fu （傅桐生）

This abstract based upon the material in the Honan Museum collected from various parts of that province. There are 12 species, belonging to 10 genera which are for the first time recorded from different localities in Honan Province. The snakes are *Natrix tigrina* BOIE (Kaifeng 開封, Wangwushan 王屋山), *Zaocys dhumnades* (CANTOR) (Kaifeng, Paichuan 百泉), *Zamenis spinalis* PETERS (Kaifeng, Kwangwuling 廣武嶺), *Elaphe rufodorsata* (CANTOR) (Kaifeng, Paichuan, Kwangwuling), *E. taeniura* COPE (Sungshan, Taihongshan 太行山), *E. dione* (PETERS) (Kaifeng, Wangwushan, Paichuan), and *Dinodon rufozoantum* (CANTOR) (Kaifeng, Paichuan), of Colubridae; *Agkistrodon halys brevicaudus* (STEJNEGER) (Kaifeng), of Crotalidae. The lizards are *Eremias argus* PETERS (Kaifeng, Paichuan, Sungshan), of Lacertidae, and *Gekko swinhonis* GUNTHER (Kaifeng) of Gekkonidae. The turtles are *Geoclemys revesii* (GRAY) (Kaifeng, Wangwushan, Taihongshan) of Testudinidae, *Amyda sinensis* (WIEGMANN) (Kaifeng, Taihongshan) of Trionychidae.

The most common and abundant species of Colubridae are *Elaphe rufodorsata* (CANTOR), *Zamenis spinalis* PETERS and *Dinodon rufozonatum* (CANTOR), but *Natrix tigrina* BOIE is very rare. The rest families of snakes, turtles or lizads have each only one species found in this Province. As far as the present collection is concerned. Except *Elaphe taekiura* COPE, all these species are represented in the herptological fauna of Kaifeng. *Agkistrodon halys brevicaudus* (STEJNEGER) is the only poison form so far found on my collecting trips.

40. 蝗蟲精細胞之減數分裂
REDUCTION DIVISION IN GRASSHOPPERS

武 兆 發

By Chao-fa Wu

An Abstract.

Six common species of grasshoppers of Soochow, belonging to six separate genera and three subfamilies of the Family Acrididae, were studied. The conclusions of this paper are based upon observations on: (a) thick sections of 12 to 24 micra of testes fixed in Bouin's fluid and stained in Delafield's haematoxylin, (b) whole mounts of fixed and stained testical tubules, and (c) isolated living germ cells (under pressure) both unstained and vitally stained with neutral red.

In five species there are 23 chromosomes in the spermatogonia, giving rise to 12 tetrads (one of these is in reality a diad) in the primary spermatocytes. During the metaphase of the first maturation division, the unpaired X-chromosome moves ahead toward one pole of the cell, while the other chromosomes, all becoming paired, are still on the equatorial plate. In the anaphase stage there are 12 diads near one pole of the cell and 11 diads near the other. At the end of the first maturation division, there are resulted two classes of secondary spermatocytes of exactly equal numbers, the X-chromosome class with 12 diads and the non-X-chromosome class with 11 diads. During the second maturation division a secondary spermatocyte with 12 diads divides into two spermatids both having 12 univalent chromosomes, while a secondary spermatocyte with 11 diads gives rise to two spermatids both having 11 univalent chromosomes.

In the sixth species, except that there are 19 chromosomes in the spermatogonial cells which later give rise to 10 tetrads in the first spermatocytes, the behavior of the X-chromosome and that of the autosomes in both maturation divisions are exactly the same as previously described.

It is thus clear that in all six species studied and as far as X-chromosome is concerned the first maturation division is reductional in nature, while the second, equational.

41. 蝗蟲精子發生時細胞質現象及其與產生精子之關係
SPERMATOGENESIS OF THE GRASSHOPPER, WITH SPECIAL REFERENCE TO THE CYTOPLASMIC COMPONENTS AND THE PART THEY PLAY IN THE FORMATION OF THE SPERM.

武兆發

BY CHAO-FA WU

AN ABSTRACT.

In recent years, the cytology of glandular secretion has been in vogue. The nucleus, mitochondria, and Golgi apparatus have each been assigned the function of secretion by different workers. At present the so-called Golgi-secretion theory, elaborated by R. H. Bowen, is especially outstanding. Nosonov, Bowen, and others, working chiefly on various vertebrate gland tissues, have found the secretion granules to be elaborated by the Golgi apparatus. In studying the spermatogenesis of various insects, especially the Pentatomids (1920, 1922), Bowen found that the acrosome of the sperm was derived from the Golgi material. As the acrosome has been thought to be secretory in function in enabling the sperm to penetrate the egg, so, Bowen found a further evidence in support of his theory of secretion.

The present writer is also interested in the study of glandular secretion, but his findings in insect spinning glands have not been in favor of Bowen's theory. It is the purpose of this study to further test Bowen's theory and to discover, if possible, the origin of the acrosome in grasshopper. Similar studies on the spermatogenesis of the moth is underway.

Trilophidia sp., a small, greyish, warty grasshopper common along the roadside of Soochow was used. The methods employed involved the usual routine cytological methods for the study of the nucleus and special methods for mitochondria and Golgi apparatus. For the demonstration of mitochondria testical material was largely fixed in chromosmic mixtures and stained in Fe-haematoxylin, or in aniline acid fuchsin and Erlich's thionin. For Golgi apparatus Ludford's modification of Mann-Kopsch osmic impregnation method was chiefly used. The chromosmic fixed material stained in Fe-haematoxylin was also good for the study of Golgi apparatus.

Nucleus. The nucleus of the male germ cell of grasshopper has so thoroughly been studied that it needs no further description beyond stating that it forms the head of the sperm, which in the case of the grasshopper is very long.

Mitochondria. In young spermatogonial cells the mitochondria are a mass of tangled threads, closely associated with the so-called idiosomal material. In dividing spermatogonia the mitochondrial threads stretch out, lying just outside the spindle. The division of mitochondria follows that of the nucleus, each mitochondrial thread becoming pinched into two in the middle. In growing spermatocytes the mitochondrial threads tend to aggregate in a number of masses. Their behavior in the maturation divisions is the same as in the spermatogonial division, only here they are more clear-cut.

Each spermatid receives a mass of mitochondrial material, which subsequently rounds up into a ball, located at the posterior side of the nucleus. During the transformation of the spermatid, the ball of mitochondrial material, or nebenkern, divides into two, each of which later becomes spindle-shaped, and, by further elongation, the spindles are drawn into two long ribbons which twist about the axial filament of the sperm. At the same time the cytoplasm of the spermatid migrates backwards, forming bleb-like structures along the tail and becoming finally cast out of the sperm body. It is likely that a large part of the mitochondria passes out of the cell also.

Golgi apparatus. In young spermatogonia the Golgi material appears as a number of slightly curved rods also located about the so-called idiosomal mass. In growing spermatocytes the Golgi bodies become greatly increased both in size and number and are now indifferently scattered about in the increasing cell body. They are now in the form of cups or discs, each with an osmophilic outer rim and an inner osmophobic portion. The osmophobic portion is scarcely stained either with Fe-haematoxylin or with aniline acid fuchsin. During both spermatogonial and spermatocyte divisions they are scattered in the cytoplasm peripheral to the mitochondrial mantle, and are eventually divided in approximately equal numbers. In the second spermatocytes the Golgi bodies become still more numerous and somewhat smaller in size. Each spermatid receives several dozens of these bodies. Through the spermatocyte and spermatid stages the Golgi bodies apparently do not show any orientation or polarity with reference to any other cell organ. They become finally cast out of the sperm cell along with the backward migration of the bleb-like cytoplasmic structures. Thus far, the writer has not been able to demonstrate their association with the formation of the acrosome.

Centrioles. The centrioles are stained with either Fe-haematoxylin or aniline acid fuchsin, but not impregnated with osmic acid. They have been identified only during cell division. In young spermatids a stained granule with the beginning of the tail filament growing out of it appears at the posterior periphery of the nucleus although somewhat to one side. This granule has been thought or identified by previous workers as the centriole. It, together with the tail filament, moves to its final position between the nucleus and the nebenkern. As the tail filament elongates, the granule enlarges greatly into a hemisphere with its broadened end flat against the side of the nucleus. Later, it elongates and apparently forms the middle piece of the sperm.

Acrosome. The beginning of the acrosome is a small, brilliantly stained granule, appearing in the young spermatid by the side of the centriole when the latter has just moved to its final position. The staining properties of this granule and of its derivative to be described are exactly the same as those of the centriole and the mitochondria. Indeed, if not for the fact that the tail filament is attached to the centriole, it would be quite difficult to tell the two granules apart. During the transformation of the spermatid this granule moves to one side of the nucleus and becomes conical, with its flattened base against the surface of the nucleus. Later, the cone elongates and moves to the anterior end of the elongating nucleus. The cone eventually becomes sharply pointed at its tip, while its base arches over the anterior portion of the nucleus or head of the sperm, thus assuming the final shape of the acrosome. The writer is not ready to assign the origin of the acrosome, at this stage of investigation, to either centriole, or mitochondrial or Golgi material.

Observations on such structures as spindle remnant, chromatoid bodies, etc., will not be described in this preliminary report.

42. 一種研究細胞內含質之簡單固定液
A SIMPLE FIXATIVE FOR THE STUDY OF CYTOPLASMIC ELEMENTS

武兆發

BY CHAO-FA WU

AN ABSTRACT.

In the course of study on cytoplasmic structures of the male germ cell of the grasshopper, the writer has worked out a chromosmic mixture which may prove very useful in cytological investigations in general and male germ cell study in particular. The fixative has also been tried on various gland tissues of both vertebrate and invertebrate animals with equal good results.

The exact formula consists of equal parts of 2% osmic acid and 1% chromic acid. Pieces of tissue of 2 mm. in diameter or less are left in the mixture for 24 to 36 hours, preferably in icebox. Wash in slow-running water for 12 hours. Dehydrate through the usual grades of alcohol, at 30 minutes in each grade. Clear in chloroform, xylol, or cedar oil. Paraffin sections should be cut at 5 micra for nuclear study and at 2-4 micra for the study of mitochondria or Golgi apparatus.

For nuclear study sections should be stained with safranin with or without counterstain. For mitochondria sections may either be stained in Fe-haematoxylin or in aniline acid fuchsin counterstained with Erlich's thionin. In this last staining method chromatin appears blue, centrioles red, mitochondria red, spindle fibers pale purple, secretary granules orange. In male germ cells the Golgi substance also appears red. When properly stained in Fe-haematoxylin Golgi bodies, mitochondria, chromatin, centrioles, etc., are colored in different shades of blue in the male germ cell.

43. 某類淡水昆蟲之呼吸
THE RESPIRATION OF CERTAIN AQUATIC INSECTS

武兆發
BY CHAO-FA WU

AN ABSTRACT.

The purpose of the following experiments is to find out to what extent the insects under experimentation have become adapted to the respiratory phase of their aquatic life, how much they are dependent upon water, and whether or not they can utilize the dissolved oxygen of the water at all.

Four common water bugs, the backswimmer Natonecta, the waterscorpion Ranatra, the tiny backswimmer Plea, and the waterboatman, a Corixid, were used in the experiments.

Long and repeated observations were made on these insects under a variety of conditions, such as, under natural conditions, kept in damp and cool situations, kept in air, kept under water in open vessels, kept under oxygenated water in closed vessels, and kept under deoxygenated water in closed vessels. Titrations for oxygen were made to determine the amount they could consume in a given volume of oxygenated water.

The results obtained are summarized below:

1. The activites of the forms studied vary greatly with temperature, being greater at high temperatures and less at low temperatures.

2. These forms can live for weeks in cold damp places with little loss.

3. They are not quite independent of water, however, and cannot subsist long in the complete absence of water.

4. Both the waterscorpions and the pleas can take oxygen directly from water. The backswimmers and the boatmen can probably do the same thing. However the pleas have a more effective means of taking the dissolved oxygen from the water and can live on this oxygen alone, while the waterscorpions cannot.

44. 中國日本住血吸蟲中間宿主 (Oncomelania) 生物學之研究

ANATOMIE, ENTWICKLUNGSGESCHICHTE, OEKOLOGIE UND RASSENBESTIMMUNG VON ONCOMELANIA, DES ZWISCHENWIRTES VON SCHISTOSOMA JAPONICUM IN CHINA.

河南大學解剖學館主任教授李賦京著

提 要

研究日本住血吸蟲中間宿主之生物學，爲撲滅日本住血吸蟲病最重要之工作，且同時對於動物學亦有很大的意義。此篇論文之價值約有四點分舉於下：

1. 爲該動物幼蟲之發現，(1932)，從此吾人非僅詳知其解剖，且已將其胎後發育，完全明瞭。
2. 爲該動物卵之發現(1933)，從此吾人遂得明瞭該動物之胎期發育和卵之所在地，對於日本住血吸蟲病的撲滅，很有幫助。

3. 該動物的生活條件，吾人已完全明瞭，從此吾人對於該動物之撲滅，遂得到了鎖匙。

4. 為 Oncomelania nosophora Robson 在中國之發現，且按其殼形變遷之事實，證明該動物與 Oncomelania hupensis Gredler 在進化上有互相連帶之關係。

48. 北戴河象牙貝發現之記載
NOTICE OF THE OCCURRENCE OF A DENTALIUM IN PEITAIHO

By C. Ping (秉志)

AN ABSTRACT

The Dentalium shell is extremely rare on the Chinese coast. The present species is the first one found in Peitaiho by Mr. Sohtsu G. King for the first time. This makes a new record of the distribution of this genus of Scaphopoda off our coast.

As far as the shell shows, it is small, slender, gently bent and very gradual in increasing its width. Its cross section is circular and its wall is unifom in thickness at any level. The surface of the shell is smooth, with very fine growth lines at small distances from one another, and they are oblique, somewhat jointed or curved and between each two of them extremely fine tranverse striae are present. The apex consists of two pyriform portions fused together, whose coloration is often black, and it is markedly distinct from the rest of the shell. The shell is often orange-yellow, sometimes gray to grayish white, also rather black or purplish brown. Its greatest diameter is within 2 mm.

There are about 10 species of this genus found on the Japanese coast, and about 80 species of all over the world. The present species does not agree with any one of them on record.

49. 某種貝類之分佈
DISTRIBUTION OF EULOTA PYRRHOZONA PHILIPPI 1845.

BY C. PING (秉志)

AN ABSTRACT

Among the gastropods found in Peking and its vicinity Eulota pyrrhozona Philippi is the most common form.

The principal features of the shell is as follows: Shell somewhat depressed, not discoidal, with 5 or more whorl. Last whorl much larger. Second whorl with fine striae which are much more pronounced in the last two or more whorls. Whorl surface moderately convex. Suture distinct, ambital region often quite prominent when it comes near the aperture. Aperture ovoid or pyriform. Outer lip broad and thick. Columella oblique with its lower portion covering partly the umbilicus. Umbilicus well developed, rounded.

The distribution of this species is very wide in China. It is found in Hopei (Ping), Weiho valley and Tungkuan of Shensi (Teilhard de Chardin), Ninhsia of Kansu (Martens), Fen Ho region and Tatung (Staff of G.S.C. and Barbour), Honan (Hilber) Shantung (Hilber), Kuangyuan, Northern part of Szechuan (Hilber), Sieho valley, Hupei (Hilber), Wusung (Largilliert, &c) and in various localities south of the Yangtse River (Heude). Its occurrence in China may be still wider.

The specimens of this species from Tungkuan were found in loess of Pleistocene. Those from Shueh Hwa Shan of Chingshing, Hopei Province, were found in the clay of the Hipparion formation of Lower Pliocene. Those from the Fen Ho Valley and vicinity of Tatung were found in the red clay of San Men Series of Polycene. While specimens from other various localities were found in loess of Holocene.

50. 豚鼠與白鼠脊髓中動作細胞之比較觀察
ON THE DISTRIBUTION OF THE LARGEST MOTOR CELLS IN THE SPINAL CORD OF THE GUINEA PIG IN COMPARISON WITH THE ALBINO MOUSE

BY C. PING (秉志)

AN ABSTRACT

In the present study eight pairs of guinea pigs were used. The male and female in each pair are approximately equal in body length which ranges between 220— 280 mm.. The spinal cord of each animal was removed and divided into two main segments, cervicothoracic and lumbosacral, and a short segment between them was left out, before serial cross sections of 10 thickness were cut. In the cervicothoracic as well as the lumbosacral segment of each animal ten largest motor cells were selected and their computed diameters were worked out. In every pair the motor cell in the cervicothoracic segment of the male is greater than that of the female, but in the lumbosacral the motor cell of the female it is greater than that of the male. The average body lengths of the eight pairs are 257 mm. for the male and 256 mm. for the female, and the average computed diameters of the motor cells in the cervicothoracic segment are 42.81μ for the male and 40.92μ

for the female, and in the lumbosacral region 46.36μ for the male and 50.45μ for the female. This lends a morphological support to our experimental study of the latency in producing effect on limbs by electric stimulation on the motor cerebral cortex of both sexes of this animal (C. Ping and S. H. Wu, Ms.). In such study we have obtained the result that the average latency for the fore limb is smaller in the male and for the hind limb it is smaller in the female, when both sexes are of equal body length. The difference in the size of the motor cells in the spinal cord of the animal must have a significant bearing on the rate in producing effect on its limbs when its motor cerebral cortex is stimulated.

In the spinal cord of the albino mouse the average size of the largest motor cells are larger in the female than in the male, e. g. male cervicothoracic 30.52μ and lumbosacral 31.66μ, and female 31.16μ and 32.30μ (averaged from Ngowyang, '30*). The reciprocal feature in the case of the guinea pig is not found here. This is an interesting difference. If the latency in producing effect on limbs as mentioned above be experimented on the Albino Mouse, the difference between the two sexes may be expected to be dissimilar from what has been found in the case of the guinea pig.

51. 豚鼠大腦皮割去後之影響
ON THE EFFECT OF REMOVAL OF THE CEREBRAL CORTEX OF THE GUINEA PIG
(Cavia Cobaya)

BY C. PING (秉志)

AN ABSTRACT

Four pairs of guinea pigs were used for experiment whose body lengths range between 24-25 cm. and whose ages are considered to be approximate to one another. Taking great caution to have everything disinfected, we had the left cerebral cortex of each animal completely removed, and a celluloid capsule was fitted in the window cut on the skull and the flaps of skin were sewn together. The room temperature during the operations registered 17-26°C. After each operation, the animal often bent its body dextrally, its fore right limb was drawn under its breast and hind right limb often dragged behind. Its head once a while twisted toward the right or somewhat raised laterodorsally. The animal shew a great deal of weakness, unable to stand firmly and normally and often either lying on its right side or leaning with its right side against certain wall or some other object. About an hour after the operation or a little longer the animal shew some sign of recovery. The head usually gained its normal manner first. It would soon come back to its normal position, no longer twisting or raising toward the right. Then its fore right limb gained its strength of being able to stand normally or able to rub its right eye and the right half of its face or head. When head became normal, the tendency of twisting or bending of the body toward the right were no longer existing. The recovery of the hind right limbs seemed to require longer time. When the animal was able to walk along or forced to move after all the other parts of body restored their normal manner, it was often found that the hind right limb was still dragging behind and unable to retract so readily as the normal one of the left side. It would, however, eventually recover, had the operation been perfectly satisfactory. Among the eight animals operated, we have found a male had a complete recovery after 10 or 11 hours and a female operated on the same day under the same conditions recovered after 18 or 19 hours; another male after 14 or 15 hours and another female, which was chosen as its pair, after 15 or 16 hours; and another male after 2 or 3 days and another female a little over 2 days.

54. 白鼠大腦皮中纖維之發長
NOTES ON THE SHAPE AND SIZE OF THE NEURONES IN THE CEREBRAL CORTEX OF THE ALBINO MOUSE

By Koun-Shing Wu (吳功賢)

According to their shape the neurones may be grouped into two types: The pyramidal type or Type I of Golgi and the polymorphic type or Type II of Golgi. At birth the pyramidal cells are bipolar with a slender axon, an opposite and coarse apical dendrite and a few small basal dendrites. The branches of the apical dendrite are short and set forth near its base. The terminal ramifications of this dendrite are simple. As the age of the animal advances, the apical dendrite becomes more slender, longer and straighter and the terminal ramifications which grow to reach to the white matter of the lamina zonalis are increased in size and number. The length of the dendrite of the cell at 25 days is longer than twice that at birth. The polymorphic type has no apical dendrite but has several ones of about equal size, which extend toward various directions. They set forth directly from the cell body and are stout and coarse at birth but become slender at 25 days. The neurones of both types at later stage do not show much difference from those at 25 days.

55. 白鼠大腦皮細胞中之戈爾基器
NOTES ON THE GOLGI APPARATUS IN THE CEREBRAL CORTICAL CELLS OF THE ALBINO MOUSE

By Koun-Shing Wu (吳功賢)

An Abstract

At birth the Golgi apparatus in the pyramidal and ganglion cells is confined to the apical pole as a conical mass as shown in the longitudinal section of the cells to cap over the nucleus at one pole and to extend around it to the opposite pole as the age advances. This apparatus also extends into the apical dendrite. When the cells about attain their maximal size (15 days) the network of this structure almost cover over the nucleus. It is considerably denser at both the apical and the basal poles of the nucleus. The portion at the latter locality does not, however, extend into the axon. The meshes of network are irregular in shape and become larger and larger as the cell grows, but in the mature cell (60 days) which seems to be decreased in size, there are small meshes which then appear, are gathered into groups and clearly separated from the larger ones. The reticulum becomes finer and coalesces at the two poles as well as in some other localities.

The apparatus varies not only in different stages of ages but also in different kinds of cells. The description given above applies only to the pyramidal and ganglion cells. The young polymorphic cell possesses no single principle dendrite but has several ones of about equal size. There are several small conical masses of the Golgi apparatus around the nucleus, each with its tip pointing to the corresponding dendrite. As the cell grows the reticulum becomes somewhat uneven and its meshes more irregularly arranged than those in the pyramidal and ganglion cells.

The result is successfully obtained by means of Cajal's uranium-nitrate and cobalt-nitrate methods. The scattered granular mitochondria cannot be simultaneously brought out except with longer fixation. When the cobalt-nitrate preparations are bleached in five per cent solution of iron alum and restained with Heidenhain's haematoxylin, the clear canals or the Trophospongium of Holmgren can be observed exactly at the same places which were occupied by the Golgi apparatus. Thus my results conforms with the suggestion that the Trophospongium of Holmgren is the negative inmage of the Golgi apparatus.

56. 鎮江之魚類
NOTES ON THE FRESH-WATER FISHES OF CHINKIANG

By C. P. Miao (苗久稠)

An Abstract

The study is based on two collections of the fresh-water fishes from Chinkiang, made in 1930 and 1933. Of 59 species here recorded the outstanding feature is the predominance of the family Cyprinidae, which contains 33 species. The families are Bagridae, Cobitidae, Eleotridae, Polyodontidae, Clupeidae, Engraulidae, Salangidae, Flutidae, Anguillidae, Mastacembelidae, Siluridae, Hemiramphidae, Cynoglassidae, Ophicephalidae, Osphronemidae, Oligoridae, Epinephelidae and Gobiidae.

The most common and important species of Cyprinidae are Mylopharyngodon aethiops (BASIL.), Ctenopharyngodon idella (CUV. & VAL.), Parabramis bramula (C. & V.), Culter erythropterus BASIL., Hemiculter leucisculus (BASIL.), Cyprinus carpio L., Carassius auratus (L.) and Aristichthys nobilis (RICH.). *Rhodeus pingi*, sp. nov. MIAO, *Pararhodeus fangi*, sp. nov. MIAO, and *Achelilognathus chii* sp. nov. MIAO are found to be new to science.

The family which ranks next to Cyprinidae is Bagridae, which contains 6 species as found in this locality. Out of them four are new species, viz: *Pseudobagrus wui*, sp. nov. MIAO, *P. fui*, sp. nov. MIAO, *P. wangi*, sp. nov. MIAO, and *P. changi*, sp. nov. MIAO. Families Cobitidae and Eleotridae are considered to be next to Bagridae as far as the number of species they have. The former has 3 species, Cobitis taenis L., Misgurnus anguillicaudatus (CANTOR) and M. dececirrosus (RICH.), and the latter has 2, Eleotrus potamophila GUNTHER and E. swinhomis GUNTHER. While all the rest families have each only one species found in this particular region.

As far as I could find this time, Hilsa reevesii (RICH.) of Clupeidae, Colia entenes J. & S. of Engraulidae, Siniperca chuatsi (BASIL.) of Epinephelidae and Lateolabrax japonicus (C. & V.) of Oligoridae are rare expensive and much sought by the people, but Fluta alba (ZUIEW) of Flutidae, Anguilla japonica SCHLEGEL of Angruillidae, Misgurnus anguillicaudatus (CANTOR) of Cobitidae and Parasilurus asotus (L.) of Siluridae were abundant on the market, which are valuable foodfishes.

57. 黃荳生質內必需之硒基酸
THE INDISPENSABLE AMINO ACIDS OF SOYBEAN PROTEIN

LIBIN T. CHENG （鄭集）

The indispensability of histidine, lysine, cystine and tryptophane for maintaining normal animal life was established. The amount of these four amino acids in soybean protein as determined by various investigators are not in good agreement in many cases.

Since these four amino acids are so important in nutrition and since the soybean protein is used so extensively as human food in oriental countries, it is not only interesting but also necessary to determine accurately the amount of these so called indispensable amino acids in soybean protein.

In this study the content of the socalled indispensable amino acids, namely, histidine, cystine, lysine and tryptophane, in glycinin and in the whole soybean protein were determined quantitatively by employing various methods of analysis. The following results were obtained:

Amino Acids	Percent of Amino acids in protein @		Percent of amino N £ Total N	
	Glycinin	Whole Protein	Glycinin	whole protein
Histidine	2.1	2.04	3.28	3.16
cystine	1.27	1.26	0.85	0.84
Lysine	9.71	8.79	10.27	9.71
Tryptophane	1.76	1.65	1.37	1.29

@. Corrected for the ash-moisture-solubility.
£. Corrected total nitrogen of the protein $=17.51$

The reliability or degree of probability of correctness of the different methods for the determination of histidine, cystine, lysine and tryptophane were discussed in detail.

58. 一種黃荳生質精之等電點及其最低物理性之限度

THE ISOELECTRIC POINT OF GLYCININ AND ITS RELATIONSHIP TO THE MINIMUM PHYSICAL PROPERTIES,

By LIBIN T. CHENG. (鄭集)

AN ABSTRACT

No record, hitherto, can be found in the literature concerning the isoelectric point of glycinin. With regarding to the relationship between the minimum physical properties i.e. solubility, conductivity etc. and the isoelctric point of a protein different opinions have been brought out by investigators.

A modified method for measurement of solubility and electrophoresis was developed in carrying out this study. The isoelectric point of glycinin was found by electrophoretic method to be PH-5.02. Contrary to the work of Johlin, it was found that a definite relationship, namely, at the isoelectric point of glycinin the physical properties are in minimum, existing between the isoelectric point and the minimum physical properties of glycinin.

67. 妊娠婦尿抽精對於卵巢副腎腺及盾狀腺增長之影響

THE EFFECT OF THE ACID EXTRACT OF PREGNANT URINE ON THE GROWTH OF GONADS, ADRENAL AND THYROID GLANDS.

T. P. SUN (孫宗彭)

National Central Univ., Nanking

AN ABSTRACT

The acid extract of pregnant urine injected subcutaneously into the normal immature male and female rats of 25 to 30 days of age produces effect on the growth of gonads and adrenal glands. The findings were that the ovary enlarges to ten times or more than that of control animals and consists wholly of corpora lutea. It always shows blood points and uterus hypertrophied. There is no effect on the testis nor on the spermatogenesis, but the seminal vesicles and prostate glands show enlarged in size and full of secretion. The thyroid glands tend to decrease in size. The adrenal gland increases in size of 37% in the female and about 15% in the male rats. This enlargement of the adrenal gland occurs mostly in the cortex.

There is no effect on the hypophysectomised animals. Therefore the conclusion may be drawn on the basis of fact that the effect of the acid extract of pregnant urine on the ovary and adrenal glands is through the action of hypophysis.

69. 廣州蛙類異種交配的簡單報告

朱 洗

（國立中山大學生物系的工作）

廣州附近，白雲山，沙河一帶能找到十一種蛙類。在自然界中他們決不會互相交配的，所以自然的雜種是永遠也不會有的。

用人工受精的方法，用刺激異種精蟲的方法（假使異種精蟲太弱不能受精的話），用柔弱精蟲的方法（假使異種的精蟲太強，有多精蟲受精的危險的話），兩年一共得到77種可靠的異種交配（有許多是異科或異屬的）的結果。其中有的受精非常容易，分裂又十二分合規則，在分裂時代，完全和純種受精的一個樣子，但是一切的胎兒不能超過囊胚（Blastula）期，而成為『天囊胚』（Stéréoblastula）；有的受精不容易，需要鹽類刺激，方有少數的卵能夠接

廣州蛙類異種交配成績簡表

精蟲\卵	Microhyla cantonesis	Microhyla major	Collula pulchra	Calophrynus pleurostigma	Rana tigrina	Rana limnocharis	Rana lateralis	Rana sp. II	Bufo melanostictus	Oxyglossus lima	Rhacophorus leucomystax
Microhyla cantonesis	純種受精	蝌蚪,小蛙	蝌	蝌蚪,小蛙	?	無受精	刺激	?	蝌	無受精	蝌
Microhyla major	神經軸胚	純種受精	蝌	蝌	無受精	無受精	無受精	無受精	蝌	無受精	蝌
Callula pulchra	原腸胚	胚	純種受精	無受精	?	無受精	無受精	?	胚	?	蝌
Calophrynus pleurostigma	蠹	?	無受精	純種受精	?	無受精	無受精	?	受精	?	蝌
Rana tigrina	?	原腸胚	刺激	刺激	純種受精	原腸胚	原腸胚	誤腸胚>原腸胚	蝌	?	蝌
Rana limnocharis	蠹	原腸胚	原腸胚>蝌蚪	?	原腸胚>蝌蚪	純種受精	誤	原腸胚	刺	?	多精蟲受精
Rana lateralis	無受精	無受精	胚	激	蝌	蠹	純種受精	純種受精	蝌	胚	蝌
Rana Sp. II	?	?	刺激	激	?	刺激	蠹	純種受精	?	胚	蝌
Bufo melanostictus	受精	無受精	無受精	受精	?	無受精	無受精	?	純種受精	純種受精	蝌
Oxyglossus lima	?	?	?	?	?	?	?	?	純種受精	純種受精	無受精
Rhacophorus leucomystax	刺激	刺激	刺激	無受精	刺激	刺激	刺激	無受精	激	無受精	純種受精

受精蟲，一經受精卽能好好發育到蝌蚪時代，但是這些蝌蚪，多數是柔弱多病，中途夭折的；水脹病是許多病態中之最常見的；有的胎兒停止在原腸胚（Gastrula）時期，不再前進了，他們的原腸口（Blastopore）多半是不會關閉的；有的停止在神經軸胚 Neurula）時期，或者神經溝兩岸不會完全接合，或者腹部腫脹，或者表皮上長瘡，這都是一些畸形的相貌，亦有只具半個神經系的，亦有奇形怪狀，非筆墨所能形容的；有些卵不能接受精蟲，但是留在卵外的精蟲却能刺激（大概是精蟲的頭部插入卵的邊緣使受刺激）他們，使其如同受精者一般，收縮體積，排除惡物，而立定方向，但只有單星光（Monaster）的分裂，永遠也不能成為完善的胎兒；最後還有異種精蟲，無論如何，旣不能進入卵中，又不能在卵外使卵產生刺激（Activation）。

現在且將所有異種交配的結果分成以下幾類：

第一類，共有16種交配，已得到雜種的蝌蚪，他們的壽命當然有長短之分，但是至少已好好經過一切發育的階級而達離開卵膜，自己游泳的時期；其中亦有少數能抵成長時期，但純屬母性，毫無一點父性混雜其間。

第二類，共有 4 種，雜種的胎兒能生活到神經軸胚（Neurula)時期，但大多數都死於天神經軸胚（Stéréoneurula）；出卵的蝌蚪乃是不常有的例外。

第三類，共有 5 種，他們空有發育初期合規則的分裂

，後來一切都死於原腸胚時期。

第四類，共有11種統死於囊胚期（或有少數死於原腸胚期），不再前進了。

第五類，只有1種，始終是多精蟲受精(Polyspermie)的，無完全發育之望。

第六類，14種，只能受異種精蟲的刺激，沒有完善的分裂。

第七類，有25種，用盡方法，永無受精之可能。

最後還有33種，沒有得到可靠的結果：有的是因爲沒有卵可以研究（如Oxyglossus lima），有的因爲材料不充足，故只有待來日再行補充了。

在這樣的一個簡單的報告上確是無法詳述一切的，最好是附一簡表示明各類交配的結果，實比數千字的敍述還要明白。

附表上方第一行表示所用的各種精蟲：左邊第一行表示所用的卵：精與卵相交之格內所寫的詞句則表示他們交配的最後結果。圖中"?"記號表示尚未解決的幾種交配（註1）。

90. 嘈雜鳥屬全誌
REVISION DU GENRE *ALCIPPE* BLYTH, 1844.

任國榮

Par K. Y. Yen

Le genre Alcippe est composé d'oiseaux de petite, taille, pas plus grands qu'un moineau, au bec court et assez fort, rappelant celui des mesanges, aux ailes courtes et arrondies, a la queue aussi longue ou plus courte que l'aile: les narines sont recouvertes d'une menbrane, avec ou sans plumes piliformes qui les protègent. Le tarse est assez long et fort. les deux sexes sont similaires en plumage.

Certains ornithologistes divisent ce groupe d'oiseaux, pourtant si homogènes en moeurs et en apparence, en plusieurs genres differents, dont les caractères supposés distinctifs ne s'agissent en somme que de la longueur de la queue qui est plus ou moins etagée, de la présence ou de l'absence des soies recouvrant les narines, et de la longueur relative de l'ongle postérieur avec la pouce. Mais étudié comparativement, tout cela ne nous semble que d'une valeur spécifique et, par consequent, nous réunissons ici les divers genres dans le meme groupe d'*Alcippe*, nom générique le plus ancien.

Ce genre, par ses caractères morphologiques et biologiques, est placé depuis longtemps par les systematiciens dans la famille des Timaliidés. Il a, comme proches vousins, d'un côté le groupe *Stachyridopsis* et d'un autre, le groupe *Siva-Leiothrix*, qui sont également communs dans la région indomalaise. Pourtant il se distingue facilement de celui-ci par sa vie plutôt buissonière qu'aboricole et par ses pattes proportionnellement plus fortes, et de celui-la, par la forme de son bec.

De ce groupe, tous les représentants sont sédentaires, ne faisant que chez certaines espèces de petits déplacements locaux, provoques soit par la condition de l'alimentation, soit par le changement de température. Ils vivent souvent en bandes plus ou moins grandes et en compagnie d'autres petits oiseaux, et cherchent leur nourriture tantot sur le sol, tantot dans les buissons et plus rarement sur les hauts arbres. Ils sont omnivores se nourrissant surtout des insectes et de petites graines.

Près d'une centaine de formes d'*Alcippe* ont été décrites. Mais, d'apres les longues séries de specimens du Museum de Paris et du British Museum, que nous avons examinées et parmi lesquelles se trouvent presque tous les types des formes décrites, nous ne pouvons pas en reconnaitre que 55, appartenues a 16 especes differentes, dont nous donnerons ci-apres un tableau synoptique.

Le genre *Alcippe* est propre a la région orientale. Il se trouve dans le sud de l'Inde jusqu'a Ceylan, dans l'Himalaya, et dans les provinces méridionales de la Chine, la Birmanie, le Siam, l'Indochine jusqu'a Sumatra et Borneo.

Je tiens ici a exprimer ma reconnaissance a MM. Bourdelle, Berlioz, Lowe et Kinnear, qui sont trop aimable de mettre a ma disposition tous les specimens necessaires, et a M. Delacour pour les divers renseignements très précieux.

91: 鳥形山雀科全誌

REVISION SYSTEMATIQUE DE LA FAMILLE PARADOXORNITHIDES

任國榮

Par K. Y. Yen

Avant d'entrer dans les études détaillées, il n'est pas instiles de donner d'abord ici quelques indications concernant la position systématique de cette famille. Auparavant, des Onithologistes considéraient ce groupe d'oiseaux, pourtant si different, comme une sous-famille des Corvidés. Mais en réalité, il a très peu de commun avec ceux-ci, ni par la morphologie, ni par les habitudes. C'est ainsi que plus tard, des auteurs l'arrangeaient sous plusieurs genres differents, dans la famille des Timaliidés. Étudié plus au fond, ce dernier arrangement, quoique beaucoup amélioré déjà, ne nous paraît pas encore très satisfaisant; car, par sa première rémiges plus longue que la moitié de la deuxième, ses narines complètement cachées de plumes piliformes et surtout par son bec de Parroquet, si caractéristique pour un Passereau, encor sans compter ses moeurs diverses, ce groupe d'oiseaux mérite bien de constituer une propre famille, tenant une relation étroite entre les Paridés et les Timaliidés, ce qu'ont déjà fait MM. St. Baker dans "Fauna of British India, Birds," et Delacour et Jabouille, dans "Les Oiseaux de l'Indochine Francaise." Nous partageons dans cet exposé l'opinion de ces derniers auteurs.

Dans cette famille, l'arrangement générique est aussi tres differamment appliqué. En considérant la longueur relative des ailes et de la queue, et la forme du bec, on a constitué pour cette famille plusieurs genres, malgré l'homogénéité générale et la ressemblance naturelle. Dans le "Catalogue of Birds", par exemple, Sharpe a maintenu les cinq genres, *Conostoma*, *Suthora*, *Chleuasicus*, *Paradoxornis* et *Cholornis*: et, en autre, St. Baker, dans "Fauna of Brit. Ind., Birds," a fait entrer d'une part le *Chleuasicus* dans le *Suthora*, et d'une autre part, accepté deux genres plus récemment formés par Hellmayer, *Psittiparus* et *Neosuthora*. Si les distinctions génériques étaient assez bien établies, nous accepterions très volontiers les plusieurs genres decrits pour ce groupe d'oiseaux: mais le fait nous montre autrement. D'abord, la proportion de la longueur des ailes et de la queue, a perdu sa valeur générique, puisque l'espêce *Paradoxornis ruficeps* Blyth, ayant une queue aussi longue que l'aile, nous fournit un exemplaire de transition entre les deux groupes, celui à queue plus longue que l'aile, et l'autre à l'aile plus longue que la queue. Puis, la constitution de la queue, les rectrices plus ou moins étagées, ce qu'on appliqué surtout pour distinguer le *Conostoma* des autres genres, nous paraît souvent variable, meme parmi les représentants d'un meme genre. Quant à la forme du bec plus ou moins sinueuse aux commissures, elle est également insuffisante pour être un caractere du genre, car, en comparaison d'espèce a espèce, nous n'en avons trouvé que des differences passagères, mais pas de distinction nette.Ainsi, de tous ces faits revisés, pour former un groupe plus naturel, nous réunissons ici, dans un seul genre *Paradoxornis*, tous les genres de cette famille, même le *Conostoma* qu'on prétend pouvoir reconnaitre par sa forte taille, laquelle n'est cependant pas grande chose à notre avis, car, la difference de dimension entre *Suthora unicolor* et *S. polistis* (aile 80-85mm. contre 44-46mm.) est aussi frappante que celle entre *Constoma aemodium* et *Suthora unicolor* (aile 117-139mm. contre 80-85mm.)

La famille Paradoxornithidés consiste donc un groupe d'oiseaux homogènes en apparence, de petite ou de moyenne taille, dont le plus grand représentant atteind à peine les dimensions d'un merle noir, tandis que les plus petits sont aussi mignons que des mésanges. Le bec est fort, épais et généralement plus haut que long, avec le culmen arrondi et les commissures plus ou moins curieusement sinueuses, rappelant beaucoup celui des Parroquets. Le plumage est doux et leger, et celui de la couronne est notamment encore plus fin, que l'oiseau peut addresser a sa volonté en faisant une large huppe. L'aile est arrondie, avec la premiere remige primaire plus longue que la moitié de la deuxième. La queue, plus longue ou plus longue que la moitie de la deuxieme. La queue, plus longue ou plus courte que l'aile selon l'espece, se trouve très étagées chez certaines formes, l'est moins chez d'autres. Les deux sexes sont semblables en plumage.

Outre les distinctions morphologiques, cette famille est egalement assez bien caracterisee par ses moeurs. Tous les representants, grace a leur bec fort, sont granivores, preferant toutefois fois des bourgeons et des pepins, et ne negligeant meme pas des insectes chez certaines especes. Ils vivent souciaux dans la nature, mais certains individus, surtout les males, deviennent belliqueux en captivite, apres des educations speciales, se battant violamment a leur rencontre. Ainsi, des amateur les gardent tres volontiers comme oiseaux de combat.

D'apres les longues séries de specimens des Museuns de Paris et de Londres, ou se trouvent la plupart des types des formes décrites, nous avons reconnu 44 formes bien differenciées, appartenues a 20 especes. Elles sont toutes sédentaires, habitant la région himalayenne, à travers l'Assam, la Birmanie jusqu'a l'Indochine, et la Chine, depuis l'extreme sud jusqu'au Kansu a l'ouest, a Pékin au nord, et a la Corée au nord-est: certains représentants se rencontrent également à Formose et à Hainan.

92. 西法紅嘴相思鳥各屬之研究
ETUDE DES GENRES DU GROUPE SIVA-LEIOTHRIX.

任國榮

PAR K. Y. YEN

Nous entreprenons dans ce travail de faire une revision du groupe dit *Siva-Leiothrix* qui, selon notre avis, se compose de plusieurs genres que l'on considère souvent, en consequence de la ressemblance ou de la difference du plumage entre les deux sexes, appartenus a deux sous-familles supposées differentes, Sibinao et Leiotrichinae, de la meme famille des Timaliidés. Mais cette distinction sous-familiale nous semble être trop exagérée par des auteurs, car, dans beaucoup de cas, elle devient tellement légère qu'on ne peut plus la reconnaitre. Par exemple, dans la sous-famille Leiotrichinae, dite caracterisée par la difference du plumage entre les deux sexes, quoiqu'on puisse bien distinguer par la morphologie extérieure, un male ou une femelle de *Cutia* ou de *Minla*, je dois avouer ne pas pouvoir déterminer correctement le sexe de *Leiothrix lutea* et de *Mesia laurinae*, sans aide de l'anatomie. Même dans le groupe *Pteruthius*, dont la différence morphologique sexuelle est très accentuée, elle se trouve tres insuffisamment developpée chez *Pt. xanthochloris*. Ainsi, au lieu de faire inutilement des complications et des divisions trop artificielles, il nous convient d'effacer la limite sous-familiale en considerant tous ces genres comme d'un meme groupe naturel.

Nous mettons également dans ce groupe les genres *Heterophasia*, *Leioptcla* et *Actinodura*, mais en outre, nous avons rejeté les trois genres *Aethorhynchus*, *Aegithina* et *Chloropsis*, en les estimant dignes de former eux-memes une propre famille en passage des Timaliidés aux Pycnonotides. L'*Hypocolius* que St. Baker place dans la sous-famille Leiotrichiboe, dans "Faun. Brit. Ind. Birds," nous semble plutôt un représentant des Campéphagidés, et ne sera pas mentionné au cours de cet exposé.

Ce groupe, tenant morphlolgiquement et biologiquement une relation tres étroite aves les Timalinae, surtout avec les *Alcippe*, est plus arboricol en habitude que ceux-ci, ne visitant guère les buissons et cherchant encore plus rarement sa nourriture sur le sol. Il diffère des Pycnonotides par ses ailes plus arrondies et son tarse légèrement plus fort. Tous les représentants sont sédentaires, habitant la région himalayenne, du Népaul a l'Assam, a trvers le sud de la Chine, Formose et Hainan, l'Indochine, la Birmanie et la Peninsule Malaise jusqu'à Sumatra, Borneo et Java.

Cet article, grace a la permission de MM+ Bourdelle, Berlioz, Lowe et Kinnear, est basé, a partir de ma propre collection, sur les specimens des Muséums de Paris et de Londres, ou se trouvent, sauf de peu de formes, la plupart des types des formes décrites. Pour la description et les dimensions, je les ai prises d'apres les specimens examinés.

(97) 鍼灸銅人穴道與皮下神經分枝之關係

曾 義 著

提 要

鍼灸為古代治病簡法，尤以我國為最發達，其效驗之奇特與迅速，有非今日中西醫藥所可及者（例如瘧病，神經麻痺等症），川省自社友等創辦科學鍼灸研究所以來，此類事實之研究價值與興趣，愈顯重要，考此術之科學根據，是以宋仁宗時王維德所考正之銅人穴道為解剖學上之基礎，我們依照銅人穴道之部位，點在人體之縮影照片，與同樣縮小之人體解剖學各部分皮下神經圖相對照，可以看出銅人之穴道與皮下神經之分枝點，有不謀而合之系統，尤以面積較為廣平之部如胸背腰腹等處為最明顯，尤可奇特者，卽銅人穴道之經絡路線，雖與皮下神經之分佈方向未能一致，倘用虛線連絡一處之皮下神經與其本稍相等距離之各分枝點，卽自然的形成銅人穴道之經絡！因此覺得可以部分的證明我國醫學之經絡，在解剖學上非實有物體上之神經或血管，乃連合距離相同之皮下神經分枝而形成之假設線也。或因各羣之皮下神經枝，由於距離之分佈於同一線上而有相為之反射作用以表現其貫通之功能，須待將來生理學之研究以判決之，但在針灸治療功效之經驗觀之，是已有事實之證明矣，我們對此於人身最密切關係之工作，現正努力前進，并將繼續的發表，尚祈海內外科學家

不棄，加以指導及援助是幸！

民國二十三年七月二十日重慶科學鍼灸研究所（朝陽街十六號）

98. 蜥蜴腦延中大細胞在冬夏兩季中之現狀

PRELLMINARY NOTES ON THE LARGE CELLS IN THE MEDULIA OBLONGATA OF SOME LIZARDS UNDER VARIOUS CONDITIONS.

BY W. C. CHOW（周蔚成）

The lizards used for this study are Sphenomorphus indicus, Gecko japonicus, and Takydromus septentrionalis, which are commonly found in Nanking and its neighboring localities. In the medulla oblongata of each of these forms there are large cells located at its ventro-lateral portion directly below the pons. They are slender, long fusiform, each with one pole directing dorsally and another ventrally and with a large rounded nucleus generally at its center. These cells are of the motor nucleus of the medulla oblongata.

In early spring before emergence from hibernation, the Nissl bodies in the large cells of the Sphenomorphus are generally fine granules evenly and loosely distributed throughout the cell Sometimes they are short linear or somewhat fusoid. While in summer they become much coarser and longer in rod or spindle, in more distinct linear arrangement, and more loosely scattered.

In the Gecko the Nissl bodies are densely crowded near the two poles of the cell, without any trace of them around the nucleus when the animal is still in hibernation.. This feature contrasts with what is found in the cells of the Sphenomorphus. When the animal enters upon its summer life this condition does not exist any longer. The Nissl bodies are like those found in the cells of the Sphenomorphus, but they are not so coarse and quite evenly distributed in linear arrangement.

The Takydromus kept under starvation in summer shows the Nissl bodies somewhat disorganized. They are either crowded near the poles of the cell or around the nucleus. In the well fed specimen they are quite like those found in the cells of the Sphenomorphus in summer, showing that they are coarser fusiform and arranged in considerably linear series. As the specimen in the latter case was just taken from its natural environment and had never been kept in confinement, the Nissl bodies are more evenly and densely distributed in the cells than that is found in the case of a confined specimen.

When the Sphenomorphus is kept under starvation the shape and distribution of the Nissl bodies are like what is found in the hibernation stage and their linear arrangement is traceable. While in the fresh specimen just caught from the field the structure is similar to that found in the well fed specimen in summer the Nissl bodies are even much coarser and grouped in larger linear or fusiform masses.

From what has been stated above the large cells are evidently subject to changes under various conditions. During hibernation the Nissl bodies are no longer in specific arrangement, under starvation in summer they are considerably meagre in appearance though they show orderly arrangement to certain extent. When the animal is in an active life in the field or well fed in confinement they assume very decidedly their stichochrome feature. It should be noted that this feature is more pronounced in the former condition than in the latter. The degree of metabolic as well as various other activities for its existence must have enough influence to the structure of these cells.

99. ON SOME SPECIES OF LANGURIIDAE OF HANGCHOW

BY YONGYON ZIA (謝蘊貞)

The Languriidae are tropical or subtropical insects and are therefore very poorly represented in the fauna of Hangchow. Only five species are actually known to occur in the region, they are as follows: 1. *Pachylanguria paivae* Wall., 2. *Tetralangurides Fryi* Fowler, 3. *Anadastus praeustus* Crotch, 4. *Caenolanguria ruficornis* n. sp., and 5. *Caenolanguria acutangula* n. sp.

The first two species may be distinguished from the three others by having the elytral epipleurae undefined. The *Pachylanguria paivae* is of broader and more robust build with the antennal club four-jointed and the middle portion of pronotum with two black spots. *Tetralanguroides* Fry. is somewhat slender, the antennal club is composed of five joints and the middle portion of the pronotum with only one spot.

Among the three other species, two are described as new, both belonging to the genus *Caenolanguria*. The members of this genus have the eyes coarsely facetted as opposed to those of Anadastus which have finely facetted eyes. As their names indicate, these two new species, *C. ruficornis* and *C. acutangula*, may be readily distinguished from their congeners, the former by the reddish antennae and the latter by the acute, produced anterior angles of the prothorax.

100. A SYSTEMATIC STUDY OF THE HALTICINÆ BEETLES OF YUNNAN AND TONKIN

BY S. H. CHEN (陳世驤)

(*National Research Institute of Biology*)

This work deals with the Halticinæ species of Yunnan and Tonkin and forms a continuation of my study on the Chinese genera published by the Metropolitan Museum of Natural History (Sinensia, Vol. III, No. 9, 1933). It contains a revision of about hundred sixty species actually known to occur in these two regions. The fauna of Tonkin is certainly better explored than that of Yunnan, but the two regions are in fact quite similar in their production of species and many forms reported only from the former region might be found also in the latter and probably in neighboring provinces such as Kwangsi, the Halticinæ fauna of which being almost unknown today.

The species dealt with are grouped into fifty-four genera. About one fourth of the species and four genera are described as new. They are named as follows:

Genera: *Sebaethoides, Laosia, Manobidia, Aphthonomorpha*. species and varieties:

Psylliodes sinensis - Chætocnema cupreata - Ch. Melonæ - Ch. tonkinensis - Ch. Yonyonæ - Griva regularis - Liprus difficilis - Mantura orientalis - Hyphasis tristis - Sebaethoides castanea - Laosia variabilis - Argopistes Tsekooni - Sphaeroderma atrithorax - Sph. flavicornis - Sph. indochinensis - Sph. nigripes - Sph. subgeminatum - Jacobyana piceicollis nigra - Luperomorpha æneipennis - Longitarsus consobrisus - L. Metzei - L. pinfanus - Aphthonomorpha minuta - Manobidia antennata - M. intermedia - M. simplicithorax - Aphthona indochinensis - Aphthona tonkinea - Lactica hanoiensis - Ochrosoma atra - Manobia Coomani - M. humeralis - M. imitata - M. parva - M. piceipennis - M. puncticollis - Zipangia suturalis - Haltica tonkinensis.

From the view point of geographical distribution, the species may be roughly classified into three categories:

1⁰. Indo-palæarctic species:

One of the most important features of our Chinese fauna is the intermingling of palæarctic and indo-malayan species. But some of them have an equally wide distribution in the palæarctic and Indomalayan regions and cannot be considered neither as the one nor as the other. To these, I have given the name "Indo-palæarctic species." Among the hundred sixty species of Yunnan and Tonkin, about ten per cent belong to this category, they are the following:

Nonarthra cyanea - Chætocnema concinnipennis - Chætocnema discreta - Pseudodera xanthospila - Ophrida scaphoides - Hyphasis inconstans - Argopistes biplagiatus - Sphæroderma apicalis - Sphæroderma seriatum - Hespera sericea - Aphthona Foudrasi - Phyllotreta vittata - Zipangia obscura - Haltica viridicyanea.

2⁰. Indo-malayan species of wide distribution:

The following species belong to this category, their geographical areas are rather wide, generally extending from China South of Yang-tse-kiang to Sumatra, Java and Ceylan:

Psylliodes Balyi - Chætocnema concinnipennis - Chætocnema basalis - Podontia lutea - Podontia affinis - Ophrida marmorea - Neorthaea micans - Nisotra orbiculata - Sebæthe lusca - Hespera lomasa - Aphthona Wallacei - Aphthona nigrilabris - Phygasia ornata - Haltica cyanea - Haltica brevicosta.

3⁰. Indo-malayan species of limited distribution or Indo chinese species:

By far the greater part of the species of the regions here concerned belong to this category. Most of them are common in Yunnan, Tonkin and neighboring countries notably Burma and probably Kwangsi as has been noted above. They are therefore, the most important element of the fauna.

101. 忍冬屬植物細胞中心體之研究

馮言安

（本篇附圖從略）

今世生物學家已公認動物，隱花植物及裸子植物細胞中有中心體之存在，而中心體之在被子植物細胞中，則前人未能一見其眞面目也；余不自識譾陋，曾取忍冬科植物試作探求，於忍冬屬之 Lonicera alpigena L., L. Myrtilloides Puryus, L. Xylosteum L., L. Caprifolium L., L. Glchnii F. Schmidt., L. Periclymenum L. 之細胞中發現中心體之存在，已一再爲文附圖發表於法蘭西科學院院刊 (FENG Yen-An: Comptes rendus de l'Academie des Sciences, t.194 P. 2317, 1932) 及植物學者雜誌 (FENG Yen-An Le Botaniste, serie 24, p. 333-352. 1933；及 serie 26, p. 3-87, 1934)。

余之作此項工作，適余留學法國巴黎大學植物研究室，當時余師唐日阿先生 (Mr le Prof, P-A,Dangeard) 以此項工作深爲重要，故日加檢證 (見 Dangeard (P-A); Comptes rendus de l'Academie des Sciences, t. 196,p.(1260-1261, 1933)，又自前年發表後，法國及比國之生物學者，先後至巴黎大學植物研究室參證實物者甚衆；今年春巴黎大學植物學教授貢浦及伯郎漢蓋姆諸先生又囑爲文專述研究忍冬屬中心體之方法於三月十日在法國生物學會由貢浦先生宣讀 (見 Comtes rendus des séances de la Société de biologie, t.cxv, p.1087,1934)，，兼陳實物，到場檢證之法各大學動植物學敎授及生活學家凡數十人，均稱發現確實（見唐日阿臨別贈言）。余今述此，非爲誇張余之工作，用記歐人對此工作之重視，以自勵耳。茲摘錄此項工作之所得，幸識者有以敎正之也。

方法：選忍冬屬植物大小不同之花蕾，浸入納瓦申（Newaschin）固定液凡二十四小時，取出以流水洗之約四至十八小時，而後用酒精去水分，浸入 Xylol,使研究材料硬化，最後入蠟，切片。

切片去蠟後以赫唐漢蘇木精液（Hématoxyline de Heidenain）染色。

花粉母細胞中之中心體：在上記諸忍冬(Lonicera)之若干幼嫩花粉母細胞中，核質呈休止狀態時，有一小球狀體存在於核膜附近之原形質中，被蘇木精液染成漆黑色，體之周圍有不着色透明薄環如月之暈，此球狀物卽中心體也，透明之暈環爲中心體之特徵。

中心體於此幼嫩細胞及細胞核增長體積時，亦略增體積，乃延長呈橢圓形，暈環亦隨之延長，其後腰部復細縮作啞鈴狀，最後於此細縮部平均縱斷變爲二小中心體，各圍暈環，自此此細胞中有兩個中心體，此際細胞核質尙作綱球狀，卽休止現象也。

兩中心體形成後，於原形質中沿細胞核膜開始互相遠離，各徐徐向細胞之一極端移動，直至細胞核質由網狀變

絲狀面染色體完全形成時，始達核之兩極。

在此母細胞核第一次分裂，核絲漸次形成染色體期間，有無數放射線自核之周圍射出，此放射線或卽爲星狀體之來源，但余僅曾見星狀體於 Lonicera alpigena 之少數母細胞中而其餘忍冬細胞中僅有中心體而無星狀，又 Lonicera alpigena 之中心體暈環之周圍於放射線出現前，更顯一外層薄圈，其敢較原形盾濃，故以紅色染料（Eoslne）染之，其染色濃於原形盾之染色，此外層不見於他種忍冬獨見於有，星狀體之（Lonicera alpigena 其爲星狀體之來源歟。

兩中心體達細胞核兩極後，核膜及細胞仁一時消滅，染色體集中於核腔之中部，紡錘體現於中心體之間，其兩尖端爲兩中心體之存在地，亦卽前此核之兩極也。Lonicera alpigena 之少數母細胞第一次分裂，在此期間（Metaphase，有多數放射線以兩中心體爲中心向四周放射（余推想此卽前期 Pro phase 核之周圍放射線），如星之芒，形成兩星狀體，所謂紡錘體乃由此兩星狀體之若干放射接合而成；此際中心體餘具原有暈環之特徵外，更附有此星狀體，與動物下等植物之中心體，可謂形態全同。

次染色體各裂爲二，而分成二羣，自紡錘體赤道向紡錘體之兩端移動，直至接近各一中心體時而止。次各羣染色體之四周有核膜出現，膜內染色體復變核絲，細胞仁又

復出現，紡縋體已漸消滅，如是形成兩新核，各核之外極附近，卽前此紡縋體之一端，有一圍有暈環之中心體存在焉。

此際細胞中之中心體在兩新核二次分裂期間所生之現象，亦始在母細胞核第一次分裂期間，卽先各略增大延長縊斷爲二，各趨一核之極，該極卽核之二次分裂中紡縋體之尖端也。至核之二次分裂終了，四新核生成時，各中心體各存在於各新核之外極，亦如核之第一次分裂完成時。母細胞中原有之一核及中心體，如此分裂二次，故今母細胞中有四核及四中心體，此四中心體仍各爲一球狀小體，由蘇木精液染成漆黑色，圍以一層極薄透明之暈環，此中心體固有之特徵也。

最後新細胞膜出現於四新核間，分隔母細胞成四新細胞，各藏一核一中心體。余曾見 Lontcera alpigena, L, Xylosteum L, Myrtilloides 之該中心體仍循前例縊斷爲二，導核之分裂形成生殖核(Noyauneproducteur)及生長核(Noyan Végétatif)，故花粉粒生成時，生殖細胞 Cellule génératrice)及生長細胞(Cellule végétative)各含一核，核之附近有一帶透明暈環中心體之存在。

Lonicera alpigena 花粉生殖核爲生成二精子核更分裂一次，其附近之中心體仍如前法在核分裂前縊斷爲二，爲核之最後分裂之先導；迨兩精子核生成時，兩中心體各佔一核之外極，此卽生殖核分裂期間紗縋體之尖端也。在

Lonicera alpigena 花粉管內生成精子期間，余曾重見一中心體存在於各精子核之外側，其位置及其特徵均與其在花粉粒中無異。

其他細胞中之中心體：余於 Lonicera myrtilloides 之若干胚囊母細胞，及上記諸忍冬屬植物之若干組織細胞（Cellules somatiques）中，亦曾見圍有極薄透明暈環之中心體，該中心體先延長縊斷爲二，導核分裂等現象均爲上述中心體之在花粉母細胞中。

結論：(一)在上記諸種忍冬若干花粉母細胞，少數組織細胞，及 Lonicera myrtilloides 之若干胚囊母細胞中，余曾見有中心體存在，該中心體爲一球狀小體，具有極薄透明暈環之特徵，但在 Lonicera alpigena 母細胞核第一次分裂期間，附有星狀體；其在他種已研究諸忍冬屬植物中則無此星狀體。

(二)已研究諸忍冬屬植物之中心體之分裂方法均同，卽先稍延長呈橢圓形，其次中部細縮作啞鈴狀，最後自此細縮部平均縊斷爲二；其分裂時期亦同，卽先核分裂而分裂，爲核分裂之先導。

(附註)上述爲忍冬屬植物細胞中心體之主要現象，詳細所識者參看法文本：

FENG Yen-An Recherches cytologiques sur la caryocinese, la spermatogénèse et la fécondation chez les Caprifoliacées (en particulier sur la présence de centrosomes présidant à la caryocinèse dans les Lonicera)—Le Botaniste, série 26, p. 3-87, pl. 1-8, 1934.

松花粉 29

松花粉木塞